张美娜 编著

漢武帝 雄韜偉略 传

内蒙古出版集团有限责任公司

内蒙古文化出版社

图书在版编目(CIP)数据

雄韬伟略：汉武帝传 / 张美娜编著. —呼伦贝尔：内蒙古文化出版社，2010.4
ISBN 978-7-80675-795-6

Ⅰ.雄… Ⅱ.张… Ⅲ.汉武帝（前156~前87）—传记
Ⅳ.K827=341

中国版本图书馆 CIP 数据核字（2010）第 055852 号

雄韬伟略：汉武帝传
XIONGTAOWEILUE : HANWUDI ZHUAN

张美娜　编著

责任编辑	姜继飞
装帧设计	书心瞬意

出版发行	内蒙古文化出版社
地　　址	呼伦贝尔市海拉尔区河东新春街4－3号
直销热线	0470－8241422　　邮编　021008

排版制作	北京鸿儒文轩文化传播有限公司
印刷装订	三河市华东印刷有限公司
开　　本	710mm×1000mm　1/16
字　　数	230千
印　　张	23
版　　次	2010年5月第1版
印　　次	2022年4月第2次印刷
印　　数	8001—13000 册
书　　号	ISBN 978-7-80675-795-6
定　　价	65.00元

序

　　纵观中国历史，有两位开天辟地的帝王:一个是秦始皇，另一个就是汉武帝。秦始皇掀开了历史的新篇章，然而这个帝国由于缺乏统治经验——尽管秦始皇纵横捭阖、叱咤风云，它还是成了一个短命的王朝。

　　之后的大汉屹立于民族之巅，经历过不温不火的统治时期，汉武帝的诞生，为这个王朝注入了新鲜的血液和活力。如果历数历代帝王，也许只有汉武帝才算得上是承前启后而又开天辟地的伟大君王。在他之前的历史上，他所建树的文治武功无人可及，他的风流倜傥超群绝伦，他的想象力使政治成为艺术，他的权变和机谋令同时代的智者形同愚人，他胸怀宽广，既有容人之量又有鉴人之明。

　　他历兵秣马，打退了匈奴的进攻，让整个大汉朝从此扬眉吐气，中华民族赢得了前所未有的广阔的生存空间。

　　他开创制度，树立规模，推崇学术，酷爱文学艺术。他倡导以德立国，以法治国。平生知过而改，从善如流，为百代帝王树立了楷模。在后来的魏武帝、唐太宗、玥太祖、努尔哈赤、康熙皇帝的行藏中，似乎都可以看到他的影子。

　　他的世界眼光从16岁即位之初，就已经超越了长城封障以内的有限区域，投向了广阔的南海与西域。他具有超越历史的雄才大略，是一位战略和外交方面的奇才。这种资质使他能运筹帷幄而决胜万里。而其武功成就，则足以使西方汉尼拔、亚历山大、拿破仑等驰骋于疆场的将帅黯然失色。

　　他不拘一格降人才，使大汉朝人才济济，汇聚一堂。在他身上我们知道了什么叫真正的虚怀若谷、任人唯贤。

他不仅开创了制度，塑造了时代，他的业绩和作为也深深地熔铸进了我们这个民族的历史与传统中。汉民族之名，即来源于被他以银河作为命名的一个年代——"天汉"。在他那个时代所开拓的疆土，从闽粤琼崖直到川黔滇，从于阗阿尔泰到黑吉辽，勾勒了日后两千年间中华帝国的基本轮廓。而这个帝国影响力所辐射的范围，由咸海、葱岭、兴都库什山脉直到朝鲜半岛；由贝加尔湖到印度，扩展成了汉文化影响所覆盖的一个大文化圈。

但汉武帝绝不是一个超俗绝世的圣者。他好色、骄傲、虚荣、自私、迷信、奢侈享受、行事偏执，平常人的缺点他几乎都有。但尽管如此，即使他不是一个君王，只是一个普通人，以他一生的心智和行为，仍然会被认为是一个顶天立地的男子汉，一个机智超群的智者，一个勇武刚毅的战士，一个文采斐然的诗人，一个想象力浪漫奇异的艺术家，以及一个令无数妙女伤魂断魄的浪子、最坏又最好的情人。

汉武帝的一生也充满了矛盾。他爱民如子，却又杀人如麻。他用剑如用情，用情如用兵。在中国历史上，不乏英雄、伟人、壮士、志士和圣者。但将汉武帝放在任何人群中，他都同样地引人注目。你不得不钦佩他，也不得不畏惧他，这就是刘彻。据说他的诞生伴随着母亲梦见红日入怀，他的小名儿为"彘"（野猪）——而他的父亲则解释此字谐音于"智"，为他改名为"彻"，透彻，并赐号曰"通"；而他也的确做到了智圆行方、通彻无比。他是中国历史上真正的太阳之皇、圣武大帝。

但他同时也是最具争议的皇帝，他生平中最大的错误之一，就是阉割了中国历史上一位最天才也是最伟大的历史学家，而这个人原来是最能理解他、同时最崇拜他的人。他也因此成为最被人误解的谜一般的君王。

也许翦伯赞说得对，汉武帝除了喜欢打仗，还喜欢游历，喜欢音乐，喜欢文学，喜欢神仙。他是军队最英明的统帅，又是海上最经常的游客，皇家乐队最初的创立人，文学家最亲切的朋友，方士们最忠实的信使，特别是他的李夫人最好的丈夫。他绝不是除了好战以外，一无所知的一个莽汉。

在中国历史上,有很多为人称道的皇帝,汉武帝无疑是其中堪称伟大的一个。

汉武帝时代需要做的事情有很多,但重中之重却是怎样登上天子之位,成为名副其实的皇帝接班人。好在,汉武帝有一个精明的母亲,她让这一切有了实现的可能。

【第一章】少年天子

漢武帝

　　尽管已经做了太子,而后又做了皇帝,对于年轻的汉武帝来说,一切都刚刚开始。尽管他有一腔的抱负,无奈有一个蛮横的"女司机"总是想要挡住他的路,这个蛮横的"女司机"就是年老但精气神十足的窦太后。要想成功实现自己的抱负,刘彻还是先等窦太后这块头顶的乌云消散了再说吧。

【第二章】阴影下的年轻王者

窦太后死了，汉武帝心中积蓄的郁闷终于找到了释放的出口，接下来就是要收拾那些以窦太后为靠山，阻碍汉武帝发挥能量的绊脚石了。很快，这拨人就回家待业去了，这当中也包括窦太后的家侄——窦婴。这个当年位高权重的宰相看着门前冷落车马稀，心中不胜感慨。就在这时，灌夫走进了他的生活，然而，这个窦婴以为惺惺相惜的朋友最终却把他拉进了深渊。

【第三章】最终掌权

漢武帝

　　窦婴死了，田蚡也去了，汉武帝的绊脚石一个一个没了，这一切为汉武帝施展抱负创造了有利条件。他的第一个目标就是当年让刘邦身陷白登之围的匈奴。多年来汉匈之间一直没有太平过，尽管汉朝一直在用和亲来安抚匈奴，却依然填不满匈奴欲望的沟壑。历史将征服匈奴的任务巧合地交给了汉武帝，卫青、霍去病的出现也为汉武帝实现抱负创造了可能，最终我们看到的结果是匈奴被迫迁徙，汉朝扬眉吐气！

【第四章】施展抱负

在对付匈奴的过程中，汉武帝对其他三个方向的征战也没有停止过，汉武帝的梦想不单单是一个匈奴，而是汉朝的四方，他要的是这个王朝拥有辽阔的疆土和四方臣服的威仪，所以他的梦想很远也很广。西南夷、西域、朝鲜、南越……一个个都臣服在汉武帝脚下，成为汉朝的藩属，这一切是巧合，也是必然。

【第五章】搞定东、南、中

汉武帝

人非圣贤，孰能无过？汉武帝的一生虽有过轰轰烈烈的功绩，但也有为人不齿的劣绩，最大的错误，莫过于巫蛊。

那是个人人谈巫蛊色变、玩巫蛊丧命的年代，不过一个人除外，这个人就是江充，因为他是汉武帝的心腹，正好可以帮助间歇性健忘的汉武帝除掉可疑的人。然而，江充的出现，也使得汉武帝的亲生儿子成为冤魂一缕，为之涂炭的生灵更是数不胜数。

【第六章】巫蛊案

汉武帝的功绩称得上是彪炳史册，他的雄韬伟略是历史上很多皇帝望尘莫及的。而他成绩的取得，自然也离不开身边的那些精兵良将，卫青、霍去病在战场上熠熠生辉，他们让汉朝从此扬眉吐气；而大文豪司马相如、智圣东方朔、酷吏张汤、老狐狸公孙弘等也从不同方面演绎着精彩，因为有了他们，汉武帝的时代才那么超凡脱俗、出类拔萃。

【第七章】汉武帝的精兵良将

汉武帝

汉武帝一生女人无数，金屋藏娇的陈阿娇、灰姑娘卫子夫、倾国倾城李夫人、手握金钩的钩弋夫人都曾经得到过武帝的宠幸，结局却大相径庭。到了晚年，汉武帝回首来时路，为自己曾经犯过的错误感到后悔万分，这个孤独的老人最终进行了自我批评，写了一份认错书，告诫后人不要再犯这样的错误。而这，也让我们看到了强势的汉武帝柔情的一面。

【第八章】汉武帝晚年

少年天子

第一章

在中国历史上,有很多为人称道的皇帝,汉武帝无疑是其中堪称伟大的一个。

汉武帝时代需要做的事情有很多,但重中之重却是怎样登上天子之位,成为名副其实的皇帝接班人。好在,汉武帝有一个精明的母亲,她让这一切有了实现的可能。

喜鹊带来的皇子

如果你喜欢诗词，就一定听说过这句：秦皇汉武，略输文采……这句词里面就有我们的男主角；如果你喜欢历史，就一定知道中国历史上的这个人物，如果没有他，也许历史的进程要倒退好多年；如果你爱看电视剧，尤其是历史题材的，估计也看过演绎他的电视剧。版本有很多，少年天子有，讲述一生的也有。这个人年少英明，老年虽然有过糊涂，但总体上来说还是非常厉害的，他就是汉武帝。

历数中国历史上的有作为的君王，有两位称得上是开天辟地的帝王，一个是秦始皇，另一个则是汉武帝。秦始皇结束了战国四分五裂的局面，建立了中国历史上第一个中央集权大一统的帝国。这个帝国寿命比较短，只维持了两代15年就over了，当然，秦始皇的功绩我们是不能抹煞的，他的纵横捭阖、叱咤风云，可不是一般地厉害。

而汉武帝和秦始皇比较是有过之而无不及。首先他个人在皇位上待的时间就是秦朝两代君王在位时间的好几倍。当然，这个帝国是诞生于农民起义，他们的老祖刘邦白手起家，真刀真枪地跟敌人斗争才取得了这份家业，但是刘邦的名声有点不太好，这是一个出身草莽行迹近乎无赖与游侠之间的边缘人物。这是好听的说法，难听的说法是，刘邦就是一黑社会的老大。但是也要承认刘邦的厉害之处，当年团结在他周围、以他为核心的集团，具有海纳百川的包容性，社会基础当然就不是一般宽泛了。任何新事物在诞生初期都需要一定时间的磨合，这是必然现象，

皇朝更是这样。毕竟这是个人人得之唯恐复失的宝贝啊。不幸的是，由于某些人思想劣根性的作祟，使得这个帝国在开创之初就陷入了极端的不稳定之中。刘邦，他狠毒的皇后，还有文、景当政的五十年的时间里，对外战争是基本没断过。人要是倒霉了喝水都会塞牙缝，所谓祸不单行就是这个意思。尽管刘邦曾经挣扎过，但最终还不是身陷白登之围，让人家匈奴看猴似的看了七天，最后想出一个妙计——行贿，才解了自己的围。从此，和人家匈奴开始在姻亲上往来，有了这样的亲戚关系，自然不是说打就能打起来的啦，亲戚之间不好太生分了。这种情况一直延续到我们这位主角长大成人，当上皇帝。历史就是具备这样的必然性，它历史性地将这个任务交给了这位被班固称为"雄才大略"的人物，他的雄韬伟略也最终将这个皇朝应该有的霸气展现出来，实现了真正意义上的扬眉吐气。

除了这件说起来绝对地长自己志气的事儿，汉武帝做过的好事还有很多，当然是留名的，他又不是雷锋。欲知详细内容，就看我们下面的讲述吧。

若干年来，对于汉武帝的各种评论简直是铺天盖地，你不想看都不行。但不管怎么说，汉武帝身上确实有很多值得我们仔细品味的东西，甚至连他的出生都是那么耐人寻味。

即使在现在，还是有这样的说法，说是阴历七月初七这天，是那两个命运异常坎坷的夫妻——牛郎和织女的见面日，尽管这命运的不公是神为造成的。牛郎挑着担子，带着一双儿女，站在河的一边，织女站在河的另一边，默默无语两眼泪。喜鹊这个浑身充满吉祥气息的鸟儿，在这一天用自己娇嫩的身躯为这对可怜的夫妻搭一座桥，让他们一年的相思之情能有片刻的宣泄。估计王母娘娘也舍不得自己这个宝贝孙女。当然了，正如大才子秦少游所说的，这是一份完全经得起革命火焰考验的感情，两情若是久长时，也不在乎一年的364天了。天上的人在无声之中传递着感情，地上的人也没闲着。在现代，好多罗曼蒂克的女孩们还会在这一天向心灵手巧的织女祈求，希望她可以传授点心灵手巧的女红技术。而在古代，这个节日就更加隆重了。对着天空的朗朗明月，人们会摆上时令瓜果，朝天祭拜，除了祈求织女能赋予自己聪慧的心灵和灵巧的双手，让自己的针织女工技法更加娴熟外，还会祈求爱情婚姻的姻缘巧配。这是个绝好的机会，据说曾经有无数对男女这样祈祷过，但不知道本身爱情并不美满的织女会不会分身有术地成全这些人间的痴男怨女们。

时光流转，很快就到了公元前156年的七月初七。这天，平常人家的人们还是按照每年的惯例，该祈祷自己心灵手巧的祈祷自己心灵手巧，愿意祈祷自己爱情美满的也没人打扰，而且忙碌完之后，都怀着美梦成真的愿望进入了梦乡。然而这会儿长安城汉宫中的猗兰殿里，煤油灯却是彻夜长明。宫女们个个焦急万分，焦虑中还带着期盼，当然这焦虑没影响干活，她们手上和脚上依然是半点不敢歇息地忙碌着。

这之后不大的工夫，一声婴儿的啼哭震彻了整个猗兰殿，声音听起来不是一般地洪亮。很快，"王美人生了一位皇子"的消息就像长了翅膀一样，飞到了大汉皇帝汉景帝那儿。赶上现在，估计汉景帝也会焦急地等在产房外，不用别人传告，就能第一时间听到孩子的哭声，再来个经典的动作，举着地球超人一样的手臂，一蹦三尺高，大呼一声"我有儿子啦"！但那时候毕竟不是现在，而且皇帝和我们平常人也不一样，他要管理整个国家的事务，还要顾及那时候的礼节。那时候政策好，不讲究什么计划生育，而是大力提倡休养生息，皇族里就更不提倡计划生育了。也正是因为这些，这个孩子出生时就已经是汉景帝的第十个儿子了。而他也就是我们这本书的绝对男一号——汉武帝。

当然，听到这个好消息，汉景帝还是非常高兴，我猜他只不过是将自己想要一蹦三尺高的念头给生生地压抑回去了。他快步走回猗兰殿，孩子这时已经被裹进了襁褓里，宫女们仍然在忙碌着。汉景帝就着宫灯仔细地端详着这个孩子。

替王美人接生的老宣人在久经类似场面的训练下，不但手法日益娴熟，脑筋转得也不慢。看着汉景帝一脸幸福的样子，就说："这孩子刚生下来就长得特别壮实，哭的声音又洪亮，将来一定是个英才，皇上真是可喜可贺啊！"你要是汉景帝，听了这样的话能不高兴？

孩子已经生出来了，接下来的事就是起名儿了，就算是没想到什么好听的大名，也要有个小名儿啊。孩子的母亲王美人这时候就在榻上欠起身对汉景帝说："请皇上为皇子赐个名吧。"

在讲述汉景帝给汉武帝起的名儿之前，我有个想法不吐不快，我强

— 5 —

烈建议给汉武帝起个名儿叫"会来"。为什么这么说呢？因为他真的特别会来。这个特别体现在两个地方：第一，这天是传统的佳节，在古代乞巧节非常受人重视，他可谓是喜鹊带来的儿子，而喜鹊本身就是吉祥幸福的代名词，这怎能不叫"会来"？第二，我们前边已经讲了，汉武帝是汉景帝的第十个儿子，也就是说在汉武帝前面已经有九个哥哥了。但汉武帝的出生却不同于他的九个哥哥，因为他一出生就是皇子。这是因为汉景帝是在公元前 157 年登基的，也就是汉武帝出生的前一年。他的几个哥哥没赶上这样的好年景，都是几岁大的时候才拥有了皇子的身份，而汉武帝从出生这一刻起就是名正言顺的皇子，这就叫来得早不如来得巧，所以叫他"会来"很贴切。而这一切似乎也印证了一点：这个孩子注定是与众不同的。

回过头来再说汉武帝的名儿。近代中国"开眼看世界的第一人"林则徐出生的那天晚上，他爸爸林宾日"梦中亲见凤凰飞"，这使他立即联想到自称"天上石麒麟"的南朝才子徐陵（字少穆），觉得这是绝对的吉祥之兆，因此在给儿子取名"则徐"之余又给字"少穆"、"石麟"。基于这种传统习惯，汉景帝在给汉武帝取名字的时候，夜里也做了一个梦。然而这个梦跟林则徐父亲的梦比起来，就有点不同一般了。原来在汉武帝出生的前一天晚上，汉景帝梦见一只红色的猪从天而降直落宫中，紧接着汉高祖刘邦又在梦里吩咐他，王美人所生之子，应起名叫彘。汉景帝这时候又想起民间给孩子起名都愿意起些低贱的名字，说是这样孩子的将来就有可能大富大贵，而且能像小名儿所托的小动物一样健康好养活。看来，汉景帝还真是非常关注民情啊！再结合刚才接生婆所说的孩子长得非常壮实的说法，自己看着孩子胖嘟嘟的小脸儿，越想越觉得彘这个名字恰当，于是最终决定孩子的名字就叫彘。我们不得不说汉景帝的幽默细胞是非常发达的，赶上现在就是一准逗哏儿的相声演员，因为彘的意思是"猪"，这个名字还真不是一般地低贱。但庆幸的是，汉景帝的幽默细胞还没有发达到听见什么声音就给孩子起什么名儿的地步，要不不知道会整出什么古怪的名儿呢。

当时宫内的人一听皇上给小皇子起了这么个贱名儿，都觉得非常奇怪，他们觉得皇家子弟都是龙种在世，这样的贱名是不是有点太少见了？当然我们要对他们提出批评，因为他们的理念还没有发达到汉景帝那么幽默和关注民情。不过尽管宫内众人你看看我、我看看你地互相交换着疑惑不解的目光，却没有人敢斗胆问一问汉景帝为什么起这么个贱名儿。

而且，这个贱名儿也不妨碍王美人的身价倍增。汉景帝看着这个生下来就是名正言顺的皇子高兴得忘乎所以，不光给了王美人大量奖赏，对待王美人更是恩宠有加了。毕竟那是个母凭子贵的年代，更何况是身在皇族。

作风强悍的外婆

汉武帝一出生就注定是不平凡的。如果要查找原因的话，你会发现，在这件事上是有些科学依据可循的，那就是他遗传了自己母亲的基因。

为什么这么说呢？因为汉武帝的母亲也是个不同寻常的人。

汉武帝的母亲叫王娡，是槐里人。在生汉武帝的时候，还只是个美人（美人是汉代嫔妃的一种称呼）。后来，王娡做了汉景帝的皇后。王娡能从一个美人变成母仪天下的皇后，这中间肯定下了不少的功夫，费了不少心思。王娡之所以有今天，要归功于她的母亲，汉武帝的外婆。

如果现在要给汉武帝的外婆一个评价的话，那就是作风大胆。

当然，这样大胆的作风也赶上那时候的民风比较淳朴，没人在她背后说她太多的坏话，不然就是唾沫星子也把她淹死了。王娡生在一个普通的家庭。家虽然普通，却有一个势利的母亲，这就注定了王娡不能消停地度过自己的一生，当然，尽管开始的时候王娡可能会怨恨母亲势利，但最终还要感谢她。要不是母亲的势利，王娡也就不会有未来的尊贵地

位和荣华富贵了。

汉武帝这位有些强悍的外婆叫臧儿，祖上也曾经风光过一阵子，被封过诸侯王，只是后来因为自己的爷爷造反弄得家势从此一蹶不振了。家道中落的臧儿没办法，只能被迫嫁给了一位名叫王仲的平民，生了一男二女，这其中汉武帝的母亲王娡是老大。

与其说那时候的风俗淳朴，倒不如说"朴拙"——一夫多妻的现象有之，一妻多夫的现象亦有之，据说在当地群婚的现象也屡见不鲜。很奇怪，那时候的人们为什么会在封建礼教下有如此堪称"大胆"的行为？但据考证确实有隐约的资料可以证明这一点。因为资料隐约，所以要不要相信，还有待你自己决定。后来，臧儿的丈夫王仲突然不幸死了，臧儿不愿委屈自己一生孤苦伶仃的一个人，就改嫁到了一户姓田的人家，还给这家添了两个儿子，分别叫田蚡和田胜。田蚡这个名字是不是听起来很耳熟？对了，他就是后来汉武帝时代炙手可热的"国舅"丞相、大名鼎鼎的武安侯。

再说这个臧儿，可不是一般的人，她性格里有一种因素，叫做争强好胜，这就决定了这个女人不可能平庸地度过自己的一生。历史上这样的女人也并不少见，只是因为男尊女卑的社会制度使得这些女人被埋没了姓名。但现代女性的例子就好举了，毕竟广大女性朋友已经翻身农奴把歌唱，真正撑起了半边天。那些已经小有成就或者大有成就的女人，在性格上多半都有着不服输的秉性。臧儿也是这样一个女人，以前自己家是那么地富有，而现在，简直是一个天上一个地下。鲁迅先生曾经说过："有谁从小康人家而堕入困顿的么，我以为在这途路中，大概可以看见世人的真面目。"这句话很好理解，曹雪芹家曾经也富甲一方，但是后来呢？不也是门庭冷落，无人问津！也正是因为这样，曹雪芹写成了流传千古的名著《红楼梦》，所以说苦难有时候是个好东西。而臧儿在这没落的途上也深深地感受到了世态炎凉、人情冷暖，所以她要跟命运抗争，要改变自己卑微、可怜的处境。苦难同样深深地刺激了臧儿的神经，但她没有发奋成为一个作家，否则世上可能就没有汉武帝这个英明的皇帝了。臧儿没有别的办法，只能把希望寄托在自己作为女人的容颜上，但那时候的臧儿已是一典型的年老色衰、人老珠黄，还有什么好希冀啊？好在天无绝人之路，臧儿还有几个孩子可以指望。

不过争强好胜的臧儿也有为难的时候：那么多的儿女，究竟要培养哪一个呢？臧儿思来想去找不着头绪，无奈只好去问卜。如果你还记得朱元璋，可能就会想起来，当年朱元璋在找不到解决问题的办法时也是占的卜。臧儿怀着忐忑不安的心情找到了一个看起来有点仙风道骨的占卜人，让他为自己占卜。这些搞占卜的人，其实个个都是心理专业的高材生，单纯从你的表情和眼神中就可以看出你内心的想法。臧儿那么迫切地想知道自己哪个孩子能够光宗耀祖，眼神、动作、神情自然就已经将这点焦虑和迫切表露出来了。我们无从知道那个占卜师跟臧儿说过什么，我们唯一知道的就是占卜师的话把臧儿哄的是心花怒放。而最后几句话是这样说的：臧儿的两个女儿都会显贵，而且是远非常人可以比拟的显贵。这句话无论什么时候说，都会让臧儿心花怒放的。在心理上得到满足后的臧儿，出手自然是大方的，她给了占卜师好多钱，然后高高兴兴地回了家。

其实，如果你是占卜师你也会这么说，谁不喜欢吉祥话？谁不喜欢被人说好？更何况当时的臧儿早已将这种想听吉祥话的神情表露无遗，是你你也会将臧儿骗成功的。当然，我们也不得不佩服这个占卜师，毕竟最终事实真让他给说对了。但是，在现实生活中，那些算卦的还是不可信的，如果可信，为什么他自己还自甘贫穷地一任风吹雨打地坐在路边给人占卜呢？所以，占卜问卦一定要慎重。

不过，臧儿在高兴之后，又开始烦闷了：她的那个小女儿，也就是汉武帝的亲姨人长得很漂亮，挑个好人家嫁了兴许还有点希望；可那个大女儿王姞人虽然也很漂亮、聪慧，但已经嫁做他人妇了，更糟糕的是，已经生了一个女儿，这还能再嫁人吗？王姞这个女儿名叫金俗，后来被王姞刻意隐藏了起来；但之后汉武帝做了皇上，不计较这些，又满怀情意地找到了自己的姐姐，并将她迎入宫中。当然，这是后话。再说那个王姞的夫家虽然姓金，可怎么看都没有富贵的命，估计混到老也只是平民一个。这可如何是好？臧儿好容易想到一个好办法可以使自己家重新回到原来的富贵路上，万万不能在这个小阴沟里翻了船。自古华山一条路，有条件要上，没有条件创造条件也要上。臧儿一想到自己家的姞儿那样聪明、漂亮，却嫁给一个不懂得、也没办法怜香惜玉的平民，就心疼得不得了：鲜花要摆在花瓶里才适得其所，我这个当娘的也才有面

汉武帝

子啊!

思前想后，臧儿想到了一个好办法，又觉得有些残忍，所以犹豫着不知如何是好。但她最终还是下定决心，迫令自己的女儿改嫁！当时当朝太子爷刘启正在招聘佳人。对臧儿来说这可是千载难逢的好机会，于是就一不做二不休，先是把王娡硬生生拉回了娘家，又拖了老关系，狠着心把两个女儿全送入了太子宫中……

好一个女强人！

不甘寂寞的母亲

有句话叫知子莫如父，但同样也有句话叫知女莫如母。

在开始的时候，王娡被自己的母亲硬生生地拆散了家庭，那意见也是很大，差点脱离了母女关系。可当满肚子怨气的王娡一入人间仙境的皇宫，马上将对母亲所有的痛恨和不满抛到了爪哇岛！恨不能抱着自己的母亲亲到她脸肿。钟鸣鼎食，荣华富贵，这才是应该过的生活啊，相比一下，自己以前的生活简直是猪狗不如！王娡一边享受着奢华的生活，一边为自己怨恨母亲的举动后悔，还不住地感叹自己的母亲有眼光。怪不得母亲要那么煞费苦心地把自己和妹妹往这里硬塞呢，这才是自己的亲妈啊！

既然命中注定要来这个地方，那就既来之则安之吧。其实说起来王娡的性格跟臧儿的性格确实很相像，说好听点就是都是女强人型的。她总是想：凭什么我们姐妹就该是贫贱的命，何况我王娡从小就被人当成一朵花夸，可前几年我又得到了什么？不过就是他挑水我浇园，他打工我纺线罢了，那真不该是我过的生活……

有这样的性格，再加上一心上进的心思，当太子刘启也就是后来的汉景帝第一次接近她的时候，已经是一个孩子母亲的王娡将一个已婚少妇的魅力展现得淋漓尽致，居然就把太子刘启牢牢地吸引住了。看来，这个女人还不是一般的少男杀手啊！当然，刘启自始自终应该并不晓得她的身世。等到刘启又顺理成章地成为皇帝的时候，她还依然拥有太子的爱，先封美人，后封夫人。

王娡一共为汉景帝生了三女一男，长女就是赫赫有名的平阳公主（平阳公主身上也有自己母亲的遗传基因，她先是嫁给了开国功臣曹参的曾孙、平阳侯曹寿，后来又改嫁给自己家先前的小骑奴、以后功勋烈烈的大将军卫青），而王娡唯一的儿子自然就是我们的绝对男一号汉武帝了。

王娡的妹妹运气也不错，也很受汉景帝的宠爱。她也为汉景帝生了好几个儿子。当然了，都没有汉武帝出众。

我们前边也说了，汉景帝为自己的孩子起了一个"彘"的名字。不过好在刘彘被荣幸地改立为太子，他的皇帝老爹因他"圣彻过人"，就把名字改成了"彻"，要不英明神武的汉武帝真要带着这么个逗哏儿的名字被载入史册了。

从这个宝贝儿子诞生伊始，春风得意的王美人就开始施展自己的小聪明和小心计。上天是帮助王美人的，因为那时候汉景帝的原配夫人薄皇后没有儿子，也就谈不上母凭子贵，更不会得到什么额外的宠爱了。这自然就更助长了王美人的希望和野心，而薄皇后最终不幸地成为历史上第一个被废黜的皇后。那时候没有B超，也没有任何先进的手段，当然就不可能知道自己怀的是男是女了。可见那时候的嫔妃是多么不容易，只有在生出孩子的那一刻才可能知道自己是不是会得到额外的宠幸。当然，这样也有好处，像是王美人在知道自己生了儿子的时候，那种兴奋估计比中了500万还要高兴。有其母必有其女，就在王美人还怀着汉武帝的时候，虽然并不知道自己这回一定会生儿子，可是她却别有用心地对汉景帝说：自己做了一个非常非常奇怪的梦——居然梦到太阳钻进了自己的肚子里，这居然就跟后来汉景帝的梦不谋而合了。

听完这话，汉景帝跟着哈哈大笑，连连称赞：梦日入怀，好兆头、好兆头啊！

看，这就是聪明女人的手腕！

在古代，尤其是在佳丽三千的皇宫，如果你没有什么出彩的地方，是很容易就被淹没在人群里的。武则天还不是在宫中埋没了八年，还不幸地被带到感业寺待了三年才有的出头之日？所以，你要么有能绝对吸引皇上注意的才华，要么有能察言观色，说皇帝爱听的话的聪明。王美人能够最终登上皇后的宝座，对于现在整天抱怨抓不住老公心的女人来说，有着绝对的教育意义。因为王美人本身也没有什么特别的技能和才华，但就是这个女人将皇上迷得神魂颠倒的，为什么？就是因为这个女人聪明，有手腕。爱情这个东西，也是讲究智谋的。

而当年那个被王美人怨恨的臧儿，更是用自己全家性命做了赌注，如果其中任何一个环节出了差错，都会给自己带来株连九族的厄运。但这样的冒险却使她最终成为最大的赢家，两个女儿都如占卜师所言成为显贵之人。臧儿也一步登天，过上了比原来生活还要富贵很多倍的皇戚生活。

虽然臧儿的做法太过偏激，但是不得不说这个女人身上也有闪光点，毕竟她是靠自己的努力最终成就了自己。

媳妇熬成了婆

王美人现在已经为汉景帝生了一个名正言顺的皇子，身价也从那一刻起倍增，但是这个不甘寂寞、争强好胜的女人怎么可能满足于现在的地位呢？她的目标是为自己的儿子争得太子的位置，为自己争得皇后的位子。

前面已经说了，薄皇后没有给汉景帝生下一儿半女，不孝有三无后为大，这也就注定了薄皇后皇后的位子不会坐长久了。当然，历史最终也给了薄皇后一个第一——第一个被废黜的皇后，不过这个第一没人愿意要。

当时汉景帝宫里有大量的妃嫔，这是众所周知的，但我们要说的是，就算这么多人，也没有几个是王美人的对手。对当时的王美人来说，比较有竞争力的只有两个人：一个是薄皇后，另一个则是栗妃这个堪称眼中钉、肉中刺的女人。但后来薄皇后黯然退场，王美人也因此少了一个强劲的对手。而薄皇后的退场，在很大程度上要归功于栗妃，要不是她一直在打前锋，也许事情不会变成这样。

这个栗妃是何许人呢？

栗妃就是汉景帝做太子时的妃子，人长得漂亮不说，还给汉景帝生了三个儿子，其中刘荣又是长子，因此栗妃很受汉景帝宠爱。

那时候的妃子如果想登上皇后的宝座，需要几个条件：长得要够美；如果没有长相就要有一技之长，要么够聪明，要么有手腕；能给皇上生儿子，自己生的儿子最好排行是老大；还要得到皇帝的宠爱。栗妃容貌俊美，生子又多，况且又得汉景帝专宠，按理说栗妃得到皇后宝座的几率很大，但最终却败下阵来。为什么？就是因为这个女人不聪明，而且是非常不聪明。

如果栗妃参加票选的话，按照前面的条件，得到的支持票数一定最多。然而也正因为这些得天独厚的条件使得栗妃目中无人、恃宠而骄。另外，她还有一个天生的缺点——心胸狭窄。更重要的是，她没有手腕。历史上那些最终名留青史的皇后，像长孙皇后、马皇后等，哪一个不是虚怀若谷并且通情达理？而诸如吕皇后等人，虽然没有那样的胸怀，却有绝对毒辣的手段，这也能够使她们笑到了最后。可怜的栗妃本质上既没有母仪天下的胸怀，也没有绝对毒辣的聪明手腕，又怎么可能最终胜出呢？

而且在这方面，栗妃有个强劲的对手——王美人。前面王美人就说过在怀孕的时候梦见红日直入怀中，这也就在无形中为小汉武帝披了一

层神秘而又高贵的面纱。聪明的王美人又在自己无意中说漏嘴的情况下，貌似"无意"地让自己身边的宫女将这个消息传遍宫中。小汉武帝身上的光环就更加耀眼了。不过，当时的形势对王美人来说一点儿都不乐观。首先，汉景帝是个循规蹈矩的人，在很多问题上他要征求自己母亲窦太后的意见。这个窦太后也是个非常强硬的女人，这个我们会在后面详细讲述，暂且不提。按照立嫡立长的宗法原则，皇后没有为皇上生儿育女，就要立长子为储君。这样说起来，只有栗妃的长子刘荣符合要求，所以他很荣幸地被立为太子。而刘彻当时排行老十，又是庶出，哪有那么多太子的位子等着他去坐啊？不过，事情也不是完全没有转机的，因为刘彻四岁的时候被封为了胶东王。不管这个王怎么样，好歹是前进了一步啊。

刘荣被立为太子之后，王美人心里着实难过了一段时间，但身上有着女强人遗传基因的王美人并没有因此放弃奋斗。放在今天，王美人就是千万女人的励志楷模，现身说法，光演讲费就能挣到不少。而王美人之所以又重新燃起希望，是因为她又看到了契机——栗妃因为心胸狭隘，使得她在宫中的人气急剧下降，宫里没人喜欢她。而自从当了太子之母后，栗妃更是飞上了天，恨不能把所有的人都踩在脚底下。古语有云，多行不义必自毙。栗妃身为古人，居然连这个道理都不懂，也难怪最后惨败，而这也在无形中为王美人创造了晋升机会。

栗妃不聪明也就罢了，她还有个致命的弱点，用一句不好听的话说就是"狗肚里盛不住酥油"，有什么话从不埋在心里。在薄皇后不幸死去后，汉景帝本来有心要立栗妃为皇后，但栗妃的表现却令人非常失望。汉景帝曾经郑重其事加异常严肃地对栗妃说："我死之后，你要好好地照顾我的儿子们啊！"这本身是一句多么情深意长的话啊，潜台词无非就是我将自己的身后事都交给你了，要是没心立栗妃为后干吗要跟她说这些？而直肠子的栗妃不但没有爽快而且更加情深意长地答应，反而说出了一句让人喷饭的话，这个笨拙的栗妃是怎么说的？她说："那帮猪仔子，平时对老娘那么不尊重，我凭什么照顾他们?!"不知道当时汉景帝是怎么想的，但可以肯定的是，汉景帝对如此不知好歹的栗妃很无语：这样的女人真是世间少有！

后来，另一个人的介入使得这场争储之战越加复杂起来。她就是汉

景帝的亲姐姐、馆陶长公主、栗妃和王夫人的大姑子刘嫖。馆陶长公主的介入，最终也使得天平向王夫人（这时候已经由美人升级为夫人了）这边倾斜了。馆陶长公主刘嫖与景帝刘启同是窦太后所生，她下嫁到功臣陈婴家，做了陈婴的孙子堂邑侯陈午的妻子。

　　长公主刘嫖作为窦太后的独生女儿，自然受到窦太后的格外宠爱。长公主可以自由出入宫闱，与景帝的关系也非常密切。她说的话对景帝有很大的影响力。

　　刘嫖在宫内宫外都有势力，所以后宫的姬妾们都巴结她，企求让她帮自己在汉景帝面前美言。长公主看众人这样奉承自己，心中自然非常得意，所以常常帮这些姬妾去接近汉景帝。长公主刘嫖和堂邑侯陈午只有一个女儿，取名阿娇，也就是后来被汉武帝金屋藏娇的女主角。长公主对阿娇异常宠爱，一心想让阿娇做皇后。长公主见景帝已经立刘荣为太子，就想将阿娇许配给刘荣，这样阿娇以后就可以顺理成章地做皇后。这样一来也可以巩固自家的权势，所以长公主就托人去向栗妃提亲。我们总在说，一个没有什么智商的女人即使不在这个沟里翻船也会在另一个沟里翻船的，栗妃就是这个即将在阴沟里翻船的笨女人。栗妃一直看不惯刘嫖那种上蹿下跳、搬弄是非的钻营劲儿，再加上她为人心胸狭窄，对于长公主帮后宫诸妃瓜分自己恩宠的事情一直怀恨在心，很长时间里都在寻找机会出这口恶气。现在长公主托人来做媒，栗妃心里暗笑：终于找到报仇的机会了。所以她不但一口回绝了提亲的人，还把人家羞辱了一顿。其实我们在说栗妃笨的时候，还要给她加一个表扬，那就是正直，不过这个正直好像用的地方不对，正是它将栗妃最终推进了深渊，万劫不复。话说栗妃在这边不买自己的账，那边大姑子刘嫖就不满意了：我堂堂一国之君的姐姐跟你提亲，你不买我的账也就罢了，还要羞辱我，简直是岂有此理！刘嫖这个不省油的灯被惹急以后，就爆发了小宇宙，一面在皇帝弟弟跟前说栗妃母子的坏话，一面大肆夸赞侄儿刘彻的聪明——这当然是王夫人苦心交接刘嫖的结果。

　　原来，在暗地里，王夫人已经和刘嫖结成了亲家。有一次长公主把小刘彻抱过来，放在自己膝上，摸着他的小脑袋，笑嘻嘻地问他要不要媳妇儿，小刘彻笑一笑没说话。当时正好有一班宫娥在殿内侍立，长公主就指着她们开玩笑地问道："这些人做你的媳妇你愿不愿意呀？"小刘彘摇摇头说自己没有一个喜欢的。最后长公主指着自己的爱女问："那阿娇好不好？"刘彘就咧开嘴乐了，并且马上说："要是阿娇给我做媳妇，将来我一定盖一间金屋给她住。"一句话将长公主逗得开心极了，而小小年纪的刘彘就已经懂得为自己走人缘啦，也真是不简单！

无论什么时候，聪明人都有市场，尽管会有苦难，也只是暂时的，这是真理。当然，这聪明不是小聪明，更不是丧心病狂的假聪明。

再接着说栗妃，她的那份正直给自己带来了什么？无非就是人气继续急剧下降，最后，竟然被汉景帝憎恨了！所以说人际关系很重要，无论你在哪儿，只要你生活在这个社会里，就一定要随时注意调节自己的人际关系，宁得罪十个君子，不得罪一个小人。但栗妃不明白这个道理，她在无形中已经为自己树了太多的敌人。更何况这里面有自己绝对没有实力竞争的聪明人王夫人。在栗妃最终失宠之后，王夫人又不失时机地在栗妃背后点了一把火，当然是神不知鬼不觉的（除了那些为她做事、被收买的人）：她暗地里唆使大行去向汉景帝建议，册立栗妃为皇后。

欲擒故纵！好厉害的招数！看来王夫人也懂兵法啊！

再说大行是做什么的？就是负责掌管宾客之礼的官员，他以为此事责无旁贷，就去奏请汉景帝说："'子以母贵，母以子荣'，现在刘荣被立为皇太子，那栗妃就应该被封为皇后。"

话说汉景帝这时候正为不能废掉刘荣而生气，又听大行建议他册立栗妃为皇后，汉景帝内心的愤怒此时终于找到了出口，于是喝令手下将大行拉出去斩首了。

这样一来，太子刘荣不但被废，正直且不聪明的栗妃也被打入了冷宫，不久便郁闷而死了。这个原本最有希望做皇后的女人就这样香消玉殒了，不过她不能怪任何人，这一切是她自己一手造成的，但愿她在九泉之下能够大彻大悟。

栗妃的死对于王夫人来说是绝好的一件事，此时薄皇后的骨头估计已经烂掉，栗妃也黯然退到历史舞台的后面，偌大的舞台上只剩下王夫人一个人翩然起舞。那皇后的位置还能是谁的？王夫人在这个过程中拿着冲锋枪顺利地将自己的敌人一个个打败，堪比金刚狼，超额完成了当年母亲交代的任务：生活不是显贵，而是相当显贵。而刘彘"子以母贵"，自然也就在随后成了人人瞩目的太子人选。

刘荣去哪儿了？

应该说开始的时候，被封为胶东王的小刘彻是没有什么参加太子竞选的资格的，因为彼时刘荣已经是太子了，如果没有后面的故事，他就是大汉的继任皇帝，这几乎是板上钉钉的事儿。但是历史没有假如，也根本不允许我们胡乱猜测了。刘荣正是因为后面的一系列事情，将自己无形中推下了太子的宝座，这也许是上天注定的。

话说栗妃没有成功地从现有的位置爬升到皇后的位置，自然是不会善罢甘休的。任何新事物的出现都会遭到旧事物的万般阻挠，有时候甚至会发生流血事件。

汉景帝有心要立刘彻为太子，王夫人为皇后，但却有很多的顾忌。先不说别的，就只废黜刘荣这个太子的阻力就强大到让人畏惧。当时刘荣的老师是窦婴——窦太后的内侄，汉景帝的表哥。因为他一心想做佐命大臣，所以坚决反对汉景帝更换皇太子。汉景帝对窦婴的反对有些恐惧，不是因为窦婴本身有多厉害，而是他背后的靠山厉害。窦婴的靠山是谁？就是汉景帝的母亲窦太后，她的厉害我们会在后面讲到。

但汉景帝很无奈。这个栗妃太不聪明了，人缘不好也就罢了，居然还没眼力见儿地得罪了自己的大姑子。难道她不知道这个世界上最不能得罪的人就是大姑子？在平常人家大姑子都是需要捧的，更何况是身在帝王家，而这个大姑子还是相当有势力的。

话说回来，不光前面窦婴和窦太后让汉景帝闹心，就是围绕太子废黜这件事展开的党派之争也足够汉景帝喝一壶的。历来在太子周围都会形成一定的派系，也就是传说中的太子党。他们正是仗着太子这棵大树好乘凉的，现在大树要倒，他们怎么可能轻易妥协呢？

就在汉景帝有意向要废立太子的时候，窦婴和周亚夫都进谏阻止，给出的理由当然不是这样会削弱他们的势力，没有人会傻到这份上。他们肯定是冠冕堂皇地说，这样不利于国家稳定，而且历史上一般废立太子的结果都是不太好的，是不利于统治的。但遗憾的是，这样的阻挠无效。

栗妃的兄弟栗卿眼看着煮熟的鸭子马上就要飞走了，能不着急？他也跳出来反对，不过一只蚍蜉撼大树，树是连动都不会动的。这还不算什么，这只蚍蜉还被树叶砸中了头。栗卿被汉景帝送进监狱判了死罪，可怜可叹！

其实栗卿的死着实有点冤枉，他以为汉景帝是傀儡呢，而这时候的汉景帝手中的权力还是很大的。由此我们也知道，栗妃的不聪明是有理由的，因为他们栗家人智商好像都不是很高。

其他人一看栗卿落得这样的下场，皇上的眼里现在根本就是在冒火，谁还敢去冒死进谏？头上的顶戴花翎才是重要的啊：谁当太子不是当，只要自己对他忠心，就不怕没有好前程。

公元前150年春正月，汉景帝下定决心，不理会任何人的阻挠，直接将刘荣从太子的宝座上拉了下来，赐给他临江王的头衔，将原本没有参赛资格的刘彻扶了上去。

栗妃不光将煮熟的鸭子放走了，还连累了自己的儿子，自己兄弟的性命也被自己这么儿戏的牺牲掉。而现在的自己更是可怜到了家，冷宫里虽然不冷，但要见皇上一面难比登天。她最后之所以死掉，估计是为自己的鲁莽行为感到异常后悔了。

应该说这时候的刘荣是很凄凉的。在那个只讲究派系之争和权力倾轧的皇宫里，没有了靠山也就意味着什么都没有了。更何况这时候的刘荣已经被父亲从光芒无限的宝座上拉了下来，还有谁愿意围在自己身边？太子的宝座丢了，母亲和舅舅也死了，屋漏偏逢连夜雨啊！好在刘荣还算宅心仁厚，没有因此大开杀戒。他在临江的都城江陵还能爱护百姓。然而突然从衣食无忧，120平的房子里搬到只有60平的小屋里，刘荣还是有些不太习惯。伙食上还好说，房价这么高，怎么再为自己多争取点住房面积呢？这是刘荣迫切想要解决的难题，蜗居的日子太难熬啊！

后来刘荣就查看自己宫殿附近的空地，转来转去，发现想要个大户型的房子基本是不可能的。不过这也不是完全没有办法解决的，只是要冒一些险，最终已经被蜗居的生活折磨得痛苦不堪的刘荣还是决定铤而走险。刘荣冒险的目标是什么？原来在刘荣，宫殿附近就是汉文帝的太庙，那边倒是有点多余的空地，刘荣此次就是派人将太庙空地边上的一面墙占用了。要不说刘荣走背字也是应该的呢，自己爷爷的东西你也敢占？就不怕他半夜爬出来找你的事儿？不过没等死人来找事儿，活人就先来了，有人将这件事报告给了汉景帝。不管这个人是出于正义还是出于私心，或者是被人收买了用来监视刘荣的，他这样做都是正确的，刘荣这是对祖先的大不敬啊！

汉景帝一听父亲的坟快被刘荣掘了，勃然大怒，即刻下令将刘荣逮捕，把他交给郅都去审问。

刘荣被人从江陵带着赶往长安的时候，老百姓还出来给他送行了，当时场面是十分感人的。但刘荣也算是个好人了，老百姓的温饱问题解决了，也没有给他们额外地找什么事儿。这中间甚至有人动容地哭了，因为他们知道刘荣这一去是凶多吉少。

房子害死人啊！

另外，汉景帝把刘荣交给这个叫郅都的，估计也已经不顾及他的死活了，因为郅都是个绝对厉害的角色啊！

郅都如果生在宋朝就是另一个包青天，后人对他的评价非常高，把他与战国时期赵国的廉颇、赵奢等名将并列，誉为"战克之将，国之爪牙"。他是西汉最早以严刑峻法镇压不法豪强，维护封建秩序的名臣。

郅都业余爱好没有别的，就是研究韩非子的法家学说，所以他为人极为严厉，而且秉公办事，从不徇私情。就连他自己的亲属都不敢当面求他办事，只能曲线救国地用写信的方式提出来。但即使是这样也没有什么用，因为郅都从看见亲友托他办事写的书信开始，就再也不拆阅私人给他的信件了。作为人民的好公仆，郅都也从来不接受任何人的馈赠和礼物，人情慰问也从不接受，请托谒见就更别说了。现在我们的社会要是多几个郅都这样的人，那该多好啊！

郅都的行事做派，逐渐得到皇帝的赏识，被任命为中尉。受此鼓励，郅都更加严格要求自己，执法更加严格，甚至到了残酷的地步。不管你是不是皇亲国戚，是不是侯爷公主，法律面前人人平等！因此那些权贵们见了郅都都是斜着眼睛看他，时间长了估计得成斜视。那时候郅都有个相当威风凛凛的外号，叫"苍鹰"，可见当时郅都在人们心目中的冷酷程度。所以说，刘荣被责令交给郅都，还有活路吗？

刘荣从江陵一路颠簸地到了长安，还没来得及喝口水，就直接被送进了大牢。不知道当时刘荣是怎么想的，他以为郅都的外号只是一时性起才被封的，居然想从郅都这儿帮助自己脱险。他给一个小狱监行贿要借一副刀笔，准备给自己的父亲汉景帝写封言辞恳切的信，以得到他的原谅，顺便免除郅都严厉的审讯。但你想，号称苍鹰的郅都怎么会允许这样的事情发生在自己眼皮底下呢？这不是对自己以往业绩的侮辱吗？

听到自己的学生落到这样的下场，刘荣的老师窦婴就赶来看望自己的学生了。师生两人没来得及说话，先抱头痛哭了一场。刘荣还没忘记自己要一副刀笔的事儿，就央求自己的老师窦婴想办法帮自己偷偷弄过来。窦婴想这个小小的要求也不算什么，就派人把刀笔放在送食物进来的篮子里，偷送了进去。刘荣在郅都不肯借给自己刀笔的时候，就已经明白这个号称苍鹰的郅都是个名副其实的苍鹰，再审下去自己也不会有什么好果子吃，还不如自行了断来得痛快。对生已经不抱希望的刘荣，在给父亲汉景帝写了一封绝命信后，在狱中悲切地自杀了。

应该怎么评价刘荣的死呢？说他有自知之明，还是胆小怕事？那就由世人去评说吧。但刘荣的墓志铭却不能骄傲地说：我解决了住房问题！因为他到死还是那个小户型。

刘荣死了不要紧，他的主审官郅都因为他也没落得什么好下场。窦太后在得知孙儿惨死的消息后，哭得是昏天暗地。她觉得孙儿之所以出此下策是因为被郅都逼得走投无路了，所以郅都是杀死孙儿的凶手。

要不说郅都冤呢，遇上这么个太后实在是很无语，不说自己的孙儿是多么混账，还把账算到郅都头上。难道他为了争取大户型就能随便挖自己爷爷的坟？郅都做得没有错，但可惜的是，郅都没有生在现在，而是生在了封建时代。

窦太后把儿子汉景帝召来，要他一定要严厉惩办郅都。对母亲一向

言听计从的汉景帝没办法，只好免了郅都的职，把他调到了北方，去做雁门太守。应该说那时候的郅都就已经开始走背字儿了，他的外号不光能震慑汉朝的人，也能震慑匈奴人啊。结果这拨匈奴人害怕自己有一天也会领教到郅都的严厉，就派使者向汉朝抗议，说郅都虐待他们，违背了当初的和约。

窦太后一听这话，知道为孙儿报仇的机会来了，于是就逼汉景帝把郅都杀了。前面说了汉景帝是个宅心仁厚的皇帝，杀人这事一般不愿意干，而且他非常赏识郅都，就替郅都辩解说："郅都是个忠臣。"心里就准备赦免了他。

但窦太后听了这话满脸不痛快，就斥问景帝说："临江王刘荣就不是忠臣吗？他死的就不冤枉吗？"就在这位堪比慈禧的老太后的横加干涉下，一代忠臣最终魂归西天！

而窦太后，也逐渐地从幕后走到了前台。

黑马出现了

应该说，刘彻能从原来基本没有什么参选资格，而最终一举胜出，是有些险胜的意味的。虽然他已经成功扳倒了刘荣这个最大的阻碍，但太子的地位意味着什么，应该是人人都清楚的事情。走了一个刘荣，刘彻的战争还要继续，因为随时可能会有黑马出现。

这个半路上杀出的程咬金不是别人，正是梁王刘武。

梁王刘武不是别人，正是汉景帝一母同胞的兄弟，更是窦太后的宠儿。这个老幺深得母亲窦太后的宠幸，窦太后对他那是百依百顺，而汉景帝这个哥哥对自己的小弟弟说不上百依百顺，但最起码是非常喜欢的。

有一次刘武远道来京城拜见自己的母亲窦太后和哥哥景帝，之所以说是远道，是因为刘武过继给了原来的梁怀王刘揖，刘揖死了以后他就"子承父业"，做了梁王。汉景帝和窦太后见了远道来的刘武非常高兴，于是赶紧吩咐手下人，多弄点好酒好菜，要给刘武接风洗尘，顺便还叫了几个大臣来，一块助助兴。

中国人在饭局中解决问题的传统是由来已久了。因为人在喝完酒后很多平时不说的话很容易说出来。这不也是吗？酒过三巡、菜过五味之后，席间的融洽氛围就被营造出来了。窦太后心里高兴，就夸汉景帝对待自己的弟弟不错。

汉景帝也有点人来疯，有酒助兴，再加上自己本身也挺喜欢这个一母同胞的弟弟，又知道母亲确实特别宠爱刘武，为了讨母亲欢心，景帝就对窦太后说："将来儿子百年之后，就把皇位传给弟弟吧。"

刘武是什么人？在酒场上待惯了的人，一下就听出这是哥哥想讨母亲欢心才说的话。不过是好话就有人愿意听，要不说拍马屁一直有市场呢！而且说者无心，另外一个听者却有意了，窦太后听汉景帝这么一说，心思就活泛起来了：如果两个儿子都能当上皇帝那将是多么美妙的事情啊！

窦太后这边还沉浸在美妙的幻想中，那边窦太后的侄儿窦婴却起来反对了。窦婴斟了一杯酒端给汉景帝，说："天下是皇帝的天下，把皇位传给皇子那是天经地义的事儿，不能更改，怎么能传位给梁王呢？皇上说错了话，自罚一杯。"

从《史记》里我们知道汉景帝在说传位给刘武的时候，虽然喝多了点酒，但却是从容地说出来的。这说明那点酒并没有起什么作用，人还是清醒的。现在窦婴出来反对，他也就没再接这个话茬儿。

不过所谓枪打出头鸟，说的就是窦婴这样的鸟。窦太后这边还在幻想呢，你就出来泼冷水，她能高兴吗？窦婴看出了姑母和表弟的不高兴，知道自己"一石二鸟"一下得罪了俩，还能有好果子吃？第二天就请求辞职，回家面壁思过去了。

然而历史最终还是给了刘武机会，让他趁此机会好好表现了一把。

— 22 —

而这个机会是众多的诸侯王为他制造出来的。说起这些诸侯王，还要从刘邦说起。

任何一个新生的政权在它诞生之初，都要考虑以什么样的制度和组织形式维系政权。秦朝建立之初，分封制和郡县制一直吵到这个王朝灭亡。虽然郡县制最终胜出，但有人却果断地认为，如果不实行分封制，用不了十几年帝国就会灭亡！

事隔十几年，预言在汉朝也要应验了！刘邦发挥自己海纳百川的包容性，一举将项羽拉下了马，建立了汉朝。接下来这个国家要怎么统治，就需要大家好好商量一下了。郡县制的可能性也不大了，因为秦朝的教训就在眼前。而分封制貌似也比较玄，周王朝不就是这样灭亡的吗？商量来商量去，刘邦决定先实行郡县分封制，因为这样有助于稳定西汉初年脆弱的政权。

不过刘邦知道这不是长久之计，于是在这之后不久就把那些当初封给异姓诸侯王的地盘封给了自己的儿子、侄子之类的亲戚，这样刘姓诸侯王就取代了异姓诸侯王。最后刘邦又给这加了层保险，把那帮跟他一起打天下的功臣宿将召集到一块，杀了匹白马，跟黑社会结盟似的，每个人喝了碗血酒，相互约定"非刘姓而不能王，否则相约天下共击之"。当下，就封了9位刘姓诸侯王。

刘邦以为这下就没人可以反自己的刘家天下了，却忽略了这个制度的弊端。诸侯王的权力这么大，有兵又有钱，很容易就跟中央叫板啊：你姓刘，我也姓刘，凭啥你当皇帝我当王？人的欲望是无穷的，皇位的诱惑是无穷的，这跟姓刘姓马是没什么关系的！

事情到了景帝这朝终于有了变化，几个诸侯王相约造反了。导火索是景帝担心诸侯王势力过于强大不好控制，就听取了晁错的建议，找了理由来削减诸侯国的封地。

对于汉景帝的做法，刘邦的侄子吴王刘濞心中很是不满。早在文帝在位时，刘濞就让自己的儿子到长安去充当人质，留在宫中生活。当时身为皇太子的刘启与其下棋，为了一个棋子两人发生了争执，刘启用棋盘把刘濞的儿子砸死了。

刘濞痛失爱子，将仇恨埋在了心里。现在杀了自己儿子的凶手居然又要对付老子，简直是可忍孰不可忍。也好，那新仇旧恨就一起算吧！

刘濞随即联络了楚、赵、胶西、胶东、菑川和济南六国发动叛乱，也就是历史上有名的"七国之乱"。

而说这件事给刘武创造了表现的机会，是因为刘武加入了反抗阵营。他的加入不是完全出于公心，而是机缘巧合，因为梁国正好挡在吴楚两国进军长安的路上，所以他是这拨造反的人首当其冲的攻击对象。不过刘武也是好样的，一边发出求救的信号，一边坚守着不投降。由此也就知道了，当初酒桌上汉景帝说要将皇位传位于刘武，也有要自己的弟弟为自己捍卫京城的打算。

这个时候就要表一表周亚夫这个人了。面对七国远道而来的吴楚军队，周亚夫命将士们"只守不攻"，采用疲敌战术来拖垮对方。因为这些造反的人是离开故土作战，军粮运输不济，而且本身带的粮食也不多。另外，周亚夫还派人劫夺吴楚军队的粮草，结果敌方军心动摇，全线崩溃。不到三个月的时间，周亚夫就率领将士将七国叛军逐个击破了。

这边刘武死守城垣，损失也相当惨重，但总算熬到了胜利。汉景帝对于弟弟刘武的忠心不二和孤军阻击吴楚军队的战功非常感激，给予了他特别的赏赐，并准许刘武使用天子的旌旗，还拨出战车一千辆，骑兵一万人给刘武做警卫之用。

但刘武和栗妃有一个相同的毛病，就是恃宠而骄。在得到汉景帝的越发宠信之后，刘武变得越来越奢侈放纵。他自己修建了一个大花园，叫兔园，后人又称之为梁园，里面楼台轩榭、曲径流水相互辉映，花木都是从各地搜罗来的珍奇品种。而刘武更是纵情声乐，不是跟侍女们斗鸡、钓鱼，就是与门客们喝酒吟赋，这里面就有大文豪司马相如。

到了后来，刘荣被废黜的消息传到了刘武耳朵里。刘武的心思就开始活泛了，手下人更是怂恿刘武谋取继承人的位置。之后，刘武就决定先从窦太后这边下手，于是找到窦太后求情。本身就有这个意思的窦太后摆了个类似鸿门宴的酒席，嘱咐景帝要好好照顾自己的兄弟。汉景帝不是傻子，自然明白母亲的意思，当即表示这不成问题。

第二天，汉景帝就召集了心腹大臣，秘密地商议是不是可以传位给梁王。在官场上混的人如果不知道汉景帝此番找自己商议就是为了搁浅窦太后的意见，那这官也就白当了。退职养病的大臣袁盎听说这件事后，更是不辞辛苦地从安陵老家赶到长安进言劝阻。

袁盎是谁？这个号称"无双国士"的人就是当年主张杀晁错的男主角。

袁盎动之以情晓之以理，说从前宋国国君子力，不传位给自己的儿子，而是传位给弟弟，结果两个人的儿子们互相争斗导致宋国大乱，三个国君连续死于非命；皇上不能让我们的国家在若干年后重蹈这样的覆辙之类的话。袁盎的话正合汉景帝的心意，窦太后的建议也就名正言顺地被搁浅了。

但为了皇帝的宝座，刘武自然是不肯善罢甘休啊。他见一计不成，就又生一计。他请求汉景帝准许他从淮阳修一条甬道直达长安长乐宫皇太后的住处，给出的理由是这样能随时朝觐太后。不过他的真实目的则是趁时机成熟后，在这条道上迅速进兵长安夺取政权，但袁盎这次又带头反对。刘武的计划还没实行就流产了。

这样跟上面的人直接对抗，后果一般是非常惨烈的。袁盎很不幸地走上了这样一条路。在他成功搁浅了窦太后的建议后，最终被刘武派来的刺客暗杀了。

十多位高级官员一夜之间横尸皇城，这件事一下子震惊了朝野。其实很容易想得到究竟是谁干的，景帝之所以没有声张，就是想以公正的名义来震慑凶手背后的指使者。他不知道自己的弟弟刘武最近的所作所为吗？他当然知道，只是因为前面有自己的母亲挡着，他这个儿子不好发作罢了。

但是，其他的纵容也许可以，但是现在出了这么大的事儿，就算是他这个哥哥想帮他兜着都来不及了。很快，重案组一行就来到了梁国。

侦察官在外面一刻不停地找着线索，但这个时候刘武还没有意识到问题的严重性，不过他身边的一个亲信却看出了事情不是那么好就能掩盖过去的。这个亲信是谁？他就是韩安国。

要说这个韩安国可不简单，他在梁王朝内当大夫，不仅文武兼备，而且能言善辩，是个各项全面发展的狠角色。在梁王的各种重大决策中，他担当的是军师的角色。

韩安国曾经因罪被囚禁于山东蒙城的一所监狱内。无论是古代的监狱还是现代的监狱，都存在着狱吏用手段来羞辱囚犯的事儿，如果你看过外国的电影，这种认识就更加深刻。韩安国身为狱囚，自然也不能幸

免。对于蒙城狱吏的百般羞辱，韩安国说："死灰难道不会复燃吗？"话外之意就是：山不转水转，你小子哪天别栽到我手里。

这个狱吏反应也挺快，竟然大言不惭地说："死灰要是复燃了，我就用尿把它浇灭了。"

但是不久，这个狱吏就为自己说的话付出了沉重的代价。

因为之后不久，韩安国就官复原职，他再次找到这名狱吏，说："死灰已经复燃了，你怎么不用尿浇灭了呢？"

这个教训对于狱吏来说太深刻了，尿估计也尿了，但肯定是尿在了自己的裤子上。不过韩安国大人大量，最终没有怎么着这个狱吏。

有句话说得好："能知窘境而不窘也，大丈夫也；能忍者，大智者；能知锋芒而不露也，大权谋家也。"韩安国正是这样的人。

韩安国冷静地对待已经发生的那些事，发现了王美人的意图，人家是冲着皇位去的。也正是因为这样，韩安国多次提醒刘武，要看清身边真正的敌人，要低调行事，但是已经被欲望冲昏头脑的刘武根本就听不进去：刘彘难道能成为皇位继承人吗？如果我的对手只是刘彘那样的，那我这个当叔叔的还真的羞于和他争了。

这句话既是戏言，也是天机。

现在这样的危急关头，韩安国又站出来了，这一次韩安国没有给刘武提什么建议，而是告诉刘武他必须这么做。

韩安国跪倒在刘武面前，老泪纵横，问他，他和当今皇帝的关系，比起皇帝和刘荣的关系，哪一个更近一些？

刘武肯定觉得当时韩安国脑袋是秀逗了，这种幼稚的问题还来问他，当然是皇帝和刘荣的关系近了。

韩安国看刘武这样明白，就继续说，大王既然知道栗妃因为做错了一件事情，说错了一句话，就被打入了冷宫，刘荣也被废黜，就说明皇上是公私分明的。他的儿子犯了错，他都没有任何偏袒，现在更何况关系比儿子还远的你呢？前段时间皇上之所以对你的无礼谦让，还不是因为有皇太后替你撑腰？要是哪一天太后百年了，大王还能仰仗谁呢？

韩安国这番句句动情的话直击刘武的心脏。刘武还没来得及思考，所有的骄横就全部转化成了恐惧。所以没等重案组的人员继续调查，刘武就答应交出凶手，以便能戴罪立功。但几名凶手在押解回都之前就全

部自杀了，这给刘武留下了个好说话的借口。

另外，窦太后知道自己宠爱的小儿子犯下这样的错，把他骂了一百多遍，但是这是自己最喜欢的孩子，即使死上十个八个大臣，也要救他啊。急火攻心的窦太后就开始食不下咽，夜不能寐，整日啼哭。这其实是窦太后的苦肉计，做给汉景帝看的：你自己看着办吧，是不要你母亲的命了继续查下去，还是停止查证。结果，弄得汉景帝是焦头烂额。

但是死的人是国家的重臣，一句"凶手已经死了"是不可能就这样一了百了的。之前刘武没有意识到问题的严重性，但是现在经韩安国这么一说，他已经知道问题绝对不是自己想得那么简单了。怎么办呢？只能负荆请罪了。

不过就在刘武起程去见汉景帝的时候留了个心眼，汉景帝派出的人没接着刘武，当时窦太后以为汉景帝已经暗中杀了自己的小儿子，差点休克了。她哭着向汉景帝要自己的儿子，汉景帝也不知道自己这个弟弟去哪儿了啊。

原来，刘武害怕景帝还要治他的罪，所以听了大夫茅蔺的计策，到函谷关后抛下自己的车队，换乘民间的小车，只带两个贴身侍卫，投奔姐姐长公主刘嫖去了。

刘武在长公主刘嫖的陪同下，光着膀子，背着条子，跪在未央宫北门请罪。这个时候虚弱的窦太后倒是喜出望外，跑出来见自己的小儿子。刘武面子上的功夫已经做足了，景帝也不好不给他台阶下了。

事情到此也基本尘埃落定了，刘武不具备做皇帝的先天条件，只能就此罢休，要不闹下去可能连自己的命都要搭上。一个连自己的敌人是谁都不知道的人，想要赢得这场战争估计也不容易。

刘武在负荆请罪一事之后，也彻底消停了，灰溜溜地回到了梁国，没过多久就一命呜呼了。至于刘武是怎么死的，有很多种说法。其中一种是说他出去打猎打到一头脚长在背上的牛，一惊吓发了热给病死了。不管怎么着，刘武是死了，而刘彘的敌人也基本没有了，其他那些不具备皇帝竞争的参选资格，不足挂齿。

刘武虽然死了，但是不得不说的一点是，刘武应该也是一个虚怀若谷的人，他身边有一大群食客，其中有齐人公孙诡、羊胜、邹阳、吴人枚乘、严忌、蜀人司马相如等，都是以后响当当的人物。

— 27 —

太子之位众望所归

刘彻最终能被立为太子，当然也沾了母亲当皇后的光。但如果刘彻是个愚笨至极的家伙，相信汉景帝也不会这么轻易就将刘荣从太子之位上拉下来，让他最终成为太子的。可以说刘彻当太子是众望所归。

刘彻的聪明也许是天性使然，也许是遗传了自己母亲的聪明基因，也许是这两种因素互相作用的结果。反正结果就是刘彻身上聪明和不凡的光芒照得汉景帝睁不开眼，让汉景帝看见这个儿子就觉得格外开心和满意。

有一次汉景帝在家请名将周亚夫吃饭。这个周亚夫是谁呢？就是我们在前面讲到的平定七国叛乱的大将。周亚夫的名号当年可是响当当的，他是将门之后，西汉开国名将周勃的儿子。他自己也非常能争善战，而且治军有方，曾经多次获得汉文帝的赞许。后来发生了七国之乱，他统帅汉军，三个月就平定了叛军，拔得了头筹，并逐渐把持了国家的军权。再回过头来说吃饭这件事。当时可能是仆人的疏漏，周亚夫的席上只放着一大块肉，既没有切，也没有准备筷子。周亚夫当时觉得特别不高兴，在脸上就表现了出来，不悦地叫侍者取来刀具和筷子，嘴上还一直在嘟嘟囔囔。景帝见状就安慰他说："不是有意要怠慢你的，不放食具只是偶然的疏忽而已，你就别往心里去了！"汉景帝好言相劝，但坐在景帝身旁的太子刘彻却一个劲地拿眼睛直勾勾地盯着周亚夫看。这下周亚夫身上就像长了虱子，如坐针毡一般，浑身不舒服，结果这顿饭没吃就告辞离

开了。周亚夫走后，略显威严的刘彻总结道："此人可畏，必能作虐。"什么意思？就是说周亚夫不是个善茬儿，长此以往，此人必干犯国法的事儿。

刘彻尽管年纪小，但是眼力非常准，周亚夫的事儿竟然被他一语破的。因为任何一个桀骜不驯的臣子都不可能和君主处好关系。如果这个周亚夫稍微有点脑子，就不会是后来的结局了。周亚夫性情耿直，在政治上表现得特别"大智若愚"，屡屡触犯景帝的忌讳。而且他当初就坚决不同意废掉太子刘荣，结果就慢慢地被景帝冷落了。在他身上我们能看到栗妃的影子，这两个人还真是像，虽然都很正直，但是都没有眼力见儿。周亚夫的没脑子还表现在自己被景帝冷落之后的愤愤不平上，他觉得自己是个功臣，便不把别人放在眼里。这点上他和栗妃又很像，两个人都是把眼睛长在头顶的人，也正因为这样，不能及时看到将来的危险，可悲可叹！最终景帝找了个借口将周亚夫下狱，周亚夫觉得自己受到了奇耻大辱，在狱里上演了一场绝食的表演，五天之后死了。

少年刘彻的目光居然灼伤了一位功臣良将的优越感，足见其敏锐和犀利！

还有一件事，发生在刘彻十四岁那年，那是一件相当奇特的凶杀案。杀人犯名叫防年，而被杀的人不是别人，正是防年的继母。防年录口供说是因为继母杀了自己的生父，所以他才一气之下杀了继母。当时，作为最高司法机关的廷尉要以杀母罪论处防年，判他"大逆罪"。宅心仁厚的景帝觉得这样判决好像不太公道，就向刘彻征求意见。大家都知道古代法治和礼治一向是相互结合的，所以刘彻回答道："世人通常说继母如同生母，这也就说明继母与生母本来是不同的，只是由于父亲娶她为妻，地位才'如同'生母罢了。现在防年的继母既然已经杀了他的生父，防年与继母也就此情断义绝，不再存在任何母子关系了。所以，这个案子应当按照一般的杀人罪判处，而不应该判大逆罪。"景帝对刘彻的回答非常满意，也就按照刘彻的意见处置了防年，将防年的大逆不道罪改成了弃市，也就是在闹市处决犯人，而大臣们也都觉得太子刘彻的话是非常合乎情理的。

俗语有云，窥一斑而知全豹，从这些一点一滴的小事儿中就可以看出，景帝已经越来越器重刘彻了。

当然，不得不提的一点是，刘彘的早熟早慧也是众人有目共睹的。比如，那些带有野史性质的《汉武故事》中就说刘彘"少而聪明有智术"，与宫人、兄弟们在一块游戏，总是能故意顺着别人，这样大家与他相处起来就会觉得非常融洽；而刘彘在自己的皇帝老爹面前，更是"恭敬应对，有如成人"，一副挑大梁的做派，又怎能不教人肃然起敬呢？

刘彘三岁那年，景帝曾把他抱在膝上问："儿乐意做天子吗？"小刘彘恭敬地回答说："由天不由人，儿愿每天都居住在宫里，在父皇面前游戏。主要是不敢因为儿的逸欲而导致失去天子的道。"小小年纪就如此机警乖巧，又怎能不讨景帝的欢心？

世有非常之功，必待非常之人，这是放之四海而皆准的的真理。不管野史上的记载是真的还是假的，我们都可以从种种迹象上判断出刘彘确实是一个可以担当国家栋梁的人才。

刘彘的竞争对手一个个败下阵来，他的地位自然是逐渐上升，再加上周围人的不断建议，更重要的是刘彘本身已经具备一个做天子的资格，让他做天子成为众望所归的事情。于是，景帝决定正式册封刘彘为皇太子，王夫人也如愿以偿地做了皇后。另外，汉景帝觉得"彘"这个名字用在未来的接班人身上似乎有些不雅，恰巧看到《庄子·外物篇》里有一句话是"心知为彻"，就给刘彘改名为刘彻，希望这个皇太子能聪明圣彻。

这一年是公元前 150 年，刘彻 7 岁。

阴影下的年轻王者

第二章

　　尽管已经做了太子，而后又做了皇帝，对于年轻的汉武帝来说，一切都刚刚开始。尽管他有一腔的抱负，无奈有一个蛮横的"女司机"总是想要挡住他的路，这个蛮横的"女司机"就是年老但精气神十足的窦太后。要想成功实现自己的抱负，刘彻还是先等窦太后这块头顶的乌云消散了再说吧。

蛮横的"女司机"

刘彻已经成功地当上了太子，这样他也就具备了成为皇帝的资格。但是注意，是具备，而不是完全肯定。正如我们在前面讲的，刘荣好端端的还因为自己的母亲犯错被拉下了太子的宝座呢，所以各方面的关系、各种事情都要尽善尽美，不出大问题才能保证自己的征程一路顺风。稍微有点差池，就可能落得一个刘荣的下场。

这之后，在景帝后元三年，也就是公元前141年的正月，一个阴冷昏暗的早晨，年仅四十八岁的汉景帝因为生病撒手人寰。汉景帝三十二岁即皇帝位，四十八岁驾崩，一共做了十六年皇帝。国不可一日无君，年仅十六岁的刘彻在众大臣的千呼万唤中，登上了等待了九年的皇帝宝座。这位少年天子从此正式君临天下，而他也就是被后世史学家称为"雄才大略"的汉武帝。

不过，刘彻从一个无忧无虑的皇太子骤然间成为一个拥有至高无上权力的君主，肯定会有些手足无措。而刚刚失去父皇的悲哀和登上皇位的喜悦交织在一起，使得心情更是复杂。

刘彻先是将父亲的灵柩发葬到长安东北四十五里的阳陵。接着在高祖刘邦时所建的未央宫正殿里，举行了隆重的登基大典，接受群臣的祝拜。

登上皇位之后，刘彻最不能忘记的是帮助他夺储和继位成功的几位至亲，他的第一份诏书就是几张委任状。他先封窦太后为太皇太后，封自己的母亲为皇太后，封长公主刘嫖的女儿阿娇为皇后，入主中宫，履行了他小时候"金屋藏娇"的诺言。

为了稳固自己的位置，汉武帝又封自己的母舅田蚡为武安侯，田胜为周阳侯。那位敢于冒险的外祖母臧儿被封为平原君，这位敢想敢干的大胆女人终于实现了自己想要的生活，她冒险所做出的一切努力，也最终见到了成果。

但即使现在刘彻已经做了皇帝，毕竟年轻，没有什么经验不说，身边以他为核心的团队也没有建立起来。但是他的敌人或者说反对者却不容人小觑，一个不小心，身家性命就会不保。这就好比我们在路上走，你不犯错误，能保证司机也不犯错误，能保证他不撞你？一个完全遵守交通规则的行人也有可能被车撞着。这不，刘彻就遇到了这样的司机，而且是个蛮横的女司机。可以说，刘彻的路并不好走，还需小心谨慎。

那这个蛮横的女司机是谁呢？正是刘彻的奶奶，那个试图帮着梁王刘武抢皇位的窦太后。

我们在前面已经提了好多次关于窦太后的事儿，一直在说她非常厉害。当然，牛皮不是吹的，这个女人确实是非常厉害，值得我们好好评说。这样牛的女人，也在潜移默化中给了孙子很大影响。

窦老太太本是贫家女出身，有一个哥哥叫窦长君，一个弟弟叫窦广国。当时正是秦汉战乱之际，没有人能在自己的家乡安生地过日子，窦太后也是一样。窦老爹领着三个儿女到处躲避战乱，后来就举家迁徙到了清河郡，大概是现在的河北鹿邑县附近。就在大家展望美好生活的时候，走到半路上窦老爹却掉入一条河里淹死了，三个可怜的孤儿一下子失去了生活的主心骨，生计之艰难可想而知。更为不幸的是，之后只有四五岁的窦广国也不慎被人贩子拐卖到了外地，从此和家人断了音讯。

真是屋漏偏逢连夜雨啊！

转眼到了汉初，刘邦驾崩，狠毒的吕后开始操纵国政。吕后要挑选一些宫女来赏赐诸侯王，每个王五名，清河也在被召之列，十几岁的窦太后就应募进了宫。这中间还有点小故事，使得窦太后的故事更加具有传奇色彩。起初她本人是想去赵国，为了达到这个目的，她就向主持派遣宫女的宦官求情，央求他一定要把自己的名字放到去赵国的花名册里。结果贵人多忘事，这个宦官在分派宫女的时候却把这件事给忘了，结果

汉武帝

【第二章】阴影下的年轻王者

窦太后的名字被误放到去代国的花名册里了。所谓塞翁失马焉知非福，没想到窦太后却因祸得福。到了代国，代王非常喜欢她，先与她生了个女儿，后来又生了两个儿子。而这个代王不是别人，正是后来时来运转的汉文帝刘恒，之所以这样说是因为代王能登上帝位也是命运的莫大垂青。

代王的原配夫人，很早的时候就已经过世了，而这个原配夫人所生的四个儿子也都相继英年早逝了。在窦太后前面唯一的阻碍没有了，窦太后想不出头都难了，很快她就被封为皇后。而这时候对窦太后来说，可谓是双喜临门。因为她当年被人贩子拐卖的弟弟和自己相认了。说起来这还是个很感人的故事呢。当时年仅四五岁的窦广国被人辗转贩卖了十几户人家，最后被卖到河南的宜阳地区，在那里替人家进山挖石炭。一天黄昏，正当大伙都在山崖边睡觉的时候，突然山体崩塌，以至于睡在崖边的人都被压死了，只有窦广国一人死里逃生。大难不死的窦广国后来跟随主人到了京都长安，在那里他惊喜地听闻新封的皇后也姓窦，而且原籍也在自己的家乡清河郡观津。窦广国被拐卖的时候虽然年纪不算大，但是自己的籍贯和姓氏他却牢牢地记住了，而且曾经和自己的姐姐一起去采桑叶并从树上摔下来的情景，也记得很清楚。

当时，窦太后也在全国大力搜寻自己弟弟的下落。有心的窦广国在听闻当今皇后跟自己的机缘巧合后，就把这些事情详细地写下来，然后托人转交给当时的窦皇后。窦太后见了这些材料，马上就把窦广国召来并详细地询问了其它情况。结果证明，窦广国就是她的亲弟弟。那时候没有什么 DNA 验证，靠的就是人的一张嘴，不过好在这个窦广国是真的，没有出什么岔子。事后，窦太后还要弟弟再回忆一些过去的情景，窦广国便回忆道："姐姐当初因为要入宫而离我西去之时，我还记得咱们在驿站分别的时候，你讨来米汤水给我洗头（这是古人的洗头方法之一），临走时又让我饱饱地吃了饭……"当窦太后也一同沉浸于当初的情境中时，她一面紧紧地握着弟弟的手，一面早已泣不成声了。后来的故事就比较俗套了，但对窦太后来说，能和自己的亲人相认，也是世上最幸福的事儿了吧。

已经做了皇后的窦太后，之后更是一顺百顺。她的顺利也影响到了孩子的命运，刘启被立为太子，而刘武过继给梁王，也做了后来的梁王。

长公主更是尊贵无比。后来，在刘启当了皇帝以后，她就又顺理成章地成了至尊的皇太后，也就是窦太后。

回过头来再说汉武帝，如果我们思量一下刘彻的生活环境，就不难想见，在这种不免残酷的斗争环境下长大的孩子，他的性格肯定是异于常人的，会敏感，又不乏戾气——别看他得志之前不愠不火，可一旦没了顾忌便会生杀予夺、喜怒无常，这也是晚年汉武帝的真实写照。不过，这样的人由于聪明好学、不甘人下，一旦学习起来就堪比那些古代的圣贤。年轻的刘彻在后来登上王位之后，就表现出了非同寻常的人生进取精神，而这也正是他最鲜明的个性特点。

他不愿自己像父祖辈那样做一个守成之君，他要把自己的国家建设成一个理想社会，不仅"民不犯法"，"德及鸟兽，教通四海"，夷狄宾服，还要"星辰不孛，日月不蚀，山陵不崩，川谷不塞；麟、凤在郊薮，河、洛出图书"，即实现天人合一，达成人类社会与自然界的和谐统一。

这是可以理解的，很多年轻人在踏上征程的最初，总是豪情满怀，有着凌云之志。刘彻这时也正是豪气冲云天的时候，值得庆幸的是，这个年轻人将这股豪情完全喷发了出来，而不是像现在的很多人，只是开一个好头，但却不能善始善终。

不过，在当时的环境下，年轻的刘彻要想有所作为，就必须要改弦更张，必须对国家的政治制度和执政思想来一次大的调整。然而这样一来，就会与大权在握的祖母、保守的太皇太后窦氏的为政思想产生严重的分歧，甚至冲突。

为什么这么说？因为窦太后一向节俭好学，政治热情更是十分高涨，而她最崇奉、最倾心的就是黄老学说。汉朝几十年的历史，几乎一直在走当年曹参定下的黄老治国的路线，而且看样子窦太后也有坚持此路线一百年不动摇的意思。因为窦老太太的个人原因，景帝和窦姓宗族不得不熟读道家经典《老子》，并推尊其学说，所以窦太后在世的时候，"诸博士具官待问，未有进者"，儒家学官没有一个吃得开的。窦太后觉得这么多年的统治下，黄老之学简直就是最符合社会潮流的统治手法。所以，即使刘彻已经坐上了皇帝的宝座，那又怎么样，还不是摆设一个？但她忽略了这个孙子的爆发力，他既然能这么讨汉景帝和周围其他人的喜欢，一定是非同一般的。汉武帝绝对不是一个可以任人摆布的皇帝，他是一

个绝不安分的皇帝，尤其不会被一直摆设下去。窦太后也许没想到过，她读了一辈子的《老子》，竟然没有培养起自己孙子对《老子》的兴趣。其实这也不难理解，黄老之治崇尚以柔守道，静养气息，理顺四时阴阳，以出世的精神做入世的事业。但现在刘彻年轻气盛，精力旺盛，浑身最不缺的就是力气，所以不愿像垂垂老矣的老人那样静心养气。老子说，上善若水，水利万物而无争；而现在的刘彻要做的是天上光芒万射的太阳。因此，历史也就注定了，黄老之治是要被刘彻改写的。

董仲舒出山

也许你还记得，在汉代第二位相国曹参主政汉朝时，谁向他推荐贤良，他就会将人家第一个消灭。也正因此，曹参开了中国历史上第一个懒人治国的先河。那时候口才好的，不如木讷的；干得好的，不如喝得好的。当时的少年皇帝刘盈虽然几次想要劝说，但无奈都被曹参驳得无话可说。

现在刘彻最想振臂高呼的就是，懒人时代即将结束，让曹参那一套喜喝懒做的国策通通见鬼去吧。

很快这位年轻的皇帝就开始行动起来。汉武元年即公元前140年冬天的10月，刘彻发布文告，广招天下贤良方正直言极谏之士。最后，经过层层推选，全国有一百多位高人被招入京考试。

这次考试，刘彻亲任主考官。我们知道，现在炙手可热的国家公务员考试都要经过两关，先笔试再面试。但那时离发明科举制度还有好几百年的时间，所以没有笔试，凡是被推荐上来的，直接进行面试。而所谓的面试，其实就是殿试。方式是一问一答，这也就是历史上所称的对策。

放眼历史，刘彻的举动虽然说算不上什么绝后，但绝对是空前的。而在这次大举天下贤士的活动中，刘彻也很幸运地淘到了各种身怀绝技的人才。而最终的结果也证明，这些人才都是经得住历史考验的，最终都成了汉朝夜空里一颗颗闪亮的星星。他们都是谁呢？吴人朱买臣，蜀人司马相如，平原人东方朔，广川人董仲舒等。而在这一百多人当中，对策成绩的第一名，是当之无愧的高材生董仲舒博士。

相信大家对董仲舒都很熟悉，董仲舒是广川人（今河北景县）也，早年的时候因为治《春秋》闻名于世，孝景的时候升为博士。这个博士不同于现在的博士，那时候的博士只是一个相当于学术顾问官性质的官员职称，也就大致相当于中科院院士的职务。而《春秋》则是儒家经典之一，是四书五经的一部分。在汉代，子学的时代已经过去，经学的时代刚刚来临。据司马迁介绍，当时研究经学的国宝级人物是屈指可数，而且，大多是些八九十岁的老古董。如果刘彻要请他们出山讲学，估计只有抬出来讲课了。

但是董仲舒就不必抬了，因为当时的董仲舒不过是三十多岁的中青年。更让那些老古董佩服的是，正当年壮的董仲舒就已经像模像样地开始门罗高徒，授业解惑了。而且，将天下所有的人都算上，就算是董仲舒的学生，都不知道自己的老师怀揣着怎样的学术梦想，这个梦想不说则罢，一说肯定吓坏所有的人，那就是：一统江湖，独步天下。

武侠上有江湖，学术上也不例外。在中国的学术江湖中，从来就没有停止过对话语权的争夺。然而，思想学术在历史的发展长河中，往往会间断性地出现不均衡的表象——国家不幸，学术幸。

春秋战国时期，诸侯争霸，民不聊生。然而，各种学术思想却如同雨后春笋一样冒出来，也因此成就了中国历中上第一个百花齐放、百家争鸣的春天。但后来，秦始皇一统天下，焚书坑儒，百家争鸣的思想犹如鲜花凋零，唯有法家横绝于世。

而先秦时期的儒家，那日子真的一点儿都不好过。孔子当年奔波于诸侯之中，举世悲绝，但心中的梦想一刻都没有熄灭过，并且激励自己

要明知不可为，而为之。也就是从那时候，这句话成了儒者追求理想的座右铭。等到短暂的秦朝一灭亡，儒生们又在历史的夹缝中看到了一丝希望。于是儒家各路门派和精英纷纷打包上路，为追求儒家理想而奋斗终身。这些人中不乏名人：叔孙通、贾谊、晁错等等。

但是在董仲舒看来，叔孙通不过是与时俱进的混饭者，贾谊和晁错不过是儒道的行动救世者；而他，要做的是当世一绝的思想者。董仲舒的思想源头就是五经中的《春秋》。如果套用江湖上的说法，《春秋》就是董仲舒修炼功夫的《葵花宝典》。

如果你喜欢看武侠小说或者是武侠电视剧，就一定知道，所谓的武功高手，都有一个老套的成功过程，那就是要学会闭关。其实搞学术和练武一样，唯有能忍受大孤独和大寂寞的人，才能修成上乘功夫。现代国学大师南怀谨，就曾为了研究佛经，上山闭关修炼。

两千年前的董仲舒，也曾有过这样的经历，他的闭关纪录是三年。这三年的时间里，不窥园，任春来夏走，草长莺飞。但是这三年的时间里，授业解惑的工作要怎么办呢？董仲舒山人自有妙计。他将大弟子等几个学生召来布道，再让他们替自己传道。这样董仲舒就既能安心闭关，又不耽误自己传道授业解惑，可谓一举两得。遇见那些有孝心的学生要来探望自己，董仲舒就会让别人转告，说自己正在潜心闭关，不要轻易打搅。

这样，三年的时间一转眼就过去了，董仲舒终于出山了。

翻身农奴把歌唱

对一个身怀绝世武功的武林高手来说，当自己大功告成的时候，可能会有一种高处不胜寒的感觉，毕竟没有对手的独孤求败是没有人愿意做的。当然这很好理解，叔本华就曾经说过，当人生的欲望满足了，人就容易变得无聊了。

不过，对董仲舒来说，三年的潜心闭关没有白费，《春秋繁露》最终横空出世。这一刻对于董仲舒来说，没有独孤求败的痛苦，只有满怀豪情的奋斗之情。他有理由相信，属于他的时代已经来临了。

这次考试，董仲舒只用了三个对策，就成功地将刘彻搞定了——

第一策：

刘彻：自然界的灾异之变，根源在哪儿？我怎样做才能让苍天保佑？

董仲舒清清嗓子，说陛下想知道答案是吗，但遗憾的是，我也不知道。但《春秋》大约知道一二。《春秋》认为，天人是可以互相感应的。如果人间有悖于常理的事情发生，上天就会以奇异的现象发出警告。如果地上的人继续死不悔改，那上天就会毫不客气地发怒。如果你想得到上天的保佑，最好的办法就是严格要求自己，再严格要求百官，百官严格要求百姓，百姓再严格要求自己的儿女。这样上天看在眼里，就会让您享受他的灵佑。

汉武帝一听有门，赶紧要董仲舒回答自己的第二策。

刘彻：听说尧舜主政天下的时候，国家没有什么事发生；但周文王

— 39 —

的时候却是一天忙到晚，有时候连饭都吃不上，好在国家管得也不错。那这两个人，我到底应该效法哪一个？

董仲舒：其实，尧舜也好，周文王也罢，他们的方法都是很不错的。无论效仿哪个，都需要从现有的国情出发，实事求是。按现在的情况来看，必须实行有为政策，而要想有为，就得为国家做点实事。您可以从以下几个方面入手：首先，确立治国的理念，应该以德主刑辅、重德远刑。在这点上两位先帝已经做得很好了，您再接再厉就可以了。其次，也是更重要的一方面是，要狠抓意识形态建设，确定国家大一统的指导思想。通俗点说就是，独尊儒术，罢黜百家。再次，要狠抓教育。曾有一位名人讲过，当今世界最贵的是什么——人才。而人才从哪里来？教育。所以，要想兴国家，就要先兴教育。百年大计，教育为本。

要不说所有的演说家只有深谙心理学才能使自己的演讲受到更多人的追捧呢，而董仲舒无疑是这方面的行家里手，他知道刚刚登上皇位的这位皇帝，虽然年轻，但是他的想法却不容任何人小觑。他更知道自己的理念是绝对可以得到这个皇帝的认可的。

也许在开始的时候，汉武帝心里有很多的想法，但如果要他具体地说出来，他又不知道该怎么表达和阐释。现在，董仲舒的话句句说到了汉武帝的心坎上，让他有一种内心豁然开朗的感觉，大有相见恨晚的意思。

汉武帝趁热打铁，让董仲舒赶紧回答自己的第三策。

刘彻：你前面讲的什么天人感应论，听起来似乎有点玄，请你再给朕解释一遍。

董仲舒：其实一点儿都不玄妙。孔子述作《春秋》的时候，记载了不少灾异之变。目的就是要告诫我们，我们都活在上天的眼皮底下，如果事情没做好是要受到上天惩罚的。说得更直白一点就是，我的那套学说就是想强调君权神授的光荣传统，结合《春秋》的大一统思想，确立人伦关系——君为臣纲，父为子纲，夫为妻纲。三纲五常，堪称王道。道源于天，天不变，道亦不变。这些就是治国国家必需的理论基础。

这三策，犹如三根顶天石柱，为汉朝四百年的统治打下了坚实的基础。而儒家大一统的思想也就从此刻起，深刻影响着中国历史的发展。无论朝代四分五裂到什么地步，最终还是要回到董仲舒这个古老的命题上。剔除天人感应论的荒谬，如果仅以大一统思想而论，董仲舒此举可谓是对别的任何思想学说的一剑封喉，堪称不朽啊！

但不得不提的一点是，汉朝及至后世的许多朝代，为了董仲舒这个不朽的思想付出了巨大的代价。而百家争鸣也化灰入土，光彩不再。即使大风飞扬，尘埃满天，仍然卷不起春秋诸子曾经自由的魂灵！

再回过头来看董仲舒的这三策，应该说让刘彻非常满意。天人感应，大一统，尊儒重教，绝对称得上是一个绚烂的诱惑。前面已经讲过了，刘彻作为一个初生的太阳，最想要的就是能够轰轰烈烈地干一场，能够让国家长治久安，能够让百姓安居乐业，而这样一来，自己也能流芳百世，何乐而不为？也许之前自己想说的话没有形成系统，还不能流畅地表达出来，但是现在董仲舒说出了自己想说的话，描绘了自己想要的未来的美好蓝图。

然而事实上，董仲舒的天人三策也不见得有多高明。天人感应，那是阴阳家邹衍的理念；学术垄断，一家称霸，那是李斯曾干过的事；而尊师重教，那是多年前孟子曾跟梁惠王说过的话。剩下的一个大一统，则是孔子作《春秋》的初衷。但是董仲舒自有他的聪明之处：他将阴阳家和儒家的思想杂糅在一起，合成了新产品，并且在适当的时候将这个产品打入市场，推销给了急需这个产品的汉武帝刘彻手里。

董仲舒也因此加官进爵，被封为江都易王相国。

易王刘非，正是汉武帝的老兄，他为人一向骄傲凶暴，极不好惹。刘彻将董仲舒打发去侍候这么一个恶王，让人不由得想起当年贾谊侍候长沙王时郁闷的情景。但董仲舒到了那儿之后，经常是以柔克刚，用礼教不时规劝几句刘非，倒也很受江都王刘非的敬重。

董仲舒被任用，是一种征兆，而这也正是"罢黜百家，独尊儒术"的开始。

这只是试剑

尽管汉武帝的动作不叫小，但总结起来也不过就是试剑，而不是真正的亮剑。他毕竟只十七岁，对于那些久经沙场的人来说，还是个十足的愣头青。他并不知道这些人究竟会顽固到什么地步，也不知道面对自己的新决策他们会使用什么方法来对付自己。尽管他有精良的武器——年轻，但这个武器还需要时间的磨炼。这种现象的出现，也正应了那句老话，前途是光明的，道路是曲折的。因为任何一个旧事物的消退，都不是自愿退出历史舞台的，它们会挣扎，会反抗，甚至不惜发生流血事件。

这个让汉武帝觉得备受挫折的人，很快就出现了，她就是那个蛮横的女司机——窦太后。

窦太后之所以这样大动肝火，也不能怪她，因为有人在她太岁头上动土，她能高兴？这还要从汉武帝广招贤良说起。汉武帝一上台，身边就聚拢了一拨儒家学者，等到汉武帝广招贤良之后，身边的儒家学者更是多得不得了。这些能说会道的儒学之士是想靠汉武帝的威势来实现自己的抱负，于是加紧撺掇汉武帝起来夺取窦太后的"摄政"名位，让老太太赶紧退居二线，安度晚年；当然最终目的是要废除当时崇尚无为而治的黄老政治，改而推行积极进取的儒家政治。

汉武帝虽然从小就受窦太后的影响，却没有培养起对黄老思想的喜爱，这也算是窦太后的一个小小的失败吧。汉武帝更喜欢积极进取的儒

家思想，他要摆脱无为之治，他要光大自己的事业，他要让整个国家实行儒家思想，但这也从另一个方面昭示，他要挣脱窦太后这个强大的桎梏。而很快，汉武帝就把窦太后给惹急了。

因为汉武帝罢掉一个让窦太后信赖的高官，此人正是当时的丞相卫绾。

卫绾，是山西文水县人，为人忠厚老实，处事低调。虽然没有什么过人的治政才华，但卫绾臂力过人，非常擅长驾车，甚至可以在驾车的时候表演杂技。而无论是在古代还是在现代，人只要有一技之长就不会被饿死。当年刘恒在代地挂职锻炼时，卫绾凭借高超的驾车技术，获得了护驾代王的资格。也正因为卫绾护驾有功，在刘恒成为文帝之后，卫绾也被拜为中郎将。

到了刘启当太子的时候，曾经多次宴请文帝身边的重臣，好为自己当政铺路。但当时卫绾对皇帝的继位问题还没有弄清楚，害怕别人说他投靠新主，所以总说自己有病，执意不去。但总是这样推脱，刘启就不高兴了：你面子未免太大了吧，太子请你这么多次你居然都不来，真是瞧不起我啊！

后来，文帝刘恒驾崩前对自己的儿子说："卫绾为人老实厚道，我死了以后，你要好好待他，他毕竟是长者，千万不要因为我不在了，就让他下岗。"

要不是文帝这句话，即位后的景帝一定会让卫绾回家养老的。但现在文帝去世前有嘱托，景帝也就不好再造次，于是没让卫绾下岗，就那么不升也不降、不冷也不热地呆着。

然而，一年之后，不温不火的卫绾还是迎来了自己生命中的一个春天，命运也突然来了一个大拐弯。

任何一个技艺高超的赛车手，要想更好地表现自己的水平，就需要多让车拐几个弯，因为拐弯是最能体现车手水平的地方了。特别是在速度极快的时候，或者是有突发事件的时候，如果你能表现得游刃有余，那你无疑就是最佳车手了。

当然，车手跟车手也是大不相同的。想当年，夏侯婴驾车那叫一个轻车熟路，简直是帅呆了。用一句话形容就是泰山崩于前而色不改，即使是天崩地裂，他依然不紧不慢，从容面对，在他任上，没有让刘邦遭

过一次殃。

但卫绾跟夏侯婴这个浪漫派比起来，就是个典型的现实派了。他深知自己这一身的杂技，不是要出来的，而是时间淬炼出来的。所以，他非常珍惜这个一分实力赚一分钱的上岗机会。尽管一年的时间里，景帝刘启对自己完全是不冷不热，卫绾仍然是牢骚闷在肚里，微笑挂在脸上，轻屁股，多跑腿，十足的敬业精神和态度。

刘启的心也是肉长的，这么长时间来，看卫绾完全是一副劳模的样子，也不禁在心中感叹：先帝对卫绾的评价还是比较中肯的啊。唉，过去那些事儿还是算了吧，人家也挺不容易的。这样想着，汉景帝就给了卫绾一次立功受奖的机会，让他当陪乘，一起去上林苑打猎。

打猎回来之后，刘启问卫绾知道不知道为什么要让他做自己的陪乘。

卫绾当时一愣，说自己当陛下的陪乘是分内之事。如果还有什么特殊的含义，那就不知道了。

看来，卫绾也不是真的忠厚老实，是很会装傻的。刘启看他这样，就直截了当地问："那我当太子的时候，多次请你去喝酒，你又为什么不来呢？"

卫绾又一愣，他终于明白，这一年的时间里景帝对自己不冷不热，原来是因为心里还在计较那件事。今天皇上带自己出来，是想新仇旧恨一起清算么？

一想到这里，卫绾的心都凉了。他马上磕头如捣蒜地回答："臣该死，请皇上恕罪，当时臣不赴陛下之宴，实在是因为有病在身啊。"

刘启一听，心里不由得冷笑起来：卫绾啊卫绾，你还真是狡猾，亏得当年先帝那样评价你。但要是杀你吧，显得我心狠；不杀你，你简直就是在找死。还亏你老说自己是老实人，竟然好意思说是因为生病才不来。再说我当时又不是请了你一两次，你还能每次都准时生病？那你也真是太厉害了！

但刘启最终还是没怎么着卫绾，不为别的，就是觉得为这点小事便小题大做，实在是有损天子宽容的形象。再说，现在卫绾也认罪了，那就让他以后多干点活儿，将功赎罪吧。

卫绾的人生拐弯处，就这样被他有惊无险地绕过了。不过，卫绾后来在工作上的表现，也确实让刘启感到他是个可造之材，还为自己当初

— 45 —

的决定感到庆幸。首先，卫绾这人还是很廉洁的，且忠诚不二。其次，卫绾很会走人缘。属下有过错，他主动承担；自己有功，先让给别人。用一句现在流行的话来说，就是能以助人为乐为荣，以损人肥私为耻。

看来先帝眼光果然独到！

后来，卫绾就彻底迎来了自己的春天，汉景帝最终给这个德才兼备的老好人找到了一个最适合他的工作。汉景帝刘启那时候已经想好了，要让卫绾做太傅。太傅是辅弼国君之官，作为重臣可以参与朝政，掌管全国的军政大权。这之后，卫绾的马车就好像是上了高速公路，一路狂飙前进：吴王刘濞造反的时候，他率河间王兵击吴楚联军有功，被拜为中尉；同时，因为军功出色，被封为建陵侯。

卫绾的好日子还在继续，景帝刘启废太子刘荣时，卫绾虽然和栗妃有亲戚关系，按理说要拉出去砍头。但景帝念卫绾是长者，不但放了他一马，还在立刘彻为太子的时候，拜卫绾为太子太傅，一跃成了刘彻的老师。不久之后，又迁为御史大夫。

按照汉初的法律，凡是当上御史大夫的人，就等于已经将一只脚踏上了丞相的高位。果然，景帝先是将倔脾气的周亚夫踩在了脚底下，换了个叫桃侯刘舍的人做丞相；不久，又将桃侯刘舍换掉，让卫绾坐上了丞相的高位。

这时候的景帝深信不疑，卫绾为人敦厚老实，忠于职守，叫他向东，他决不会向西。所以让他来辅佐年少的太子，简直再合适不过了。

当然，我们要说的是，虽然景帝的眼光不错，但是他低估了自己的儿子刘彻。

在文景两任皇帝当政的时候，堪称规矩守业，因为我们已经说了，那时候实行的是黄老无为之治；但是现在的刘彻喜欢的却是积极进取的儒家思想，一心想的也是用儒家思想统治天下。所以他是个绝对不安分的皇帝，要想让他只守不做，那是绝对不可能的。而卫绾信奉的是黄老思想，跟刘彻的理念是格格不入，所谓道不同不相为谋，这样的两个政治理念不同的人怎么可能会一起共事呢？因此，卫绾的下场也就可想而知了。

卫绾落水

其实记述起来，卫绾落水也就是这么个过程：

在汉武帝为自己能够让儒家思想一统天下大肆活动，并且首肯了董仲舒建议的时候，卫绾立即响应，上奏道："凡是研究申不害、韩非子、苏秦、张仪言论的，都是诊政之徒，请一律罢黜！"

申不害和韩非子，是法家的代表人物；而苏秦和张仪则是纵横家的代表。卫绾为什么偏选这两家下手呢？原因其实很简单，因为他本身是老子的学徒。法家讲究法律严苛，纵横家则凭着三寸不烂之舌赢得高位，这都是黄老思想所不容的。现在卫绾如此积极响应，不过就是想搭个顺风车，借汉武帝的刀来铲除让自己不满意的草。

汉武帝是何等的心明眼亮之人，又怎会看不透卫绾的雕虫小技？但是汉武帝没有发作，而是批准了卫绾的上奏。但半年后的夏天，就在人人都将这件事遗忘的时候，卫绾却突然被汉武帝罢免了。理由是：先帝（刘启）卧病在床的时候，监狱里竟然有很多的劳改犯是被冤枉的，而当时卫绾担任丞相一职，存在玩忽职守的责任，应该被罢免。

这件事乍一听还是很有道理的，但却经不起仔细推敲，为什么这么说？景帝刘启在驾崩前，将鞭棍法一改再改，甚至都不让那些囚犯挨打；而卫绾为人处事，又称得上是贤良，所以监狱里一下子出现这么多被冤枉的劳改犯，确实是有点蹊跷。但，这是汉武帝故意的吗？

— 47 —

事实上，在汉武帝刘彻心里，确实有想要整卫绾的想法，我们不止一次的交代了刘彻和卫绾两个人的理念是不同的，所以卫绾被汉武帝扫地出门也是可以理解的。然而，一则汉武帝没有这么小的度量，犯不着小气到以这件事来给卫绾找帽子扣；二则汉武帝好歹也是一代明君，不会这么辱没自己的名声。汉武帝此次这样对待卫绾，确实因为这件事是客观存在的。而那些被冤枉的人，正是前酷吏郅都的继任者整出来的。此继任者，正是南阳人宁成是也。

　　这个宁成开始的时候是做济南都尉，后来调入长安做中尉。自"苍鹰"郅都死后，长安宗室的豪杰纷纷解除警报，犹如蛇鼠出洞，一时间是为所欲为。以郅都为偶像的宁成开出狠药，猛治长安。结果，还没高兴几天的长安宗室豪杰又开始人人自危，回到了郅都的"白色恐怖"时代。

　　现在这件事被翻出旧账，这些被冤枉的人当中，肯定有那些长安宗室及豪杰。他们层层告状，告到了刘彻这里，也就被汉武帝顺手牵羊地做了罢免卫绾的直接借口。

　　到此为止，卫绾身为跑腿的职业生涯彻底宣告结束。而汉武帝也早已经想好了卫绾的继任人，此人正是外戚窦婴。而汉武帝之所以选窦婴，第一，卫绾是窦太后的人，现在罢免了卫绾，窦太后一定不高兴，而窦婴也是窦太后的人，而且关系更近，搞掉卫绾，填上窦婴，这是安抚她老人家的良计；第二，也是更重要的一点是，窦婴是儒者兼侠客，让他来当丞相，君臣同谋共道，还怕不能将儒家事业做大吗？

　　高，实在是高啊！

　　而事实也证明，刘彻挖掉卫绾，贴上窦婴，窦太后果真是一句话都没说。但是如果汉武帝够敏锐，就会发现窦太后不过是暂时的沉默而已。窦太后的心里明镜一样，她现在的沉默只是为了更清楚地看明白，汉武帝究竟要将汉朝搞成什么样。

　　汉武帝要怎么样，还不就是想将汉朝换上儒家思想这瓶新水，因为只有儒家思想才能实现他的抱负。而这同时也是窦婴的想法，更是汉武帝的舅舅——王家外戚田蚡的想法。

　　要说窦婴和田蚡两个人还真是挺有意思。当年窦婴混上将军的位置

时，田蚡还是后宫里一个小小的郎官。不过，因为俩人都是外戚，所以在一起喝酒倒是挺频繁的。但是，不用想也知道，田蚡扮演的肯定是陪喝的角色。你见过一个将军跟一个郎官平起平坐的吗？更何况那是在时时处处讲究规矩礼仪的汉朝。所以，每次喝酒的时候，田蚡都是以小辈对长辈的方式来给窦婴敬酒或行礼的。

但是现在，风水轮流转，田蚡跟窦婴现在的地位已经相差无几了。

当初田蚡还是小字辈的时候，从来没有想过自己会是一辈子的小字辈。他觉得任何长辈，都是从小字辈做起的。而田蚡之所以这样想，也并不是盲目乐观，他的自信源于对自己的了解，以及对自身能力的了解。首先，他的姐姐，也就是那个智商最起码超过150的王美人很招汉景帝的宠爱，这样的宠爱就意味着非常有可能实现麻雀变凤凰的愿望。其次，田蚡本人口才很好，社交很广，溜须拍马更是有一手。而这些，在当时的社会是非常有市场竞争力的。再次，就是田蚡本身也是儒学的发烧友，跟汉武帝可谓志同道合。

果然之后不久，历史就证明了田蚡的想法是非常正确的。在王美人的吹捧和不断地夸奖下，田蚡很快就得到了刘启的提拔，混上了太中大夫，秩千石，掌议论。田蚡的身份显贵起来之后，首先要做的事就是要装饰自己家的门面，养宾客。这是当时权贵们约定俗成的事儿，当然也是显示自己身份的标志。早在战国的时候，齐孟尝君、魏信陵君、赵平原君、楚春申君，就都是以养士众多而著称于世的。很快，田蚡的宾客数量迅速增加。

后来，田蚡所养的这些宾客确实给自己带来了很大的好处。在汉景帝废黜刘荣这个太子的时候，曾经担心天下会有人趁机作乱。在这时候，田蚡的宾客纷纷出来献计，汉景帝就按照这些计策实行了镇抚行动。田蚡献策有功，被提拔为武安侯。

现在，窦婴被提拔为丞相，田蚡也没有原地踏步，他乘势而起，也被提为太尉。事实上，丞相一职才是田蚡最渴望的。卫绾被罢免的时候，他以为这次丞相一职肯定是非自己莫属了。然而关键时刻，他的那些宾客却将他拦住了。

为什么呢？

　　宾客们给田蚡分析道：论后台，你比窦婴硬；论能力，你不比窦婴差；但论人气，你就不是他的对手了。窦婴素贵，又是人气飙升的时候，天下名士争着抢着归顺，现在并不是扳倒他的最佳时机，建议您还是忍忍吧。

　　而且，如果皇上要让你当丞相，你一定要谦让给窦婴，因为如果窦婴当了丞相的话，你一定会当上太尉。而太尉和丞相的地位是一样尊贵的，你既不必为国家之事劳心伤神，又能捞得谦虚的美名，这样一来还怕没机会当丞相吗？

　　田蚡的这群宾客说起来还真是挺有用的，关键时刻给田蚡提了这么个醒。要不然，窦婴身后既有大权在握的窦太后撑腰，又有一群名士围着，如果田蚡真要跟他在丞相一职上争个高低，恐怕又会是一场恶斗，而自己恐怕就是失败的那一方了。

　　翻然醒悟的田蚡赶紧马不停蹄地找到了已经晋升为皇后的姐姐，让她给自己的外甥吹吹风。最后也就有了这样的结局：丞相，窦婴；太尉，田蚡。

　　现在丞相和太尉都已经换了，那同为"三公"的御史大夫呢？刘彻的回答干脆而果断：当然要换！因为当时的御史大夫不是别人，正是直不疑；而他，则是不折不扣的不思进取的学道之人。

　　这个直不疑是河南南阳人。初出道时，只是个郎官。在汉初的时候，如果想要当官，办法有三个：一是先当郎官；二是在封国政府或郡政府当基层干部，也就是吏，如果政绩卓越，有可能被推荐到中央；三是给中央的干部做幕僚或"吏"，如果表现同样突出的话，也会被推荐到中央。

　　这三种办法里面，郎官是最让人向往的，因为郎官是直接侍奉皇帝的，你的表现都在皇上眼里，要是表现良好，很可能就直接产房传喜讯——生了。而其他两种都需要时间的磨炼。

　　然而，在当时想要当郎官也是颇费周折的。关键的就是要有家底儿，按照通用的法律条例，你必须要交出十万钱，才可以进宫当郎官。而且，不要暗自庆幸，以为交了钱就万事大吉。汉朝还有规定，要想当郎官，必须自备漂亮的衣服和车马，皇家是不会给你出一分钱的。既然你侍奉的是皇上，总不能打扮得特别寒酸吧，而车马的档次也不能太低档吧，要不多给皇上丢脸啊！所以，如果你没有钱，最好还是打消这个念头。

可能你会说，我们家是商人，有的是钱。但是你不了解吗，在两千年前，商人可能除了钱什么都没有。武则天的父亲武士彟不也就是个商人吗，要不是因为遇见李渊，相信他也就只能一辈子挣挣钱、花花钱了。那时候的商人是要地位没地位，要名份没名份。因为那毕竟是个重农轻商的年代，商人基本没有多少机会能走上仕途。

这就形成了一种奇怪的现象，即商人有钱但是不能从政，而读书人想从政却又没钱。所以能当上郎官的人，简直就是凤毛麟角。这样，时间长了，就使得郎官出现了青黄不接的现象。而郎官一少，也使得皇宫的收入锐减，这样下去怎么可以呢？于是汉景帝就想了一个办法来杜绝这种现象，那就是：降低门槛。

虽然降低了门槛，商人还是没什么当官的可能。汉景帝只是将原来的十万钱缩到了四万钱，只要你不是商人，而且品行没有问题，只要交上四万钱，皇宫的大门随时为你敞开着。

这样直不疑能当上郎官的过程也就可以想象了，给皇宫交了四万钱，混上了郎官一职。等吴王刘濞造反的时候，他平反有功，被拜为御史大夫，同时被封为塞侯。而且，直不疑还有一个在当时皇帝眼里值得称道的优点，那就是厚道老实。而且这是有例为证的：

直不疑做郎官的时候，是和很多郎官一起住集体宿舍的。有一次，同宿舍一郎官拿错了另外一个郎官的黄金。结果，丢黄金的郎官怀疑是直不疑偷了。直不疑当时既没有抗议也没有喊冤，而是重新买了一块黄金交给对方，并且道歉说确实是自己拿去用了，很抱歉。

之后不久，错拿黄金的郎官回来了，结果那个怀疑直不疑的郎官才知道自己冤枉直不疑了。

还有一件事可以证明直不疑为人确实是非常老实厚道的。

如果直不疑放在今天参加选秀活动，所到之处一定会引起众多女粉丝惊声尖叫的，因为直不疑还是个不打折扣的帅哥。然而在古代长得帅有时候也是错，因为长得帅很容易被人污蔑为盗嫂的。遭受此污蔑的历史上曾经有过一个名人，那就是陈平。

在刘濞造反之前，直不疑每次上朝都会有人在他背后指指点点，口中还念念有词，仔细一听才知道说的是：长得帅不是你的错，出来盗嫂就是你的错了。而所谓的盗嫂，就是和自己的嫂子通奸。

我们总说男人在外面最重要的就是面子，像是直不疑这样在大庭广众之下被人家这样戳脊梁骨，换作一般人多半会不由分说，先打了出口气再说。但是人家直不疑是脸不红心不跳，心平气和地说："不好意思，我家无兄。"

家里没有哥哥，哪来的嫂子？没有嫂子，又哪来的盗嫂？

这两件事后，直不疑的名声就传遍了大江南北，而这样的老实厚道其实就是低调做人，这正是老子所积极倡导的理念。深谙黄老思想的文帝刘恒尊崇老子的无为之治，这样一来，直不疑还能不被提拔？

而这恰恰是汉武帝最看不上的地方。于是在汉武帝当政之后，就打发直不疑下岗了，理由就是要为劳改犯被冤枉一事买单。

老虎不发威，你当我是病猫！

让直不疑下岗之后，刘彻召来窦婴和田蚡，说现在自己手里有两个位置是空岗，一个是御史大夫，一个是郎中令，让他们两个找找合适的人，来接任这两个职务。

窦婴和田蚡在自己的脑袋里面快速过滤了很多张脸，最后定格在两个人身上：赵绾和王臧。这两个人一个是河北人，一个是山东人，更重要的是，两个人都曾拜鲁国儒家大师申公学《诗经》。

很快，两个人就正式走马上任，赵绾被拜为御史大夫，王臧被提为郎中令。

但是官场上的事总是充满了很多不确定的因素，那些一步一步靠自己的努力爬上去的人，就算不能善始善终，也多少能明哲保身，全身而退，卫绾和直不疑就是很好的例子；而那些靠着坐飞机上去的人，虽然爬升得快，但是掉下来得也快，而且往往摔得更疼，赵绾和王臧无疑就是最好的例证。

这样两个几乎没有什么从政经验的人，突然蹿升到国家前几把手位置上，最想做的就是要保住自己得来"不难"的位置。而要想长久拥有这个位置，就要成为皇上面前的红人，让皇上信任自己、看重自己。这就需要在新上任的时候烧好三把火。但不幸的是，赵绾和王臧很遗憾地将自己烧着了。

再说这两个人要烧什么火？原来赵绾是想搞明堂。

所谓搞明堂，就是要专门给天子兴建一座大型建筑。这个建筑不是用来度假，也不是用来搞娱乐活动的，而是用来会见诸侯，进行重要祭祀活动，以显耀天子威风的。

如果说董仲舒的思想给汉武帝一统天下提供了思想基础的话，那赵绾要建明堂，就是对董仲舒思想的具体操作了。其实说起来赵绾的这个行动很得汉武帝的喜欢，汉武帝初出茅庐，根基不稳，他很需要一个东西来为自己树立起一个年轻皇帝的威望。而明堂，无疑就是那个及时雨似的东西。

既然已经有了明堂，那就需要有一个主持人。赵绾在这点上也已经替汉武帝想好了，那就是他和王臧的老师兼儒家大师——鲁人申公（当时的人也有叫他申培公的）。

在当时的汉朝，儒家五经出名的人有三个，堪称国宝。第一个是济南伏生，他以研究《尚书》闻名，他正是当年晁错的老师；第二个是齐人辕固生，以研究《诗经》闻名；而第三个正是我们现在说的这个申公。可见此人来历是非常了得的。

当汉武帝知道他们要请申公的时候，自然是举双手赞成的。

当年申公在侍候楚王刘戊的时候经常被弄得下不来台，后来申公就主动请辞，回家教书去了，并且发誓再也不出山。现在赵、王二人想请自己的老师出山，自然是要费一点儿周折的。于是就恳请汉武帝安排一个厚一点儿的礼送给申公，汉武帝答应了。

当年秋天，刘彻安排了安车驷车去迎申公，所谓的安车驷车，就是一辆安排了四匹马拉的好车。尽管当时汉朝的百姓几乎家家有马，但大多数马车还是以一马为主，所以四匹马拉的车，简直就可以媲美现在的劳斯莱斯了。

果然，在汉武帝这种礼遇之下，发誓不出山的申公还是出山了。但是，等申公见了汉武帝之后，在回答汉武帝的治乱之策时，竟然用几句话就把汉武帝给打发了。

申公说如果你想治理好国家，很简单就是要少说话，多做事。

估计当时汉武帝懵了，他不明白为什么自己费了这么大的劲请来的申公会这么沉默是金。人家董仲舒在前不久回答自己问题的时候，可谓是口沫横飞；而现在这位老人家反差实在太大了。于是汉武帝就请求申公能不能具体指点一下。

结果申公还是贯彻他的简洁原则，回答说："还是上面那句话，如果你想多听一会儿，我也只能很不好意思地告诉你，没有了。

申公果真是说到做到，在说完这些话之后，就开始闭口不言了。一个八十多岁的老者和一个充满朝气的年轻人，就这样尴尬地坐着。汉武帝也逐渐由原来的懵转为现在的郁闷，又转为不可摆脱的尴尬。

刘彻在这边不停地尴尬，赵绾能好受着吗？他不知道自己的老师是不是已经提前进入老年痴呆了，因为之前自己在去找老师的时候，他并不是这样说话的。

后来汉武帝竟转为无奈，为什么这个堪称儒家国宝级的人物倒更像是道家的老古董呢？但好歹是大老远把人家给接来了，只能腾出一个位置，暂时把申公供奉起来。那就是一个中级国务官的职务——太中太夫。

时间很快就流转到了冬天，然而即将到来的新年，却并不是个吉祥的新年。在这年的一开始，赵绾宣布要烧第二把火，规定大事可以不必向东宫汇报。而所谓的东宫，正是窦太后居住的地方，这也就意味着有

事可以不向窦太后汇报，也就是要将她老人家的位置架空了。

窦太后的眼虽然瞎了，且耳朵没聋。当窦太后得知赵绾的第二把火时，当时就跳起来了：我现在老了，而且眼睛也瞎了，但是我还活着呢！活着就要有活着的价值和威力。你们这群儒徒，罢掉卫绾，我不言语；罢掉直不疑，我也不言语。我之所以不言语，是觉得你们年轻，想让你们放开手脚开创自己的事业。但给你们这样的机会，不代表我就可以随意让你们在我头上动土！

此时此刻，窦太后终于明白，赵绾的几把火其实都是冲着自己来的，目的就是想将自己这个老太婆踢走！既然你们想玩，就大胆放马过来吧！不要我老虎不发威，就一直把我当病猫！

在讲窦太后如何发飙的时候，需要先给大家曝光一件事，好让大家知道窦太后的厉害。还是景帝当政的时候，有一次老太太心血来潮，就召来一位儒学博士辕固生问他《老子》是怎样的一部书。也难怪窦太后后来勃然大怒，因为辕固生太过迂腐而且不识时务，居然讽刺地回答："这不过只是一部平常人家所读的书罢了，能有什么精深的道理！"这一句话就把老太太的火抬到了房梁上：既然你这么说，也就别怪我无情无义了。窦太后突发奇想——居然惩罚辕固生到猪圈里去和一头野猪空手搏斗。要不是有心的景帝偷偷地往猪圈里扔了一把匕首，文弱不堪的辕固生估计就别想喘着气出来了。

窦太后仅仅是突发奇想了一下，就差点把个儒生折磨死，现在老太太开始反击了，不知道这拨人会遭殃到什么地步呢！

赵绾和王臧是谁提名的？窦婴和田蚡。那好，就一起处罚吧；最后，窦太后决定：对窦婴和田蚡两个外戚，严重惩罚；至于赵绾和王臧，可能就比较倒霉了，判处死刑！

随意判人死刑，也是行不通的，你必须要有证据。这不用担心，窦太后自有妙计，她已经派人暗中搜集罪证了。然后，将罪证交给汉武帝处理。至于这些证据究竟是什么，我们无从得知，也许这是窦太后请私家侦探秘密调查的。

这下子，汉武帝真的无奈了。没办法，他只好将这件事交给司法部门处理，而兴建明堂的计划自然也就搁浅了下来。然而，还没等司法机关开始审讯，不好的消息就传出来了：赵绾和王臧自杀了！

至于这二人是怎么死的，很容易想明白，迫于太后的压力他们还能继续以前的逍遥吗？简直是做梦了！这之后窦太后没有收手，而是继续出招：逼汉武帝罢掉两个外戚的职务。刘彻无奈，只能听命。后来看来看去，还剩一个申公，但一想人家都是八十多岁的老头了，也不能折腾几年了，就想直接送申公回老家等死。不过没等窦太后开口，申公就主动称病辞职回家了。所以这些人里面最聪明的人还是申公，看来姜还是老的辣啊！

就这样，一场雷声大、雨点小的战争就以窦太后的大获全胜而结束了。这位年近七十、双目失明的老太太以一敌六，结果死者有之，伤者有之，丧志者有之，叹息者亦有之。窦太后用自己的行动表明，自己虽然老了，但还不想退休，她还想多扶持孙子几年，而且她要证明她这块老姜的辣不是浪得虚名的。

不知道汉武帝能不能体会到老祖母的一番苦心，但可以肯定的是，初出茅庐的他已经充分领教了窦太后的厉害，并且得到了教训：年轻人做事，心急是吃不了热豆腐的。光有激情，是办不成大事的。

就这样，一直到窦太后去世之前，汉武帝也没再敢重用儒生。窦太后就是不折不扣地遮盖在孙子头顶上的那片怎么也抹不去的巨大阴云……

你挖坑我就填坑

对窦太后来说，自己的孙子整出这么多的门道，无非就是给自己挖坑。虽然汉武帝身边已经安排了一些激进的儒家学者，但基本已经被自己的霹雳神掌轰走了，接下来的任务就是要用自己的人来填满汉武帝挖的"坑"。

其实早在这之前，窦太后就已经对丞相和御使大夫这两个职务选好了合适的人，那就是柏至侯许昌和武强侯庄青翟。

许昌，当时是祭祀部长，也就是太常，然而没有什么优秀的政绩；而庄青翟的侯位是世袭的，他也是个神秘人物。既然这样，窦太后这是唱的哪出戏，为何会选中他们呢？

因为汉武帝已经挖了坑，没办法，她只能找人来填满这些坑。而窦太后之所以看中他们，就是因为他们天生就是用来填坑的，用鲁迅先生的话来说就是，他们属于暂时坐稳了奴隶的一代。

这两个坑填满了，接下来就要填郎中令和内史两个坑了。这个坑虽然不算大，但窦太后却费劲地请来一块巨石。那就是人称"万石君"的石奋。

石奋是赵国人，关于他的光荣事迹，可以追溯到高祖刘邦时代。当时，在刘邦抗击项羽的时候，石奋还是乳臭未干的少年。尽管生在乱世时代，石奋却为人恭敬，谦卑有礼。

— 57 —

石奋，如果用今天的话来说就是一个不折不扣的三好学生。刘邦曾经和石奋有过一次闲聊，问石奋家里还有什么人。石奋说自己还有一个眼睛已经失明的老母，另外还有一个长相可以、并且会鼓瑟的姐姐。

后来刘邦就问石奋想不想跟自己打天下。其实这时候刘邦的潜台词是：我看中了你的姐姐，想要她嫁给我，你愿不愿意呢？在了解刘邦的人眼中，这其实就是他的顺手牵羊之术。

要说的是，刘邦想要得到的女人，有几个是得不到的？再说石奋当时惦记的是自己母亲的眼疾，如果姐姐嫁给刘邦，不但解决了母亲的医疗费，同时也解决了姐姐的婚姻问题，而自己还能搭上这辆顺风车，开向未来。可谓是一举三得的好事啊！

后来，刘邦果然娶了石奋的姐姐，还特别重视，封其为美人。更让石老母高兴的是，刘邦将他们一家全搬到长安城，这样不但解决了农转非问题，还解决了住房问题。真可谓是，"一人得道，鸡犬升天"啊。

而后来石奋因为老实可靠，被提为太中太夫。一般来说，只要当上太中大夫这个官，前途就绝对是一路顺畅了，卫绾和田蚡就是最好的例子啊。

果然，汉文帝刘恒就迁石奋为太子刘启的太傅。刘启当上皇帝后，又将石奋拉上了九卿之位，秩两千石。不久，又迁为诸侯相国。而石奋的四个儿子，更是个个争气，四个人都是秩两千石的高官。而石奋也因此得到了万石君的称号。

现在，窦太后之所以看中万石君，就是因为他本人不通儒术，而且教子有方。当然，万石君一人也不可能担当两个人的职务，兼任郎中令及内史。而且，他真的已经老了，即使担任一职，恐怕也都困难了。

但窦太后既然这么看重石奋家，这两个职务自然也是肥水不流外人田地要给他的两个儿子了。于是窦太后就从石奋的儿子们当中选了两个，让长子石建为郎中令，石庆为内史。

到此为止，汉武帝挖的几个大坑就已经被窦太后填满了。窦太后终于可以歇一口气了。不过，不要着急，既然老太太能填坑，汉武帝也可以再挖坑啊！好戏，才刚刚拉开序幕。

但是相对于汉武帝来说，窦太后实在是没有太多的竞争力的。让一个已经三分之二身体入土的老太太去和一个早晨七八点钟的太阳——年轻人较劲儿，结果是可想而知的。即使汉武帝曾经为了这个蛮横的祖母的种种行为郁闷得不行，但他还是最终胜出了。这也正应了一句话，年轻就是本钱！即使窦太后福寿延年，她还能活个几百岁，做千年老妖？这是不可能的，所以汉武帝终究是要胜利的那一方。

汉武六年，即公元前135年的5月26日，窦太后去世了。这让已经备受折磨的汉武帝觉得心头一阵舒爽，这个为自己念紧箍咒的老太太终于走了，以后的日子就好过了。但是，对于汉武帝来说，更严峻的考验还在后面，因为一个新事物想要战胜旧事物，付出的代价往往是惨重的，好在，汉武帝还年轻。

而在这中间，汉武帝也没有闲着，处理不了家里的事儿，他就出去散心了，结果这一散心，就为他"散"来了两个对他非常有用的人，那就是号称智圣的东方朔和大才子司马相如。至于是如何认识的，我们会在后面讲到。对于这个年轻的皇帝来说，家里的这个乱摊子需要他收拾，外面的世界也不消停，内外的事物在随时考验着这个皇帝。

【第二章】阴影下的年轻王者

最终掌权

第三章

窦太后死了，汉武帝心中积蓄的郁闷终于找到了释放的出口，接下来就是要收拾那些以窦太后为靠山，阻碍汉武帝发挥能量的绊脚石了。很快，这拨人就回家待业去了，这当中也包括窦太后的家侄——窦婴。这个当年位高权重的宰相看着门前冷落车马稀，心中不胜感慨。就在这时，灌夫走进了他的生活，然而，这个窦婴以为惺惺相惜的朋友最终却把他拉进了深渊。

靠山倒了，窦婴倒霉了

前面说到窦太后这个会念紧箍咒的假唐僧已经去世了，年轻的汉武帝终于迎来了他生命中的春天。想想以前自己凡事都要看她的眼色，汉武帝从内心深处觉得憋屈。

窦太后刚过完头七，六月三日这天压抑了很长时间的汉武帝刘彻，再也按捺不住自己的内心，要动手清理窦太后的遗物了。这些遗物其实很大程度上不是那些没有生命力的物品，而是那些依仗窦太后而活的人。

刘彻第一个要搬开的拦路石是谁？当然就是几年前被窦太后拉来填汉武帝"坑"的人了。皇上下面权力最大的人物是谁？非丞相莫属。所以第一个会被拿来开刀的就是倒霉的丞相许昌和御史大夫庄青翟，他们是名副其实的窦太后的傀儡。刘彻踢他们下台的理由听起来有点冠冕堂皇：治窦太后丧事不周。

其实明眼人一看都知道，这不过是为秋后算账找的一个借口罢了。但是他们的靠山已经轰然倒塌了，还能不任人宰割？刘彻此时已经选好了继任的新丞相，那就是被窦太后罢掉的外戚新贵——田蚡。可能有人会问，那另一个外戚新贵窦婴呢？不要着急，这时候汉武帝也已经帮他想好了后路，那就是：凉拌！

前边汉武帝会在别的大臣被扳倒的时候，扶窦婴上位，其实是慑于窦太后的淫威，而给窦婴留的面子。现在窦太后尸体已经冰凉，还用考虑这些因素吗？所以，窦婴的下场只能是哪儿凉快哪儿呆着去了。政治

生态圈，也是讲究更新换代、新陈代谢的。再说田蚡作为汉武帝的舅舅，怎么着也比窦婴向着他啊，可以说刘彻现在的安排简直是既合自己的意，又恰王皇后的心。

就算是撇开前边所有的东西不讲，单纯从汉武帝受窦太后这么长时间的气来说，也要找一个窦家的人来泄一下愤啊！窦婴很不幸，近在咫尺，做这个替罪羊也是情理之中的事儿。

由此我们可以看出，窦太后的去世犹如一根顶天的柱子轰然倒塌，使得身边几乎所有的人都难逃劫难。当年是"一人得道，鸡犬升天"，现在是一人失势，全家遭殃啊！这也很符合古代甚至现在的官场潜规则。在险恶的宦海中，窦婴就犹如那一卷无力的波浪，正在被风卷向远方的沙滩。

如果我们回头看一下窦婴这辈子所走过的路，就会发现这个人就像颗夹在钢板里的碗豆。窦太后还活着的时候，她尊崇黄老思想，窦婴尊崇儒家思想，处处跟窦太后对着干，窦太后甚至经常有这样的错觉：这个窦婴到底是不是自己的亲侄子？好不容易站到了汉武帝刘彻这边，他也不是汉武帝的亲戚，没有理由完全信任他，进而任用他。窦婴的周围，一边是海水一边是火焰，时时受着生命夹层的挤兑。

更让窦婴心里不平衡的是，那个曾经是自己小辈的田蚡现在却如日中天，这让窦婴更有一种世态炎凉的感慨。在他还是大将军的时候，哪次喝酒田蚡不是跪着给自己敬酒的？而现在自己失势了，不光田蚡不把自己放在眼里，就连自己平时养的那些宾客，也都苍蝇一般飞到了田蚡这块猪肉上。

窦婴说田蚡是猪，其实也不算太过分，因为田蚡长得确实非常委婉。田蚡身材短小，四肢粗短，如果用现在的眼光来审定田蚡的话，一定是个人见人踹的角色。虽然身材上没有什么优势，但上帝是公平的，给了田蚡别的优势：家里有钱，而且非常会走人缘，宫里宫外的人，哪一个不说田蚡的好？就是这样一个其貌不扬的男子，照样能把美女迷得团团转，投怀送抱的大有人在。

出来混，迟早是要还的

人在身居高位的时候，如果不能洁身自好，很容易把自己的饭碗摔了。还在窦婴得势的时候，这个身后靠山绝对强大的男人，总是会忘了自己姓什么。现在田蚡上台了，居然也开始走窦婴的老路。首先，田蚡以皇帝贵戚及丞相的身份，要整顿王侯贵族，结果搞得人人自危，不得不向皇帝这个贵戚俯首称臣。其次，因为汉武帝对自己这个当舅舅的建议基本上都会采纳，这就使得田蚡更加不知道北了，开始大封宾客。有的人昨天还是默默无闻的小角色，今天摇身一变就成了丞相手下两千石的官员。再次，田蚡疯狂开展圈地运动，四处修筑豪宅。派往全国各地替他购物的人，甚至使路上发生堵车，河上堵船。这样子一来，更使天下的人觉得没有安宁日子可过了。

年仅二十二岁的汉武帝原本以为，窦太后已经死了，窦婴也下台了，属于他的时代已经来了，结果现在又冒出个如此狂妄自大的舅舅，让自己的仕途变得如此不顺利。他也终于看清，外戚就像是那些不容易赶走的吸血鬼，打死一只，还会有下一只。如果任这些吸血鬼猖狂下去，不但国无宁日，连皇帝也别想做舒服了。

汉武帝会这样想也不怪他，因为田蚡做得确实很过分。对于汉武帝来说，田蚡整顿诸侯贵族，是为了给他树立皇帝的权威，当然顺带树立自己作为丞相的权威，这点他也许还是可以接受的。但田蚡大肆封官，连个招呼都不跟他打，这就让汉武帝很不满意了。终于有一天，汉武帝

看不下去了，对着田蚡大吼一声，你到底封够了没有？如果封够了，就留几个名额给我！

这两件事也就算了，最让汉武帝接受不了的是田蚡竟然私自圈地，修建豪宅，连兵工厂（考工）的土地竟然也想化为己有。这下子汉武帝彻底翻脸了，他对田蚡说："干脆把武库也搬到你家算了。"

田蚡拿着皇帝的俸禄，却一心想要抢夺皇帝的饭碗，这，是不是有些太过分？

虽然田蚡让汉武帝很不高兴，但是他也不是完全没有能耐，他也知道该如何为自己辩解和开脱。每当汉武帝责怪他的时候，他都会用皇帝的母亲，也就是自己的姐姐王皇后来压汉武帝：我身为贵戚一天，就得充分利用手中的权力，有权不用，过期作废。如果你看我田蚡不顺眼，也就等于跟自己母亲过不去，如果是这样的话，你就自己看着办吧。

这样一来，就轮到汉武帝没辙了。这笔账，只好先记下了。但是汉武帝深知一句话，那就是：出来混，迟早是要还的。

有一句话是这样说的：童年，我们总以为什么都不懂；少年，我们总以为自己什么都懂；青年，我们又以为什么都不懂；中年，我们又以为什么都懂；老年，其实我们什么都不懂。

这句话揭示了人生的深刻道理，就是在生活面前，我们永远是无知的孩子。因为生活的表象很多时候会遮住我们的眼睛，用佛家的话来说就是：红尘障眼。

现在对于田蚡来说，富贵的生活就犹如漫天的大雾，已经彻底遮住了他的眼睛。他身在其中，只看得见晃眼的甜蜜，却看不见暗处的阴沟。但是，对于经历了大起大落的窦婴来说，富贵的浮云从眼前散去，却让他将这个人世间看了个通透。他也由此总结出了一条感悟：人一生必须有三种认识：首先，认识自己不是什么；其次，认识自己是什么；再次，认识自己什么都不是。

现在的窦婴，应该说正处在什么都不如意的时候，虽然已经得出了一些感悟，但现在的窦婴也只是佛家所说的小彻悟而已。之所以这样说，是因为窦婴心里还有没解开的疙瘩，曾有过的富贵，总是在梦里纠缠他。

在窦婴还身处权贵的时候，那些宾客就像是自己包养的二奶，总是想尽了办法向自己争宠。但是那时候的窦婴好像也是不快乐的。而现在，

他已经失去了往日的奢华生活，发现自己比原先更孤独了。这样的孤独和挫败让窦婴觉得人世间是这样凄凉，更迫使他要为自己寻找一个知己，一个可以听自己倾诉的知己。

其实这时候窦婴身边的宾客也没有完全弃他而去。有一个人自始至终没有做过什么忘恩负义的事儿，虽然此人文化修养不高，脾气也很不好，智商呢，甚至会经常短路。但就是这份不离不弃的情意让窦婴特别感动，他就是一代莽人灌夫将军。

灌夫是颍阴人，名将灌婴的老乡。灌夫家原本不姓灌，而是姓张。灌夫的父亲张孟是灌婴的一个门客，因为祖坟冒烟，得到灌婴的宠信，被推荐当上了两千石的高官。后来，张孟索性将自己原本的姓氏抛弃，改姓灌，从此改叫灌孟。

后来灌婴的儿子灌何在父亲死后继承了爵位，成为颍阴侯。吴楚七国作乱的时候，周亚夫调兵出战，灌何任大将军，归属周亚夫，拜灌孟为校尉。那时候灌孟已经老了，但他壮心不已，主动请缨上场杀敌，灌何见他如此，勉强答应了，并让灌夫跟随照应老人家。

灌孟因为主帅的勉强答应，觉得心里很不是滋味，为了争一口气，每当汉军发起冲锋的时候，他都是冲在前面，但灌孟攻击的一般是敌人的坚强堡垒，结果灌孟就战死在了沙场上。

按照当时的规定，父子一起上战场，如果其中一个死了，另一个没死的可以不必再参加战争，直接护送灵柩回家。但是灌夫不肯护送父亲的灵柩回家，他慷慨激昂地说，要斩获吴王或者吴国将军的头，来为自己的父亲报仇。

喊完之后，灌夫穿上铠甲，带上愿意追随自己、并且不怕死的人，跑出军门，冲向吴军。

二三十个人要冲击军万马，不是脑袋充血是什么?!

这些脑袋一时充血的人，出了军门之后，突然冷静了下来，知道这样是去送死的，于是就开始打退堂鼓。大家在军门外徘徊了一阵，已经冷静下来的人就决定不再继续这样的送死行为，虽然自己可能在当时喊不怕死喊得最响亮。这时候，灌夫一看，自己身边只剩下两个兄弟和他自家的十来个骑奴了。

事情既然已经这样了，灌夫也不好再说什么，毕竟不能勉强别人，而且就算是想勉强也未必就能勉强得来。灌夫索性率着这十来个人一路狂奔，直冲吴王刘濞的军帐。吴军这时候被灌夫弄懵了，不知道这十几个人是来干吗的。看到人家举起兵器要跟自己较量，也就被动地厮杀起来。结果，灌夫用属下的十来条命，换了对方几十条命，最终只有他一个人回到了汉营。

灌夫回到军中的时候，已经是伤痕累累、奄奄一息了。但幸好当时有很名贵的良药，总算是捡回了灌夫的一条命。灌夫的伤刚有所好转，就向灌何请缨，要再回去杀敌。灌夫这次杀敌，命就是捡回来的，要是再让他回去，还不是竖着出去、横着进来。灌何考虑了一下，就向自己的上级长官周亚夫请示。

周亚夫见过不怕死的，却没见过这么不怕死的。为了灌夫的生命安全考虑，周亚夫最终没有批准灌夫的请求。但从此，灌夫却名声鹊起，天下都知道灌家出了个猛将。

后来汉军打败吴楚联军后，灌何给景帝提交报告，说灌夫杀敌勇猛，应该封官。景帝看过报告后，立即提灌夫为中郎将。

其实，从灌夫杀敌这件事来考察的话，就会发现，灌夫本身是有些鲁莽的，勇猛两个字的评价是太过美化的说法。事实也确实如此，灌夫当官没多久，就因为官司丢了官。这之后，灌夫的生活可谓非常精彩。一度闲居长安，后被起用。后来和长乐宫卫尉喝酒时，大发酒疯，将一个人揍了一顿。很不巧的是，他打的这个人是窦太后的亲戚窦甫。结果，灌夫就被汉武帝救火似的调为燕相。却没想到，灌夫之后再次惹事，只好又回长安闲居。我们甚至就可以说，这个灌夫简直就是为惹祸而生的。

灌夫爱惹是生非，跟他的猛人性格有着很大的关系。当时的长安人民都知道，灌夫为人正直不阿，溜须拍马的事儿做不来。正因为这样，灌夫落下了一个毛病。这个毛病就是：对待长安的皇亲贵戚，就如同秋风扫落叶；而对待地位低下的士子，却犹如春天般的温暖。

我们在前面说灌夫做官差不多都是做不了多久就会把官丢了，但尽管这样，灌夫却从来不愁吃喝。为什么？因为他家很富有，是个大富豪，光家里养的宾客，就有数百人，而在这些宾客里面黑道的有，白道的也有，也正因为灌夫是黑白通吃，所以他不愁没有饭吃。灌夫老家颍川的宗族兄弟经常是倚赖灌夫的名声，横行乡下，霸田占地，收保护费，大

发横财。

在颍川，灌氏家族的名声赶得上路边的臭豆腐。这是有据为证的：颍水清，灌氏宁；颍水浊，灌氏族。这首儿歌的意思就是：颍水清清，灌氏家族就安宁无事；如果颍水浑浊，灌氏家族恐怕就要被灭族了。

尽管灌氏家族这样横行乡里，但是老百姓终究还是相信，恶有恶报，善有善果，不是不报，是时间未到。

在人生的战场上，灌夫的一路似乎总是屡战屡败，屡败屡战。但这次灌夫丢掉燕相一职后，就再也没有爬起来。有钱无官，权贵巴结的心思也是渐渐冷却。门庭冷落鞍马稀的灌夫，就这样与失意的窦婴遇上了。窦婴看上的是灌夫的暴力股值，认为他能为己所用，报复别人；而灌夫看上窦婴的则是他的外戚关系和丞相旧名。于是，俩人相遇，一拍即合，大叫相识恨晚。而且两人还找到了共同的娱乐爱好：出门打猎，游山玩水。

窦婴也许还不知道，灌夫不是一棵可以为他所用的大树，而是一颗定时炸弹。之所以还没有爆炸，只是因为还没有遇到那个拉响炸弹的人。现在，窦婴孤不择友，和灌夫走到了一起，也就注定了窦婴的不幸。

"不识抬举" 的灌夫

我们说灌夫就是个定时炸弹，绝对是有根据的。因为最终灌夫这颗炸弹就将窦婴一起连带着炸得粉身碎骨了。

这个拉响炸弹的人是谁呢？就是丞相田蚡。这事儿不能怪田蚡太狠，只能怪灌夫太不识抬举。

事情的起因是这样的：在灌夫为自己的姐姐服孝的时候，有一天觉得寂寞难耐，灌夫就出门拜访田蚡去了。此次造访，灌夫的目标无非就是这样两个：一是跟田蚡混个脸熟，二是希望能替窦婴穿线，免得田蚡当了大官，忘了旧交。

灌夫到了田蚡府上，说了些无关痛痒的话之后就开始步入正题，说窦婴门庭零落，怎一个凄凉了得！接着就开始怒骂这个世道，在人家失意的时候，一堆人争着抢着向人家谄媚，等人家失意的时候，就理也不理。

这时候田蚡终于明白灌夫的真正来意了：嫌自己冷落了窦婴了。于是田蚡双手一拱，很诚恳地解释说自己其实一直想约上仲儒你去拜访窦王孙（窦婴字王孙），可是恰逢你身服孝丧，所以这事就一直拖着了。

仲儒是灌夫的字，古时候如果是朋友之间交往，写信，都得呼字，这样显得亲切。结果田蚡这么"仲儒"的一叫，灌夫的血都沸腾起来了。灌夫兴奋地说："田丞相如果肯赏脸，仲儒哪敢因为服丧拒绝呢。不如这样，捡日不如撞日，咱们明天就去魏其侯家，让他们准备一下，您意下如何？"

田蚡一听，小脸一绷，两眼就眯成了一条线，嘴就笑成了一条缝。当然，这是假笑。田蚡只好点头说好。于是二人约好了明天不见不散。

灌夫听田蚡答应了，脸上马上堆满了笑。立即两腿生风地向窦婴家跑去。

灌夫的到来，使门庭冷落车马稀的窦婴心里感到极度欣慰，而听了灌夫的传话，更是觉得心里的火烧得旺起来。于是，窦婴当天几乎没有忙任何事儿，就和夫人马不停蹄地到街上买肉砍肉去了。当晚，窦府就像要过年似的将房屋打扫干净，准备迎接领导光临寒舍指导。

当天夜里，窦婴一夜未眠。而窦府的门仆们也是一夜未眠，不同的是，前者是忙着数星星，而后者是忙着烧火搬柴，杀鸡宰畜，准备第二天的食材。

也别怪窦府会这样繁忙，除了皇帝最大，第二大的就是丞相了，正所谓一人之下万人之上。为领导忙活，有什么不值得的呢！

就在窦婴不知道数了多少星星的时候，天亮了，太阳出来了。窦婴命令门仆整装待束，在门外伺候。这时候，灌夫来了。

但却迟迟不见田蚡的身影。这也可以理解，但凡是大领导莅临某个地方，如果提早来，那是会影响注目礼的。必须等到所有人都已经到齐，再迟到个五到十分钟，在众人的千呼万唤中，领导才会迈着猫步进场。这是大领导的气派，也是领导的风格。人家田蚡就是不折不扣的大领导，所以还是安心地等吧。

但是日头已经老高，将近中午了，田蚡还是不见人影，这会儿窦婴就纳闷了。他问灌夫："为什么田蚡到现在还没来呢？难道是忘了今天是约会的日子，还是有别的事改期了呢？"

这一问，灌夫的脸上就挂不住了。他满脸不悦，只是强忍着不发。他说："我连服丧都不顾了，他应该知道的呀。估计他是有事缠身，晚点会来的。"

窦婴哦了一声，抹了抹脸上的汗珠，这时才发现，自己长时间地巴望，已经快成了长颈鹿了。灌夫一看，更觉得心里过意不去了，就自告奋勇地说："王孙稍等，仲孺这就去请田丞相来。"但等灌夫到了田蚡家，却被告知，田蚡还在床上躺着呢，不是病了，而是还没起床呢。

这一下，灌夫觉得自己简直要抓狂了。他终于看清楚了，昨天田蚡答应去窦婴家，不过是对自己的忽悠，而他本身根本就没有想过要去窦婴家。但是人家窦王孙却为了田蚡今天的造访忙活了一整夜，现在还在望穿秋水地等着呢；而自己，更是被人家当猴子耍了。

灌夫想到这里，紧呼吸一下，冲进田府，叫人唤起田蚡，不管三七二十一就劈头盖脸地问道："田丞相昨天答应我要一起去拜访魏其侯，结果人家魏其侯夫妇俩忙活了一整夜，现在还在门口等你，你却还在这里睡大觉？！"

田蚡这时候才突然想起昨天的事。忘记造访魏其侯对他来说可能是一桩小事，可是对魏其侯来说，却是一件天大的事情啊。田蚡揉了揉惺忪的睡眼，说道："实在不好意思啊，昨晚应酬得太晚了，一觉就睡到了现在。我现在就跟你一起去。"

田蚡终于出门了，但他不是加足马力地向前冲，而是像许久不出门似的，一路慢慢晃着看风景。这时，灌夫终于看透了田蚡：他是故意在摆领导架子刺激人。

灌夫眼里最容不下的就是这样爱摆臭架子的领导。在他眼里，不是

自己故意去惹田蚡的，而是田蚡根本就不懂得尊重别人。权贵怎么了？权贵我灌夫照样可以像秋风扫落叶一样地将你们扫掉。你让我灌夫一时不舒服，我就要让你一辈子都像得了痔疮一样坐立不安。

这是最真实的灌夫。他有愤慨就会记在心里，写在脸上，表现在行动上。既然田蚡这样不给人面子，我就要让他在自己面前自取其辱。到这时候，炸弹也即将被拉响了。

梁子结大了！

等田蚡终于到了窦婴家门口的时候，窦婴已经站得双腿发麻。虽然还是装出热情的样子，但却笑得非常难看。田蚡握着窦婴的双手说了一堆道歉的话，说完之后，两人就一起走进了宴会。

这时候的灌夫却是一声不响。当一只爱吠的狗突然变得安静，只有两种可能：要么病了，要么准备咬人了。灌夫，无疑是属于后者的。

等到了酒席上，灌夫更是做出了惊人之举。都说喝酒分几种境界：第一种是宾客刚入席，天下太平；第二种是酒喝到高兴的地步，喝酒的人开始豪语壮语；第三种就是举杯乱灌，胡言乱语；而第四种就是不言不语，因为已经喝醉趴倒在地上了。

灌夫之所以惊人就是因为他直接省略了豪言壮语的第二境界，拿起酒来就乱灌，并且开始胡言乱语，大声数落田蚡摆领导架子一类的话来。

窦婴一看，这还了得？赶紧叫人将还在胡言乱语的灌夫抬下去，安歇了。之后，窦婴回来向田蚡赔罪，田蚡是何等聪明的人，自然是不会

把情绪表现在脸上的，连说"没事没事，咱接着喝"。

结果那天，窦婴和田蚡两个人是把酒言欢，一直从中午喝到夜里。喝得两人之间是情意绵绵，好像是将以往的情谊全部喝了出来，假话、真话说了个畅快。末了，田蚡一副意犹如未尽的样子作别窦婴，极乐而归。窦婴看着矮瓜田蚡离去的背影，笑了。因为在他看来，田蚡对于自己今天的安排是非常满意的，那自己的忙活也就达到目的了。

但，很不幸的是，窦婴错了。

酒宴之后两天，田蚡就派人来到窦府。所来之人不是别人，正是田蚡圈养的宾客藉福。这个藉福深得田蚡信赖，当年，劝说田蚡将丞相之位让给窦婴的计策，就是出于他之脑。而田蚡正是因为听了他的话，才会有今天的一切。现在，田蚡当了丞相，藉福也就自然而然成了大红人。

藉福此次前来，并不是要感谢前几日窦婴对丞相的热情款待的，更不是来送礼的，而是来刁难窦婴的。

藉福传田蚡的话：丞相说了，你在渭南城外的一块地被他看中了，他希望你赏个脸将它送给他。

窦婴一听，眼都绿了：田蚡还真是挺不要脸的，前几天才喝了我的酒，今天竟然派人来索贿！他终于看透了田蚡的丑恶嘴脸，他就是个十足的狗仗人势的恶人！

窦婴看透了之后，就直截了当地回绝说："我窦婴虽然已经没有什么权势了，但有人要欺诈我的田地，两个字：没门！"

这世界上的事情总是这么诡异，本来藉福被窦婴的两字"没门"就弄得极度郁闷，没想到还有更郁闷的。这边藉福前脚刚出门，那边灌夫就闻风赶来了。灌夫还没等藉福反应过来，噼里啪啦就是一顿臭骂，藉福夹着尾巴灰溜溜地回去了。

藉福被人家这么一骂，心里的气大了去了。但藉福不是灌夫，人家是用脑袋思考的，他发现这是件费力不讨好的事儿，无论替谁说话，最终都会弄得一身屎。回去煽风点火，不是最好的办法，如果让窦婴和田蚡两个人之间起了冲突，自己这个小角色是要陪葬的，所以要从长计议了。

很快，藉福就想到一个妙法：稳住两头，能拖多久拖多久。藉福回到丞相府后，就劝田蚡说，窦婴反正也已经老了，只要你再等两年，窦

— 73 —

婴一死，还有什么东西不是你的？

但是藉福也忽略了一点，那就是现在田蚡已经不是当年的田蚡，这话要是放在几年前他一定会听。现在的田蚡贵为一国的丞相，天下就是田家的，而且窦太后早已经作古，为什么还要继续忍耐窦婴呢？所以，藉福还没说完，田蚡心里就开始嘀咕了：这个藉福，今天这是怎么了？难道是被人家给收买了？还是要立志当和事佬呢？但是田蚡也不是傻子，知道做宾客被人收买的可能性不大，宾客一般都懂得市场行情，所以现在看来，藉福多半是要明哲保身。

得出结论之后，还没等田蚡开始行动，就传来了消息，说窦婴城南的地不但窦婴不肯给，就连灌夫也反对。这下子田蚡不干了：当年你魏其侯儿子杀人，还是我替你保住了人头呢。再说当年丞相的位子要不是我让给你，你能坐成？现在我要块地，你居然这么抠门！还有你灌夫，我们两个之间的事，关你什么事儿？

田蚡之所以这样说灌夫，是因为他心里已经有了主意，他知道要想扳倒窦婴，灌夫这关必须得先过。而要想扳倒灌夫，却也一点儿都不难。灌夫老家颍川不是有一帮宗族正在横行乡里吗，就拿他们开刀吧，再找点灌夫的把柄，还怕灌夫能长翅膀飞走了？这时候对田蚡来说，梁子才是真的结下了。正所谓是，有姓窦和姓灌的，就没有他姓田的。今天不是你死，就是我亡！

要不说宁得罪十个君子，不得罪一个小人呢。田蚡这个人就是有些小人性情的人，更何况现在的田蚡位高权重，想要弄死几个小人物，还不是易如反掌的事？

田蚡先是给汉武帝上书慷慨陈辞，说灌夫老家的宗族就是颍川地区的黑社会，没事不是收取保护费就是干点破坏人民生活的事儿，当地的百姓一直是有苦不敢言，请陛下立案查办。

汉武帝看了这个奏折后，说这本来就是丞相分内的事儿，为什么还要请奏呢？

其实田蚡能不知道这是自己分内的事儿，他想要的不过就是汉武帝应允的这句话，好给自己公报私仇树一个秉公执法、替天行道的幌子。

就在田蚡准备对灌夫下手的时候，有一天灌夫突然闯进了田蚡的家里，对田蚡说了一句话。田蚡就像是被武林高手点中了穴位，良久，才

急火火地说："赶紧将查办灌夫的案子撤了！"

　　这到底是怎么回事？难道灌夫真的有什么高招，能将田蚡伤于无形？当然不是了。这就应了那句话，要想扳倒别人，首先自己不能有把柄被人抓住。田蚡之所以下令赶紧停止查办，就是因为他有把柄被灌夫抓到了，而这件事一旦抖出来，不仅是失官的问题，田家三族的小命能不能保住，都很难讲啊。

　　这件事发生在田蚡还是太尉的时候。那时候田蚡对淮南王刘安——也就是那个豆腐的创始人——极是巴结。每当刘安入朝，田蚡总是亲自到霸上迎接。有一次，聪明一世的田蚡不知是不是吃错药了，居然对刘安说了这样一句话："陈阿娇无子，陛下没有太子可立，您是高帝的孙子，宅心仁厚，天下是无人不知。有朝一天，陛下驾崩了，不立您还能立谁呢？"

　　但凡有点头脑的，就知道田蚡这话是绝对的混话。为什么这么说呢？论辈分，刘安是汉武帝的叔叔；论年龄，刘安比汉武帝年长 22 岁。而且，汉武帝除了喜欢泡妞，更喜欢打猎和读书，无论是从身体素质还是心理素质，再或者文化素质上来说，刘安都不是汉武帝的对手，估计全天下也没有几个人会是汉武帝的对手吧。

　　现在田蚡却说汉武帝驾崩之后，要刘安继位，这不是在咒汉武帝死吗？就从这一条上来说，田蚡被判死刑就没有什么说不过去的理。

　　正所谓良药苦口利于病，真话就像是良药没人喜欢听，但假话却是人人爱听。刘安听了田蚡的话，乐得魂儿都飞到了天上。一高兴，就给了田蚡不知道多少银子。而且，刘安从此更加勤奋地搞业绩，为的就是自己有一天真的能当上皇帝。

　　到了建元六年，也就是公元前 135 年，天空出现了慧星。刘安以为这是上天在提醒世人，天下就要发生纷争了。这时候他猛然想起田蚡曾对自己说过的话，就更加笃信，这是上天对他的警示。而刘安的属下见自己的上司这样笃信，就更加添油加醋地说，当年七国叛乱的时候，天空也曾出现过扫帚星；现在扫帚星又出来了，天下又要有大变了，大王还是做好夺权的准备吧。刘安听了属下的话，便秘密训兵集结，并且用重金贿赂各地郡国，企图有变时有个照应。

　　事实上，建元六年这年天下确实有变，不过不是刘彻，而是我们会在后面讲到闽越王骆郢攻打南越王国，刘彻出兵之后还没来得及打，闽越就投降了的事。而这件事后，汉武帝的地位不但没有动摇，反而将皇座坐得更稳了，并且对北伐充满了信心。

淮南王期待的汉武帝衰弱的结局不但没有出现，汉武帝反而越加充满活力和朝气了。刘安失望之余，只好继续等待。

这件事距离现在已经三年多了。没想到的是，灌夫消息居然如此灵通，将这件事的来龙去脉搞得清清楚楚。这样一来，田蚡不但动不了灌夫，还要提防灌夫在自己背后给自己一刀。

田蚡当然不允许这样的事儿发生，他马上给淮南王写了一封信，将灌夫威胁自己的事儿说了一遍。淮南王一听，这还了得，赶紧花重金去堵灌夫的嘴，还找了一大堆人去轮番宴请灌夫，直到灌夫满意为止。

灌夫满意了，田蚡自然也就能歇一口气了，尽管对田蚡来说，这件事上他没有占到一点儿便宜，还差点让人家把自己给黑了。到此为止，第一回合也就基本结束了，几个当局者都以为事情已经过去了，也就没有什么好说的了。最起码窦婴是这样认为的，刘安也是这样认为的，但是最可能爆炸的定时炸弹——灌夫，却不是这样认为的。他觉得自己和田蚡之间的恩怨，是个永远都解不开的死结。

但凡有点思维的人都知道，如果你的地位不比人家高，即使你手里握着把柄，最终也只能是加速自己的死亡。

灌夫骂座

既然灌夫有这样的感觉，那事情肯定还会继续发展下去，直到其中一方彻底败北。果然很快，第二回合的较量就开始了，较量源于一件喜事。

事情起源于田蚡做新郎的宴席上。田蚡娶燕王女为夫人，大办喜事，王太后更是诏列侯宗室前来祝贺。窦婴也在被邀之列，但是窦婴形单影只，就想拉上灌夫跟自己一起去。开始的时候，灌夫是一口回绝，一来自己没有被人家邀请，二来他们二人之间本来就不对付，干吗要去？但是灌夫禁不住窦婴的死缠烂打，最终决定陪他一起去。

到了宴席上，新郎敬完酒后，客人之间开始相互敬酒。轮到窦婴给大家敬酒时，只有窦婴的旧属避席伏地，其余的人，都像没事人一样地坐着，稍微欠点身的，就算是给窦婴面子了。灌夫哪看得下去这个？于是轮到灌夫敬酒的时候，他举起酒杯就直奔田蚡而去。但灌夫发现田蚡酒杯里的酒不是满的，就让他倒满。田蚡却说，不能倒满，自己只能喝这么多了。

凡在酒桌上吃过饭的人都知道，酒桌将人与人之间的尊卑表现得最淋漓尽致。所谓感情深一口闷，感情浅舔一舔。依照田蚡和灌夫的感情深浅来说，他们之间是永远不会有一口闷的时候，满酒的可能性也不大。不过逢场作戏的事儿，也就不必计较这么多了。但是，作为新郎官的田蚡，今天却是异常固执，灌夫要他满酒，他偏不满。最后，灌夫也只能

跟田蚡意思了一下。

这一来，灌夫心里的火就更旺了：一杯酒的事儿居然也这样敷衍我，早知道这样，又何必来自取其辱呢？话虽如此，敬酒既然已经开始了，也只好将它进行到底。等灌夫敬到一个人那儿的时候，对方竟然不长眼地跟旁边的人窃窃私语起来，全然看不到灌夫正在跟自己敬酒。这下子灌夫心里的火就彻底燃烧起来了：如果说田蚡不给自己面子，那是因为原先他们之间就有过节儿，而且人家靠山硬，自己本身又位高权重，不把别人放在眼里，也是情有可原；可眼前这个人算不上是什么人物，居然也不把我放在眼里，简直是欺人太甚！

而这个怠慢了灌夫的人是谁呢？他就是灌婴的孙子灌贤。论辈分，灌贤还应该叫灌夫一声叔叔。那个跟灌贤窃窃私语的人则正是东宫卫尉程不识将军，而当时的西宫卫尉则是终不封侯的李广。尽管程不识和李广都是职业军人，但两人的口碑和威信却大不相同。在灌夫眼里，程不识和李广从来就不在一个档次上。现在他看到自己灌家的子孙居然跟自己从来都看不上的程不识窃窃私语，心里的火哄的冒了出来。

灌夫指着灌贤骂道："你平时不是瞧不起程不识吗？你不是骂他不值几个钱吗？怎么今天我这个长者给你敬酒，你竟然还跟他咬在一起？"

灌夫的一声吼，就如同平地上的一颗炸雷，宴会一下子就被炸开了锅。这时，田蚡作为今天的主角只好压着一肚子火来调节，和气地对灌夫说："仲孺，说话要注意分寸。程将军和李将军，同为东西卫尉，你就算不给程将军面子，也要给李将军面子啊。"

灌夫转头对着田蚡，就像斗得眼睛正红的狼，更何况灌夫心里的火很大一部分来自于田蚡这个矮冬瓜。于是他冲着田蚡吼道："今天你就是砍了我的头，扒了我的皮，老子都不在乎，还在乎什么程将军和李将军？！"

到这时候，大家也终于明白了，原来灌夫的真正指向不是程不识，而是今天的新郎官田蚡。

灌夫说完这句话，还没等大家咂摸过滋味来，就去了厕所。而窦婴作为灌夫的好朋友，自然不会在他醉酒的时候丢下他，于是紧跟了出去。但这无疑给了田蚡一种启示：两个人是合伙来砸我的场子的。好，既然你不仁，就别怪我不义！这样一想，田蚡似乎也忘了今天是自己大喜的

日子，怒吼一声，叫道："来人，将灌夫给我拦回来。"

本来窦婴准备拉着灌夫开溜，因为他早已看出今天的事情已经无法挽回了。但还没等他们开始行动，灌夫就被警卫们拉到了田蚡面前。

就在这时候，一个和事佬出现了，他就是前面被灌夫臭骂了一顿的藉福。藉福上来先替灌夫请了罪，然后回头低声对灌夫说赶紧给田丞相认错。

我们在前面也已经介绍了灌夫的性格，就是直性，现在要他在他看不上的皇亲国戚面前低头认错，简直堪比登山。灌夫昂起自己高贵的头，用眼角夹了田蚡几下，意思就是：今天就算是撕破脸，我也不会道歉。藉福这个和事佬也没有因此善罢甘休，但他越是想要灌夫认错，灌夫的头就越挺得直。尽管藉福有三寸不烂之舌，无奈灌夫一句都听不进去，而且，越是这样，灌夫就越愤怒，最后竟然开始大吼大叫起来。

田蚡看了一会儿就发话了，说既然这样，也只能不好意思地将灌夫你关起来了。田蚡将灌夫送进监狱后，撂下了一句狠话，说："今天来参加我婚礼的宗室，都是有诏而来的。"意思是什么？就是说今天到场的宾客，都是王太后请来的。有人不给我面子，就等于是不给王太后面子。而灌夫你今天婚宴闹事，说小了是发酒疯，说大了就有可能是犯罪。田蚡早就想置灌夫于死地，毕竟这个人手里握着自己的把柄呢，此时田蚡也给灌夫想好了罪名——大不敬罪。

既然已经撕破了脸，田蚡也不再顾忌什么，马上将灌夫的旧账全翻出来晒，你不是威胁我吗，那我今天就让你知道马王爷有几只眼！

灌夫被关进大牢，最替他着急的人，当然非窦婴莫属了。窦婴跟田蚡共事这么多年，自然知道田蚡的为人。所以对他来说，当务之急就是要先救人。灌夫一天不出监狱，危险系数就高一天。但，门庭冷落的窦婴，又能找谁诉苦去呢？

这时候，窦婴想起了自己以前的那些宾客，当然，现在这些人已经全跑去田蚡那里了。病急乱投医，窦婴也是没有办法，走投无路的时候，只好四处摸索了。窦婴拿出了很多黄金，对那些宾客说："如果你们还记得我这个过气的将军，就收下这些钱，帮我想想办法救灌夫吧。事成之后，我自然是不会忘记你们的大恩大德的。"

不管这些宾客是不是真心要帮窦婴，反正拿人手短，不久之后就有消息传来，说灌夫估计是没救了，现在还是赶快救灌氏宗族吧，田丞相马上就要动手了。

窦婴一听，赶紧密告颍川灌氏兄弟，让他们各自逃命去了。

现在，灌夫才发现，自己真是太过冒失了。原以为自己手里握着田蚡的把柄，谅他也不敢将自己怎么样，但是现在却发现这个把柄居然起不到任何作用。因为自己处于一个几乎与世隔绝的大牢里，没有人能前来探望，别说是捎个信了，就连放个鸽子的机会都没有。那手里的把柄还有什么价值可言？

但是要想灌夫认命，那也是不可能的。因为他知道，就算是全世界背弃了自己，窦婴不会。毕竟两人也相处了这么长的时间，了解得多了，对对方的为人自然是了如指掌。男人之间的情意，不需要太多的语言，也不需要太多外在的表象来点缀。如果一方有难，另一方一定会倾尽全力，来挽救对方的。

这时候窦婴的夫人站出来说话了。她给窦婴分析道：灌夫得罪的不是田丞相一个人，而是当今皇上的母亲王太后，单凭你一个人的力量，又怎么能救得了灌夫呢？依我看来，还是量力而行。夫人苦口婆心，但依然没有动摇窦婴的决心。他对夫人说，为了灌夫即使将自己的侯位丢掉，也是值得的！

窦婴之所以这样说，一个很重要的原因是：即使他救不出灌夫，自己也不会被连累进去，因为他还有杀手锏。

窦婴确定了自己的心意后，立马开始行动。他给汉武帝上书，将那天宴席上的事儿还原，同时强调，灌夫不过是借酒发疯，还没到要诛杀的地步，所以，请陛下宽宏大量，恕他不死。

汉武帝收到信后，却没有表态。后来，他把窦婴召到宫里来说："你的话虽然有理，但是这件事已经惹到了王太后，只有打通王太后这个关节，灌夫才可能有救。"

汉武帝这话也不是要敷衍窦婴，虽然在朝堂上自己是老大，但是回到东宫，自己照样还得给王太后请安，所以说这件事不是他一个人能说了算的。不过事情也不是完全没有办法解决，最好的办法就是让窦婴和田蚡展开辩论，让群臣发表意见，这样也可以给王太后以压力。只要王太后点头，想要放人还不是皇上一句话的事儿。

不论是古代的官场还是现代的官场，都存在这样的现象，就是墙头草特别多。田蚡现在位高权重，依附他的人自然很多；而窦婴这边，靠山已经倒了，再加上自己总是搞不清楚自己姓什么，肯帮他的人屈指可数。

尽管这样，窦婴还是决定铤而走险，死马当做活马医，就算败诉了，灌夫亦牢中有知。如果田蚡不肯放人，那只好撕破脸的一路斗下去了。

辩 论 赛

很快地，一场关乎人命的辩论赛就开始了。窦婴作为正方，对抗以田蚡为首的反方。首先，是正方主辩人窦婴发言。窦婴从吴楚叛乱时灌夫披孝报国说起，这样一个勇冠三军的人在田蚡宴席上的表现只可能是醉酒闹事，但田丞相却没有就事论事，而是将他定罪，实属不当。

窦婴话语刚落，田蚡就反驳道：灌夫的为人不需要我多费口舌，在座的各位都心明眼亮。他蛮横无理，羞辱宾客，弄得好好的宴席不欢而散，这是其罪一；而颍川的灌氏宗族，横行乡里，搞得怨声载道，这是其罪二。我现在抓灌夫，治他的罪，都是依法从事，替天行道，完全没有公报私仇的意思。

窦婴听田蚡这么一说，先是震惊，后是愤怒。他满以为当初刘安出面讲和，双方已经冰释前嫌，没想到田蚡居然会在大庭广众之下揭灌夫的短，那就别怪我不义也要揭你的短了。于是窦婴就将田蚡派藉福向他索城南地的过程全部抖了出来。

对于窦婴抖出来的事儿，田蚡不慌也不忙，这个世界上贪污受贿的也不是我一个人，那些讨厌贪污受贿的人很可能只是没有机会罢了。于是田蚡大方地承认，说自己就是一个贪财的人，但跟你魏其侯比起来，简直是小巫见大巫啊！你当年不吝财力，圈养豪杰，结识壮士。那时你的工作不是刺探情报，就是抬头看天，低头伏谋，等待天下有变，谁知道你那时候在想些什么？

如果顺着田蚡的思路想下去，窦婴走的就是造反路线。这句话的意图在于爆料，因为地球人都知道，贪污顶多是判几年刑，而造反是很可能会被杀头的。田蚡说这些话，却有些言过其实，自从窦太后作古之后，窦婴就是门庭冷落了，哪还有什么心思造反啊？而且，这点在汉武帝刘彻眼里也是一清二楚的。汉武帝作为当天的裁判，看到双方已经将为灌夫辩论这件事转移到了人身攻击上，如果任其发展，最终将不可收拾。汉武帝只好出来喊停，说言归正传，今天咱们主要是讨论灌夫一事，还是请大家不要跑题，踊跃发表意见。

这样一来，就将已经跑题的话题重新拽回了正轨上。很快第一个人就站起来发言了，他就是在出征闽越后被提拔为御史大夫的韩安国。这个人相信你也没有忘记，他就是那个给刘武分析情况的韩安国。他对于官场的人际关系那是相当了然于胸，玩政治更是已经放下的活儿。今天他的话，也同样让人惊讶。

他是这样说的："魏其侯说得没错，灌夫当年确实勇猛非凡，单凭因为一次酒疯就要砍头，确实有些过分。"

田蚡一听，脸当时就黑了：好你个韩安国，你居然站到我的对立面，简直是胆大包天！但韩安国是何等聪明的人，他能这么明显地将自己放在风口浪尖上，等着受夹板气？韩安国继续从容地说："但是，丞相说得也有道理，毕竟灌夫与奸商勾结，发黑心财，而且还横行乡里。所以，我认为魏其侯有理，田丞相也没错。至于究竟怎么判，还要看皇上的了。"

转了一圈，这块烫手的山芋，又扔到了汉武帝手里。而田蚡听到这里，也为自己没有被人贴红条而暗自庆幸了一下。很快，下一个发言人也站了起来，这个人正是牛人——汲黯。

汲黯，字长孺，河南濮阳人。汲黯的祖坟上也是烧高香的人，因为

受宠，到汲黯一代，十世都是卿、大夫级别的高官。

还在景帝的时候，汲黯的父亲就替他谋到了一个好差事，那就是教太子读书（太子洗马），辅佐太子，也就是单纯意义上的太子的老师，这个太子就是刘彻。但好玩的是，刘彻尊崇儒学，而汲黯却是尊崇黄老之道。这样两个几乎没有共同语言的人走到一起，那将是多么热闹的场景啊！奇怪的是，汉武帝与汲黯却相安无事，当然不是刘彻不想惹祸，而是因为他碰上了一个超牛的老师。汲黯素来以严厉闻名天下，这样一个火药桶级别的人物，躲还来不及呢，怎么肯还去招惹他呢？

后来刘彻做皇帝之后，汲黯也由太子侍从升为皇家礼宾官（谒者）。那段时间，汲黯作为皇帝的特使，曾经出过两次差。那时候没有现在这么发达的交通工具，作为特使，如果身体素质不过关，那一次长途就可能会被折腾出个好歹的。而汲黯的身体素质恰恰是差得一塌糊涂，养病简直就是他的另一个伟大职业。所以，刘彻前两次派他出去，不光任务没有完成，还被汲黯找借口敷衍了。

第一次是东越相攻。汲黯晃悠着到了吴县，又晃悠着回去了。刘彻问他是怎么回事，汲黯只说那是越人之间打群架，而这样打群架正是他们风俗习惯的一种。这一次汉武帝忍了，因为东越确实路途遥远，他也能理解汲黯的偷懒。第二次，河内（今河南省武陟县）失火，烧了千余家，刘彻再次派汲黯前往。这次，汲黯去是去了，但回来却告诉汉武帝说，自己没有到火灾现场。

这下汉武帝要急了，难道还有什么说得过去的理由吗？如果单纯是因为身体不好，你当初又为什么要领命呢？但汲黯有自己的说法，他说民宅是相连的，火烧连营也没什么好奇怪的。尽管我没有到火灾现场，却了解了另外一件事。河内郡内旱情严重，殃及万余人家，甚至到了父子相食的地步。所以，我持节命令河内郡守开仓济民。至于陛下要怎么处置我，我悉听尊便。

这样一来，汉武帝确实为难了：处罚吧，人家汲黯确实做了一件好事儿；不处罚吧，也不能给奖金啊，毕竟皇上交给他的事情他没有完成啊！最后，汉武帝恕汲黯无罪，但将他踢出长安城，贬为了荥阳县令。

这样一来，汲黯就不高兴了：自己家这么多代人都是高官，为什么到我这里就成了小县令？这不是让我汲黯给祖宗丢脸吗？于是，汲黯在接到调令后，就称病不前，辞职回家了。

刘彻知道这件事后，无奈，只好将汲黯召回长安，迁为中大夫。

但之后不久，汲黯还是被踢出了长安城。这一次不是因为汲黯消极怠工，而是因为他得罪人了。这个汲黯既然世代是高官，时间长了脾气也很臭，而且眼里容不下别人。这样的人在跟别人共事的时候，就很容易得罪人。时间一长，大家纷纷向汉武帝告状，说这个汲黯不好相处。结果，汉武帝只好又将汲黯打发出长安，迁为东海郡（今山东省郯城县）太守。

太守是和九卿同样地位的官职，而且这次出京，汲黯也没有推脱。但这次汲黯还是不准备自己亲往赴任，而是决定效法曹参。当年曹参治国，称得上是奇懒无比，但是政治清明，国泰民安。后来被调到中央，依然是整天喝酒不理政事，结果却是如果没有曹参这个懒人，汉朝不知道会被折腾成什么样。

现在，汲黯就精选了几个得力干将，吩咐他们该做什么事后就回去养病了。一年的时间过去了，汲黯几乎一直是在床上呆着，而他派人治理的地方政绩却出奇得好。这就是黄老治世之术的魅力，只要肯用，总能事半功倍。

这件事传到长安后，汉武帝一扫过去对汲黯的种种偏见，将他这个硬骨头老师重又调回了长安，担任诸侯接待总监（主爵都尉）。

汲黯回到京城之后，臭脾气依然没有改，如果对方是跟自己合不来的人，汲黯连招呼都是不愿意打一个的。那时候，田蚡已经贵为丞相，很多人对他奴颜婢膝，但汲黯从来就不是个按套路出牌的人，人人都要矮他三分，我就要矮他三分吗？所以每次汲黯见到田蚡，只是稍稍拱手作揖，就算是给田蚡行礼了。

你傲，我比你更傲；你牛，我比你更牛。尽管我身体不好，但不代表我灵魂一样不健康，想要惹我还是不可能的。这就是最真实的汲黯。

当然，要说的是，不是田蚡惹不起他，田蚡身为丞相，想要惹谁惹不起呢？他只是觉得他们两个人是没有什么交集的人，犯不着罢了。一个要在地上走的人，和一个几乎常年呆在床上的人有什么好斗的呢？再说跟一个病号斗法，别人也会说他田蚡仗势欺人的。

越是在敌人眼中弱不禁风的人，可能活得越长久。而田蚡，最终也

是在汲黯的前面伸腿蹬天了。

汲黯在参加这次辩论会的时候，就已经病了，他之所以抱病参加辩论会，当然是要达到一鸣惊人的效果，要不这样的会，他才懒得参加。而当田蚡看到汲黯站出来时，就知道，大事不好了。

果然不出田蚡所料，汲黯噼里啪啦说了一大串，明确表达了自己是支持窦婴的，而田蚡是可耻的，灌夫更不可诛。

现场的人都为汲黯的勇气所深深折服了，不过田蚡的脸黑了，汉武帝没有表情，惟独窦婴笑了。

辩论还在继续，第三个人马上就要登场了。这第三个人是内史郑当时。郑当时字庄，人称郑庄。为人任侠、谦虚、厚道，但同时也兼具墙头草、两面派的毛病。他是汲黯这辈子能说得上话来的两个人之一，另外一个则是宗正刘弃疾。

郑当时之所以能和汲黯合得来，首先是俩人志同道合，都尊崇黄老之道；其次，就是因为郑当时为人谦虚，好交名士，对待朋友更是两肋插刀。那时候甚至可以拉出条幅：有困难，找郑庄。他帮了你还会问你满不满意，如果不满意，郑主本人会觉得特别对不起你。这样一来，郑当时就在圈内混了个响亮的弓——名士。

但并不是所有的名士都能正直不阿的，郑当时就是这样的人。生活中，他也不得罪人；工作上，同样也不得罪人。他的原则是，多一事不如少一事，少一事不如天下无事。如果实在要他说点什么，也只是个和稀泥的料。

不过，即使要和稀泥也要掌握好火候，搞不好就是里外不是人。这不，郑当时就挨骂了。骂郑当时的人，正是汉武帝，因为郑当时在关键时刻又犯了墙头草的毛病。他首先是肯定了窦婴的说法，说灌夫确实不该杀；但看到现场无人响应时，又改口说，田丞相也没什么错。

本来汉武帝不想这么快就出来批评郑当时，他是想等所有人批评完了再出来总结，结果却没有一个人言语。当然出现这种情况也是可以理解的。为什么？因为一般国家大事，汉武帝都会在未央宫召开，但这次却选了东宫，也就是王太后居住的地方。这不明摆着表示，灌夫这件事只不过是皇上的家事，清官都难断家务事，自己凭空插一脚，算是哪一码？而今天不过就是要让窦婴和田蚡两个人过过嘴瘾罢了。

而且，当今朝上谁强谁弱那是一目了然的，如果力挺窦婴，搞不好就会将自己的小命搭上，所以沉默是金啊！

这种情况下，自然没人敢当这个出头鸟的，结果汉武帝等了半天，都不见有人发言，这下子他心里的火就压不住了。也活该郑当时倒霉，谁叫他选的时间不对呢？汉武帝指着郑当时骂道："你平时不是挺爱对魏其侯和田丞相说长道短的吗？怎么这会儿又开始语无伦次了？我真应该连你一块斩了！"汉武帝说完这句话，甩袖子走人了。此时王太后正在后宫等着他一起用餐呢，王太后对于辩论会的情况更是了如指掌，她有的是眼线，这些狗腿子没别的能耐，汇报消息这件事还是做得很好的。

结果，汉武帝见了王太后，就挨了一顿骂。王太后责怪汉武帝任由一个已经过气的人来欺负自己的舅舅。看汉武帝不言语，王太后就更生气了，说连这样的小事都不能自己做决定，还要搞什么形式主义的辩论会。

汉武帝没有办法，只好说舅舅和魏其侯都是外戚，自己一时之间也不知道该怎么下手，只好搞这么一个辩论会。王太后听了也没再多说什么。

王太后这边在后宫给自己的儿子施加压力，外面田蚡也没有闲着。在汉武帝甩袖走人之后，田蚡就对韩安国说："今天我亲自送你回家。"说着两个人就一起上了车。到了车上，田蚡立即晴转多云，责怪韩安国在辩论会上首鼠两端，不肯替自己多说几句话。

韩安国先是一阵沉默，既而摇头叹息，说："丞相你心太急。而如果心急的话，很可能就会将事情搞砸了。"

田蚡听韩安国这么一说，不由得奇怪起来。韩安国说："你们两个人都是有官有位的人，这样子在皇上面前互揭老底，成何体统呢？"田蚡一听，脸色泛红，同时怒气也减了。韩安国接着说："如果我是你，我就会当场摘下官帽，对皇帝说魏其侯是对的，请允许我辞职。"

田蚡的小眼睛眨啊眨的，不明白韩安国葫芦里究竟卖的什么药。韩安国解释道："皇帝听你这么一说，肯定觉得你谦虚，不但会宽恕你，还会称赞你有美德。而按照魏其侯的为人，一定会羞惭不已，回家咬舌自尽去了。"

我们说韩安国是个厉害角色，玩政治是放下的活儿了，由此可见一

雄韬伟略——汉武帝传

斑。如果田蚡按照这个政治老狐狸的说法做，结果是可想而知的，如果窦婴还活着的话，只要他一出门，就会被官场的口水舆论淹死。

田蚡听韩安国这样一说，立即阴转晴，连连责怪自己太心急，当然少不了溢美之词，类似"听君一席话，胜读十年书"之类的。

而这场辩论会，也让很多人受用无穷。首先是汉武帝，王太后让他明白了，尽管窦太后已经去世了，但只要王太后还在，他就要无条件地为王家做事，即使王家的人犯了错误，还是要为王家做事。其次是田蚡，韩安国让他明白了，政治这个东西是讲究策略的，一味地蛮干，可能收不到任何效果。再就是郑当时，他还需要回家修炼当墙头草的本领，因为辩论会后不久，他就被汉武帝贬为皇后管家（詹事）了。

不过辩论会还没有分出胜负，而汉武帝已经趟了这遭浑水，那就意味着事情只有在产生结果的时候，才会彻底宣告结束。

两败俱伤

其实汉武帝要下放郑当时是有自己的打算的，目的就是要为窦婴多说几句公道话。毕竟在开辩论会之前，汉武帝曾经跟窦婴喝过酒，心里还是比较向着他的。他开辩论会的目就是想广开言路，在众大臣之间展开讨论，形成舆论的威势，如果多数意见是向着窦婴的，那到时候即使王太后问起来，汉武帝也是有话说的。

汉武帝精心设计的辩论会却在郑当时之流的手下流产了，简直是岂有此理！王太后现在还要以绝食威胁汉武帝，要他替自己的娘家人说

"公道话"，汉武帝本来是要帮窦婴的，但现在看起来，倒有可能最终帮田蚡搞掉了窦婴，汉武帝心里能好受吗？

不过汉武帝还是很明智的，他将御史大夫韩安国召来，让他核对窦婴在辩论会上所揭发的田蚡的老底是不是真的。韩安国一听，立马心领神会，他是何等聪明之人，能不明白汉武帝的意思？汉武帝这样做就传达出一个很明确的信号，也就是说他现在已经帮不了窦婴了。皇上都妥协了，御史大夫还要讲什么原则吗？于是韩安国就找了一帮人，下了一番苦功夫，努力找出窦婴揭发田蚡的不实之处。这事儿完成得差不多之后，又开始查找窦婴工作生活中的纰漏。窦婴本来也不是个一身清白的人，所以这事儿做起来也不难。很快，汉武帝就给窦婴定下了罪名——欺君之罪，允许逮捕。窦婴也就顺顺利利地被双规，送进了特别监狱。

当初窦婴的夫人劝窦婴救人要量力而行，但彼时窦婴却豪气冲天，觉得自己不能丢下灌夫不管，甚至还觉得自己的夫人有点不够义气，现在看来，夫人绝对是明智的。一个不熟悉水性的人去救一个落水的人，结果往往会是以悲剧收场。现在被关在监狱里的窦婴更深刻地感受到了人情冷暖、世态炎凉，仅有的一个帮自己说话的汲黯也被淹没在了茫茫的不为自己说话的人群中。此情此景，是何等的凄凉！虎落平阳被犬欺啊！

不过尽管窦婴身在监狱，依然没有放弃对生的追求，他觉得是时候亮出自己的杀手锏了。窦婴之所以能这样做，也是因为他有得天独厚的条件。因为他所在的监狱不像灌夫的监狱，连耗子都进不去，就别说家人探望了。但是窦婴不一样，他的家人是可以来探望他的。可能当时的田蚡认为，窦婴岁数大了，而且人在监狱里，就算是给他翅膀他也不能飞出来。于是就允许窦婴的家人可以来探监。

然而田蚡要是这样想的话，那就大错特错了。因为如果田蚡给了窦婴翅膀，他是一定会飞出去的。而这时候的窦婴也觉得自己是有这个翅膀的，这就是他手中那个迟迟没有亮出来的杀手锏。

窦婴利用家人探监的机会，让自己的侄子替自己办了一件事。事情做起来很简单，就是把自己家中的一件礼物亲手交给皇上，让他亲眼过目。之后就把家里收拾一下，好酒好菜的先准备着，等待自己回家的好消息。

窦婴的这个礼物是什么？正是先帝的遗诏，上面写着八个字：事有不便，以便论上。这是什么意思呢？翻译一下就是：如果你碰上什么大事，可以把这遗诏交给他（先帝）的接班人，这样就可以被赦免。正是因为这个遗诏，也就是所谓的杀手锏，窦婴才会在当初夫人劝说他量力而行的时候，那么有恃无恐。这块免死金牌让窦婴觉得即使自己放手一搏，最终也会安然无恙。

但这个世界上的事情不知道什么时候会让你栽跟头，阴沟里翻船的事更是会经常发生。现在，对于信誓旦旦的窦婴来说，他就在阴沟里翻了船——因为汉武帝说这个遗诏是假的！

怎么会出现这样的事儿呢？原来遗诏作为重要文件，为了防止别人做假，在一般情况下，皇帝都要做两份：一份正本，一份副本。正本给人，副本存档，以备核实。出现的问题是刘彻派人去档案室取遗诏的副本时，却发现宫中没有存档。没有存档就没有办法证实窦婴手中的遗诏是真的，也就是说这份遗诏基本可以被定义为假的了，而如果遗诏被定义为假的，窦婴面临的可能会是第二次欺君之罪。这也就等于在自己原有罪名的基础上，又加了一块重重的石头。

这下，窦婴彻底绝望了，本以为自己手中还有杀手锏，是怎么都不会有问题的，但偏偏自以为是杀手锏的东西却派不上用场了，这是上天要自己亡啊！

遗诏是假这件事，在历史上一直是众说纷纭，但却没有一个令人信服的讨论结果。如果说遗诏是窦婴伪造的，那不符合窦婴的性格。窦婴是一个很矛盾的人物，在他身上正直和任侠是立世之本，他不是贪生怕死的人，更不是一个欺诈的人。虽然他曾经倚仗窦太后这个靠山做官，但大多数情况下他是跟窦太后对着干的，因为娘俩儿不是一个派系的。所以说窦婴在自己身在监狱的时候弄出一个假遗诏，不符合他的性格。

那为什么汉武帝找不到遗诏的副本呢？难道是他烧了？这当然也不太可能，因为汉武帝开始的时候是想要救窦婴着的，如果发现有遗诏，不正合他的心意吗？最大的可能就是王太后在背后搞鬼了。田蚡虽然也想窦婴死，但是他要是烧了遗诏副本，那就是欺君之罪，他有几个脑袋能让皇上砍？如果事情是王太后做的，那问题就远没有这么严重了。而王太后一心要护着自己的弟弟，而且这种事她做起来也算轻车熟路了，

毕竟当初栗妃和刘荣下台的时候她就已经练过手了。为了自己的田家，牺牲一个小小的窦婴又算什么？

既然王太后决意要陷害窦婴，那窦婴就算是长了一身翅膀，也逃不出去了。果然之后不久，窦婴就被判处弃市论斩。这下子窦婴绝望了，但是绝望之余他又想出了一招——绝食。

绝食既能保住名节，又能制造舆论，这也是抗议司法不公最好的办法。

正是因为绝食能制造舆论，所以田蚡在听说窦婴要绝食的时候，马上就慌了。如果窦婴死在了监狱里，那他只要出门就会被唾沫星子淹死。要是那样，他这场胜仗还有什么意义？田蚡虽然人长得其貌不扬，馊主意可多得很。他很快就想出了一个好办法来对付窦婴——造谣，说皇上决定不杀窦婴了。窦婴一听，觉得自己活着还是有希望的，就禁不住满心欢喜竟然自己主动找吃的去了。这一来，田蚡高兴了，同时命令众人不许让窦婴知道真实的消息。

公元前131年的冬季，12月30日这天，关着还怀抱着有生还希望的窦婴监狱的大门突然打开了，来了一群人将窦婴押到长安市上行斩。窦婴的脑袋这时候完全转不过弯来了，他不知道已经有生还希望的自己为什么还会被带出去砍头。也许就在窦婴还在苦苦思索这个问题的时候，他已经身首异处了。

纵观窦婴的一生，这个很矛盾的人身上还是有很多值得我们称道的地方。也许你还记得汉景帝那次家宴说要传位给刘武，结果窦婴出来纠正的事，从这里我们就可以看出这个大臣是非常耿直的，他做事从来就是对事不对人。而且，也可以看出窦婴不懂权术，换做别人可能就会顺着皇帝的说法说下去，毕竟这是窦太后愿意听的，但窦婴呢，却说这样做是不对的。窦婴做官更是正直廉洁的，汉景帝赏赐给他的千金，他都摆列在走廊穿堂里，属下的小军官经过时，就让他们酌量取用，自己一点儿也没拿回家。

当然，窦婴身上也有缺点：太任性。在平叛七国叛乱的时候，窦婴是在汉景帝的再三劝说下才出山的；而在刘荣被废黜的时候，窦婴也是坚决反对，反对无效的时候干脆几个月不上班，这都是窦婴的缺点。尽管这样，但是在汉朝的历史中，窦婴绝对是个值得后人评说的人物，他

的死也是被奸人陷害而至的。

可悲可叹！

在第二年的十月，灌夫被处死了。

回过头来再说田蚡，按理说现在窦婴已经死了，挡在田蚡面前最讨厌的一个障碍已经被扳倒了，田蚡的好日子也算是到来了。

但田蚡也是个没有福气的人，因为自从窦婴死后，田蚡就像是被恶鬼缠上了身，每天晚上都做恶梦，而且时间一长，竟然变得神智不清了。他不说话则已，一说话就说些自己是有罪之人，请求上帝饶恕一类的话。田蚡认的是什么罪，当然就是陷害窦婴的罪了，这也间接证实了窦婴确实是被田蚡害死的。有句话说"为人不做亏心事，半夜不怕鬼敲门"。现在田蚡的表现正好印证了这句话，就是因为田蚡做了太多的亏心事，才被鬼缠上了。

田蚡这样神神叨叨的，汉武帝也不能坐视不理，于是就找了个巫师，替田蚡作法。结果巫师说，他在作法的时候看见窦婴的鬼魂紧紧地缠着田蚡不放，说是要杀死田蚡。这种说法放在今天当然是不成立的，但是这一年春暖花开的三月，田蚡还是在灵魂被鬼魂折磨得痛苦不堪的情况下，解脱地离开了人世。

多行不义必自毙，这是真理！

窦婴和田蚡两个人已经死了，最乐得清闲的就是汉武帝了。到这时候才可以说，汉武帝真正掌握了大部分权力，而接下来他要做的就是要施展自己的抱负，将大汉朝发扬光大。

施展抱负

第四章

　　窦婴死了,田蚡也去了,汉武帝的绊脚石一个个没了,这一切为汉武帝施展抱负创造了有利条件。他的第一个目标就是当年让刘邦身陷白登之围的匈奴。多年来汉匈之间一直没有太平过,尽管汉朝一直在用和亲来安抚匈奴,却依然填不满匈奴欲望的沟壑。历史将征服匈奴的任务巧合地交给了汉武帝,卫青、霍去病的出现也为汉武帝实现抱负创造了可能,最终我们看到的结果是匈奴被迫迁徙,汉朝扬眉吐气!

几十年后再交锋

如果我们追溯历史，就会发现，早在汉武帝之前，汉朝和匈奴的关系就很复杂。当初在刘邦死后不久，冒顿就给吕后写来了一封情书。吕后压住马上就要喷薄而出的怒火，召集大臣商讨如何解决自己被羞辱这件事。当然，当时也有英勇之士拍案而起，要替吕后讨一个清白。当年那个智勇救刘邦的樊哙是一个，一诺千金的季布是另一个。朝野上下对匈奴的意见很大。当年刘邦倾全国之力，三十万大军没有战胜匈奴，从那之后，汉朝和匈奴的关系就一直是和亲和亲再和亲，这也一直是汉朝的基本国策。而且汉朝每年还会"赠"给匈奴很多金银财宝，试想，这样的融洽能让几个人心里舒服？

当匈奴听说汉武帝对闽越不战而胜的消息后（后面会提到），居然主动提出要和亲。汉武帝心里想：你匈奴也不傻啊，看到我汉朝的腰杆子挺直了，也知道要主动和亲啊。这之后不久，汉武帝就召集了一拨大臣，就匈奴和亲这件事展开讨论。

如果说当年樊哙和季布说要为吕后报仇是有些自不量力的话，那现在的汉朝应该说基本具备这样的条件了。于是时隔几十年后，再次有人在讨论会上大声喊打。

这个人就是当年被汉武帝任命为出征南越的大帅之一——王恢。

王恢是燕人，自诩很了解匈奴。王恢给出的攻打匈奴的理由是：我们汉朝自立国以来，一直生活在匈奴的淫威之下，即使我们一直在对外输出美女，匈奴也总是能找到各种理由对我们挑刺儿。这次我们就要让匈奴知道我们汉朝马王爷有几只眼，让他们以后也学学什么叫尊重人。

王恢话音刚落，就有人起来反对了，反对的人正是韩安国。他说匈奴人的生活习性跟鸟一样，没有固定的场所。他们擅长机动打法，大漠辽阔，我们要追打这样一群非常熟悉情况的人，吃亏的肯定是我们。到时候我们人困马乏，还可能被人家给趁机打反攻了。所以还是和亲好，最起码稳妥。

随后，在讨论的人当中就形成了两派，一派主和，一派主战，而且观点鲜明，论据充足，一下子搞得汉武帝有点儿没底。按理来说王恢说得没错，自己受了匈奴这么多年欺压，也该扬眉吐气一下了；但韩安国说得也不错，匈奴就是打游击，打一枪换一个地方，自己到了那边搞不好是要吃亏的。

最后汉武帝决定继续采取民主的方法决定——举手表决。结果，大多数人站在了韩安国这边，这下汉武帝只好同意暂时和亲了。

尽管举手表决的结果已经出来了，但是主战派首领王恢并没有灰心丧气，一年后，他找到一个志同道合的人，再次对汉武帝提出了对匈奴的作战计划。

王恢的这个同伙，正是著名的马邑之谋的发动者聂壹。聂壹写了一份计划书后，由王恢负责递交给刘彻。计划书最突出的四个字就是：诱敌，伏击。

刘彻看了这份绝密计划书后，发挥一贯的民主做法——开会讨论。和一年前一样，韩安国还是坚持原来的立场——主和，并且第一个提出了反对意见。韩安国的举动在王恢的意料之中，他知道一场激辩是在所难免的。但是王恢是志在必得，因为他已经找到了驳倒韩安国的策略。

辩论会上，王恢作为正方代表，首先发言。王恢将历史回溯到战国时期，说战国时的代国在北有匈奴、南方和东方有晋国和燕国牵制的情况下，依然努力加强边防的戒备，使得匈奴不敢冒犯。现在我们国力强盛难道还不如一个小小的代国吗？继续忍受匈奴的淫威不是太匪夷所思了吗？所以我方认为，汉匈之战必须要打。

王恢刚说完，韩安国作为反方的代表立马站起来反对了。他说既然对方辩友喜欢讲历史，那我也给大家讲一个历史故事。当年高祖挥师北

上，三十万大军可谓气吞山河。可结果呢？高祖身陷白登之围七天七夜。高祖突围之后，也并没有对匈奴采取下一步行动。这是为什么呢？就是因为高祖深谋远虑，考虑周全。

首先，治理国家，要以大局为重，个人的恩怨和耻辱要让位于国家安危。其次，和亲这一政策既可以节约国家成本，又符合百姓不想继续战争的心理，可谓是利国利民的好政策。而且自从实行和亲政策以来，我们的国家是国泰民安，这是大家有目共睹的啊。所以应该继续实行和亲政策。

韩安国坐下后，王恢继续辩论：对方辩友口口声声说和亲是务实的政策，但却在无意中犯了教条主义错误。为什么这么说？因为当年高祖之所以没有打败匈奴，是因为跟项羽的八年争锋耗费了太多的气力，需要修养生息。但现在已经过去了七十余年，是时候捍卫大汉的天威了，而边地流离失所的百姓和士兵也太需要我们为他们扬眉吐气了。所以，该出手时就要出手啊！

王恢一说完，韩安国就上来了，并且带着自信的微笑，彷佛是胜券在握：如果按照正方辩友的说法我们犯了保守主义错误，那我可以很明确的告诉正方辩友，你们犯了冒进主义错误。一年前我们就说过，大漠辽阔，我们不熟悉地形，很容易就被敌人的游击战术搞垮。打仗是讲究天时地利人和的，我们没有地利，打半天也可能是做无用功。所以还是那句老话，和亲才是硬道理。

韩安国的一番话，是将去年驳倒王恢的论调又抬了出来，并且理直气壮地以为这是可以再次战胜王恢的说辞。他没有认识到的是，王恢之所以能再次将计划提交给汉武帝，就说明他已经做好了充足的准备，否则还不是白白浪费时间？而现在，王恢就要将它和盘托出了：对方辩友，谁说开战就非要深入腹地？在辩论会开始之前，我方就已经将计划提交给了主席——皇上，你可以先研究一下我们的方案再来辩论。我们的计划是诱敌前来，集中歼灭。至于如何诱敌，已经在方案里写得一清二楚了。如果对方辩友有兴趣的话，可以向主席申请阅读权利。

到这时候，结果就已经非常明显了，王恢一方论点明确，而且论据充足，完全有理由相信，按照他们的计划是可以实施这项决议的。汉武帝在辩论后最终拍板：我已经认真研究了正方的计划书，里面的策略提得非常好，所以，我宣布——开战！

马邑之战

公元前 133 年的夏天，6 月，刘彻开始部署对匈奴作战任务，并且安排好了各路将领：拜御史大夫为护军将军；命太中大夫李息为材官将军；命卫尉李广为骁骑将军；命太仆公孙贺为轻车将军；命大行王恢为将屯将军。汉朝的步兵、骑兵、战车等一共有三十万人，全部埋伏在马邑附近的山谷，就等着匈奴大单于"羊入虎口"。

此次战争对汉朝来说意义非凡，毕竟这是七十余年的第一战，汉朝人的心不可能平静得像是无风无浪的海面。大家共同的感觉就是紧张、刺激。

而这次诱敌深入，任务最艰巨的就是设计此计谋的聂壹了。

具体的操作计划是这样的：聂壹为大间谍，假装逃往匈奴，见了匈奴的大单于就忽悠他，说如果您信任我，咱们可以做一笔大交易，当然您的利润是空前丰厚的：我遣入马邑，杀掉汉朝的县令和县丞两个人，然后带领全城的人向您投降 事成之后，马邑的财物您分我一份就成了。

军臣大单于之所以会相信聂壹的话，是因为在那几年，中原经常有一些大商人违犯禁令，运出货物到匈奴去交易。而聂壹作为土豪，其实就是个地头蛇般的土匪头子。这些土匪头子做这样的事儿那是经常的，见得多了也就不怀疑了。聂壹也正是在这个基础上提出的这个建议。

果然，军臣单于一听，这绝对是上好的买卖啊，有钱不赚这不是傻子吗？于是接了。随后聂壹回到马邑，砍了两个犯人的头悬挂在城上，

派人告诉匈奴的使节，说我已经控制了马邑，要来就抓紧时间吧。

军臣在接到土匪聂壹的信号后，立即带领骑兵十万，向马邑进发。当然，军臣也不是傻瓜，他发现来时路上行人及牛羊竟然寥寥无几，而一眼望去，到处是一片可怕的沉寂。那个时候他就已经起了疑心，因为凭汉匈相处多年的经验看来，汉朝人的防线不会这样松懈，而是依然绷得紧紧的，所以现在这般寂静是很异样的。军臣心一紧，想起了多年前的一幕，冒顿隐藏肥牛壮马，展示给汉朝以老人弱子，目的就是为了欺骗汉使，最后成功地将刘邦那只超级大狼诱进了自己的圈套。难道，多年之后的汉朝也要以彼之道还施彼身吗？

军臣心里这样一嘀咕，就不由得紧张了起来。当匈奴大军来到武州塞的时候，军臣突然命令全军停止前进。当时的武州塞也就是现在的山西省左云县，距离马邑城不足一百公里。军臣凭着多年的作战经验，再看看马邑城外静悄悄的场景，就知道这里面一定有问题。

想要引鱼上钩，那也要看看我这个大鱼的智商啊。军臣马头一转，下令全军改道撤退，进攻雁门郡。

所谓计划赶不上变化，当时大家谁都没有料到军臣单于会突然杀个回马枪，所以被匈奴拿下了雁门郡两座小城堡。并且，匈奴很幸运地抓到了汉朝的一个尉史，也就是相当于前沿哨所长。如果这个尉史是个汉子的话，也许事情就不会是当时那个结果了。但不幸的是，这个尉史是个软蛋，就在军臣刚要假装砍他头的时候，他就把所有的秘密全部泄露出来了。这就是大汉朝的悲哀，养着这样的汉奸，想要改写历史都很困难。这个尉史说汉朝在马邑附近埋伏了很多的兵马。

军臣单于一听，魂儿差点儿飞到天上去。真险！如果不是自己智商高，临时改变主意，就是被聂壹卖了还要替他数钱，那样的话到死也不知道是怎么回事呢。听到这个消息后，军臣单于下令，赶紧撤军，一刻也不能停留，再停下去可能自己的小命儿就不保了。于是，匈奴骑兵一路无阻，有惊无险地退到了长城塞外。

到了安全地带后，军臣单于终于将埋在自己心里很长时间的话说了出来："吾得尉史，天也！"

翻译一下就是：我能得到汉朝的尉史，这是上天给我的安排。在差点置之死地而后生之后，军臣马上拜这位汉朝的大汉奸为天王，一路高歌的向大漠奔去。

难道说匈奴这么大规模地在汉朝兜了一个圈子，汉朝的将领不知道吗？当然不是。匈奴人又不会隐身术，他们的行动一直都在汉朝将领的监视之下。但是负责断后的王恢看到匈奴大军在军臣的带领下，在武州塞掉头的时候，他慒了。

王恢想打，但却不能打。为什么？首先，自己和匈奴比起来兵力悬殊，以一敌十，估计自己会被匈奴的铁蹄践踏死。其次，军臣已经感觉到了不妙，所以防备之心就比原先强了很多。如果真的和他们打起仗来，自己的损失一定非常惨重。所以，王恢最终只是按兵不动，给各路兵马传出消息，让他们赶紧过来帮忙。而等各路兵马过来之后，匈奴连影儿都没了，黄花菜也早就凉了。

汉朝忍了将近百年，难得主动撒网出击，却眼睁睁地看着几乎已经到手的猎物从自己的眼皮底下溜走了。一场如此兴师动众的大规模伏击战就这样窝窝囊囊地夭折了，这实在是叫人窝火。汉武帝气极败坏：你王恢当时往死了进谏说要攻打匈奴，事到临头，居然是你按兵不动，简直是拿我们这帮人当猴耍！

王恢自己也知道，当时主战的是自己，现在临阵退缩的也是自己，他也后悔自己当时没有以一致十地杀一场，但现在后悔也没有用了。即便这样，王恢也照样要给汉武帝一个交代，于是就给刘彻上书一封，交待了他放弃攻击的理由。末了加上一句话："我知道我罪当该死，但我用自己的一颗人头，保住了三万颗人头，值了！"

刘彻看完王恢的报告，大骂一声："简直是胡说八道！"大手一挥，就下令去逮捕王恢，并且给王恢定了一个罪名——观望渎职，当斩！

每个人都有求生的欲望。王恢也不例外，为了能使自己免除死刑，王恢派人给田蚡送了一千两黄金。田蚡收下了钱，却不敢办事，毕竟这是皇帝亲自下令查办的事儿，一个丞相能怎么着。只是拿人手短，田蚡只好跑到王太后那替王恢求情。王太后就对汉武帝说："王恢是主战派，杀了他，等于替匈奴报仇，不如免王恢一死吧。"

但这毕竟是件劳师动众的事儿，所以不可能就这么了结了。所以汉武帝对王太后说："三十万人马难得出招一次，现在却空手而回，如果不杀王恢，用什么来平天下人的怨恨？"

王恢在狱中听到汉武帝的说法，自杀了结了。

然而，汉匈之间的恩怨还没在结，因为军臣单于有了这次被骗之后，就取消了和亲政策，开始不间断地骚扰汉朝，汉匈之间还欠一场大战！剑已拔出，不见大血，此恨难休！

值得一提的是，在这次事件中，中国历史上第一个汉奸得以诞生，那就是被军臣单于称封为天王的尉史。

摁下葫芦起来瓢

马邑之战后汉武帝没在继续跟匈奴较劲，而是转手去摆平西南夷了，谁知刚摆平了西南夷，匈奴就又不失时机地来凑热闹了。

公元前129年，在匈奴成功躲过伏击之后的第四年，虽然之前匈奴对于那一次伏击很气愤，但是这个马背上的民族迫于自己技术有限，很多需要的东西制造不出来，只好继续耐着性子跟汉朝进行贸易。

但是匈奴对于贸易这样的小利润根本就觉得不过瘾，他们憧憬的是更大的利润抢劫。于是已经很久没有参与此行当的匈奴人，决定趁着冬天再干一次，捞一票大的。

匈奴的行动方式还是一贯的突袭，目标城市就是上谷郡。而且，很幸运的是，匈奴的这次行动成功了。

当上谷郡被匈奴人烧杀抢掠的消息传到长安的时候，汉武帝彻底怒了：上次是因为王恢的一时大意放走了你们，你们不知道悔改居然又回来找打，好，那我就好好教训你们一回。汉武帝迅速行动，调遣了四支

骑军出动。

第一分队由卫青率领，从上谷郡出发；第二分队由骑将军公孙敖率领，从代郡出发；第三分队由轻车将军公孙贺率领，从云中郡出发；第四分队由骁骑将军李广率领，从雁门郡出发。他们四个每个人带领一万余人的部队，向着边境的关市进发，扫荡关市附近的匈奴驻军。

早已经忍无可忍的汉军将兵一起喊打，堪称豪气冲天！但是打完之后，等汉武帝清点人数的时候却发现，自己的官兵喊打的代价真的太惨重了。

而在讲这件事之前，我们先要介绍一个人，那就是四将军之一的公孙贺。

公孙贺，字子叔，是北地义渠（今甘肃宁县）人，匈奴的第N代移民。历数公孙贺的家族发达史，不过是短短的三代。公孙贺的祖父公孙昆邪，在景帝时任陇西太守，以将军的身份参加了平反七国叛乱，因功被封为平曲侯。

作为高干子弟，公孙贺从小就当上了骑士，而且在一出道的时候就幸运地遇上了刘彻，做了他的舍人。等刘彻转正后，公孙贺也被提拔为交通部部长（太仆）。更加幸运的是，在之后不久公孙贺就娶了君孺。而君孺正是汉武帝宠妾卫子夫的姐姐，也是后来飞黄腾达的卫青的姐姐。

这下子，就算公孙贺想不发达都难了。

此次对匈奴的出兵，汉武帝起用了很多的年轻将领，这四个人当中除了李广，其他三个都是年轻人，他们都没有和匈奴正面交锋过。自从文帝刘恒开始，没有能征善战的大将军一直是汉朝的隐痛。因为所谓的大将军都是靠死打硬拼，用血汗一点一滴铸就的。现在汉武帝起用这些年轻将领，就是希望用自己的魄力，来为汉朝培养一批中坚将领。

现在机会就摆在卫青等人面前，能不能抓住机会，铸就辉煌，就要看他们自己的了。但需要说明的一点是，想从一个无名小卒变成大将军，也需要好运气来助自己一臂之力。

在这四个人当中，卫青无疑是最具实力、最受运气青睐的一个。他一到关市就放开手脚大干起来。其实在某种意义上，战争和打架是一样的，所谓要在气势上压倒对方，指的就是在敌人看来你不怕他们，并且很想揍他们，还对打架有着跃跃欲试的渴望和激动，这样一来，敌人多半就会怵你了。而卫青此次出征，正是怀抱着这样的激情和渴望出发的。

他就是要证明给全世界看，他这个被异母兄弟欺负、被刘嫖欺负的骑奴，不是个懦夫。而战场正是他展现自己才能的最佳舞台，因为卫青生来就是属于这个舞台的。

于是我们看到，这个极具打"群架"潜力的卫青所带领的军队像是疯了一样，见着匈奴就追着咬。匈奴人以为自己就够野蛮了，没想到今天见着更野蛮的了，而且这些人野蛮还有点丧心病狂的意味，结果匈奴人一下子就懵了，最后只好发挥自己的最后一个特长——疯跑。

卫青的部队还没有玩过瘾，看到匈奴人跑了，就开始在后面追，这一追就追到了龙城。

龙城，是匈奴的著名城堡。因为他们在此祭祀龙神，所以起名龙城。

最后，卫青玩过瘾了，清点了一下人数，匈奴被消灭掉约七百人。

七百个人头，对卫青来说，算不上什么大数目，但如果以此为参照物，对公孙敖来说，就是个堪比天文数字的大数目了。在三个年轻将领中，他输得最惨，他率领的七千余骑军像肉包子打狗一样，全被匈奴吞了。公孙贺的情况比公孙敖稍好一点儿，兵倒是没折损，但也没有捞到什么好处，白跑了一趟。

但相比他们来说，李广的情况可能更差一点儿，因为他被匈奴人活捉了。

对于李广的名讳，匈奴人早就有所耳闻。因此，在李广率军前往进击匈奴的时候，匈奴人的首领就说了，你们一定要活捉李广回来见我。

匈奴人之所以能说出这样的话，就是因为他们仗着自己有人数上的优势。当然，我们知道即使人多也不一定能胜，战争是讲究技巧和战术的，不是做加法，人海战术不一定能取得完胜。但匈奴这次最终胜出，就是因为他们占尽了天时地利，草原辽阔，两拨人马面对面地互相战争，还是人多比较占优势。而李广这次出征，在人数上恰恰没占到任何优势。匈奴此次大言不惭地说要生擒李广，更重要的是抓住了李广的一个致命弱点。

我们知道李广之所以出名很大程度上是因为艺高人胆大。当年他曾经带着一支小分队追赶匈奴特务，在半路上碰见匈奴部队的时候，他的胆大竟然成功吓走了彪悍的匈奴骑兵。

但匈奴骑兵也不是傻子，不会两次掉进同一个坑里。他们暗暗发誓：只要你李广敢来，我们就狠打你个有来无回。果然，这次真的被匈奴人说对了，他们先是将李广军打败，然后将李广活捉了。分析李广失败的原因，可谓是成也萧何败也萧何，爱冒险曾经是他的制胜法宝，但是看穿了李广招数的匈奴人，这次就利用李广的冒险成功地将他活捉了。

　　李广被匈奴人生擒后，没有装酷，也没有装傻，而是装重伤。匈奴人将装作重伤的李广装进网兜，用两匹马晃悠着准备拉回去向自己的领导请赏。这些得意忘形的匈奴兵却再一次被李广忽悠了。

　　在开始的时候李广装重伤，匈奴兵还有所防范。李广看他们戒心很强，在网兜里晃悠的时候心里就有了一个妙计——装死。没想到这一下，匈奴兵就真的上当了。

　　为什么呢？因为匈奴领导在战争开始的时候就强调了很多回：我要的李广必须是活蹦乱跳的，死的不行。现在李广已经死了，也没办法回去请赏了，但总归得拖回去。之后，就没人在意这个已经"死了"的李广了。

　　李广被拖着走了十余里后，眼睛睁开一个小缝观察周围的情况，结果找到了一个绝好的逃生机会。在他旁边有一个匈奴兵，身跨好马，背负良弓，但是神态松懈。李广心里暗暗高兴：老天真是开眼，让这么一个新兵蛋子来看管我李广。

　　李广暗暗酝酿了几口气，一个鲤鱼打挺，腾跃而起，一下子就扑到了小兵身上。这个小兵估计当时正在走神，李广这一跳吓得他以为白天遇到了鬼，还没回过神儿来，就被李广夺了箭和马，人也被推下马，眼睁睁地看着李广逃了。

　　看着李广狂奔的背影，所有匈奴兵都大声惊呼："快来人啊，飞将军还活着，快追！"

　　于是几百个匈奴骑兵饿狼一样开始追赶李广，李广的"飞将军"可不是浪得虚名，那是绝对经得住考验的，不仅如此，李广还占到了便宜，因为匈奴领导说了自己要活着的李广，所以这拨匈奴兵都不敢放箭，怕射死李广。但李广没有这样的顾忌，他一边跑，一边回头射击匈奴。来一个射一个，来两个射一双。李广的箭术我们早就有所耳闻，那个"平明寻白羽，没在石棱中"的人不正是他吗？而这次，李广也是箭无虚发。

　　拼命跑了几十里地后，李广最终将这拨人成功甩掉了。之后不久李广就看到了自己那些侥幸活下来的兄弟，于是一起回长安，向汉武帝汇报思想工作去了。

其实李广在回来的路上，就已经猜到结局是什么样。果然，汉武帝在听完汇报后，对着李广大吼一声：拿下！做军人的都知道，不管在战场上遇到什么意外，都要愿赌服输。

同时被拿下的，还有公孙敖。刘彻给他们安排的后路是：斩。当然，李广和公孙都没有什么意外发生，因为他们用钱挽救了自己的生命。

在汉朝，凡是被定为死罪的，可以有三种选择：一是以命抵罪；二是拿钱赎命；三是接受宫刑。在这三条中，中间那条最人性。钱这个东西生不带来死不带去，能活命就是最好的事儿，钱可以以后再挣。

但能够救命的这个钱不是个小数目，总共要六十万。所以对于一般人来说，这六十万也不是很容易就能拿出来的。但是对李广和公孙敖来说，问题应该不是很大。不过如果你没有忘记历史的话，曾经就有一个人因为这六十万块钱，而选择了另外一条路。他，就是司马迁。当年司马迁在不合时宜的时候给李陵求情，结果被判处死刑。家里人也想要他活命，但是六十万纵然是砸锅卖铁都凑不出来，最终只好选择宫刑。

也许你会问，为什么都是当官的，司马迁就这么穷呢？因为司马迁的工作就是研究历史，专业不吃香，经费自然就多不了，就算是想贪钱，也是找不到门路。这样的职业纵然司马迁干一辈子，也捞不到几个钱，所以只能接受宫刑。然而就是在经受了这样的非人折磨后，忍辱负重的司马迁却最终成就了"千古之绝唱，无韵之离骚"的《史记》，司马战胜了自己，战胜了命运，也战胜了当年判处自己死刑的汉武帝。

回头再说这次进攻匈奴，有其他三个战绩不好的人作参照物，卫青的胜利就显得更加伟大了。于是凭借着七百个人头的战绩，卫青被汉武帝赐爵关内侯。虽然这个关内侯有个好听的名声，但是没有什么实际上的收入，不过好歹是个侯了。

对于卫青来说，封侯倒还在其次，更重要的是这次战役使他名声鹊起，一下子奠定了他在军中的地位。尽管如此，卫青为人还是非常低调，并没有因此把尾巴翘到天上去，他待人还是那么随和，而且一如既往地谦卑有礼，这一切都源于卫青的出身和生活经历（这个我们会在后面讲到）。卫青的种种表现，最终使他一举摘得年度最受欢迎桂冠。

收复河南地

对于上次出击，汉武帝觉得还有些意犹未尽，匈奴更是不肯罢休，毕竟之前匈奴享受的是汉朝一直以来的尊重和无偿的厚礼。现在汉朝想翻身农奴把歌唱，那我匈奴的好处去哪儿捞？被经济利益驱动的匈奴最终选择了争取权益，于是就在这一年的秋天，再次来骚扰汉朝了。

这次匈奴出兵，他们带的人并不多，只数千人。不搞大的战争，就是小规模的游击战，骚扰了你我就跑，趁你不防备的时候我再来骚扰。这样的作战方式后来被伟大的红军继承了，整得小鬼子是哭爹喊娘。汉朝人民也经不住匈奴这样不定时的骚扰，于是屡屡让匈奴人得逞。这拨匈奴人后来更像吸大麻上瘾了一样，抢完了走，走了再来抢；再走，再抢。在众多遭殃的地区中，渔阳是最惨的一个（渔阳就是现在的北京市密云县）。

汉武帝知道这件事后，自然是不会坐视不理的，于是就派了一支军队去驻守渔阳。他一直在寻找这样的作战机会，现在匈奴主动来犯，正好为出击找到了理由。但派谁去呢？这时候汉武帝脑海里浮现出了一张脸，那就是韩安国。

韩安国是从梁国的一个小官做起，一路混到了中央，做了丞相的。自从上次和汉武帝出差从车上摔下来后，他就变成了一个衰人。开始的时候，汉武帝觉得韩安国不能再正常工作了，所以就撤了他丞相的职务。后来，韩安国病情好转，汉武帝就给了他一个中尉的职务，打发了他。

【第四章】施展抱负

汉武帝

一年后，中尉又变成了卫尉。现在，汉武帝决定再给韩安国调一下官位，让他做材官将军，到渔阳去保卫祖国边疆。

曾记否，韩安国在王恢主张打仗的时候一直强调要和亲，构建和谐社会。但是现在时事变了，汉朝和匈奴的关系已经到了剑拔弩张的白热化程度，即使他依然主和，也要硬着头皮上战场了。

可能有人觉得韩安国的这次上阵有点被汉武帝发配的意思，毕竟这个过气的丞相已经从原来高高在上的丞相位置上掉下来了，再想上去估计已经没可能了。丞相这个位置就好比一座山，下来容易，上去就难了，所以韩安国的这次屯边，确实有被发配的意味。但是韩安国之所以能从一个小官做到丞相，肯定也不是吃素的，没有金刚钻是揽不成瓷器活儿的。韩安国能文能武，是个全才，所以他的这次屯边还有点临危受命的意味在里面。

如果韩安国在这次机会面前表现良好的话，很可能就会咸鱼翻身；但如果抓不住机会，那就不好意思了。不过，韩安国再一次让我们失望了，因为他真的很衰。

公元前128年的秋天，意犹未尽的匈奴人派两队骑兵再次进犯。他们胡刀凌厉，杀入辽西郡，砍了辽西太守的脑袋，俘获了两千人。紧接着挺进渔阳。

渔阳正是韩安国负责的地盘，当他听说匈奴来势汹汹时，急了。他着急的不是不敢打，毕竟他也是能文能武的全才，而是他已经来不及打了。之所以来不及，细究原因还得怪韩安国自己，因为聪明一世的他居然轻信了一个匈奴俘虏的话。

事情是这样的：韩安国来到渔阳后，磨刀霍霍时刻准备着，但匈奴兵就是不照面。于是韩安国就派人出去侦察，结果就抓到了一个匈奴兵。还没等动刑呢，这个俘虏就告诉韩安国匈奴兵早就跑得没影儿了。

韩安国听了这话，心里这个高兴啊，于是给汉武帝上书说，现在正是农忙时节，请求停止屯军，大部分人回去种庄稼吧，他这边留下七百人就足够了。汉武帝看韩安国说得这样信誓旦旦，也就批准了，可谁知，就在撤兵一个月后，跑得没影儿的匈奴人居然杀了回来。

韩安国心里这个气啊，但是没办法，人家匈奴兵已经打到家门口了，再不出兵就只能被人家生擒了，韩安国只好咬着牙带着七百人披装上阵

了。你想，韩安国面对的是彪悍的匈奴兵，而且是人数不在少数的匈奴兵，他的兵又不是什么掌握了九阴真经的武林高手，能够八百破十万，所以韩安国这次是凶多吉少。韩安国也知道上天没有赐予他什么神力，于是带着这七百人拼杀了一会儿之后，就退到城里死守去了。

匈奴人这么老远地过来，当然不是来吃闭门羹的，你进城了我还是要打你，于是匈奴骑兵排兵列阵，向坦克兵一样一字排开，准备撞城。

韩安国心里痛苦挣扎，他知道今天上帝不上班，自己搞不好就要命丧这里了。

就在这千钧一发的时侯，韩安国的救星来了——燕兵闻风赶到！

韩安国开始的时候还不知道，后来战战兢兢中听见外面的人开始喊杀起来，才知道原来上帝又加班了。匈奴兵一看大军来助，只好转战雁门郡。但就在匈奴兵闯入雁门郡准备大干一场的时候，汉朝的大部队又出现了！

这次是卫青率领三万兵马从雁门郡出发，将军李息从代郡出发，两路夹击，关门打狗。这次，匈奴兵也终于尝到什么是人少被人打的滋味了。而卫青不负众望，发挥自己疯狂的作战精神，斩首数千。匈奴军被打跑，世界恢复了暂时的和平。

再说韩安国这次驻守渔阳未能很好地防备匈奴的来袭，要不是燕兵赶到，明年的今天就有可能是他的忌日。就在他反省自己的所作所为时，汉武帝已经不准备再给他这样的反省时间了。被汉武帝派来的使者只是来替汉武帝表达疑问的：韩安国你究竟是干什么吃的？韩安国听来人这样一问，心里更加难过了。于是就申请回长安。理由是：从这次驻守渔阳可以看出我并不适合搞国防工作，还是调我回内地做我擅长的工作吧。韩安国擅长的是什么？我门前边已经说了，人家韩安国玩政治那是放下的活儿了。

汉武帝的回答也很干脆，你必须与时俱进，严格要求自己，适应不同的工作岗位。于是又将韩安国东迁，去驻守右北平了（右北平就是现在的内蒙古境内）。这样一来韩安国彻底绝望了，汉武帝这样做的深层含义也许就是宣告自己的政治生涯到头了。韩安国回望自己纵横官场的一生，怎么也没料到最终竟然混到了这个地步。想要回长安，估计这辈子是实现不了了。无奈之下，韩安国只好动身去右北平。结果几个月后，韩安国就因为生病吐血而死了。

韩安国一死，但匈奴还在跃跃欲试地准备进击，汉武帝的当务之急就是赶紧安排一个人来接替韩安国的职务。最终汉武帝选择的是飞将军李广。

李广自从上次交钱赎命后，一直待业在家。前边说过汉武帝对李广的战绩非常不满意，而李广这个人就业范围也小，所以只能在家赋闲了。就在李广无所事事的时候，有人跟他说"皇上要见你，赶紧跟我走吧"。

汉武帝见了李广，就让他去做太守，屯守右北平。不管是什么太守，只要不是继续在家赋闲，对于李广来说就都是好的，这是个太想建功立业的将军了。

李广前边被匈奴人生擒，好在他比较聪明才最终逃脱了。现在他再次被任命为太守，一定要告诉匈奴人他飞将军又回来了！

很快李广就重整旗鼓，认真备战。在李广这个金字招牌被竖立起来之后，原本准备南下的匈奴真的不敢轻举妄动了，他们是真的害怕这个威震江湖的飞将军。结果匈奴这一避，就是好几年的时间，无形之中李广又为自己扳回了一局。

虽然李广暂时守住了右北平，但他永远也压制不住匈奴好战的欲望，那是一种天生就流淌在血液里的东西。公元前127年的冬天，匈奴人换了方向，又跑出来抢劫了。这次匈奴的目标是上谷郡和渔阳郡，结果杀了一千余汉朝吏民。

面对匈奴的又一次来犯，汉武帝果断决定：打！

这次出征，卫青是闪亮登场，随他出征的是李息将军。与往常不同的是，汉武帝决定这次干一票大的，东至云中郡，西到陇西郡一千余公里的部队全部出动抗击匈奴。

这次出征的具体方向是哪儿呢？有人建议去东边，因为匈奴是在东边抢劫。但等到这么大规模的部队赶到的时候，估计黄花菜也早凉了，还打什么打？所以汉武帝决定西袭匈奴，目的就是要以牙还牙。从兵法上来讲，汉武帝的这招就叫避实就虚。针对当时的情况，这是个妙招，更是个狠招。因为匈奴人集中优势兵力想给汉军迎头痛击，但卫青做出伪装，让部队向东北方向推进，到了北部的时候，再突然西指，挥兵长驱直入攻击匈奴西部没有防御准备的河套地区。因为河套地区长期盘踞

着楼烦王和白羊王，这都是匈奴欺负汉朝的前哨，打掉他们，就等于是拆掉了匈奴侵犯汉朝的跳板。

出发！

匈奴人做梦也没想到的是自己这么多年搞突袭抢劫汉朝，结果这次汉朝能反其道而行之地以其人之道还治其人之身。首先匈奴在东部，遇到了汉朝渔阳郡和上谷郡两地军吏的顽强抵抗，他们的主力都集中攻击这两个地区。后来汉朝不理会渔阳和上谷被围困，而是直接扑向他们的西部防御空虚地带，一时惊得匈奴人天旋地转。而卫青奔袭河套，更是一锅端了：斩首二千三百人，虏获三千余人。在河南地（今内蒙古河套以南）的匈奴楼烦王和白羊王一看形势不妙，只好慌慌张张带着少数心腹士兵逃命去了，至于自己畜养的百万多头牛羊就全部留给了汉军。这下就便宜卫青了。粮食和战车若干，牛羊百万头，这下就都属于卫青了。更值得大书特书的是，卫青的部队毫发无伤！

河南地早在秦朝的时候，曾由蒙恬率兵三十万通过一场血战从匈奴手中夺回了。后来秦末的暴改使得人民忍无可忍，愤而发动了暴动，秦王朝从此变得摇摇欲坠，而抗击匈奴的名将蒙恬更是被胡亥和赵高设计害死了。匈奴人趁着中原地区一团乱的时候，轻取河南地，赶走了秦朝的戍卒。这之后一直到今天卫青重新夺回河南地，已经有八十年的时间了。

河南地历来就是中原王朝和匈奴两大对手必争的一块战略要地。之所以如此重要，就是因为河南地距汉朝都城长安不过数百里的路程，匈奴骑兵只用一两天的时间就可以从河南地赶到长安城下。你想想这是多么恐怖的一件事，这就是匈奴侵略中原的一个绝好的桥头堡啊。一旦匈奴占据了河南地，那就是汉朝头上的达摩斯克神剑，自己的脖子再硬，也硬不过这把神剑啊。而现在卫青收复了河南地，就等于是将这把达摩斯克神剑暂时摘下来了，即使将来匈奴再挂上去，最起码会保证一段时间的安全了。更何况现在有了卫青，想要挂上这把神剑的可能性也不是很大了。然而对匈奴来说，现在汉朝收复河南地，却是在自己的胸膛上插了一把钢刀，因为汉朝一定会在河南地上建立军事据点，到时候自己还不是处于被动挨打的份儿？所以汉匈之间的战争还没有结束，更精彩的还在后面。

但不管怎么说，卫青现在成功地收复河南地，都是一个具有政治意义和军事意义的伟大胜利，它大大振奋了汉朝的士气和君臣抗击外侵的信心。等消息传到长安的时候，整个长安都沸腾了。这是自汉朝建国以来所取得的最大战绩。几代人忍辱负重，等的就是这一天。汉武帝也是非常激动，立即封卫青为长平侯。卫青的部将校尉苏建被封为平陵侯，张次公被封为岸头侯。

建设河南地

就在汉武帝忙着高兴地封赏的时候，已经摆脱官场不顺的主父偃向汉武帝上奏说："河套地区土地肥沃，又有黄河作天堑，早在秦朝的时候蒙恬将军就曾在那里筑城驻军，抗击匈奴。既然河套地区具有这样的地理优势，我们就应该像蒙恬那样，重新筑城，建立边塞。这样不但能减少粮食的运输成本，还能对匈奴形成巨大的威胁。"

汉武帝还是发扬一贯的民主作风，要跟群臣商量再做决断。主父偃的话虽然遭到了公孙弘的反对，具体是什么我们会在后面讲到。但是汉武帝觉得这个建议可行，就决定按照主父偃所说的计策，在河套地区设郡驻军。

首先，汉武帝立朔方郡，调动十万人前去筑城。承包这个大项目的包工头，正是跟随卫青杀敌立功的苏建。除了筑城，苏建还负责修缮蒙恬将军所筑的要塞，巩固黄河屏障。

为了树立大汉朝的威信，汉武帝这次也下了血本。修城需要材料，而材料需要从中原地区运去。运输材料的人当然就是民工，但不管是修城的民工还是运材料的民工，都是需要吃饭的，这些吃的用的，统统都要花钱。

至于这个工程到底花了多少钱，没有人能说清楚，反正先前开辟西南夷，再加上修这个朔方郡，汉武帝几乎将祖宗几代人的积蓄全花光了。从此，文景之治时期所形容的百姓攀比买宝马、粮食烂在仓库里的好日子，一去不再复返了。但是，很值！为什么这么说呢？汉武帝的这次行动，使得河南地的防守能力大大提高了。这不比什么都强吗？钱没了以后可以再挣，但是命没了，就真的什么都没了。

不过，现在国库没钱了，城还没有修好呢，怎么办？汉武帝当即想到一招——移民。虽然现在已经开始筑城了，但那里除了戍卒之外，几乎没有别的人烟，而且军粮得全部从内部调运需要耗费很多钱财。如果按汉武帝的说法移民，那这些问题不就都迎刃而解了吗？于是公元前127年夏季，汉武帝将十万人移往朔方郡。这些移民不但加强了边防，还部分地解决了没有土地的农民的生活，大规模的移民也使荒凉的河南地又充满了生气。土地被开垦了出来，原先的牧场也得到了利用。河套地区本身就有黄河灌溉的便利条件，土地肥沃，经过汉朝军民的共同开发，就逐渐成了塞北的一颗明珠。现在军民共守河套，匈奴要想打进来，可就不那么容易了。而汉朝对匈奴作战，也从被动变为了主动。

汉武帝如此劲头十足地建设河南地，匈奴的头儿军臣单于可是气坏了。结果在公元前127年的冬天一病不起，不久就撒手人寰了。匈奴境内一下子群龙无首，按照传统，单于地位很快就会引起一场大的争夺战。

果然，军臣单于虽然生前立下了太子於单，这个正牌继承人，但军臣单于的弟弟左谷蠡王伊稚斜觊觎单于位置很多年了，而且还在暗中积蓄了强大的军事力量。万事俱备，欠的就是单于死亡这个东风。现在单于在伊稚斜的千期万盼之下终于死了，他怎么会将这个位置拱手让给於单呢？即使他是正牌的继承人，又怎么样？伊稚斜先是立自己为单于，然后就组织起军事武装，随时准备跟这个正牌继承人打上一仗。

正牌继承人於单怎么甘心将本来属于自己的王位白白让给别人呢？于是他领着自己的人马和伊稚斜展开了决战，但无奈於单势单力薄，被伊稚斜打得大败，走投无路之下只好向汉朝求降。汉武帝对於单的求降

— 111 —

态度非常好，正是争取大多数的时候，对于这样的投降，汉武帝自然是大大的欢迎了。为了给后面投降者一个绝好的印象，鼓励广大匈奴人来依附汉朝，汉武帝封於单为陈安侯。但这个於单没有享福的命，来到中原之后水土不服，居然没过几个月就死了。伊稚斜已经打跑了於单，王位已经是他的了，现在於单又死了，就更加没有威胁了，伊稚斜将单于的位置坐得更稳当了，他最终成为继军臣单于之后匈奴的又一个新首领。

但伊稚斜是一个既爱惹事，又爱整人的主儿。他登上王位短短几年的时间内，就对汉朝边境频频进攻，制造了累累罪行。具体如下：

公元前126年夏天，匈奴数万骑兵杀入代郡，杀死郡长，俘虏了一千余人。同年秋天，匈奴再破边塞，深入雁门郡，屠杀和俘虏了一千余人后，凯旋而归。

公元前125年，伊稚斜单于又举行了一次更大规模的南侵，派出了九万大军，分成三路南侵，企图能得到比上次更大的收获。匈奴骑兵兵分三路，每路三万人，分别攻击代郡、定襄和上郡三个地方，使得汉朝北方边郡是烽火连天，但彼此之间又不能互相救助，只能困守待援。后来伊稚斜单于害怕在汉朝境内待的时间太久会生变，就在纵兵杀掠一番之后，俘走了几千汉人凯旋而归了。

公元前124年，匈奴右贤王举着复仇的火把也乘机向南进犯，因为河南地被汉朝收复并且筑城加固防守之后，就直接断了他的财路。这个心结一直在他心里，提醒着他收复河南地，所以他经常不断地南下进行骚扰。右贤王的这次进攻，使得汉朝因寡不敌众而损失惨重。

纵观历史，匈奴但凡有新单于上任，都会频繁地拿汉朝开刀。开这个先河的人正是冒顿，之后更是越演越烈。这当然跟匈奴这个马背上的民族的性格有关，因为这是个尚武的民族，在单于初登位的时候，他们要通过战争来树立自己的权威，聚敛人气，巩固自己的地位。这也是古代大部分君王的必然选择，武力扩张一直是树立帝王威信的最好办法。我们也可以将这个理解为单于上任的新官三把火，只是可怜了汉朝，居然又成了单于打击的对象。

在这两三年的时间内，汉朝一直是沉默的羔羊，难道汉朝害怕匈奴的进攻了？当然不是，之所以不反抗是因为汉朝这时候正在办丧事，不方便外出。

汉武帝的生母，一直掣肘着汉武帝统治的王太后去世了。对于王太后的死，汉武帝作为儿子自然是悲伤异常，他恪尽孝礼，为母亲举行了隆重的葬礼。为了安息母亲的亡灵，在之后两年的时间内汉武帝一直没有动用兵符，任凭匈奴在汉朝的边境肆意叫嚣。

王太后的死对汉武帝来说，也应该是件好事，毕竟这个女人在很多时候都在钳制着汉武帝，当然，这种情况在田蚡不幸被鬼魂缠死后已经好很多了。王太后的一生，也算是很值得评说的一生，她从一个已婚妇女的身份摇身变为王美人继而王夫人，最后是皇后，都显示出这个女人的野心、善于冒险和冷酷无情来。一个没有手段的女人在万花丛似的后宫中是根本不可能得到长久的宠幸的。王美人在怀孕的时候就告诉汉景帝她梦见太阳进了自己的肚子从而得到皇帝的宠幸，可见这个女人是非常厉害的。后来打败栗妃，结亲长公主刘嫖，扶年幼的刘彻做太子，自己做了母仪天下的皇后，这些没有野心、不够冷酷、不敢冒险都是做不到的。从某一方面来说，王太后应该算得上是很多后宫女人的榜样，值得这些妃子好好学习。

也许开始的时候汉武帝还抱着自己的母亲刚刚去世不宜动武的想法，冷眼看待匈奴的进犯，但到了第三个年头的时候，汉武帝终于忍不住了，他是坐不安席，夜不成眠。这个伊稚斜太过分了，我老虎不发威，你当我是病猫！而这个右贤王居然进攻我的河南地，企图收复河套地区，更是是可忍孰不可忍。好吧，就给你们点颜色看看，让你们也知道马王爷究竟有几只眼。

忍无可忍地出击

公元前124年的夏天，汉武帝再一次下令发动对匈奴的进攻。这次用兵规模很大，并且开始由国内的防御转变为在匈奴境内追击匈奴。汉武帝命令卫青做这次进攻的统帅，率三万骑兵，从高阙出发。高阙就是今天的内蒙古乌拉特后旗东南古长城口。同时，命令卫尉、苏建为游击将军，太仆公孙贺为骑将军等人，分别从朔方郡出发。另外，还有两支军队从右北平出发，接应卫青。

卫青统帅着这六个将军和十多万人马大举进入匈奴境内。他们东西线同时出击，但重点是在西线，东线只是用来牵制和策应的。

出击！

卫青这次出击的目标正是让汉武帝恨得牙痒痒的匈奴右贤王。当卫青出征的时候，右贤王正在昏睡不醒。原来右贤王的心情特别好，前段时间才从河南地大掠一番回来，所以最近都在喝酒庆祝，为自己的收获巨丰而洋洋得意。他哪里会想到卫青已经来取他的项上人头了。而右贤王之所以如果放心大胆，是因为他觉得自己的营帐位于大漠深处，想要找到自己谈何容易！他更断定汉朝的军队多半是雷声大雨点小的假行动，所以就安心地喝自己的酒，睡自己的觉了。

所谓骄兵必败，说的就是右贤王这样的人。他不知道，死亡的空气，已经悄悄笼罩了他。

打仗讲究的是知己知彼方能百战不殆，难道右贤王这么多年的征战

经验不知道卫青是个实战派吗？这个出身不好，但是力争上进的年轻人靠的就是自己的踏实肯干才走到今天的位置，他不知道吗？

等卫青的部队走了六七百里之后，他的侦察队带回了一个好消息：右贤王根本就没把汉军放在眼里，正在某某处海吃海喝。这对于卫青来说，绝对是天赐良机，于是他趁着夜色茫茫，继续前进。

在卫青行动的时候，其实右贤王已经得到情报说卫青正率领大队人马向自己进发，右贤王虽然心中一惊，但觉得自己的营帐距离汉境得有个一千多里地，卫青又不会飞，要到达自己这里怎么着也得几天，于是就决定地休息，明天再往北转移。

可右贤王打错了算盘，一来卫青没有那么愚蠢，非要等到白天才行动，他晚上就带着自己的部队马不停蹄地前进了；二来卫青是从凸出到匈奴境中的河南地起兵，实际上距离右贤王的营帐只有六七百里。所以卫青绝对会以让右贤王终生难忘的行动来让他铭记这一刻的。

沙漠的风儿静悄悄的，窒息的空气仿佛凝固住了，大战来临前，从来都是以安静的气氛来掩盖大地的不安。果然，就在这样安静的夜里，卫青对右贤王发起了猛烈的进攻。

当草原上响起震耳欲聋的喊杀声时，醉酒的右贤王被惊醒了。一个警卫员进来报告说汉军已经包围上来了，右贤王一听，魂儿都吓没了。再一看四周，不得了了！汉军真的已经将自己的老巢包围了。这时候右贤王的酒已经全醒了，慌忙带着自己的小老婆和几百名心腹骑兵乘着夜色突围逃跑。汉军好不容易才找到了兔窝，怎么可能这么轻易就放跑右贤王这只大兔子呢？卫青派了一小股力量去追击右贤王，这股力量是以轻骑校尉郭成为首的。但毕竟这是人家右贤王的地盘，对于地形是绝对熟悉，郭成等人尽管穷追不舍，但最终还是让逃跑能力很强的右贤王跑掉了。尽管这样，汉军这一战收获还是很大的，几乎将这几年亏本的人和钱财全赚回来了。汉军取得的战绩大约如下：活捉右贤王手下的副王十多人，俘虏男女一万五千余人；得牛羊马畜，将近百万。

卫青下令班师回朝，而胜利的消息早就像风一样传到了汉武帝那里。等卫青一行到了边塞的时候，早已有很多的军民站在那里等候了，而汉武帝派出的使者也在其中。使者手捧大印，对卫青说："皇上派我带着大将军印在这里等你，从现在起你就是大将军了，全军都要听你的调遣。"

卫青接过大将军印，接受皇上的封号，而这时候的卫青也真正具备了一个大将军的风范。

这次封赏之后某天，汉武帝越想越觉得卫青了不起，毕竟他完成了一件给大汉朝争面子的事儿，觉得自己之前的封赏有些小抠，想再给卫青嘉奖。于是再封卫青多食八千七百户，加上之前的三千多户，卫青可谓名副其实的万户侯了。同时，卫青的三个幼子也被封侯。

正所谓，一人得道，鸡犬升天，卫青的飞黄腾达连自己年幼的孩子也跟着沾光。然而，为人低调的卫青却拒绝了汉武帝的厚礼。卫青给出的理由是：自己这次出征完全是在皇上的英明领导和各位同仁积极默契的配合下才取得的成功，皇上增加我的食邑，我已经受宠若惊，现在要封三个还在吃奶的孩子为侯，实在是让我担当不起啊。

其实这句话还有话外之音，就是说：我的兄弟们跟着我一起奋战，我能吃肉，他们最起码也要喝上汤啊。好在汉武帝也是个聪明人，就说我不会忘了你的兄弟的。听皇上这么一说，卫青的心里就踏实了。卫青确实是在惦记着自己的兄弟们，特别是那个曾经舍命救他的生死兄弟公孙敖。所以在这次出征的时候，卫青特意给了他一个不错的职位——护军校尉。

之后不久，汉武帝就履行自己的诺言了，给跟随卫青冲锋陷阵的将士们一一封侯，几乎是见者有份，达到了按劳分配、人人满意的效果。公孙敖当然也在封侯名单中，不管食邑有多少，重要的是他已经将以前输掉的面子啊、荣誉啊、尊严啊什么的都赢回来了，不过这并不是说他公孙敖以后就能一顺百顺了，当然，这是后话。

正当卫青和汉武帝等人举手相庆的时候，匈奴统治者可是恼火得很，自己的家族出道这么长时间从来没有遭遇过这样的事情，这不是丢老祖宗的脸吗？居然被人打得落花流水，这传出去还不让人笑掉大牙？牛羊都被人家夺走了，天啊，简直是太丢脸了！有了这样想法的匈奴人，怎么可能甘心看着汉武帝等人大庆胜利而无动于衷呢？于是在公元前124年的夏天，匈奴派出了万余骑兵的强大阵容袭击代郡，杀死都尉，俘虏了千余人后走了。

这个消息传来，汉武帝居然理也没理，日子还是照样过。而卫青呢，也是一样。其实，汉武帝怎么会对自己国家的安危无动于衷呢，他只是在暗中谋划一切，他命卫青悄悄地整合部队。这次准备，汉朝花了五个月的时间，之所以这么长时间是因为他们想搞一次大的行动，目标不再是右贤王那样的小角色，而是直捣黄龙——单于总部！

战神横空出世

公元前 123 年，春天。

卫青的部队在经历了几个月的休整后出发了。对于这次出征，汉朝安排的出征人员称得上是绝对的明星阵容：中将军，合骑侯公孙敖；左将军，太仆公孙贺；前将军，翕侯赵信；右将军，卫尉苏建；后将军，郎中令李广；强弩将军，左内史李沮。

这六大将军都是久经沙场、能征善战之人，现在集结在更厉害的卫青手下，可谓是强强联合，同时由外交家张骞充当首席向导，总共十余万骑兵，浩浩荡荡地出发了。

对汉朝来说，反击匈奴的日子已经到来了，这一战正是为了自己国家的荣誉而战，为了百姓生活安康而战！

在这豪华版的阵容里，还出现了一张新面孔，这个人目光紧锁，面容坚毅，注定是不平凡的人。

公元前 123 年 2 月，漠南大战正式拉开序幕！

卫青先是率领六军从今天内蒙古和林格尔县的定襄出发。行军数百里后，就遇到了单于，两方展开了一场激战，汉军歼灭了匈奴数千人。看着匈奴人丢盔弃甲的狼狈样，众将士都跃跃欲试，想要乘胜追击，但

卫青却摆摆手，说："算了，放他们走。我们就地休息！"

众将士都懵了，不知道大帅为什么会作出这么让人意外的决定，都你看看我我看看你地兀自莫名其妙着。但大帅既然已经决定，肯定是有他的道理，于是六军全部回撤，分别驻扎在定襄、云中、雁门等三郡。细心的人却发现，那个站在大帅身边面容坚毅的年轻人不见了。

此时此刻，这个年轻人正在数百里之外追逐着猎物。随卫青出征的这个年轻人，正是让汉朝人觉得无比骄傲，让无数后人想起来就热血沸腾的英才——霍去病。

关于霍去病的成长经历，我们会在后面讲到，这里就不再多说。我们要说的是这个年轻人非常厉害，跟卫青相似的一点是，战场就是他们发挥自己能量最好的舞台，他们生来就是属于战场的，也就注定他们要在这个战场上光彩夺目。但可惜的是，天妒英才，霍去病年仅二十四岁就去世了。

霍去病出征的这年只有十八岁，不要觉得他年纪小，小宇宙要是爆发起来，威力同样无敌啊。

现在他带着八百人的特种部队继续在大漠深处寻找着匈奴人的身影，而幸运的是，匈奴人的老巢真的就被他敏锐的嗅觉和观察力给找到了。

就在霍去病准备悄悄地进攻的时候，匈奴人完全没有察觉到汉军的到来。他们逃跑的时候看到卫青没派人追击，也就因此放松了警惕，却怎么也没料到会有这么一小股力量居然跟在自己身后！

俗话说，凡事预则立不预则废，这是真理。既然匈奴人没料到自己会被跟踪，也只能愿赌服输，被人家霍去病一锅端了。

话说霍去病领着自己手下的八百人离开大营，北进数百里寻击匈奴，一路北进却没有遇到任何抵抗。后来到了晚上的时候，他们接近了一座小山，见山谷里整整齐齐地排列着很多帐篷。当时霍去病就乐了，他知道自己已经找到了匈奴的大营。于是偷偷从山脚下绕过匈奴毫无防备的哨兵，转到了匈奴兵营的北面。彼时月黑风高，霍去病趁匈奴人没有防备就集中兵力进攻了其中最大的一间帐篷。霍去病带人冲进去的时候，匈奴人正在喝酒聊天，一见汉军冲进来，全傻了。有两个企图反抗的人，正是单于的叔父，一个被霍去病砍了，另外一个被活捉了。这时候正在安心睡觉的匈奴兵全被喊杀声惊醒了，以为汉军大部队已经赶到了，就

只想带着自己的金银细软逃命了。霍去病带人一阵乱砍乱杀，两千多匈奴兵就去了西天极乐世界，剩下的逃得无影无踪。霍去病担心敌众我寡，继续追击下去会吃亏，就带着自己的特种部队回到了大营。

八百人换来两千二多人的成果，十八岁的霍去病一上场就显示出了自己的不凡实力。

出叛徒了！

老巢被端，这下子单于火了。他想着自己已经死了和被活捉的叔父，握了一下拳头：卫青，咱们走着瞧！

卫青等的就是这句话！卫青在休战两个月后，再次率领六军出动，直扑匈奴。

卫青凭什么突然出兵，当然是情报！情报无论是在当时还是在现在，都是非常重要的，很多情况下，谁第一个掌握了情报，谁也就掌握了战争的主动权。然而这一次，卫青的情报却失算了，因此也就遭遇了以前从未遭遇过的情况。

开始的时候卫青先是派出几路大军的首领去侦察情况，以便对匈奴进行合击。但是到了天黑的时候，其他四路将军都回来了，唯独赵信和苏建两路人马没有露面，卫青心里有一种不祥的预感。

过了一天一夜，终于听到外面警卫员来报，说苏建将军回来了！

随后，苏建浑身是血地扑了进来。卫青一看，事情果然被自己料中了。

原来，赵信和苏建出去的时候将两个人的队伍合在了一起，按着自己熟悉的路线一路前行，但事有凑巧，居然遇到了单于的大部队，狼多肉少的情况下，他们两个人就决定撤退。但仇人见面分外眼红，匈奴怎么允许汉军全身而退？于是就不由分说地打了起来。

说起来单于并不可怕，毕竟他也是个凡人。但可怕的是汉军人太少，而单于的人太多。苏建和赵信两个人的队伍加起来也就三千人，而匈奴的主力骑兵就有数万，三千人和数万人的对抗，无异于鸡蛋碰石头。还是那句话，赵信和苏建的兵又不是什么武林高手，也就不会发生类似八百胜几万的奇迹，所以他们的结局可想而知。

但苏建和赵信两个人也不是见了敌人人多就腿软的人，他们决定拼了！不过结局在开始的时候就写好了，所以即使拼了也不能改变什么。他们二人与匈奴拼杀了一天多，眼看着这拨匈奴人越战越勇，他们彻底绝望了。就在这时候，戏剧的事情就发生了：赵信反了。

准确点说，赵信不能叫反了，而应该叫跑了。为什么呢？因为赵信本来就是匈奴人，他先是叛变了自己原来的队伍，投降了汉朝，被鼓励投降的汉武帝封了侯。但凡投降的人就不怎么可靠，因为可靠的人是不会投降的。这个放之四海而皆准的道理，单于也懂。就在匈奴与赵信和苏建拼杀的时候，单于就临时设计了这么个降低成本的计策——诱降。

结果，赵信就在这条计策的引诱下回到了匈奴的怀抱，并且带走了八百骑兵。

这样一来，汉军就只剩下苏建孤军奋战了，好在他是条汉子，继续跟匈奴拼杀着。但毕竟敌众我寡，最终汉军全军覆没，只剩下他一个人逃了出来。

苏建伤痕累累地带回了这样的消息，使得卫青大吃一惊。在开战以来，自己几乎没有遇到过这样的情况。这一回合比起来，卫青输得比较惨，前军和右军全打了水漂。但卫青没有乱阵脚，也没有在生气的时候全面反攻，而是在定襄休整自己的队伍，在一个月之后，全面进攻匈奴，击溃匈奴一万九千余人，算是又扳回了一局。

这一回合之后，卫青的当务之急就是要对这两次战争来一个总结，进行一下战略调整，并且就苏建问题召开小组会议，商量一下具体怎样操作。

如果按照人头来算，汉军得到的肯定要比失去的多。特别值得一提的是霍去病，他率领八百人的特种部队，一举拿下了匈奴人的两千余颗人头，这其中还有匈奴有头有脸的人物，所以不管怎么说，汉朝都是不亏本的。

但是，这事放到汉武帝那儿就不是这么回事儿了。汉军在这两次战斗中，不光跑了赵信，苏建还受伤了，将近三千个士兵也全军覆没了，所以只能是功过相抵。卫青无功，其他所有人都无功。当然，两个人例外。

第一个就是霍去病。汉武帝给霍去病的评价是：以最低的成本获得了最佳的战绩。捉活的也好，砍死的也罢，都称得上是第一。所以，霍去病被封为冠军侯。

另外一个就是外交家、冒险家张骞。这次出征，正是因为张骞熟悉地形，引导得当，才没有缺草断水，因此被封为博望侯。

纵观这两次战斗，汉军之所以在第一回合的时候出现失误，是因为这次战役是继河南之战后的第二次大规模战略反击战，汉军的进攻已经成了和尚头上的虱子——明摆着的。匈奴人也不是傻子，他们吸取自己以前的教训，加强侦察，在战前就已经严阵以待，埋伏好了，在汉军进攻的时候给他们以重创。赵信和苏建会遭遇匈奴军就是因为人家已经做好了防备。

做好了这次战争的总结，还有一个棘手的问题要处理，那就是苏建究竟应该怎么办。

开始的时候卫青发挥自己一贯的谦卑有礼的作风，跟自己的参谋们交换了意见。这些参谋大概分成两派，一派主张杀了苏建，因为自从卫青做了将军后从来没有过这么大的失误，这次苏建兵败，正好可以杀鸡儆猴，树立军威。这也称得上是一举两得的妙计。但另外一派却不这样认为，他们觉得苏建不应该杀。首先，以自己的小兵力对抗大军团，本来就无异于鸡蛋碰石头，即使是神仙也没辙，更何况苏建这个凡人。其次，苏建与匈奴血拼了一天多，总算是撑到了最后，虽然只剩下他一个人活着，但总比叛国投敌的赵信强吧。这次如果杀了苏建，那以后将军们要是打了败仗，哪还敢回来啊，还不都跑匈奴那边去了？

两派人揣着自己的观点，争执不下，最后不得已将这个问题交给了

卫青，请他定夺。卫青说："我不赞同第一派的意见。如果说杀将军是为了树立军威，那我这个外戚还有这个必要吗？同时，虽然我现在已经是将军了，有权处理军中的事物，但是生杀予夺的权力我没有，所以这次对于苏建我觉得应该将他暂时关押起来，送往长安，让皇上亲自处置。"

高，实在是高！

卫青本来就是一个很厚道的人，这样一来，更是为天下人树立了一个不敢专横的人臣的榜样，同时留住了苏建的性命。随后苏建就被带回了长安，汉武帝最终给他的处置结果是：按罪，苏建应当被处死，但如果能拿钱来赎人，则可以回家。这是汉武帝念苏建一片忠心，额外开的绿灯，所以苏建一家交钱提人，总算保住了苏建的命。不过，苏建最终被贬为庶民。

苏建这边的买卖几乎全赔了，而曾跟他并肩作战的赵信却赚了。正所谓"千军易得，一将难寻"，更何况赵信又是熟知汉情的大将？所以单于用计谋将赵信招降过来后，就决定用好待遇留住他，好让他为自己效命，于是封赵信为自次王，权力之大，仅次于伊稚斜单于。同时，为了拉拢赵信，单于还有更惊人的举动，那就是将自己的姐姐嫁给了这个先是背叛了匈奴又背叛了汉朝的大将。所以说赵信是赚大了，名利双收，人财两得，既得到了官职，又抱得美人归。一时之间，感动得赵信鼻涕都快流出来了。但是别着急，单于给赵信这样的待遇是有条件的，那就是让赵信给自己献计，怎样才能更好地对付汉朝。

赵信得了这么多的好处，自然是不遗余力，不过他提出的建议却让单于目瞪口呆，赵信的回答简洁明了：跑。

单于一下子懵了，自己花了这么大的代价，难道就是为了等这句话？果真如此的解释，就太匪夷所思了；但等单于听完了赵信的话，却又不得不佩服赵信的高瞻远瞩。

赵信说："匈奴想跟汉朝打持久战，那是根本就不可能胜利的。首先对于打仗这点，汉武帝从来就不怕花钱，大方得很。匈奴要奉陪到底，也要考虑自己是不是有这个财力。其次就是汉朝有很多的牛人，不怕死的不可怕，可怕的是卫青、霍去病这样的，打到你老家了，还能迷途知返，这才是克星。正是因为这样，我们才打不起躲得起。"赵信让伊稚斜单于将兵力全部转移到大荒漠以北的地方，避开汉军的主力，只留下左贤王及河西走廊将军驻守，前后照应；而汉军急于跟匈奴主力作战，必然要派兵长途跋涉荒凉贫瘠的大荒漠地区和一些沼泽地带。在汉军长途跋涉的时候，匈奴军则正在荒漠以北养精蓄锐，以逸待劳。这样等汉军远程而来，粮草不济，士兵疲惫的时候，正好可以打他们个措手不及，到时候胜利自然就是我们的。

赵信主张不迁左贤王庭，不仅是战略问题，更是战术问题。交战就好比钓鱼，要想钓得大鱼，就得放长线。汉军要想拿下单于，就必须深入漠北。到时，汉军因为远道而来，疲劳不堪，匈奴军正好可以趁机收拾汉军。

仔细考量赵信的话，会发现真的是很有道理，"留得青山在，不怕没柴烧"，只要能打败汉朝，多啃些沙子又算什么。于是单于就按照赵信的计策，举家向北迁了。

后来事实也证明，赵信的计策确实是很正确的。汉武帝觉得长线作战，会对自己不利，于是暂时不打算深入下去。而在漠南，派出的作战大军又往往是无功而返，匈奴人正好利用这个机会养精蓄锐。

同时，赵信看汉军因为自己的计策无功而返的时候，就又灵活地使用起了游击战。他派出数万人的小股部队，从漠北出发，趁汉军向回撤退、北方边境空虚的时候，突然偷袭一下，等汉军反击的时候，又赶紧往回撤，让汉军疲于奔命。这就好比有人时不时地在你后面打你一下，等你一本正经的时候却又好像什么事都没发生一样。

对于匈奴来说，尽管这样的小规模偷袭能有点收获，但毕竟前面自己也吃过很多败仗，损失非常大，急需好好休整一下；而汉朝这边也遇到了麻烦，所以双方默契地采取了休战政策，于是一年的时间内，汉匈之间呈现出少有的和平景象。

汉朝遇到的麻烦是从一次总结上发现的，那就是这么多年来对匈奴作战，不光死了很多的人马，更重要的是将文景之治时期积攒下的全部家底折腾得所剩无几了。

然而匈奴未灭，需要继续对匈奴作战；而要想继续作战，就必须有钱，但现在国库空空，粮食无存，去哪儿找钱呢？

汉武帝想来想去，最终想到了一个筹钱的方法。

不过这是一个后患无穷，但同时也是不得已而为之的办法，那就是：

卖官。汉武帝下诏：凡是有钱的，都可以买官做，罪犯也都可以拿钱赎罪。多钱多赎，少钱少刑。

汉武帝所卖的爵位分十一级，一级称"造士"；二级称"闲舆卫"；三级称"良士"；四级称"元戎士"；五级称"官首"；六级称"秉铎"；七级称"千夫"；八级称"乐卿"；九级称"执戎"；十级称"政戾庶长"；十一级称"军卫"。

按级买卖，每级十七万钱。凡是买到第七级"千夫"的，都可以到基层当官。这样的基层干部在汉朝时候被称为吏，不要小看这个吏，如果表现良好的话，是可以被推荐到中央当郎官的；而郎官，我们在前面已经说了，是很容易就被皇上提拔的。

对于官场的欲望，古时候的人和现代人差不多，所以这个生意做得是风生水起。后来大概算了一下，仅此一项汉武帝就有三十万金进账。但我们说这件事是后患无穷的，因为问题很快就出现了。这样卖官就好比一辆公交车，只要你有钱就可以买到票上车，时间长了，车上的人一定会多到超载。但你让人家买了票了，又不能赶人家下车，不赶下车，又非常危险，只能任由这么一辆已经严重超载的破车在不爆胎的前提下，继续开下去。

而在这中间，汉武帝还被一点小事儿给绊住了双脚，那就是他那个一心想要谋反的叔叔刘安，最终还是采取行动了。这场造反虽然最终被汉武帝平息了，但却成了他内心的一块疤，日后一旦被人触碰或者想起来，就会隐隐作痛。

河西大战

就在汉武帝休整部队的时候，匈奴经过休整，已经恢力量，于是趁汉武帝收拾淮南王的时候将触手伸到了汉朝的上谷郡内，使数百名汉人惨死在自己的铁蹄之下。汉武帝当时无暇分身，所以只好暂时忍下。

现在，汉武帝已经解了燃眉之急，又将内部的矛盾平息了，接下来的任务就是要好好地修理匈奴了，这次他将目光投向了一个新的战场——陇西。之所以这样做是因为匈奴按照赵信的策略，还一直龟缩在大漠以北，汉武帝只好另谋他法。

河西地区指现在甘肃省境内的大部分地方，因在黄河南北河道的西部而得名。汉武帝时期，河西地区是由匈奴的浑邪王和休屠王分别领辖。

公元前 121 年 3 月，汉武帝决定再次决战匈奴，不光因为前些年匈奴与自己的恩怨，还因为匈奴趁自己解决国内矛盾的时候杀入上谷，欠了自己一笔血债。汉武帝在忍无可忍的情况下，决定出招了。他就是想让匈奴知道，欠他债的滋味是不好受的。

对于这次征战，汉武帝派出去要"账"的人正是三年前大放异彩的霍去病。为了让霍去病成功地要回"账"，汉武帝封霍去病为骠骑将军，并且给了他一万名勇士。这些勇士，全是速度极快的骑兵。而这个年轻的将领，最终也没有辜负汉武帝的期望。

接到任务的当天，霍去病就带领着自己的手下，在大漠中狂奔起来，那速度就好像是闪电一样，一闪而过。霍去病集中优势兵力，进入匈奴

的五个部落犹如进入无人之境，很快就将这五个部落连连攻破，并且避开浑邪、休屠二王的正面防御工事，悄悄地沿着焉支山东疾驰了一千余里来到了皋兰山下。

霍去病为什么要跑这么远呢？因为直觉告诉他，在皋兰山的后面藏着好东西。

果不其然，还真被霍去病发现了自己想找的借"债"的人，尽管不是最大的头领，只是小头目——卢侯、折兰二王。

双方进入了真正的血与火的较量。

对于匈奴人来说，霍去病是比卫青还要讨厌的灾星，本来自己因为惹不起已经躲起来了，没想到躲起来还不行，现在还是被他找到了，真有点"是福不是祸，是祸躲不过"的意味。

霍去病才不管这么多，他心里记得的是当年匈奴铁蹄践踏自己家国的情形，现在见了他们，自然是分外眼红。虽然匈奴的人数比自己多很多，但霍去病并没有畏惧，他在安排自己的将士们奋勇冲杀的同时，自己也没闲着，也是冲杀到了第一线，巧妙地躲开敌人的进攻，长满弓，放箭！霍去病的箭术了得，所以每一箭都箭不虚发。他就像是一只被打了鸡血的狼，带着自己的狼群奋力冲杀着。

所谓擒贼先擒王，这样的道理霍去病当然知道，在战争开始后不久他就开始寻找自己想要的王。很快他就发现这二人正在匈奴兵的强力保护之下。霍去病此次前来就是为了取他们的性命的，才不管他有多少人保护呢。就在这两个人指挥着自己的将兵冲杀的时候，忽地额头中箭，当场毙命。匈奴兵只觉得耳边呼啸，再回头看自己的大王已经命归西天，当时冷汗都下来了，但仗还要继续打下去啊，尽管心中已经胆怯了，好在自己人多。

人多又怎么样？一个霍去病不知道要顶多少匈奴兵，他就是奇迹的缔造者，八百救十万的英雄人物！

最终，霍去病跟自己的将士们杀掉了卢侯王和折兰王两个匈奴王，还俘虏了浑邪王的王子，以及他的相国和都尉文武两套班子成员，斩敌八千九百六十。更值得一提的是，霍去病还将匈奴人用来祭天的金人神像抢走了。简直妙哉！

不过在这次战役中，霍去病的损失也不小，他带去了一万余人，最

终回来的只有三千余人。

胜利的消息传到汉廷的时候，汉武帝笑了，他知道自己没有看错，这个年轻人经得起现实考验的。汉武帝满意地笑了之后，更是大大封赏霍去病，奖励他两千户采邑。

而且，经过这次血与火的对决之后，汉王朝中再也没有人质疑少年霍去病的统军能力了，他成为汉军中一代军人的楷模、尚武精神的化身。

时光流转，很快就到了夏天，基于上次的胜利，汉武帝决定派霍去病再帮自己去讨一次债，霍去病欣然领命。

汉武帝让他们兵分两路攻击匈奴，一支由霍去病和公孙敖率领数万骑，从今天甘肃附近的北地郡出发；另外一支由卫尉张骞和郎中令李广率领，从今天的内蒙古宁城县附近的右北平郡出发。出发后，霍去病和公孙敖分道前进，张骞和李广也分道挺进。李广亲率四千兵打前锋，张骞则率一万骑在后。

在这次战争中没有了卫青的身影，但称得上是元光六年情形的翻版，也许汉武帝是希望霍去病能像自己的舅舅一样，建功立业，在军中树立更大的权威。

机遇从来都是和挑战并存的。似乎上天对待飞将军李广太苛刻了，因为这一次他的运气又非常差。前面说了李广只带领四千人打前锋，所以当时的打算就是不让李广和匈奴的主力直接交锋，而是让张骞和匈奴的兵马正面交锋。无奈张骞走得太慢，而李广又走得太快，所以很不幸，李广就遇到了匈奴的主力。当时的情况是匈奴有四万人，而李广只有四千人，相差的倍数是 10 倍，这一次，李广的命运会怎样呢？

可能换做别人，一定会吓到尿裤子，但这是李广，是赫赫有名的飞将军。然而李广不怕不代表他的骑兵也不怕，所以，要撑下去李广就要先稳住大家的情绪，硬撑着等待张骞的援助，否则只能等着全军覆没。

很快，李广就想到了一个好主意。

当时李广的儿子李敢也在随军列中，李广就把自己的儿子叫来，去完成一道课外作业：让他带着几十个兄弟到匈奴军营里跑一圈，再回到自己的军营中，就算是完成了任务。

所谓虎父无犬子，李敢接过父亲的命令，二话没说带着将士们就出去了，没多久就回来了，而人一个也没少。

儿子完成任务后，轮到父亲上场了。李广将军队拉出来，非常自信地对自己的将士们说："一切匈奴兵都是纸老虎！相信自己的能力，只要团结一致，没有打不赢的仗。"

这样一来，李广的四千将士就吃了一颗定心丸。自己是来要债的，那就是债权人，为什么还要怕欠他债的呢？于是，很快，双方就拉开阵势，战争开始了！

首先发起攻击的是匈奴，那时候匈奴人最爱用的武器就是箭，这也是他们最低成本的进攻方式，于是乎，只见密密麻麻的箭像蝗虫一样飞过来。李广的箭术我们都有所了解，面对匈奴的进攻，他当然不会坐以待毙，于是也命令将士们放箭。

不过，这次对李广来说，确实是凶多吉少。因为他们是在茫茫的大漠上与大漠民族进行 PK，这里既没有树林，也没有山丘，更没有地洞；匈奴兵的人数又是李广这边的 10 倍，也就是说十个人只要有一个人射中，那这样射下去，李广也是要完蛋的。果然，这一轮箭放完之后，李广的人数就折损过半，这也就意味着李广已经剩下不到两千人了。如果箭再放下去，那等待李广的极可能是连这剩下的一半都要搭上。必须改变策略！

果然，李广下令停止放箭。这对于他的将士们来说，简直太令人难以接受了。

而李广也没办法，因为他们这边的箭已经快用完了；而张骞这个"蜗牛"还没有到，他们要撑下去的话，就不能把所有的箭都浪费掉。

之后李广下令，所有人搭箭上弓，没有命令，不得放箭。匈奴一看李广停止放箭，他们也就跟着停止了，战场一时出现可怕的宁静。

当士兵们都非常悲观地望着李广的时候，李广却不慌不忙地拉开了大黄。所谓的大黄是一种特制的巨弓，不仅射程远，威力猛，而且一旦被射中，就没救了，堪称古代的高射炮。当然，大黄也不是人人都玩得了的，它需要很强的臂力和高超的射箭技术。不过对于李广，一个能将箭射到石头里的人来说，这只能算是小菜儿了。

现在李广拿出大黄，就是要证实"射人先射马，擒贼先擒王"这句话的真理性。果然，李广搭箭上弓，连放数箭，箭箭有人毙命。匈奴将士一下子就被李广精湛的箭术惊呆了，这简直就是一场精彩的射箭秀啊！

更有利于李广的是，天正在慢慢地黑下来，匈奴的兵可能是要回家睡觉了，于是纷纷撤兵，李广看着潮水一样退去的匈奴兵，长长地舒了一口气。

尽管匈奴人暂时撤下去了，但是明天还是会继续决战，所以他们并不轻松。这时候将士们都已经面无人色，毕竟这是性命攸关的战场，但当他们回头看李广的时候，却发现李广居然笑了。这一下，他们全服了。李广就是要用这样的信心去激励自己的将士，让他们赌到最后一秒。

天很快亮了，这次匈奴换了打法，由原来的射箭变成了现在的挥刀对砍。结果人多势众的匈奴一个回合打下来，李广的人又折损了一半，这时候李广只剩下了不到一千人。

匈奴人看着伤痕累累的李广军，露出了胜利的微笑。只见匈奴头儿左贤王将大手一挥：进军！匈奴士兵就像是潮水一般涌了过来，李广的将士正准备接招，就见匈奴人的阵营乱了阵脚——张骞来了！

张骞的部队刚一赶到，左贤王见事不妙，马上带领队伍开溜了。李广他们也就侥幸地摆脱了厄运。

张骞迟到，害得李广差点全军覆没。而这样的情况在另一组人身上居然也神奇般地上演了，他就是我们在前面说不会一顺百顺的公孙敖。霍去病和公孙敖约好了集合的时间，却迟迟不见人来。霍去病没有一直等下去，而是当机立断，独自率军深入敌境；而目标，正是祁连山。

在霍去病身上我们总可以看到李广的身影，两个人确实有相像的地方，那就是敢冒险。但不同的是，霍去病不但敢打，而且能打。他的运气似乎也总是比李广好，他率领的特种部队的战斗力更是比李广的队伍强上很多。

李广还有一点是不能和霍去病相比的，那就是对战争的嗅觉。我们说霍去病生来就是属于战场的，他就像是沙漠中的响尾蛇，具有感应红外线的超强本能；而这种本能，正是别的动物所不具备的。

在霍去病的思维里，真正的大鱼总是藏在大海的深处。现在他将目标锁定祁连山，正是靠自己的战争嗅觉闻出来，那后面藏着他想逮的大鱼。从陇西郡到祁连山，路程不是特别远，但也不近。然而，霍去病最终选择了一条不寻常的路线。

其实人都有一种习惯，就是不愿意绕远，只要有近路，肯定不会走远路。匈奴人现在就是这么想的，他们觉得汉军此次前来，肯定会舍远求近，所以只要将近路拦路设卡，做好警报，那就没有什么好担心的了。

但事实证明，他们大错特错了。霍去病这次正是舍近求远，绕了一个大弯，从背后偷袭他们了。具体路线是这样的：

西渡黄河，翻越贺兰山，直奔西北，绕过居廷泽，然后折向西南，穿过小月氏部落，将铁网撒在祁连山上。

在匈奴人还在近路上等待霍去病的时候，霍去病已经将利剑插到他们的心脏上来了。再想回头去救，为时已晚，霍去病已经将大鱼捞好，正在悠哉地准备收网。这一次，霍去病收获颇丰：他共斩杀匈奴三万二百人，俘虏匈奴单桓王及相国都尉等二千五百人，其中有五个匈奴王，以及王母、王妻和王子共五十九人，相国、将军、当户、都尉共六十三人。

到此为止，不到一年的时间，霍去病连赢了两场大战。这两场大战都是以最小的成本，赢得了最大的战争胜利，创造了中国战争史上罕见的奇迹。因为这样骄人的战绩，汉武帝加封霍去病食邑五千户，而他的部下也像当年卫青的属下一样，全部被封侯。

而张骞、李广、公孙敖，三个人在霍去病的辉映下就显得更加战绩败劣，汉武帝自然也会对他们作出惩戒。李广的兵马虽然损失过半，但匈奴人也因此付出了很大的代价，所以功过相抵，不予惩罚。张骞因为本身的原因，导致迟到，尽管也在关键的时候出现了，但毕竟使李广的军队孤军奋战，同时也丧失了追歼左贤王的良机，本来应该定为死罪，但念张骞救李广有功，所以准许他出钱赎罪，不过还是被贬为庶民了。公孙敖也因为出师缓慢，没能与霍去病集合，按军法也应当处斩，但最后汉武帝也念他立有旧功，准许他赎罪，革去了他的官职。

纵观这场战役，霍去病无疑是最大的赢家，他甚至比那些久经沙场的老将还要出色，正是靠着他，这场战争才会取得这样大的胜利。

有趣的是，在这次战役中，还有一个关于霍去病的传说流传下来。话说霍去病在河西大战中立下大功后，汉武帝特派使臣带着美酒前往慰问。霍去病说自己功劳的得来是在大伙的帮助下才取得的，所以这酒不能自己一个人喝，应该犒劳给大家。但是酒少人多怎么分？霍去病就吩咐手下人将两坛美酒倒入营账所在的山泉中，整个山谷顿时酒香弥漫。

全体将士是欢声雷动，而这就是"酒泉"的来历。

不管这个传说是真的还是假的，霍去病的军功却是不能抹灭的。

经此一役，匈奴人不得不继续后撤，一直退到了焉支山北，汉朝也得以收复河西平原。曾经在汉朝头上为所欲为、使汉朝家破人亡的匈奴终于也唱出了悲歌："亡我祁连山，使我六畜不蕃息；失我焉支山，使我妇女无颜色。"

这之后，霍去病更加得到汉武帝的宠信，几乎和他的舅舅卫青平起平坐了。后来汉武帝提议要为霍去病盖一座豪华气派的大宅院，让霍去病去看看房子，看户型、大小合不合适。结果霍去病却说："匈奴未灭，何以家为？"

精辟！

一个真正的英雄，从来都不是为封侯而战的，他要为国家荣誉而战。匈奴未灭，何以家为？这是霍去病毕生的追求。而这句话，响彻汉朝的上空，激荡千古，让后人永远崇敬。

河西受降

经过霍去病这一折腾，匈奴剩下的人已经不足十分之三了。死的已经入土为安，而活着的还在时刻担心着霍去病会不会再次来袭。到了这年秋天，有消息说匈奴的浑邪王正率领数万人前来投降。而所谓的数万具体是多少，没有人知道确切的数字，只说是至少四万，但十万封顶。

这不是匈奴第一次有人投降了，但对汉武帝来说，却是第一次听说有这么多人一起来投降。三个五个，甚至是几百个都不是问题，这么少的人也掀不起什么大风浪，但现在却是几万人前来投降，这不得不让人怀疑这中间是不是有什么猫腻。

不过万里面还有一个一呢，所以也不排除匈奴是真的来投降的。汉武帝想了想，便将这个任务交给了霍去病，让他去探探虚实，并且一颗红心两种准备，如果匈奴真的是来投降的话，就直接接他们回来；如果是诈降，那就不要太客气了。

事实上，匈奴这次确实是真心来投降的。带队的两个人正是霍去病的进攻对象——浑邪王和休屠王。那么他们为什么突然来投降了呢？这还要归功于霍去病。

霍去病在祁连山上撒下铁网捞了不少大鱼，那单于能高兴吗？那可是单于的子民，就这么被杀掉了，不心痛是骗人的。单于这样生气，肯定是要找人发泄的，浑邪王和休屠王自然就首当其冲了。但是邪王和休屠王也不是吃素的，他们既然能做王，眼线也少不了。俩人听自己的线人说单于准备杀自己，一合计，决定豁出去了，不做这个破王了，投降汉朝，毕竟自己的脑袋比什么都重要。

这个世界上的事情总是充满了戏剧性，本来是好好地来投降的人，居然就在半路上出现了意外，历史再一次将这个露脸的机会留给了霍去病。

首先是休屠王后悔了。为什么？可能就是因为他想到了自己的老祖先。匈奴这个民族在历史上曾经有过非常辉煌的战绩，先不讲远的，刘邦在位的时候，就曾经让汉朝特别无奈和无语，刘邦每年不知道要贿赂匈奴多少公主和特产。那时候匈奴是想抢东边就抢东边，想抢西边；就抢西边；想来就来，想走就走。但谁想到，这日子居然就像这满天飞沙，一夜之间全黄了。休屠王看看自己，打不过人家也就算了，竟然还落到主动求降的下场，真是太丢祖宗的脸了。做人可以窝囊，但不能这么没用啊。

然而当休屠王将自己的想法说给浑邪王听的时候，浑邪王居然发挥了匈奴人的本性，二话没说，抽出快刀，将休屠王的人头砍下。然后，又将他的部队全部并到了自己旗下。

这时候，霍去病的军队已经渡过了黄河，他远远就看见浑邪王的军

队朝他移来。等两军移到一定距离的时候，都停下来，互相对峙着。就在这时候，问题出现了：匈奴许多将领都怕了！

也不能全怪他们，他们之所以害怕，是因为对霍去病充满了恐惧，现在看到他，更是害怕；而霍去病的架势也不像是来迎降的，更像是来杀人的。这个念头一旦产生，就一发不可收，匈奴降兵越看霍去病就越害怕。等这种恐惧无限扩大的时候，他们一下子爆发了，全都慌乱地往回跑，一时之间是烟尘四起。

匈奴人自己先炸了窝，这是霍去病始料不及的。霍去病长成那样，也不是他的错。怨只怨，霍去病太厉害，将这些人都打怵了。就在这拨人自乱阵脚的时候，霍去病做出了惊人的决断：亲率一队，朝匈奴军队冲去。

擒贼先擒王，霍去病自然明白这个道理，于是他就在慌乱的人群中找寻匈奴的头儿——浑邪王。不过浑邪王确实很冤枉，因为这些匈奴兵是自己逃跑的，根本不关他的事儿。

霍去病挥起利剑，命令汉军：务必将所有逃跑的匈奴人截住。只见，汉军四面出击，追着逃跑的匈奴一顿狂砍。一下子就砍了八千个匈奴人，这一来，所有的匈奴人都被吓住了。

这时，霍去病对浑邪王说："我先找人送你过河，你的人我会叫我的人送他们过河。"之后霍去病的部队就像牧马一样，赶着四万匈奴人渡过了黄河。

霍去病将匈奴降兵搞定的消息很快就传到了汉武帝的耳朵里，汉武帝心里这个高兴啊，高兴之余，汉武帝又想到了一个问题：这些匈奴兵远道来降，自己怎么着也不能太亏待他们了，于是就想用马车去迎接他们，但这样一来问题就出来了：自己现在只有车，没有马，即使是车不够连夜制造也还是可能的，但马不是连夜就能喂大的啊。

这该如何是好呢？

买吧！

汉武帝之所以想出买这个办法，是因为汉朝的时候民间已经盛行养马了。那时候是家家有钱，户户有马。正是因为这样，在民间还有一个说法，就是母马和幼马不屑骑，如果谁骑着这两种马出去，一定会被人耻笑。汉武帝想出这个买马的妙招，也算是基于实事求是基础上的一个

救急之法了。

后来汉武帝就将这件事交给了长安县官，不过问题还是解决不了，因为县官说自己没钱。没钱怎么买马啊？可汉武帝明显不管这一套，自古华山一条路，有条件要上，没有条件创造条件也要上。这下县官没什么好说的了，可自己实在是没办法弄到钱啊，那边汉武帝还一直在催着要马，怎么办？没钱买　那就借吧。

向谁借？只好向长安市民借。但是，长安的百姓根本不相信自己的马被借出去之后还能被还回来，所以都不愿意把马借给火烧眉毛的县官。为了不被县官发现自己家有马，他们索性将自己家的马藏了起来，大手一挥，说自己家根本就没马。这样下去长安县官最终没完成既定任务，汉武帝二话没说，让人把长安县官斩了。

但是这件事很快就招来一个大臣的抗议，这个人就是那个很拽也很有才的牛人——汲黯。

汲黯当时的职务是长安市特别市长（右内史），长安县官因为凑不够马匹的数量被汉武帝斩了，说到底他这个市长也是有责任的。但是他却对汉武帝说了这样一套理由：长安县令没有罪，陛下如果想凑够马，那就将我砍了吧。这样一来，长安的百姓就不敢再不借马给陛下了。

砍头谢罪，这当然不是汲黯最想表达的。他想表达的意思在后面：匈奴是来投降的，为什么还要享受这么好的待遇呢？咱们自己勒紧了裤腰带不说，居然还要骚扰百姓的正常生活？我觉得让各县政府备用马将匈奴降兵一站一站送来，就很对得起他们了。

汲黯这样一说，汉武帝一时无话。他不是被顶得没话说了，而是不想说。如果他张口，汲黯肯定会继续纠缠下去，到时候人家匈奴人来了，就真的是黄花菜都凉了。不可否认，汲黯是一个好父母官，但不是一个好政治家。下面发生的一件事，更加印证了这个观点。

这之后不久，匈奴这拨人就到达了长安。汉武帝给归顺的浑邪王举行了一个盛大的欢迎典礼，同时还给他们封了大礼。这当中，浑邪王的礼无疑是最大的，他被封为万户侯，和在沙场上拼杀的卫青的级别差不多。其次就是浑邪王的副将，有四个也被封为户侯。这当中自然不能少了劳苦功高的霍去病，他被多封了一千七百户侯，加上前三次的赐封户数，霍去病也成了一个万户侯。

领到了汉武帝超级大礼包的匈奴人自然十分高兴，但汲黯却急坏了。汉武帝虽然是一国之君，但并不知道柴米贵，可汲黯知道啊。长安市一下来了这么多匈奴人，那压力实在是太大了。匈奴人不是来观光旅游消费的，而是来白吃白喝白拿的。而且，看样子时间也短不了。长此以往，他这个长安特别市长还当得下去吗？汲黯心里的火是越憋越多，最终被他逮到了一个机会发泄了。

浑邪王此次带大军远道来降，自然带来了不少家眷，而且还少不了自己家那边的土特产品和其他东西。这对于长安的商人和小市民来说，无疑是最好的发财机会，因他们跟匈奴人做起了生意。

当然，这是违法的，因为他们这样做是钻了汉朝法律的空子。汉朝法律明确规定：在边界贸易，不得向外国人出售铁器，亦不准带钱出关。但在这些人看来，长安并不是什么边界，也就不必受法律约束了。而且匈奴人想赚钱，长安市民想做生意，这样你情我愿、一拍即合的事儿，自然很容易就被操作起来了。

然而，对于一国之君的汉武帝来说，他们这样大胆地在天子脚下钻法律的空子，实在是是可忍孰不可忍。于是让工商管理部门和公安部门联合起来，一起侦查案件的违法分子。结果，一下子就抓捕了五百来人。

这样一来，汲黯的怒火也终于找到机会爆发了——他要替这五百个被抓的人喊冤。他是这样辩论的：长安是汉朝首都，不是边关。汉朝法律只是规定不准汉人带钱出关，试问，长安生意人拿钱在长安市内和匈奴人做生意，违了什么法？没有违法又为什么抓他们？汲黯的目的就是为了将火引到匈奴身上，于是接着说：汉匈之间的矛盾由来已久，匈奴曾经对我们做过什么，相信没有人忘记；而我们为了反抗匈奴又牺牲了多少战士，耗费了多少钱财？现在匈奴来降，不但没有被贬为奴，以祭奠那些死去的战士，告慰英灵，居然还被奉为上宾，这不是太不可思议了吗？现在陛下还要护着这些匈奴人，斩杀自己的子民，这就无异于庇其叶，而损其枝者，这样本末倒置的事儿我觉得是不可取的。

其实仔细想想汲黯的话，也不是完全没有道理。失败汉匈征战以来，几乎一直是匈奴抢劫汉朝，现在好容易打了翻身仗，居然还要让他们在自己境内白吃白喝，汉朝从开国到现在一直吃亏，凭什么要一直做亏本的生意呢？

汲黯的意思很明确，也不是完全没有道理，但只能说他是个小本生意人，他不知道汉武帝这样花重金安抚匈奴人是放长线钓大鱼的深谋远虑。花这样大价钱让匈奴人白吃白喝白拿，第一可以显示一种政治胸怀，这样优待俘虏，才能吸引更多的匈奴人前来投降；第二，匈奴人这次来降也不是空手来的，而是带着河西走廊十五万平方公里的土地来的，这样一来汉朝的西疆就向西北推进了九百公里，直抵西域，而这就为将来搞定西域打下了坚实的基础。所以如此看来，汲黯就显得特别没有政治头脑，也没有政治胸怀了。而他的话一说出口，汉武帝就不再像第一次那样不说话了，而是当着众人的面，狠狠地损了汲黯一句："我很久没听汲黯说话了，今天他又来胡言乱语了。"

其实汲黯不知道，匈奴人来长安，汉武帝的好吃好喝不过是为了让他们暂时过瘾罢了，真正的目的在后面。果然，没过多久，汉武帝就将浑邪王带来的人分成了五块，分别安置在西北沿边的五个郡：陇西郡、北地郡、上郡、朔方郡、五厚郡。从此，从金城（甘肃省兰州市）河西走廊，西靠祁连山，直到盐泽（新疆维吾尔自治区罗布泊）一带，都成了真空地带，鲜有匈奴人的踪迹。

汲黯和汉武帝的争论最终汉武帝赢了，赢在有远见上，而远见则是一个皇帝安身立命必不可少的条件。

成功安置了匈奴降兵，使他们资源优化配置后，汉匈之间的矛盾仍然没有最终解决，因为单于还在，那就意味着战争还要继续。但是霍去病祁连山这一战却震惊了匈奴单于，当时他听信叛徒赵信的劝说，举家迁往漠北了，这虽然使他免于遭受漠南之战的损失，但在浑邪王叛变的时候，他也只能鞭长莫及地眼睁睁看着了。

当然，如果不在此后报复，那就不是匈奴人了。果然在公元前120年的秋天，匈奴又发起了突然的报复行动。单于派出了数万骑兵，分两路袭击右北平和定襄，杀掠了千余人后走了。

这事儿发生后，没有激起汉武帝的斗志，匈奴的一记重锤好像砸在了棉花上。汉武帝当然不是完全没当回事，他只是在积蓄更大的力量，好给匈奴以重创。而之所以要积蓄，一个很重要的原因是汉武帝囊中羞涩了。

前边汉武帝为了抗击匈奴，通过卖官筹得了一笔经费。但现在官卖得差不多了，也没什么好卖的了，他也只能另想办法了。人多好办事儿，很快，就有人给汉武帝想了一个挣钱的好招——盯紧汉朝那些有钱人。

当时汉朝主管财政的是大司农那个。这个郑当时正是前边讲过的在窦婴和田蚡辩论现场前言不搭后语，差点被汉武帝正法了的那个。其实这些年郑当时也不容易，汉武帝在前边只管打仗，后边的金钱供应全都是郑当时的功劳。征战了这么多年之后，郑当时发现自己挣钱的速度远远赶不上这个皇上花钱的速度，自己再也没有钱可以供他花了。

然而身为中央财政部长，总不能说自己已经想尽了各种办法，没有条件创造条件才是硬道理。郑当时只好继续寻找挣钱的渠道，假以时日还真让他找到了。他发现当时汉朝有两类人比较有钱，一类是矿主，一类是盐商。长期以来，汉武帝只忙于征战，对这些疏于管理，结果这些矿主和盐商就得空成了富商。不过要想从这些人身上抠出钱来也不容易，铁公鸡一毛不拔讲的多半是这些富人。就在郑当时愁眉不展的时候，有一个富商却站出来捐钱了。

这个人叫卜式，河南人，早年以种田和畜牧为生。分家的时候他将家里所有的田地都给了他唯一的弟弟，而他只赶着一百只羊去了山里。可谁知，十多年过去后，他这些羊得天然精华的滋养，居然呈几何形繁殖，不知不觉就有了一千余只。而卜式自然也就成了发家致富的富翁。

现在卜式看国家有难，就想将一半的羊卖了，捐钱给国家。可谁知有人以小人之心度君子之腹，说人家卜式的行为是有企图的，结果汉武帝硬是拒绝了卜式的好意。但卜式捐钱确实是出于品质高尚而不是故意作秀，于是第二次将钱捐给了捉襟见肘的汉武帝。汉武帝当时确实着急用钱，就接受了卜式的好意，给了卜式一个中郎的职务。

汉武帝同时号召天下为富不仁的富豪们向中郎学习，学习他这种热心于国家公益的行为，但响应的还是不多。汉武帝急了：不给你们点颜色看看，你们就不知道什么叫厉害。于是让专人出来管理盐铁事务，这样一来，军费问题就真的得以解决了。而很快，一场大战也即将开始了！

漠北大战

公元前 119 年的夏天，西北的天空又出现了扫帚星，这预示着这一年将有大事发生，果然这年夏天，汉武帝召开紧急会议，讨论对匈奴发动总进攻的问题。

汉武帝认为匈奴伊稚斜单于因为听了赵信的话，断定汉军绝不敢进入大沙漠，所以就会放松对汉军的防备，如果这时候深入漠北，出其不意地攻击匈奴绝对会收获颇丰。于是汉武帝对众将说，按照那个名副其实的汉奸赵信的说法，只要匈奴搬家到漠北，咱们就奈何不了他们了，我现在就想让他知道，他旦然搬到了漠北，我照样治得了他！现在我们就打到匈奴的漠北老巢去！而这个建议，也得到了众多与会将军的一致同意。

一场大战一触即发！

这次出战，汉武帝派出了两个军团，一个由卫青率领，另一个由霍去病统领，还替他们准备了十万匹战马，一人一半。有必要说明一下的是，这次出征的战马和以往的不同，这次的马叫粟马，所谓的粟马也就是吃小米的马。这种马吃的虽然是米，但浑身却有使不完的劲，比吃草的马还要强壮。

除了这十万匹战马，官员们的私马也全交出来充公了，大概有四万匹。后勤有数十万人，负责向前方运输粮食。

所需物资安排得差不多了，剩下的就是作战方面的问题了。霍去病率领的仍然是汉朝的特种部队，他计划从定襄出发，攻击匈奴单于主力；而卫青的部队，则计划从代郡出发，目标是匈奴的左贤王。

对于这次出击，汉武帝的目标是力求决战！

事情往往是计划赶不上变化，就在两军出发后，从匈奴俘虏的嘴里得知匈奴单于的兵不在北方，而是远在东方。这个消息是很可靠的，因为匈奴单于再次听了赵信的话，说汉军既然是来决战的，那我们就陈兵列阵，等他们吧。不过，汉武帝已经知道这个招数了，而且适时做了战略调整。让霍去病出代郡，卫青出定襄，让卫青的主力部队来出击匈奴单于。这就从事实上否定了赵信的看法，并且从行动上进行了二次否定。

就在卫青准备出发的时候，有一个人死活要去参战，这个人，就是是飞将军李广。

本来开始的时候，李广并不在参战名单内，不派他出战，原因只有一个，那就是他老了。但是那些渴望建功立业的将军哪一个是服老的？李广从十六岁参军，今年已经六十多岁了。他人生最黄金的年华，几乎都献给了抗击匈奴的事业。而这四十多年里，又有多少次死里逃生？现在还有什么是他不能跨过的吗？

而且，这次出战是汉朝对匈奴的决战，一个以战争为生命的将军，他的一生能经历几次决战？李广是怎么也不会放过这次机会的。所以，他要参加战斗，因为这不仅是对匈奴的决战，也是对他自己的决战。

后来卫青禁不起李广的死缠烂打，终于决定让他出战。但是有一个条件是不能让李广打前锋，这样做是为李广的安全考虑。因为李广最大的特点就是冒险，如果他打前锋，很可能就会坏了已经定好的作战计划。于是，卫青最终决定让李广和右将军赵食其一起，从东边出发，约期会合。

对于卫青的安排，李广却十分不满。为什么？因为李广征战这么多年，一直是做前锋的，现在让他去做后卫，叫他的面子往哪儿摆呢？再说一个前锋去打后卫，他也不能很快地适应啊。另外，李广这次死乞白赖地要出战，就是为了建功立业，但是一个后卫建功立业的机会太小了。球场上的后卫一般就是给人家传球的，射门的则是前锋，人们往往能记住射门的人，很少见过垫背的后卫被人记住的。这机率相当于在街上遇见绑匪。

所以李广这次不但要出战，还要一个前锋的位置，因为这可能是他最后的机会了。于是，李广就对卫青说："我参战，就是为了打前锋。你现在突然把我调到后卫的位置，我真的很不适应。我打了这么多年的仗，就是为了能跟匈奴决一死战，所以请派我充当前锋，我一定全力以赴，把单于抓回来见将军。"

　　对于李广的心情，卫青明白。这次出战，不光对李广重要，对整个汉朝也非常重要。他做这样的决定就是因为太了解李广的性格，如果把他放在前锋的位置，可能误了大事。所以，以大局为重，卫青还是拒绝了李广的请求。

　　李广被卫青拒绝后，却发现了一个秘密，那就是在祁连山一战迷路后、被贬为庶人的公孙敖被卫青安排到了前锋的位置上。原来不是没有前锋的位置了，而是你卫青将这个位置留给自己的发小公孙敖了。这样一来，李广就更加郁闷了，最后气呼呼地离开了卫青的营帐。

　　很快大军就出发了，卫青带领着自己的部队，长途跋涉，在茫茫的大漠上搜索着匈奴的身影。而匈奴单于这时候在干吗？正如汉武帝得到的情报所言，他们正在心急火燎地等待着汉军的到来。这些不耐烦的匈奴兵怎么知道，自己不光是在等待汉军，更是在等待一场绝对的惨败。因为他们听信赵信的计策，只是一味地等待，而不是准备正面攻击长途奔波、疲惫不堪的汉军，怕造成更大的损失。然而匈奴军不知道，汉军长线作战，即使到了自己眼前，也已经疲惫不堪，如果这时候匈奴对汉军发起冲锋，很可能会让汉军全线崩溃，这就是军家不愿意长线作战的原因。但他们这时候却按兵不动，表面是没有造成什么损失，但实际上却是给了汉军以喘息的机会。

　　此时卫青最担心的不是匈奴的突击，而是李广和赵食其。在出发的时候，卫青就命令李广的部队与右将军赵食其的部队担任大军右翼护卫，并定下期限会合，合击匈奴主力。但现在等了一会儿了，他们却一直没有露面，看样子，他们又一次迟到了。

　　战争不是约会，非要等到所有人来才开始，卫青在等待一段时间后，果断地决定出击。针对匈奴的策略，卫青决定诱敌出战，只要他们出了自己的窝，就好办了。于是卫青下令士兵们用顶上有帷布的武刚车围成阵营，叫五千个骑兵抵挡住匈奴人的正面进攻，其余军队在武刚车阵后面和两翼埋伏起来。这就给匈奴人制造了一种假象，汉朝只有正面进攻的这些部队。

果然，急于求胜的伊稚斜单于看到汉军用五千人防守正面，以为大部分汉军还在因为长途奔波的劳累而休息，只有正面的军队来跟自己决战。于是他高兴地下令，用一万骑兵来对付汉军的武刚车阵。

两军都是精锐部队，所以战争十分激烈，双方都拿着冷兵器时代的武器，互相砍杀，一时间场面十分混乱。虽然战争是在大漠进行的，但是因为人多，所以鲜血不长时间就染红了地面。就在双方打得难解难分的时候，沙漠里却发生了一件让匈奴单于始料未及的事儿——起风了。沙砾被大风卷到了半空中，满天飞舞的沙子让整个战场一时之间尘土滚滚，一片混沌。两军的战士谁也不知道自己打的是谁，只能凭着感觉一顿乱杀乱砍。可想而知，当时会有多少人成为自己队里人的刀下之囚。

这只是让匈奴单于小吃惊一下，更让他始料未及的还在后面。趁着黄糊糊的风沙，卫青下令留守在武刚车阵后面的大军分别从左右两翼迅速展开，用大迂回的办法攻击匈奴主力的后卫部队。汉军趁着沙尘漫天，迅速地完成了对伊稚斜单于主力的包围。

伊稚斜单于这才发现自己中了圈套，卫青的五千骑兵，不过是个诱饵。实际上汉军的数量是看到的骑兵数量的很多倍，而且个个兵强马壮，自己这么点人怎么会是人家的对手呢。何况自己的队伍根本不善于混战，没准就被自己的人伤了。再这样下去，自己只有一条路了，那就是死。所以还是三十六计，走为上策。伊稚斜单于就在数百名精锐骑兵的保护之下，杀开了一条血路，突出了汉军的重围，趁着昏暗的夜色，向着西北方向落荒而逃了。

这时候汉军和剩下的匈奴军并不知道匈奴单于已经跑了，还在意犹未尽地砍杀着，这一打就打到了黄昏时分。最后，已经累得快趴下的匈奴兵终于发现自己的头儿已经不见了，便再也无心恋战，纷纷溃散了。卫青收拾战场的时候，抓来匈奴的俘虏问他们头儿哪儿去了，这个匈奴兵战战兢兢地说早在黄昏之前，单于就向西北方向溜去了。

卫青一听，赶紧派轻骑兵乘夜向西北方向挺进。但追了两百多里路，直到天明也没有看到单于的影子。但是，沿路可以看到匈奴的百姓，卫青据此大胆断定，匈奴单于的本部，肯定就在前面！于是继续带兵向西挺进，没想到，还真被他找到了好东西，传说中的赵信城就在前面。赵信城，位于今蒙古国哈尔和林市东南。早在卫青抵达漠北之前，赵信已经派人将匈奴的粮食全部搬入城内了。他哪曾想到，自己以逸待劳的计策没得逞，还把自己的老巢搭上了。

卫青命令自己的部队进入城内，休整了一天，后来因担心孤军深入，夜长梦多，就下令班师回朝了。临走之前，卫青下令将城内所有的粮食全部打包，然后放火烧城。顿时，赵信城火光冲天，在几十里外的沙漠都可以看到滚滚浓烟。

卫青领着人马踏着黄沙，再次横穿沙漠。这时候的汉军是春风满面，突然传来一个消息，说李广和赵食其两位打后卫的将军找到了。卫青马上将秘书长（长史）召来，叫他准备些酒菜，替他去问候李广。

其实谁都知道问候是假，问话才是真。然而，当秘书长问李广为什么迷路，怎么个迷路法时，李广却闭嘴不言，一个字都不吐。秘书长拿李广没辙，只好回去向卫青报告。卫青说，他不说可以，你将他的幕僚全部叫来审讯就是了。于是，秘书长再次返回，准备点幕僚的名。这时，李广却开口说这次迷路全是他自己的错，让他一个人承担就好了。

面对这次失误，李广掩不住自己内心的落寞和苍凉。这次迷路，当然不是李广的本意，而是卫青没有给他们配备向导，茫茫沙漠，又没有指南针，想不迷路真的太难了。但不会有人体恤你这些，军有军法，家有家规，现在大错已经铸成，只能承担责任了。

李广来卫青的统帅府时，他的部下也跟着来了。李广转身，对着自己的部下说："我十六岁就参加抗击匈奴的战争，经历了大小七十余次战争。这次我非常幸运能跟随大将军一起出战，大将军不让我打前锋，而我又迷了路。这一切，都是天意。我今年六十多岁了，已经吃不消任何军法官吏的审讯了。"

说时迟，那时快，李广突然拔剑自刎了！消息一传出，李广的部队弟兄，全部痛哭流涕。当天下百姓听闻时，无论老壮，都为他落泪致哀。

李广的一生，称得上是勇武英雄、意气英雄、落寞英雄、悲情英雄。这是李广留给战场的背影，也是他毕生最后的注脚。但是那首"秦时明月汉时关，万里长征人未还。但使龙城飞将在，不教胡马度阴山"，却成为不老的传说！

【第四章】施展抱负

李广已经死了，但是霍去病却正是意气风发的时候。这次出征霍去病虽然一个裨将都没有，但他急中生智，临时起用了一批校尉，其中就有李广的儿子李敢。正是这些人，替霍去病立下了汗马功劳。

霍去病从代郡出发，越过翰海沙漠。凭借自己敏锐的嗅觉，他又一次找到了敌人——匈奴的左贤王。

如果左贤王可以选择的话，他一定不会选择生在汉朝，因为对于他来说，霍去病简直就是他天生的克星，无论他躲在哪儿，都逃不过霍去病敏锐的战斗嗅觉。

霍去病和左贤王之战，大约如下：首先，两军相遇，霍去病大打出手，左贤王溃不成军，弃兵逃跑。好不容易碰上猎物，霍去病当然不会放掉左贤王。于是，当卫青在西边追着匈奴单于的时候，霍去病也在东边追着左贤王不放。

霍去病命手下人马不停蹄，迅速进入战斗状态，并且发起了猛烈攻击。这五万汉军个个骁勇善战，合在一起就是一只巨拳，直捣左贤王的心脏。左贤王哪经历过这么沉重的冲击，还没等站稳脚跟，就被汉军打得七零八落了，想再组织起有效的抵抗已经不可能了。兵败如山倒，左贤王一看大势不好，也想三十六计走为上策。好不容易才逮到了猎物，霍去病怎么可能让他跑了？于是下令追击，双方就这样展开了一场猎犬追兔子的竞赛。尽管匈奴人疲于奔命，最终还是被汉军杀得人仰马翻。霍去病成功地俘虏了屯头王、韩王等三位匈奴亲王，以及将军、相国、当户和都尉等匈奴高级官员，一共八十三人。

霍去病没有就此放弃，而是继续寻找更大的目标，不觉大军已经踏上了狼居胥山。他们在山上用石头和泥土堆起了祭台，祭祀上天；又到较矮的姑衍山上举行禅礼，祭祀地神。这样做一是为了向匈奴示威，二也是为了感激神灵的庇护，保佑了他们连战连捷。汉军将士站在高山之巅，回头遥望瀚海沙漠，心中豪气直冲霄汉。他们在封狼居胥山，禅姑衍后，同样春风满面地班师回朝了。辛弃疾的《永遇乐·京口北固亭怀古》中的封狼居胥说的就是霍去病封狼居胥这件事。

最后统计一下霍去病的战果，一共斩杀和俘虏了匈奴七万零四百四十三人之多，而匈奴左贤王部队的主力几乎损失殆尽。

一次搞定七万多人，这是一个可怕的升级数据。霍去病也成功升级，再次被汉武帝加封五千八百户。其他人，凡是跟随霍去病作战的校尉，多数也获封侯。李敢也获封侯，食邑不多，但总算完成了李广毕生的愿望。而卫青则不再封赏，因为他的级别已经是最高的了，部将之中也没有人晋封侯爵，获得赏赐。

汉武帝为了安排霍去病的职务，还设立了指挥全部武装的大司马一职，由卫青和霍去病二人共同担任。汉武帝还下令，擢升霍去病的官位和俸禄，待遇与卫青完全相同。汉武帝对霍去病的宠信，可见一斑。

这次漠北大战，汉朝虽然取得了胜利，但也付出了沉重的代价。两军出发的时候马匹一共是十四万匹，但班师回朝的时候仅剩下不到三万匹。马匹尚且如此，人就更不必说了。

但可喜的是，匈奴的损失远远大于汉军的损失，主力遭到了毁灭性的打击，而由于元气大伤，之后也只能是疲于应付，人可能只是累点，但牲畜却因为频繁搬家导致了堕胎，再加上遇到了几次大天灾，经济上的损失也十分惨重。从此，在很长的一段时间内，匈奴人再也不敢带领军队到大沙漠以南进行骚扰，匈奴的各个王也不敢在大漠以南建立王庭了。"漠南无王庭"的时代已经实现了！汉匈之间也因此停战十余年。

汉武帝的这次出击成功跟卫青和霍去病两个人的英明决断是分不开的，这两位汉军统帅用自己的深谋远虑为大汉王朝做出了自己的贡献。但是相对于卫青来说，霍去病这个战神却是不完美的，不光因为他的英年早逝，更因为他没有胸怀。当然，这是后话。

搞定东、南、中

第五章

在对付匈奴的过程中，汉武帝对其他三个方向的征战也没有停止过，汉武帝的梦想不单单是一个匈奴，而是汉朝的四方，他要的是这个王朝拥有辽阔的疆土和四方臣服的威仪，所以他的梦想很远也很广。西南夷、西域、朝鲜、南越……一个个都臣服在汉武帝脚下，成为汉朝的藩属，这一切是巧合，也是必然。

西南计划

除了对付匈奴，汉武帝对全国四面八方都有自己的打算。但不得不说汉武帝对匈奴的第一次出兵很窝囊，尽管王恢已经自杀了，但这件事还是被史学家记述了下来。一晃两三年就过去了，这时候窦婴和田蚡两个人也已经死了，汉武帝也是时候冲掉自己身上的霉气，实施自己的伟大计划了，那就是建设大西南。

这个国家项目的策划人是番阳令唐蒙。早在当初王恢讨伐南越的时候，唐蒙就代表汉朝出使了南越，向他们通气。唐蒙到达南越后，当地人用一种叫做枸酱的特产来招待他。唐蒙比较熟悉南越的风土人情，就对他们说这不像是南越的特产，这究竟是从哪儿来的？

当地人告诉他，这东西是从上游进口来的。唐蒙回到长安后，招了几个蜀地的商人，问他们枸酱不是蜀地的特产吗，怎么跑到南越番禺去了？

这些商人告诉唐蒙，说枸酱确实是蜀地的特产，但是经常被偷运到夜郎，夜郎有河直通南越，可以行船；而夜郎本身又受制于南越，所以便将枸酱当贡品送给了他们。

应该说唐蒙还是很有规划蓝图的头脑的，因为他在听完蜀地商人的话后，一个伟大而冒险的计划就涌上了他的心头。于是，他马上拟了一份计划书，跑去见汉武帝了。

唐蒙告诉刘彻：南越表面上虽然臣服于汉朝，但其国土面积已经扩

张到了上万公里，这是非常危险的。如果南越要造反的话，汉朝多半会取道长沙国或者豫章郡，然而这样一来水道险阻，就难于取胜了。不过现在我们终于有了另外一条直捣南越番禺的捷径，那就是夜郎。只要我们从夜郎国放船直下，就可以顺流插入南越。现在我们的当务之急是打通一条通往夜郎国的道路，此路一旦修成，就可以扼制夜郎，从而直接钳制南越，进而就控制住了汉朝的整个南部。

妙哉！

汉武帝听了唐蒙的话，是满心欢喜，乐颠颠地批准了唐蒙的方案。同时，提拔唐蒙为中郎将，让他全权负责修路一事。

如果修路，夜郎国这关是肯定要过的。夜郎国的首都位于现在贵州的关岭县，辖地包括贵州省西部及云南省的东北部。前面我们已经说了控制夜郎的直接好处，而现在摆在唐蒙面前的就是要怎么才能控制夜郎。这个夜郎就是历史上赫赫有名的夜郎自大的夜郎，如此自大的夜郎能把唐蒙放在眼里吗？

好在对这个问题，唐蒙已经做好了心理准备。唐蒙以中郎将的身份，率领一支千余人的军队，带着厚礼，翻山越岭到了巴蜀，又翻山越岭到了夜郎，见到了夜郎国王王多同。

事实上，夜郎国的人虽然妄自尊大，但是对于汉朝的名讳还是有所耳闻的。唐蒙见到夜郎王后，先是送上自己带来的礼物，然后暗示他们一定要和汉朝合作。不过此时，夜郎王心里却正在打着自己的小算盘。

夜郎王想：礼物倒是可以收，至于合作不合作还是先放放再说，当然，姿态还是应该有的。要我们真诚实意地臣服汉朝，就有些无稽之谈了，还是走一步看一步吧。

看来，夜郎自大的毛病不是一朝一夕可以改正的。

唐蒙见夜郎王王多同已经同意合作了，心里很高兴，当然他不知道夜郎王的小算盘。而所谓的合作，不过就是同意汉朝将公路修到夜郎国来。对此汉朝人考虑的是军事战略，而夜郎想的则是汉朝的货物能多多地流进来。其实夜郎王王多同的思路是很现代的，要想让自己的国家发达起来，交通是大问题。这是真理！

唐蒙在和夜郎王达成协议之后，就回长安向汉武帝汇报工作去了。汉武帝同意动工修路，并且在协议上签下了自己的名号。签字是容易，但路修起来却真的一点儿也不容易。

当年秦始皇为了修长城和高速公路，动用的都是国家军队。蒙恬率领三十万大军，夜以继日地干，总算是完成了大部分任务。不过这也是因为蒙恬的名讳在匈奴人那里极具震撼力，这个天神一样的人物，匈奴人哪敢随意骚扰？这样，蒙恬才得以安心地修路。

可是现在，匈奴人对于汉朝还没有那么胆怯，而唐蒙不过是个中郎将，汉朝大部分的军队还要用来对付匈奴不定时的骚扰。所以，唐蒙要开山修路，只有一个办法，那就是征调民力。

要想征调民力，当然是征调巴蜀的当地人比较靠谱。否则长途跋涉从长安带人过去，太耗费时间，而且成本也太高。之后，唐蒙带着他的一千余人的部队，又征调了万余名四川民工，敲锣打鼓地宣布开工了。

可没过多久，修路就出现了大问题。

问题就出在唐蒙的管理制度上。那时候修路没有机械化，所以开山搬石，都得靠人力。可地球人都知道，蜀道之难，难于上青天。如此艰难的问题，到了唐蒙这里却变成了有条件要上，没有条件创造条件也要上；而且我只管修路，不管修路人的死活。结果在蜀地山高崖深的地方，国家公路虽然在一点点地拓长，但这些巴蜀民工却一个接一个地坠下了山崖。即使是这样，唐蒙还是一心要修路。前面的人死了，唐蒙就从后面拉，前仆后继。自己到底拉了多少人，唐蒙没有计算过，反正就是一批接一批地被唐蒙拉到了工程一线。

毫无疑问唐蒙这样的做法是早晚会出问题的，如果放在现在，他应该到美国去读一下 MBA，再回来修路，否则修路的事业迟早要败在他手里。

唐蒙可完全没有学习的意思，他还在无情地拉着后面的民工到一线去。生命无常，唐蒙无情啊。这些苦命的民工们看着已经牺牲了的民工，从内心深处感到恐惧了。有压迫就有反抗，这些笼罩在唐蒙阴影下的民工最终决定为自己挣扎出一条路了，即使这是血路，也要为了自己的权利拼一回。于是，胆小的逃命了，胆大的留下了，准备革命！

不过唐蒙也不是吃素的，他不会看着这些民工不好好干活要造自己的反而坐以待毙，他抓起一批民工无情地杀掉了。之后又恐吓剩下的民工，如果不好好修路，就是这样的下场！

很明显，唐蒙用的是杀鸡儆猴这招。但有句话说得好，狗急了跳墙，兔子急了会咬人，唐蒙这样对待巴蜀人民，巴蜀人民肯定是要将反抗进行到底的。毕竟自己修路也是死，造反也是死，那还不如让这死来得轰轰烈烈呢！与其给这个狠心肠的唐蒙继续修路，不如造反！纵观历史，很多暴动的发生就是因为老百姓已经忍无可忍了，他们没有别的路好走，只有这一条路可以走。

就在巴蜀民工磨刀霍霍地准备反抗唐蒙的时候，长安来了一个人，来安抚这些情绪即将失控的巴蜀人民了。

来的不是别人，司马相如是也。

汉武帝为什么要派司马相如来呢？这当然是因为汉武帝已经听说了巴蜀民工准备暴动的事儿，而司马相如正是四川人，派他来给自己的老乡做思想工作，应该说是非常合适的。其实历史上采用此策略的人有很多，后来忽必烈为了能得到南方老百姓的支持，就是找了一位南方的官员来做思想工作，当然，成效是很显著的。

司马相如到四川后的第一件事就是调查事情的起因，并且安慰这些挣扎在一线的民工同胞们。接着，当然就是指责唐蒙这样做是离心离德的行为，说唐蒙不应该这样把巴蜀兄弟们当牲畜使唤，不把大家伙当人看。这样的话在巴蜀民工们听来才是人话，才是可以让他们心里觉得舒服的话。

最后，司马相如要做的就是为汉武帝开脱，毕竟这个工程是他批准的。但是大家都知道司马相如口吃，如果公开演讲肯定会让一拨人累死。但司马相如有自己的特长可以发挥啊，他写了一篇长长长长的檄文，概括起来，要表达的其实就是这么个意思：

民工兄弟们，你们辛苦了！你们挣扎在工程的第一线，但是没有得到应有的待遇，汉武帝特派我来向你们表示诚挚的歉意！不过大家一定要相信，这不是汉武帝的本意，这只是唐蒙的个人行为，大家一定要相信政府！同时请大家放宽心，皇上已经勒令唐蒙改进工作方法，端正工作态度。

司马相如看大家的情绪已经差不多稳定了，就回长安去汇报思想工作去了。唐蒙呢？当然是留下来继续修路了。

让巴蜀民工感到欣慰的是，唐蒙的确是进行反思了，并且改进了工

作方法。唐蒙改进后的工作方法是什么样的呢？就是要征调军队修路。当然，中央的军队就别想了，他们还要抵御匈奴的不定时来袭，唐蒙只好再次将眼光放到巴蜀这边驻军的头上。

唐蒙主意一经打定，就立即开始征调军队修路。在这项工程中，唐蒙发挥了铁人精神，终于将一条几乎是血汗铸就的路修到了夜郎国的家门口。当地的百姓是看着这条路修起来的，这中间的种种也知道得一清二楚，所以看着公路，想着死去的修路人，都不知道是该喜还是该悲。不过大家都有一种如释重负的感觉，那就是终于修完了，可以松一口气了。

但是，就在这时唐蒙又站出来，说大家还不能放松。

所有人听唐蒙这么一说，都崩溃了，他们不知道这个无情的监管又要出什么幺蛾子。

唐蒙尽量表现出亲民的样子，说我们接下来还要修路，趁大家的干劲还在，我们正好可以打通西南夷所有的公路，这也属于国家计划和项目。

当时所有人都傻眼了。民工被当牲畜使唤的时候有权利哭天喊地，换了士卒就不行了，做军人的就要能吃得苦中苦。所以即使这拨士卒恨得唐蒙咬牙切齿，也要把修路进行到底。

其实，这时候的唐蒙也不好过，在修夜郎路的时候，他不但没尝到甜头，还吃了不少苦。现在他豁出去了，就算是一直吃苦，也要折腾出一番事业来，为大西南打出一条通往外面世界的路！

当然，这件事必须得经过皇上的批准，他自己是做不了主的。好在汉武帝知道这是一个造福子孙后代的计划，更是一个显示帝王野心的好办法，于是很快就给唐蒙拨款，并且允许唐蒙在巴蜀及广汉等范围内征调军队。

有了皇上的首肯，唐蒙就彻底放心了。之后唐蒙就开始干活了，一干就是两年。回过头算唐蒙这几年修路的经费，是不算不知道，一算吓一跳。士卒死得不计其数，钱更是花得不计其数。如果路一直这样子修下去的话，那成本简直就太高了。成本一算出来，就激起了民愤。于是下至巴蜀人民，上至中央的高官，都一致呼吁皇上停止修路，这条路就算是修好了，也是要被子孙后代骂的。

其实这些事情汉武帝不知道吗？他当然知道，他也为这些人心痛，但是开弓没有回头箭，如果这时候停止工程进度，那前面死的人就白死了，前面花出去的钱就白花了，也正是因为这样，工程一直在汉武帝内心的矛盾中进行着。

但如果继续修下去的话，很可能造成动乱，汉武帝后来只好将工程停了下来。后来发生的一件事，又让汉武帝已经停摆的心，重新摇晃了起来。

原来西南夷的邛都国及筰都国两个国王，主动派人到长安来表示愿意臣服，但条件是要享受和南夷一样的待遇。

虽然邛都国和筰都国两国主动臣服是好事，可以免于发动战争，但他们本身只是小酋长国，和南夷根本就不是一个档次。现在摆在汉武帝面前的任务，就是他们值不值得他出手大方打发他们。

汉武帝拿不定主意，就又找来司马相如商议。司马相如说："秦朝的时候他们曾经在国家版图范围内，被设为郡县，但到了汉朝就废弃了。如果现在打通西南夷，重新设置郡县，价值肯定能超过南夷。"

司马相如的话引起汉武帝的兴趣，秦朝能将西南夷设为郡县，我为什么不能？而且如果要设郡的话，唐蒙的路也就可以继续修下去了。

于是，汉武帝下令，让唐蒙继续修路，而西南夷就交给司马相如去处理。汉武帝的决定让司马相如感到特别高兴，因为他梦寐以求的就是要加官进爵，衣锦还乡，现在汉武帝这样安排是正中下怀。果然，汉武帝封司马相如为中郎将，代表中央，出使西南夷。

司马相如任务完成得很快，之后就决定利用这个机会去探望因为拐带人家女儿私奔而跟他断绝亲路的岳父。果然当年看不起他的卓王孙听说司马相如已经加官进爵，早就摆好了酒席，列队迎接了，还决定把家产分给司马相如一份。此情此景，我们在苏秦飞黄腾达后也曾经看过，范进中举后他老丈人的表现也堪称经典。人情冷暖，不过如此啊！

司马相如早已摆脱了当年小瘪三的形象，身居现在的位置，能得到卓王孙赠送的财产自然一点儿也不奇怪。所以说司马相如的这次出行，那是赚大了。之后，司马相如就春风得意地回长安汇报工作去了。

就在司马相如给汉武帝展示了工作成果，并且得到汉武帝的赞赏而沾沾自喜的时候，一块阴云笼罩到了司马相如的头顶上：有人状告司马

相如一路上享受不正当待遇，并且收受贿赂。

汉武帝一听，这还了得，赶紧派人去查。结果发现司马相如确实是享受不正当待遇了，但所谓受贿却是接受自己老丈人的钱。

对于这件事，司马相如口吃不能当众辩解，但也没有选择用写的方式辩解，结果就被汉武帝撤了官，打发他出宫去了。

司马相如因为被人妒忌而遭人状告的事儿也给了他教训，那就是他玩文字或许是个好手，但是玩政治，他还很嫩！但留得青山在，不怕没柴烧，长安，我还会回来的！

早年的历练

在汉武帝刚登上帝位的时候，就有一腔的抱负想要施展，但因为长征路上总是出现拦路虎，所以计划就一直被无限制地搁浅了，汉武帝也将自己的青春年华寄托给了打猎、游玩和泡妞。但是，即使这样，汉武帝的收获也不小，因为这时他结识了自己的几个大将，也就为他以后建立功业奠定了基础。

现在窦太后早已经作古，而田蚡这个总是惹事儿的舅舅也在被鬼魂缠了很久之后，去了西天极乐世界，窦婴也被冤枉死了，而那个总是搞得后宫不得安宁的陈皇后也已经被罢黜，汉武帝现在真的是一身清闲了，那还等什么，赶紧来施展自己的抱负吧！

其实早在汉武帝要施展抱负的时候，就曾有过一次历练，时间要回溯到公元前135年的秋天，就是窦太后去世的那一年，也是淮南王刘安以为天下有变，他可以发动政变的那一年。

这一年确实在天空中出现了扫帚星，现在在民间还是有这样的说法，说出现扫帚星就会有大事要发生，这样的大事当然是偏向不好的那方面的。现在尚且如此，就更别说科学技术不发达的古代了。

这年秋天，闽越王骆郢率军攻打南越。这件事的发生也让那些晓得奇门遁甲之术的人，又在皇上面前露了一次脸。

其实在很长的一段时间内，南越王赵佗都是东方的地头蛇，但人都会有生老病死，赵佗死了之后他的孙子赵胡接班，结果一直臣服在赵佗手下的人骆郢就来让父债子偿了。

追溯赵佗的历史，还要将历史回溯到秦朝的时候。在秦始皇平定岭南的时候，曾经命令屠睢为主将、赵佗为副将出征。结果这个屠睢没有仁爱之心，被因为他滥杀元辜所激怒的百姓杀掉了。秦始皇只好又任命任嚣为主将，和赵佗一起完成平定岭南的大业。

公元前214年平定了岭南后，赵佗被委任为龙川县令，赵佗在任上政绩突出，构建了一个相对来说比较和谐的社会。

短命的秦朝灭亡后，中原大乱，山高皇帝远的南越也在赵佗的带领下，自成一国，过上了真正当家做主的日子。后来刘邦做了皇帝，建立了汉朝，赵佗在陆贾的劝说下，接受了刘邦赐给他的南越王印绶，成了汉朝的一个藩属国。之后历史还是很戏剧地反复折腾着，吕后惹恼了赵佗，赵佗要脱离关系；文帝即位后，赵佗又归顺了。一直到了汉武帝即位后的第四年，这位古代极少的百岁老人赵佗去世，南越一直臣服汉朝，但仗着自己山高皇帝远的优势，赵佗也一直在享受着皇帝的待遇。

现在闽越王要率军攻打南越，这是在赵佗死后两年的事儿。

闽越王突然来袭，让赵胡有些措手不及，同时觉得这件事交给当今皇上，可能更好解决，于是立即派人向汉朝求救。汉武帝一看来报，居然又是这个闽越王闹事，难道他不知道赵佗在死之前就已经臣服于汉朝了吗？现在居然还这么公然挑衅，真是不把大汉朝放在眼里了。那好，就让你尝尝大汉朝的厉害吧！汉武帝看完来报，只说了一个字：打！

于是大军兵分两路：一路由外籍官民接待总监（大行）王恢率领着从豫章郡出发；另外一路走农林部长（大农令）韩安国，由会稽郡出兵，夹攻闽越。

就在大队人马出发之后，汉武帝接到了一封堪比裹脚布的长信，写信的人正是我们在前面说过的觊觎皇位的淮南王刘安。这个刘安生来好书、好琴，就是不好刀枪棍法，如果他不当王，一定可以跟司马相如有一拼。

刘安此次来信就是要劝阻汉武帝，他还为自己的反对论点提供了论据：

第一，陛下您现在君临天下，应该主张建立和谐社会，不应该打打杀杀的。而且南越发生这样的事儿已经不下百次了，前边我们都没有重视，为什么？就是因为我们有我父亲的前车之鉴。南方地湿山深，障气满林，还有猛兽出没，咱们的官兵到了那里水土不服，根本没法打仗。

第二，闽越的军队人数不下数十万，我们要想拿下它，必须在人数上超过它。这就很可能劳民伤财，就算是拿下了，也是一件得不偿失的事儿，更何况闽越王骆郢已被他的亲弟弟骆余善杀掉了。您完全可以像对待东海王国一样，将他们全国迁往中原，这样就可以省下大事儿了。

要说刘安这个当叔叔的实在是不了解自己的侄子，他不知道汉武帝天生好动，动不动就半夜带一帮人马溜出去打猎。而且，世界上有不死人的战争吗？汉武帝这时候考虑的是自己的长远计划，即平定闽越之后，就要收拾匈奴。现在他有机会来施展自己的抱负，怎么肯将这样的机会放过？这场仗，汉武帝是打定了。于是他将刘安的信放下，继续原来的计划。

还没等汉武帝的大军到达南方，好消息就传来了：闽越内部打起来了。这场内讧正如刘安信里所说，闽越王骆郢的脑袋被自己的弟弟砍下来了，正火速送往王恢那儿。同时，骆余善代表自己的哥哥向汉朝道歉，并且愿意撤兵，臣服于汉朝。

这个结果大大出乎王恢的意料，自己千里迢迢赶去南方，不就是为了得到一个类似的结果吗？现在不用自己亲自动手就实现了，那还不是好事？王恢立即停止前进，飞书告知韩安国，也不必费神前往了。同时，王恢将骆郢的人头火速送往长安。还好那时候是秋天，要是赶上夏天，带着人头前往长安的人，不知道要遭多少罪呢。

汉武帝得到这个消息后，知道人家已经认输了，自己也就没有再打下去的必要。于是，下诏撤军，不过，汉武帝没让所有的人撤离，而是让一个人前往南越去找赵胡。这个人就是庄助，他在大家都回来的时候，还去南越干吗？汉武帝当时说是去安抚，但实际上是去讲条件的。汉武帝也不是傻子，自己这么千里迢迢的派兵赶往南越，你南越国怎么着也得有所表示啊。条件也不是很繁琐，赵胡你可以继续做你的南越王，但必须派自己的太子到长安去当人质，并且发誓永远忠心于汉朝。派人作人质这事儿，古已有之，也就不必奇怪了。赵胡一听就这么个条件，那是感激得鼻涕都要流出来了，拉着庄助的手说："您放心，我不但要派太子前往，我本人还要去一趟长安，好当面向皇上致谢。"

之后，赵胡说自己的官服还没有做好，让庄助先走一步，不要等他了。但最终赵胡也没有去长安，因为他在冷静下来之后，突然弄不明白一件事了：自己此去，会不会是肉包子打狗呢？随后就开始胆怯，害怕自己真的变成肉包子。

对汉武帝来说，赵胡来不来都没关系，他的目的是要让南越在有事的时候能够向汉朝求助，现在目的已经达到了，也就不必苛求赵胡一定要来长安了。

庄助此次南下，除了要去南越，还有一件事情要办，那就是要代汉武帝向刘安做一下工作汇报。本来汉武帝没有这个必要，但前提是刘安没有写那封信。现在刘安已经写了信了，而且还把其中的某些事给说准了，那就有必要跑一趟了。于是庄助从南越回来后，就去见了刘安，说汉武帝已经看了您写的信，但是由于时间紧也没来得及回信；说您的情报工作做得挺好啊，居然提前就预测出闽越国内的内讧了。为此皇上特意派我来向您表示感谢。

庄助这么客气，刘安自然也不能太不拿这些客套话当事儿了，于是谦虚地回礼。双方的客套话说完了，庄助也就回去交差了。

针对这次行动，汉武帝召开了一个表彰大会，韩安国成为此次行动最大的赢家，一跃被提拔为御史大夫。这样一来，窦太后挖的两个大"坑"，就又被汉武帝填好了。

不让人省心的南越

前边唐蒙跟汉武帝大力描绘伟大的未来蓝图，最终使得汉武帝心动要在西南地区修路，但最终这件事也没有个什么结果。南越还是那个南越，汉朝依然要为它操心。

开始的时候赵佗自立为南越武王，汉高祖就派出陆贾当使者，一手拿糖，一手拿棒子，好说歹说之下，赵佗最终决定向汉朝俯首称臣。等到吕后当政的时候，却禁了关市，绝了赵佗的货源。赵佗气得一蹦三跳高，一怒之下，也拉起大旗，坐着黄屋大车，自立为皇帝了。

自古以来皇帝最容不下的，就是在自己的地盘上有另外一个皇帝出现，一山从来不能容二虎，所以赵佗的举动无异于引祸上身。果然，很快吕后就发兵征讨他了。但是这场攻打赵佗的战争最终却不了了之。赵佗胜在自己的地利优势上，因为汉朝的军队不习惯南方的暑湿天气，很多人因为水土不服得了瘟疫。后来吕后死了，文帝接班，开始对赵佗使用怀柔政策。陆贾又不辞辛苦地跑了一趟南越，陈其利害，最终使赵佗扯下了大旗，撤了黄屋车，再次低头称臣。

赵佗死后，他的孙子赵胡接班。赵佗在位时的一呼百应、人人畏惧三分的境况从此一去不复返。赵胡王位还没坐热乎，就被闽越王欺负了，无奈之下的赵胡只好向汉朝求救。好在最后闽越自己先闹起了内讧，这场讨伐之战也就半路夭折了。一场已经准备好开演的戏，因为一点儿小故障就流产了，不过这倒是汉朝乐得见到的情景。

其实回顾了这么多，不过就是想表达一个意思，就是说汉朝和南越的友谊虽然不算是多么长久，但总体来说还算是很够意思的。如果双方一直这样下去，相信未来也是可以期许的，然而这个世界上没有那么多如果，现实总是残忍的。

公元前113年的冬天，南越有一个人突然站了出来，对着汉朝大声说"不"。这是个强人，不过这个强人不是个表面上精壮的人，而是个老人，一个名叫吕嘉的老人。

他为什么突然要在挺好的关系前说"不"呢？这一切还要从汉朝帮赵胡平定闽越最终没有帮成说起。

我们在前面也说了，汉武帝这么远派兵去帮助赵胡，希望赵胡可以派自己的太子去长安作人质。当时赵胡不光答应了这件事，还说自己也要亲自去长安面谢皇恩，但最终也没有去。汉武帝是龙不是狗，所以对这个肉包子半点儿兴趣也没有，也就不计较赵胡之事了。

赵胡虽然没去，但是这个名叫赵婴齐的太子却来了，他到来后要执行的任务就是为汉武帝站岗。突然有一天，汉武帝对为自己站了很多年岗的赵婴齐说你站岗虽然很辛苦，但是马上就要熬到头了。这话什么意思？意思就是说根据可靠消息报告，赵胡将不久于人世，南越的天下就要是你赵婴齐的了。

果然，这之后不久赵胡就升天了。汉武帝是个讲诚信的人，知道赵胡死了之后，就将赵婴齐送回了南越，赵婴齐也就理所当然地做了南越的第三任领导人。坐上宝座的赵婴齐很快又给汉武帝上书，征求汉武帝是不是可以将名单里的人立为皇后和太子。

汉武帝很潇洒地回复了两个字：同意。

其实，当汉武帝看到赵婴齐上书的名单时，他非常高兴，因为这个皇后是来自河北邯郸的樛女士。她和赵婴齐是自由恋爱的。

汉武帝之所以高兴，是因为如果换了北方的匈奴、乌孙等国，要和他们联姻，汉朝最起码也得是公主的规格，现在一个民间女子樛女士就将南越搞定了，这多省事儿啊。而且，赵婴齐说的太子正是他和这个樛女士的爱情结晶。太子身体里一半的血液来自汉朝，将来他继位之后，汉朝和南越的关系就更加好处理了。

然而事情的发展远不是汉武帝想象的那样，这个给他站了好多年岗的赵婴齐一回到南越就翻脸不认人了。因为汉武帝说你们南越就是我们汉朝的臣民，所以逢年过节的时候，怎么着也得过来汉朝看望一下我吧，毕竟这么多年都是汉朝照顾着你啊。可赵胡却总找各种理由不来，当然，用的最多的就是那个金牌理由：我生病了，身体不好，不能前往。

赵胡为什么不来汉朝呢？当初他来汉朝不是一样被放回去了吗？那现在干吗还恐惧？

赵婴齐之所以拒绝去长安，自然有自己的一套说辞：一、自南越立国以来，历任皇帝都没有去长安朝请过安，我这个第三任为什么要去呢？他们不去没事，我不去肯定也不会有什么事儿了。而且这么远，不去！二、现在南越的舆论导向根本就没在我这边，我一个人说了也不算，我也没权决定这些。

既然赵婴齐不是掌权的人，那究竟是谁稳坐钓鱼台呢？这就是我们前面说的那个强人——吕嘉。

这个吕嘉是干什么的？他是南越的两朝宰相，曾经辅佐过赵胡，现在正在辅佐赵婴齐。值得一提的是，吕嘉在南越的势力可以用一个词来形容，那就是根深蒂固。这话可不是随随便便说的，这是有据为证的：吕嘉的儿媳妇，全都是王室的女儿，金枝玉叶；而女婿则全是王室的儿子，身份显贵之人。吕嘉的亲戚自然全是皇亲国戚，这样的人爪牙一定少不了，而且爪牙是从里到外、层层安插的。我们在电视中也看过不少这样的角色，如果有人不小心惹到了他，下场很可能是非死即伤。

在吕嘉的思维中，汉朝和南越从来就不是一条道上的人。南越有南越的独木桥要过，汉朝有汉朝的阳关大道要走，井水不犯河水。所以，如果南越真的听从汉朝的命令，那就是破了自己国家的规矩，再无任何颜面可言；如果汉朝在此基础上得寸进尺，那南越以后就更加不会有好果子吃了。

正是因为吕嘉持着这样的观点，所以极力反对赵婴齐去汉朝朝请。而这也正合赵婴齐的心意，所以两个持着不同观点的人，就这样达成了一致意见。

但赵婴齐给出的理由却有点自己打自己嘴巴的意思，人的身体不是钢筋铁骨，会生病那是正常的，但谁能从今年生病一生好几年？长期生病的人还怎么做一国之主啊？你赵婴齐既然一直在生病那干脆就不要再做南越的领导人了。不过汉朝没有这样说，而是一直装作不知。之所以这样，是因为汉朝知道赵婴齐就算是反，也反不出什么花样来，汉朝有足够的耐心等待。

汉朝的耐心来自哪里？汉朝又在等待什么？其实汉朝是在等赵婴齐赶紧死了，只要他一死了，他的有着汉朝血统的儿子赵兴就会继位，这样一来赵兴的汉朝母亲就会让自己的孩子回去朝见大汉天子，儿子还能不听母亲的话？那时候，就真的是汉朝的天下了。

但我们总说，当你的小算盘打得太响的时候，很可能会全盘皆输，现实又一次印证了这句话。

结成联盟

这之后不长的一段时间，赵婴齐确实如汉朝预料的那样死了，而太子赵兴也如汉朝希望看到的那样继位了，来自汉朝的樛女士也如愿地做了王太后。汉朝彷佛看见自己描绘的美好蓝图一下子变成了现实，心中的喜悦自是不用说。

汉武帝趁着自己的高兴劲儿，赶紧派人去跟这个预料中的朋友谈判。他派了这样几个人组成代表团去南越：安国少季担任代表团大使，负责游说樛女士；随从人员主管是终军，负责游说樛女士以外的人接受谈判条件；安保人员是魏臣，负责保护随行人员的安全；接送成员代表是路博德，负责率军驻扎桂阳（广东省连县），窥测南越。

介绍完他们的主要工作，我们有必要介绍一下这几个人的经历。安

国少季是霸陵（陕西省西安市东北）人，的真实性他之所以被汉武帝选中，是因为他有过一段非常值得"利用"的记忆，那就是他跟现在南越的王太后樛女士有过一段刻骨铭心的恋情。他此行的目的就是要说服樛女士，不管使用什么方法，甚至可以"利用"彼此之间曾有过的恋情。终军是济南人，擅长辩论，口才那是一流的，而且很早就扬名立万了，十八岁的时候就被选为博士弟子，汉武帝之所以选他正是看中了他的三寸不烂之舌。而安保人员魏臣因为资料有限，所以不能介绍。最后一个是路博德，他曾经当过右北平太守，跟随霍去病打过匈奴，被封为邳离侯；霍去病死后，他被汉武帝拜为卫尉，负责长安城的安全工作，是个很会保护人的人。

从这些人的经历中我们可以看出，简简单单的一个阵容，却是用心良苦。这里面既有能言善辩之士，负责对南越展示橄榄枝；也有能征善战之士，负责对南越展示大棒，一旦南越不听话，就会用手中的大棒击打。

等代表团到了南越，一切正如预想中那么顺利，南越王接受了汉朝的条件，取消了南越王国独立的地位，只享受汉朝诸侯王的待遇；每隔三年，南越王都亲自去长安给天子请安；两国从此建立信任关系，取消边界，废除关卡。

听到这个消息，汉武帝非常高兴，代表团办事效率果然够高，这么短的时间就搞定了南越。他也许不知道，效率之所以如此之高，全都赖一个人之功，那就是安国少季。

我们前边说了，这个安国少季和樛女士曾经有过一段刻骨铭心的爱情，这次安国少季一到南越，见了樛女士，三言两语就让原来那份感情死灰复燃了。正是因为这段感情死灰复燃，一切才变得如此顺利。

不过樛女士也不是吃素的，她知道自己跟安国少季的感情注定是纸包不住火的，在火烧了纸之前，她必须和汉朝讲好有利于自己的条件，否则，自己很可能就会惨死在南越权贵吕嘉的手中，到时候再想翻身，就真的不可能了。

所以，樛女士极力游说和动员南越王赵兴，并且亲自策划南越王国和汉朝的谈判大会。经过这番积极运筹，汉朝和南越很快就达成了和解。

和解已经达成，接下来的事儿就是要履行条约了。按照汉朝法律条文规定，诸侯王国两千石俸禄以上的高官，必须由中央任命。现在南越已经取消了独立，那就应亥由汉武帝来任命南越王。汉武帝很快就颁发了任命书，只任命了四个人：一个是南越的宰相，一个是南越秘书长（内史），一个是南越国首府番禺警备区司令（中尉），最后一个是太傅。

另外，汉朝还有规定，诸侯国只有执法权，没有立法权。所以，南越国必须使用汉朝颁布的法律条文。汉武帝在颁布完这些后，还留了一手，他让出使的人在南越再观察一段时间，为的就是防备南越的不轨行为。好在一切还算顺利。

公元前112年，南越王赵兴和樛太后等人，准备打点行装，北上长安，去给天子请安。但是在临行之前，樛太后有一件事要做，她要除掉一个人，此人正是南越的权贵吕嘉！

樛太后之所以这样做，就是因为她并不喜欢这个吕嘉，知道他迟早是要坏自己的事儿的。在汉朝和赵兴谈判的时候，这个吕嘉也没有闲着，他从来就没有放弃过破坏行动。他总是企图告诉赵兴，不要对汉朝心存太多的幻想。好在这事儿一直由樛太后把关，所以吕嘉最终也没有得逞。

没有得逞不代表就会顺从，吕嘉看南越的人都向汉朝俯首称臣，心中那个不是滋味。但是他没办法改变什么，只好对此采取消极抵抗政策：凡是汉朝的使者，一概不见。吕嘉如此反常的行为，自然也引起了汉朝使者的注意，他们不知道这个老头儿到底要干吗。就在汉朝使者和吕嘉彼此观望的时候，樛太后忍不住了，在她看来，一切都是有忍耐限度的，现在吕嘉在观望，不知道什么时候就会在自己背后下黑手。所谓先下手为强，后下手遭殃，就让他先尝尝我的厉害。很快，樛太后就想到了一个绝妙的杀人办法。

樛太后先是摆了一桌宴席，除了她和赵兴之外，还请了汉朝使者和吕嘉，美其名曰大家在一起聚一聚。这明摆着就是一个鸿门宴，看来樛太后有着很深的历史底蕴。但樛太后知道这个历史典故，人家吕嘉也知道啊。

吕嘉非常爽快地答应了樛太后的邀请，准备赴宴。俗话说"来者不善，善者不来"，吕嘉之所以这么爽快地赴约，手中一定是有了金刚印。果然不错，吕嘉此次前来，正是因为他有一把防身的大刀——他的弟弟。

赴宴的那天，吕嘉让自己的弟弟在宫门外守候，自己则大摇大摆地进去赴宴了。该来的都来了，一个都不少，好戏也就开始了。

总体来说，宴会的开始还是十分和谐的，但毕竟个个都是心怀鬼胎的人，所以酒过三巡后，气氛就明显不对劲儿了。樛太后先出招，她问吕嘉："南越内属，国之利，而相君苦不便者，何也？"

　　翻译一下，就是：南越向汉朝称臣是我们的荣幸，可你为什么总在这后面打破锣啊？

　　狠，真狠！这是个非常直接的问题，就算吕嘉想搪塞都搪塞不了。樛太后问完，众人都望着吕嘉，想看看他能有什么绝妙的回答，可以过太后这关。

　　吕嘉的脑子一下子懵了，他想到了很多种情形，就是没想到太后会这么直接地问自己。他再看看大家的神色，就更觉得自己无路可走了。当时吕嘉脑海里只闪出一个想法——逃！再不逃就来不及了！

　　吕嘉也是行动派，这么一想，马上就化身兔子，拔腿就往外跑。

　　众人没料到吕嘉会来这么一手，看到吕嘉逃跑都慌了。但是樛太后没慌，她早料到吕嘉会有这么一手，于是比吕嘉还要神速地跳起来，抓起门卫手里的铁枪，就向吕嘉追去。放在战场上，樛太后就是另一个穆桂英、花木兰。

　　相比较而言，吕嘉没有任何优势，毕竟他已是三朝元老，年纪一大把了；而樛太后正是如狼似虎的年纪，更何况樛太后早就想杀吕嘉。所以很快，吕嘉就被樛太后追上了，樛太后举起手中的武器就要向吕嘉打去，吕嘉已是在劫难逃。

　　正在这个关键时候，一个人窜了出来，这个人正是南越现任领导人——赵兴。吕嘉何等聪明，一看有人出来救自己，赶紧继续兔子一样地逃出了宫外。当晚，受了惊的吕嘉在自己弟弟的营帐躲了一晚，害怕自己再一次面对樛太后的武器，那样自己的老命就真的玩完了。

　　第二天，赵兴派人去请吕嘉，说昨天的事儿是一场误会，要吕嘉当面听他解释。吕嘉不傻，知道第二次鸿门宴去不得，谁知道这一次樛太后是不是一样已经做好杀我的准备了？

　　之后吕嘉就对赵兴用了那个金牌理由：我病了！不能前去赴宴，还请大王原谅。吕嘉特别吩咐使者，如果大王问我为什么突然病了，就说我是被吓病的。使者按照吕嘉的说辞跟赵兴说了一遍，结果又把吕嘉给绕进去了。因为汉朝使者说，吕丞相昨天受惊病了，我们汉朝使者也有责任，烦请通报一下，说我们想见吕丞相。

吕嘉现在连赵兴都信不过，更别说他本来就看不顺眼的汉朝使者了，于是继续推托，说自己病得很严重，不方便见人。

这下樛太后犯愁了，因为是她让赵兴传唤的吕嘉，吕嘉第一次推托的时候她就搬出了汉朝使者这个托儿，没想到，这个老匹夫居然用一个无懈可击的办法将大家全都拒绝了。

现在怎么办？樛太后实在是想不出办法来了，自己去杀吕嘉，一来人家不出门，二来硬闯进去也不是对手。但留着吕嘉，那绝对是放虎归山。万般无奈之下，樛太后只好向汉武帝请求援助。

再说吕嘉这个老奸巨猾的人，为什么不趁樛太后实力不够的时候出兵呢？答案很简单，就是时机还不到。因为前边是赵兴救的自己，如果现在动手，只能被扣上个谋反的帽子，到时候就是搬起石头砸自己的脚。这等傻事，吕嘉是不会干的。所以，他只是安安静静地潜伏，等待一个出兵的借口。

结果，机会很快就来了。

吕嘉反了！

机会出在哪儿？机会出在汉武帝身上。因为汉朝使者回去跟汉武帝说了樛太后的请求，汉武帝倒是非常爽快地答应了，但他却错误地低估了吕嘉这个地头蛇的实力。当然，汉武帝的低估也是有理由的，因为此时的汉武帝非常自信，他已经将原先总是欺凌汉朝的匈奴打得满地找牙了。而西域也已经有很多国家对汉朝俯首称臣，这些强大的国家都已经对汉朝敬畏三分了，还需要对一个小小的吕嘉心怀恐惧吗？况且，樛太后还是汉朝的人。在这种自信的基础上，汉武帝向南越派出了两千兵马，还特别物色了一个头领，那就是庄参。

结果庄参听了汉武帝交代给自己的事情，却拒绝了。他对汉武帝说："以好往，数人足；以武往，两千人不足以为也。"意思就是：如果是去讲和的，几个人就可以了；但如果是去打架，这点人根本就不够。

庄参的话重重地打击了汉武帝的自信，使他心里十分不爽。汉武帝在心里骂庄参长他人志气，灭自己威风，二话没说就让庄参打道回府了。同时，不信邪地继续招聘可以带着两千人马征服南越的人选。

那年头，胆大的还真不少。汉武帝悬榜时间不长，就有人出来应征了。此人就是韩千秋，他曾经担任过济北国的宰相，名气虽然不大，但是胆子很大，俗称壮士。

其实历史上这样的壮士也不乏其人。当年刺秦王的荆轲就是一个典型。但所谓的壮士都有一个共同点，就是激将法在他们身上屡试不爽。当年荆轲就是在还差一个助手的时候，被燕太子一激，赌气渡河了，结果落了个壮士一去兮不复还的下场。当然，他们身上的勇气还是值得我们赞颂的。

现在，汉朝的壮士韩千秋就激动地对汉武帝说："区区南越，弹丸之地，何足挂齿？我觉得都用不着两千兵马，只三百人就可以将他们搞定。"汉武帝当然没有听韩千秋的，最终还是让他带着两千兵马出发了。在韩千秋出发之前，汉武帝还给他找了一个助手，他就是樛太后的弟弟。很快，这两个人就率着两千兵马，雄赳赳气昂昂地向着南越进发了。

这边，还在潜伏着的老姜吕嘉听说汉朝出兵的消息后，也找到了出动的理由：人家都打上门来了，我就要正当防卫了。于是在韩千秋进入南越后，吕嘉也理所当然地举起大旗正当防卫了。

在出战之前，吕嘉利用自己的舆论优势来了一段即兴演说，也就是实质意义上的战争檄文，大概意思如下：皇上年少无知，而太后这个汉朝人跟汉朝使者通奸，无耻地出卖国家，还要带着大批随从回汉朝，实际上就是想将我们南越人民卖给汉朝做奴隶。

最后，吕嘉总结道：同胞们，现在正是国难当头的时候，汉朝人正举着武器向我们进发，南越人民站起来吧，一起保家卫国！这样，先王在地下有知，也会含笑九泉的。

不得不说吕嘉的演说是非常具有煽动性的，因为他抓住了南越人的心理特征，汉朝出兵对南越人来说，无异于侵略战争；而吕嘉本身在南越就是有优势的，他还将先王搬了出来，这样就更加容易给自己增加筹码了。

在煽动起大家的战斗热情后，吕嘉就开始行动了。他将自己的第一个目标锁定在樛太后等人身上。这次担任吕嘉急先锋的，正是他那把护身的大刀——他的弟弟。吕嘉的弟弟潜入皇宫之后，就看到正和安国少季在一起聊天的樛太后。这斯抡起大刀，就将他们二人的脑袋砍了下来。

这两个人被杀掉之后，再去找南越王赵兴，却怎么也没找到。不过就这么大个皇宫，赵兴也没有什么别的去处，很快就被吕嘉等人找到，母子二人很快在地下相见了。

这里面比较可惜的是汉朝使者终军，因为吕嘉这个地头蛇人多势众，使他最终命丧黄泉，当时人感叹地称他为"终童"。

南越王已经被杀掉了，现在就需要再扶立一个新的领导人。这个新国王，吕嘉早就物色好了，那就是赵婴齐和南越籍小老婆生的孩子，名叫赵建德的王子。新国王虽然已经闪亮登场了，但是人气还不够，影响力就更不够了。于是吕嘉再次诏令全国，让大家支持新国王，这样，吕嘉的影响力再次发挥了作用。

吕嘉同时还做了一件事，那就是去请自己的好朋友苍梧王赵光。苍梧是南越的一个大郡，而这个赵光平时和吕嘉关系非常好，所以当吕嘉的书信到的时候，立马回复吕嘉说自己会和他一起抵抗汉军的来袭。赵光命令边境的卒吏开道供食，牙诱汉军深入。

韩千秋听说吕嘉已经发动了政变，赶紧率军快速南进，并且一连攻下了好几个小城。被抓到的南越吏卒对待韩千秋非常殷勤，愿意充当他们的向导，还免费给他们提供食物。韩千秋一看自己这么轻松地就将南越的城攻下来好几座，觉得剩下的没有什么难。而且南越人民已经被自己的功绩震慑住了，要不能这么殷勤地充当向导？想到这里，韩千秋越发得意起来。但是他不知道，骄兵必败。

韩千秋率领汉军一路前进，结果一路上竟然连一个抵抗的人都没遇

到。韩千秋得意地向南越都城番禺进发，在行进到离都城不到四十里的时候，韩千秋还在美滋滋地想着回去领赏的事儿，这时路边树林里突然蹿出了许多伏兵，将韩千秋等人重重包围了。

这下，韩千秋傻眼了。他手下只有两千兵马，而对方兵马却不知是自己的多少倍。现在自己被人重重包围，前无路，后也无路，看来马上就要葬身在这个死亡陷阱里了。果然，南越军杀声四起，一举将韩千秋和两千兵马杀了个片甲不留。

这时候，吕嘉做了一件让人意外的事儿，他把汉使的符节包裹妥当，派人快马送到汉朝的边塞上，同时附上一封措辞卑微的信。边吏不敢有半点怠慢，马上派人飞马奏报汉武帝。

吕嘉信上说自己也是逼不得已才出此下策的，自己也很无奈。但实际上，吕嘉也已经调兵遣将，加强各关隘和岭口要害处的防守；又伐木筑城，加固番禺的城防工事。他还遣使与周边的小国联络，怂恿他们一起反抗汉朝。

汉武帝收到吕嘉的信后，恨得牙直痒痒。他才不管你吕嘉是不是被逼的呢，今天你灭掉了我的两千兵马，明天我就要让你尸骨无存！

让你知道马王爷有几只眼

公元前112年的秋天，汉武帝集结十万大军，挺进南越，征讨吕嘉等叛贼。汉武帝将这十万大军分成五路：一路以卫尉路博德为伏波将军，由长沙国境内的桂阳下湟水，入广东连州攻石门；二路以主爵都尉杨仆为楼船将军，从江西入南雄，顺北江而下攻番禺；三路、四路以归义侯郑严为戈船将军，由湖南湘江攻灵渠，再入漓江；五路以驰义侯何遗率巴蜀罪人及夜郎国军队，沿牂柯江直下逼番禺。

顺便介绍一下，汉朝实行的是全民义务服兵役制度：有战事，国家就抽调民力训练，持枪上阵；没有战事，就可以回家种田，抱抱孩子烧烧火。前面说的这五路大军，就全是征调长江以南的民力组成的水军。

当时，东越王骆余善还请求由他率八千名士兵，配合楼船将军杨仆的行动。这个骆余善很快就会在后面讲到。骆余善选择的这条水路正是当年赵佗开辟的从东冶到珠江口的海上航道。此路线风险重重，等骆余善领兵抵达广东揭阳的时候，他就以风浪大为借口按兵不动，并且暗地里派使者跟吕嘉打招呼，持首鼠两端的观望态度。

吕嘉之所以这么大胆敢反叛，是因为他觉得自己的南越国实力并不输给汉朝，打起仗来最起码还有胜算。他得出这样的结论是因为他从来没去过中原，不知道苍天已变了容颜，现在的汉朝早已不是当年赵佗举反汉大旗的汉朝了。他眼中的汉朝虽然没变，但是他的南越却变了，不是变弱了而是变强了，所以它们足以抵抗汉军。

然而不得不说这场战争汉朝还是打得很辛苦的，因为南越有地理上的优势。前边说的这个驰义侯何遗率领的第五路军刚起兵就出了问题，而前边说的接受了唐蒙大笔财物的夜郎国君后来也被吕嘉的使者说动了，以"恐远行，旁国虏其老弱"为借口，拒绝远征，还发动叛乱，"与其众反，杀使者及犍为太守"。这样一来，进攻南越的汉军就只剩下四路了。而第三、四路的统帅本来就是越将，只是后来投降了汉朝，他们不光走得慢，还在广西与西瓯人纠缠个没完没了，打仗的时间跟谈判的时间比起来，简直少得可怜。所以，真正和南越对抗的，只有杨仆和路博德两路。

吕嘉凭借南越天险和汉军周旋了一年多，时间很快就到了公元前111年的冬天。楼船将军杨仆率领精兵攻陷了寻峡（今清远中宿峡），接着攻击番禺城北数十里处的石门。石门是拱卫番禺的要塞，它由南越精兵固守，结果，经过杨仆苦战，最终成功地将石门攻陷了。汉军的胜利，大大挫败了南越军队的士气。杨仆还缴获了一大批南越军队运军粮的船只，使汉军的粮食得到了补充。

攻下石门后，杨仆没急着攻打番禺，而是在等一个人，这个人就是伏波将军路博德。路博德率领的这拨人是一支劳改犯军，按照原先的会合时间，他们已经迟到了。之所以迟到，是因为道路太远了。

不管怎么说，杨仆好歹是等到了路博德。路博德对杨仆说，你人多，你走前面。于是杨仆的部队在前面，先抵达番禺城下，驻扎在城的东南面；而路博德的一路军队在后面，扎营在城的西北面。而守此城的人，正是南越第五任领导赵建德和南越牛宰相吕嘉。

汉军扎好营，就开始猛攻番禺。但番禺城是依山傍水而建，自任嚣修筑、赵佗增筑和以后历代南越王及吕嘉的扩建，已是十分牢固。吕嘉、赵建德关起城门任凭你喊破了嗓子我就是不出来，汉军也对他们无可奈何。

汉军围了很多天的城，就是没办法攻破。杨仆是个急性子，看此城久攻不下，就想到了一个妙计——放火烧城。因为杨仆看到南越人的房子多是用草木建起来的，最怕的就是火，便想到了这个办法。公元前110年初春，两路汉军准备好大量干草木柴，在一个刮大风的天点起了大火。结果火借着风势，很快就从城外烧到了城里，番禺军民一下子就乱了营。杨仆乘机带着将士们冲进城去。

这时候路博德却没有急着进城，他在干吗？路博德非常聪明，要是两个人都唱黑脸就有可能将事情弄糟，所以他急中生智唱白脸——招降百姓。路博德之所以想出这么个以逸待劳的妙招，是因为他占着两个优势：第一，他本身就很有名气，在南越是无人不知，无人不晓；第二，此人确实仁厚。而且当时天黑，要想招降也比较有市场。如果天明的时候去，很可能得到的不是投降，而是人家的板砖。得到天时地利人和的路博德，很快就开始实施自己的计划了。

他在城西北大开营门，赏赐印绶，然后让拿到印绶的人到城里去招降，能招几个算几个。果然不久，路博德的人就从城里拉出了另外一拨人。接着，路博德又将一些印绶交给已经投降的人，让他们再去城里拉人。于是，这些人又从城里拉出了一些投降的人。就这样，已经投降的人不断地去城里拉人，人是越拉越多。

杨仆在那边残忍地烧了一夜，路博德在这边却发了一夜的印绶，南越的降兵们也忙了一夜。众人只听说路博德为人仁厚，眼见得是杨仆的

雄韬伟略——汉武帝传

残忍，于是一批一批地向路博德投降了。结果，第二天杨仆一看，番禺城的叛将都跑到路博德那里去了，自己这一晚上白忙了，全是替路博德做了嫁衣裳。当然，番禺城也陷落了。

吕嘉和赵建德见大势已去，只得带着残兵突围逃跑了，他们乘船退到城南百里之外吕嘉的故乡，是想凭借石瓮、金斗二城再负隅顽抗一下。此时的杨仆烧了一夜的城就按兵不动了，路博德则开始穷追不舍。面对阻隔石瓮、金斗的河流，汉军也想出了解决的办法：用绳索编成桥渡过去。本来吕嘉还在沾沾自喜，以为汉军怎么着也过不了河，谁知这拨人居然就过来了。两人抵抗了半天，也没起到什么作用，最终还是被汉军攻陷了。吕嘉和赵建德无奈只好继续逃跑，这次他们将希望寄托给了东越王骆余善，希望他能接立自己。

路博德怎么会给他们这样的机会呢？他知道吕嘉、赵建德的去向后，就开始追赶他们，没等路博德追上他们，吕嘉就见了阎王。因为半路杀出了程咬金——原南越国的郎官孙都擒获了吕嘉，并且将他斩首了，南越权倾朝野的吕嘉就此绝命。而赵建德则被原南越国校尉司马擒获，随后献给了汉武帝。这两个人也因功被封为海常侯和临蔡侯。

搞定了吕嘉，还有一个苍梧王赵光。不过这个赵光根本没费什么劲，因为他非常识时务，在汉军刚准备打他的时候就投降了，后来居然也被封了官——随桃侯。

赵建德被押解到了长安，汉武帝毫不留情地斩了这个没做多久皇上的年轻人。后来南越王宫也在杨仆的一把大火中化为灰烬，历时93年的南越国至此灭亡。之后南越被划分为九郡，伏波将军路博德因功被加封；杨仆则以砍杀破城扬名，被封将梁侯。

这下汉武帝可以歇一口气了。

多行不义必自毙

在前面我们提到了这个叫骆余善的人，他确实是个狡猾的狐狸。当年闽越手痒要欺负南越，就是闽越王骆郢发起的，而骆郢的弟弟就是骆余善。也是他找到宗族商议，杀掉了自己的哥哥骆郢。他因为这个，被汉武帝封为东越王。

而这样一个六亲不认、连自己亲哥哥都能杀掉的人，他能做出后面的事儿也就不奇怪了。在吕嘉公开对抗汉朝的时候，骆余善也是知道情况的，他还承诺要出兵八千，来帮助汉朝攻打吕嘉。可到了广东揭阳的时候，又说风浪大，不能继续前行，其实就是要观望一下两边的实力再决定对谁出兵。这样一个墙头草，根本不值得人信任。

他当初决定出兵，就有点迫不得已的意味，因为作为汉朝的藩属国，连夜郎国都出动了，他这个南越近邻实在找不到不出兵的理由。他觉得与其被人不情不愿地拉出去，不如自己先开口。骆余善之所以到了半路就戛然而止也是在记恨当年的仇。当初，闽越要欺负南越的时候，汉武帝不顾路途遥远派人来拾掇他们，不允许他们动南越；但现在汉朝不允许别人动的南越却被汉朝自己动了，别人点灯不行，你汉朝却能放火，这是什么道理？既然我当年耍横不行，那我现在就来走一步险棋——秘密联合南越，搞垮你们汉军！主意一打定，骆余善就立即派人潜入南越，秘密联络吕嘉。也许现在骆余善还不知道，自己这招险棋是大错特错了。

说起骆余善的狡猾，还是有历史可循的，这可以一直追溯到越王勾

践那儿。越王勾践也不能不算是狡诈的人，本来已经半死的国家，居然凭借一招美人计咸鱼翻身了。

勾践死后，他的后裔继承他的事业。其中有两个最优秀的，一个是闽越王无诸，另一个则是东海王摇，而他们都姓骆。楚汉相争的时候，他们幸运地追随了刘邦，因此被封了王。吴王刘濞造反的时候，还曾经怂恿过闽越和东越两国入股造反，但骆无诸的后代闽越王怕死，没敢干；骆摇的后代则觉得这事儿有戏，就干了一票。结果，东越王还是将躲到自己国家避难的刘濞杀死，将功赎罪了。

后来刘濞的儿子刘驹逃到闽越，不断地鼓动闽越王去杀掉东越王，以报杀父之仇。耳根软的闽越王禁不住怂恿，最终派兵出击东越王国。东越王向大汉朝求救，闽越知道后自己先撤了兵。但东越王觉得自己在南方已经没有立足之地了，于是就搬到了江淮之间，这件事到此才最终了结。

现在，这个骆余善想继续自己祖宗的"良好传统"，但杨仆不依了，他给汉武帝写了一封信，只说了一句话：骆余善不是什么好鸟，请允许我发兵征讨他。

这封信最终没能到汉武帝手里，却辗转到了骆余善那儿，这下子骆余善开始紧张了。种种迹象表明，杨仆不是开玩笑的，他的兵正在向骆余善这边靠近。骆余善当即决定：与其坐而待毙，不如先下手为强。

于是骆余善就开始行动起来。他先守住要道，切断了汉朝的前进之路，然后发动攻击，并且成功攻下了白沙、武林、梅岭，还斩了汉军的三个校尉。

这下子，骆余善再也没有回头路可退了。

然而，骆余善这个人虽然狡猾，却并不智慧，即使聪明也只是些小聪明。因为杨仆说要攻打骆余善确有其事，但是汉武帝有没有批准，骆余善却不知道。他不知道当时汉武帝对于杨仆信的回复是：不许轻举妄动，原地待命。现在他这样不问青红皂白地打，就直接将自己曝光于天下了。不知道骆余善知道这些后，会不会为自己当初的鲁莽后悔。

骆余善的出击，可以说正合杨仆的意，他本来就看骆余善不顺眼呢。于是汉军兵分几路出击：

横海将军韩说，从句章（浙江省余姚市东南）率领船队从东海南下；楼船将军杨仆从武林出发；中尉王温舒从梅岭出发；原南越国降将戈船将军和下濑将军，分别从若邪（浙江省绍兴县南若邪山）、白沙出发。

五路大军的目标齐指闽越国的首都东冶，骆余善在劫难逃！

公元前 110 年，汉军进入闽越境内。第一个对骆余善发起冲锋的，自然是看他最不顺眼的杨仆。双方在武林境内开始了征战。但在开始的时候，一个特别牛的叫徇北的将军却将杨仆折腾得够呛，此人能力很强，再加上地利的优势，所以将杨仆的数个校尉和长史都杀掉了。

这下子杨仆怒了！

当年那个特别牛的吕嘉还不是一样被我杨仆收拾了，现在居然被这个不知名的徇北将军打得溃不成兵，岂不是折我的面子？我拼了！

其实杨仆这样着急不光是怕把自己的面子丢光了，更是怕把自己的小命儿搭上。因为在他的大军出发之前，汉武帝就给他下了命令，因为他在进攻南越的时候犯了五条罪，如果想赎罪，就只能戴罪立功，言外之意就是要他成功地除掉骆余善。

所以杨仆着急，自己在南越的时候那么辛苦地烧城还是戴罪之身，现在进攻这个闽越，也没取得什么大的进展，这可怎么办？没办法，只能拼下去了！

于是杨仆继续攻城。老天还是很偏爱这个执着的人的，虽然这份执着有些牵强。但就是凭着必胜的信念和求生的欲望，杨仆最终成功地拖垮了徇北。最后一轮决战的时候，汉军里蹿出来的一个士兵，闪电般地砍掉了徇北将军的脑袋。

守将已死，武林也就被拿下了，杨仆也算是大功告成了。

紧接着，横海将军韩说向骆余善发起了第二波进攻。他走的路线和杨仆不同，他先派人去劝降，骆余善好歹也是条汉子，觉得韩说的劝降简直是对自己莫大的侮辱，于是果断地拒绝了韩说。

韩说也够爽快，既然不同意投降，那咱就接着打。汉军派出的那个劝降的人是南越人，他见骆余善不肯投降，就到自己家乡拉了七百人来反闽越，和韩说里应外合，一起对付骆余善。

第三个进攻的人不是汉军，而是骆余善的臣民，骆余善人缘走到什么地步，也就可见一斑了。闽越人民一直没有忘记骆余善是怎么当上闽越一把手的，他是靠着在关键时候杀了自己的哥哥，投降汉朝才换来的王位。现在，看不惯骆余善的闽越人就是想让骆余善知道什么叫以彼之道还施彼身。

果然之后不久，好消息就传来了：骆余善被杀了，闽南举国投降了！

杀死骆余善的两个人，一个是建成侯敖，另一个是繇王居股，他是骆余善的同宗。他们杀害骆余善的目的当然是想登王位，但是现在哪里还有免费的午餐，因为汉武帝绝不允许这样的事儿在自己的眼皮底下发生。

汉武帝给出的理由是，闽越山高水险，人心不古，难以预测，如果他们以后动不动就翻脸，那哪个皇帝受得了？于是想了一个办法来杜绝这种现象，那就是：搬家。不是一个人，而是整个国家。之后汉武帝下令闽越举国搬到江淮之地，闽越也就彻底从汉武帝时代消失了！

就在汉武帝以为可以休息一段时间的时候，朝鲜又来凑热闹了。

卫满称王

朝鲜历来就跟各朝各代分不开，几乎任何一个朝代都曾跟它发生过关系，汉朝当然也不能例外。

朝鲜的历史，可以追溯到燕国时期，那时候朝鲜隶属燕国。燕国在真番（朝鲜半岛信川市），以及朝鲜（今朝鲜半岛平壤市）设立了地方政府，建造了一系列建筑，算是安营扎寨了。后来秦始皇虽然赢得了天下，但对朝鲜却有些无奈，最终真番和朝鲜又变成了独立体。汉朝建立初期，自己家内的事儿还管不过来，朝鲜隔山隔水的，自然就疏于管理了。唯一做的努力就是在秦朝的旧址上重新建立要塞，以浿水（今鸭绿江）为界，让朝鲜自生自灭去了。

当时的朝鲜王叫卫满，是燕国人。他能坐上朝鲜的第一把交椅，还有点传奇。早在刘邦打天下的时候，当时身居燕王高位的臧荼不知道哪根弦搭错了，居然跟刘邦闹翻脸了。但是他不是刘邦的对手，被刘邦轻而易举地拿下，结束了他的统治，扶自己的发小卢绾做了燕王。

可这个卢绾天生就没有当官的命，屁股还没坐热乎，就被自己的一拨反对者拉下了马。卢绾想自己既然做不了王，那就还做自己的跟屁虫吧，可谁知，这时候的刘邦已经是病入膏肓，不久就驾鹤西去了。卢绾无奈，只好另寻出路去了。

现在的朝鲜王卫满当时正在卢绾手下干活，他看自己的上司卢绾投奔了匈奴，就不想再继续跟随，于是集结了一批人，开始向东边闯荡。他们翻山越岭，成功地游过浿水，另起炉灶，开创了自己的一片天地。

凭借自身过硬的业务能力，还有手下人的不懈努力，卫满的"生意"是越做越大。最后他打败了朝鲜的几处势力，自己做起了朝鲜王，把都城定在了王险，也就是今天的平壤。

人在富裕的时候，亲戚总是很多。很快，做了朝鲜王的卫满也有人前来攀亲了。来人是谁？正是吕后时期的辽东郡守。辽乐郡守跟卫满说，我们要拜你为汉朝的外臣，你只需要为汉朝把好边境，别让谁想进就能进来就行——不过蛮夷族长要朝见汉朝天子，你当然也不能阻拦。

卫满也是一步一步走过来的，深知创业的艰难，他当然更知道一针一线来之不易了。何况，当初得来的天下也是自己手下一拨兄弟的功劳，自己怎么着也不能让他们白饿着啊。所以，汉朝这件事还得商量一下，自己不能白给汉朝打工不拿钱啊。

辽东郡守也知道光劳动不吃饭是不行的，于是将卫满的要求上报了中央。通达的中央也很快就给了回复，只要卫满做好本职工作，每年会给他们武器和粮食的。

协议既然已经达成，卫满接下来只要干活就好了。当然，卫满也没吃亏，因为他凭借汉朝供给的武器和物品，又将地盘扩大了几千里。等到卫满的孙子卫右渠上台的时候，朝鲜已经由原来的雏鸟变成了翱翔天

际的鹰。翅膀硬了，口气自然就变大了，对于汉朝也就没有了原来的谦卑。这点，在卫右渠身上表现得尤其明显。

卫右渠之所以这样做，并不是不知道天高地厚，而是出于迫不得已——有人在他身后逼他，他也不能不跟汉朝翻脸。

事情还要从卫满说起。当时汉朝跟卫满有约定，如果蛮夷部落族长要朝见汉朝天子，卫满不能阻拦。到了卫右渠这辈儿，真番等部落首领给汉武帝写信说要去长安见他，并且请求汉朝天子批准。这时候卫右渠不认账了，坚决不放他们去。

这么长时间以来，卫右渠从来没有想过要去见汉武帝，现在没有，将来也不会有。他之所以不去，和当年的南越王想法一样，自己本身也是一国之君，凭什么要向他汉武帝低头呢？去见他就是承认他是自己的头儿，那从此就真的低人一等了，以后自己在朝鲜也就真的没有办法树立威信了。

那现在这些真番人为什么要去见汉武帝呢？难道他们就不觉得自己从此低人一等了吗？当然觉得，不过现在有比面子更重要的事情，那就是他们活得太憋屈了。长久地生活在卫右渠的淫威下，自己什么利益都得不到保障，在百般无奈之下，他们就想到了汉武帝，这个勉强算得上救命的稻草。之所以说勉强，是因为他们并不知道汉武帝会不会出手帮自己。不过好歹死马也要当做活马医，说不定汉武帝就能听到他们的哭诉和抱怨呢。如果能有汉武帝这棵强势的大树罩着，还有什么人敢欺负自己？

真番首领想得到的，卫右渠自然也能想到。而且他做一把手做惯了，肯定不会让这些真番首领去告自己的状。于是卫右渠决定在半路，将这些上访的真番首领杀掉。结果消息走漏了出去，被汉武帝知道了，他命自己的手下涉何去问问这个卫右渠究竟要干吗。

公元前109年，涉何渡过了浿水，很快就见到了卫右渠。两人坐在谈判桌上倒是很和气，可桌子底下早已经练起了少林功夫，最终他们谈崩了。不过外表上两个人却是和和气气的，卫右渠也客气地将涉何送过了浿水，暗中的波涛汹涌只有他们两个人知道。

很快，龙卷风就刮起来了，因为护送汉朝使者的朝鲜将领据说被涉何杀了。而涉何居然也在成功地将人杀掉之后，安全地回到了大汉的怀抱。之后，卫右渠的郁闷就席卷而来，因为汉武帝不但没有批评涉何随便杀人，还对他的做法大大表扬了一番——封涉何为辽东郡东部都尉。

在卫右渠看来，这一切简直让人难以忍受，涉何的到来无疑是汉武帝的阴谋，而且是早就策划好的阴谋。卫右渠想到这里，更加恼火，发誓一定要"血债血偿"！

有了这样的念头，卫右渠就开始实施自己的计划——向汉朝发起进攻。令他感到意外的是，自己的突袭居然成功了，而令他讨厌的仇人涉何也被砍掉了脑袋。

那边卫右渠无比地兴奋，这边汉武帝知道前段时间才升了官的涉何被杀死的心情怎一个愤怒了得，本来就看卫右渠不顺眼了，现在就更不顺眼了，同时也找到了进攻卫右渠最好的理由。于是，很快，汉武帝就开始行动了。

出征朝鲜

公元前 109 年的秋天，汉武帝派出了两路大军，一路海军，一路陆军。率领海军的将军，我们非常熟悉，正是前面讲到的出击南越的楼船将军杨仆。他率领的是一支五万人的大军，但是兵种有点特殊，因为这些人都是从全国各地找来的死囚犯。他们从东山半岛出发，横渡渤海到达朝鲜。而陆路则是由一个驾车高手——荀彘率领，汉武帝拜他为左将军，让他率军从辽东郡出发，跨过鸭绿江，一路直奔朝鲜。

就在众将领热血沸腾的时候，没料到等待他们的竟然会是失败。

汉军一切活动准备就绪后，就开始对朝鲜发起冲锋了。第一个进攻的人不是我们熟悉的楼船将军杨仆，而是荀彘将军。

但是汉军此次冲锋却没有占得先机，毕竟是远道前来，长途跋涉的艰辛和环境的生疏，使得汉军和朝鲜军一交手，就被稀里糊涂地暴打了一顿。荀彘坐镇后方，看到被朝鲜军打得屁滚尿流的败逃军官，心里的火一下子冲上了脑门，直接将这些军官拉出去斩了。荀彘心想一个小小的朝鲜军我再搞不定，还怎么树立威信啊？于是再次发起冲锋，但这小小的朝鲜却真的让荀彘为难了，因为他怎么也不能突破防线。

荀彘那边没有什么进展，杨仆这边情况也差不多。他率领着手下七千人，信誓旦旦地向朝鲜进攻。这时候的卫右渠已经做好了守城的准备，但听侦察兵来报说杨仆只带着七千人前来攻城，就乐了：你七千人就想吓唬我，是不是也太小看我了？七千人我都不用守城了，咱们就直接开打吧！

之后，卫右渠率领着自己的队伍出战了，直接跟杨仆对打。卫右渠能爬到今天这个位置，当然也不是吃素的，所谓虎父无犬子就是这样。他能成功地杀掉涉何，也敢于出城迎战，就意味着他心里多少是有把握的。何况是在自己的地盘上，对付七千人还不是小菜？要是出去送死，这事儿估计没人愿意干。

正是因为这样，我们看到的就是杨仆率领的劳改犯队伍，直接成了卫右渠砍瓜切菜的物件。七千人哪禁得住人家这一顿乱砍啊，一会儿功夫就所剩无几了。扬威南疆的杨仆这次把人丢大了，丢人事小，活命事大啊，杨仆眼看着自己的队伍就要全军覆没，赶紧逃吧！

杨仆这一逃就逃到了山里，一下子就躲了十几天。十几天之后，杨仆才小心翼翼地出山，东捡西寻，将打仗剩下的劳改犯拉成了一个队伍，回到了汉军驻朝鲜大营的怀抱。但杨仆心里从此就有了阴影，对朝鲜军算是彻底怕了，再也不敢轻易攻城了。

之后杨仆再不敢轻易出马，而是一味地等待荀彘来跟自己汇合，然后一起出击。荀彘觉得着急也没用，只好率领着大军向着浿水进发，但无奈朝鲜军将汉军死死地抵挡住，就是不让他们过河。荀彘吃奶的劲儿都使出来了，就是没法过河。

里面的不敢乱动，外面的又过不去，怎么办？大家只好将这块烫手

的山芋交给汉武帝了。

远在长安的汉武帝已经派兵出战了，但没想到会是这么个结局。惊讶过后，他很快就想出了对付朝鲜军的办法。汉武帝决定改变策略，改"军事打击"为"政治讹诈"。他没有给那两位将军增加兵力，而是派去了一个人。这个人叫卫山，他的任务是代表汉武帝渡江，跟卫右渠进行谈判。

汉武帝当然没有吃错药，他这样做有足够的把握和信心。因为他已经派了另一支海军赶往朝鲜，就是吐一口唾沫都能把朝鲜给淹了；而荀彘率领的士兵，也不是好惹的，都是来自燕代两地的兵，怎一个强悍了得?!

卫山此次出行就是代表汉武帝出马的，他会告诉卫右渠什么是汉武帝的底线，一旦越雷池一步，很可能就会吃不了兜着走。这样优势的条件，还有什么可怕的。暂时的失利算什么，笑到最后才笑得最好。

果然，卫山很顺利地进入了朝鲜，很顺利地见到了卫右渠，也很顺利地跟他进行了谈判，结果也非常顺利：卫右渠同意投降。

这个结果在情理之中，又出乎意料之外。卫右渠不是傻子，当然知道汉武帝的厉害，当初他不答应涉何的条件，是因为刀还没有架到脖子上，现在刀都快砍下去了，自己再不松口，那不就是第二个闽越，第二个骆余善了吗?

纵观一下汉武帝这些年的征战史就会发现，从匈奴到西域，再到西南夷、南夷，都曾发生过反抗，但最终都被汉武帝搞定了。强大如匈奴尚且如此，一个小小的朝鲜又能如何？所以，识时务的卫右渠决定投降。为了显示自己的诚意，卫右渠决定让自己的太子前往长安，代表自己向汉武帝谢罪。除了太子，卫右渠还给汉武帝准备了厚礼：战马五千匹，并补贴汉军军粮。一切准备妥当后，太子准备上路了。

但就在和平曙光微露之时，发生了一件意外，扼杀了已经萌芽的和平。

这还得从太子那儿说起。卫右渠的太子虽然已经答应前往长安面见汉武帝了，但他不是一个人去的，而是让一群人跟着自己去的。这一群人有一个具体的数字：万余人，而且，关键是全副武装。

其实对于这样的情况，汉军也并不陌生了。因为当年霍去病将匈奴人打得满地找牙的时候，浑邪王就是带着四万人的大军前来投降的。当时汉武帝对这个数目也不敢掉以轻心，所以派霍去病全副武装地去迎接。结果，果然在中间出了一点儿变故，要不是霍去病反应敏捷，砍了几拨逃兵，也就没有后来那么圆满地投降了。

虽然朝鲜太子带的人只是匈奴降兵的四分之一，但准备迎卫太子入京的人，不是战神霍去病，而是荀彘；带路的人也不是多么叱咤风云的大将，而是卫山。所以，当卫山和荀彘看到朝鲜太子的超豪华阵容兼全副武装时，心里就像挂了十五个吊桶，七上八下的。他们严重怀疑，朝鲜太子背后是有猫腻的。

事情一般就是这样，越寻思就越觉得问题严重。卫山在仔细考虑之后，终于是忍不住在渡河之前跟卫太子说了一句话，正是这句话将一盘好棋给毁了。卫山说："既然您都投降了，有我们护驾就行了，为什么还要带这么多人呢？"

在卫山看来，这是一句好话，你已经决定投降了，却还带这么多人过去，不是明摆着你还是有顾虑的吗？到时候出了问题，不也是给你添麻烦吗？

说者无心，听者有意。卫山的这句话在朝鲜太子听来，就大大地有问题了：我带人过去只是为了让他们去开开眼，并没有别的想法，你却对我这么不放心，叫我怎么对你放心呢？朝鲜太子这边也开始寻思了，结果越寻思越觉得事情太可怕了，最后干脆对卫山说："你们回去吧，我不去了。"说完，就带着自己的人回去了。

卫山这下子傻了，看着朝鲜太子的背影，他无奈至极，总不能强迫人家跟自己去长安吧？朝鲜太子的身影彻底消失之后，卫山只得只身回到长安，向汉武帝如实汇报情况，汉武帝二话没说，直接叫人把卫山的头砍了。

看来，和平已经彻底没戏了，那只好来硬的，继续战斗了。于是汉武帝命令荀彘，立刻出战！

和平覆灭继续战斗

领导已经决定要打了，那还有什么可犹豫的，打吧！

荀彘接到命令，立刻出击，一口气攻破浿水，打到了王险城下。荀彘在王险城的西北方向扎下营的消息传到杨仆这儿之后，他也欢欣鼓舞地在王险城的南面扎下了营。

荀彘看杨仆已经出动了，心里想这下胜利有望了。可谁知，汉军连攻数月，王险城竟然没有任何破败的迹象。杨仆和荀彘又对平壤城围攻了数月，依然是没有任何进展。

这是为什么？难道汉军的力量真的敌不过朝鲜军吗？

当然不是。之所以没有取胜，是因为杨仆和荀彘二将不合；而之所以不合，问题就出在杨仆身上。前面说了，自从那次被朝鲜军大败之后，杨仆心里就有了阴影，这个小阴影使得杨仆天天盼着跟朝鲜讲和。不光是杨仆有这样的念头，他的手下也有这样的念头。一朝被蛇咬，十年怕井绳。杨仆只要一想起自己率领的七千兵马在不长的时间内被人家砍瓜切菜般地打得四处流窜，自己还惨兮兮地躲到了山里，就会做噩梦。尽管现在荀彘来了，杨仆对朝鲜的恐惧却一点儿也没减，勉强地在南面扎下营后，就再也不敢前进一步了。杨仆逃到了山里，还有人逃到了海上，现在他们是回来了，可仍然无法消除对朝鲜的恐惧。

当初卫山来谈判的时候，杨仆满是阴影的心里还曾升起过希望的曙光，可谁知人料不如天料，最终这事儿又给黄了，杨仆心里也由希望变成了失望。失望后的杨仆就一心盼着汉武帝能再派个人前来谈判，所以对攻城就有点儿糊弄了。

杨仆这边消极怠工，荀彘那边却是满腔热忱啊。他手下的的壮士猛男们，个个士气旺盛，迫切希望自己能够立功受奖。这样的热忱促使他们对朝鲜发起一次次进攻，但是每次他们约杨仆进军，杨仆都不肯出兵。荀彘开始以为杨仆是被朝鲜军打怵了，所以才不出兵的，为此荀彘还特意给杨仆进行过心理辅导，告诉他这样干耗着也不是办法，不如早战早结束，这样也能早回家。

可到了约战时间，杨仆还是按兵不动。荀彘心里把杨仆骂了一千八百遍，正在生气的时候，却被杨仆一个举动吓住了。

杨仆去招降了。原来杨仆之所以不配合荀彘，一方面是怕，另一方面是杨仆还另有所谋。也许你还记得，当初杨仆和路博德进攻南越的时候，杨仆带着自己的大军，不可谓不卖力，但最终他却没有人家路博德捞得多，就是因为路博德在他费劲地硬拼的时候，用招降的策略将南越人轻松搞定了。

吃一堑长一智，现在杨仆面对朝鲜兵的时候，就想像路博德那样，轻松地搞定朝鲜兵。毕竟自己人少，还被朝鲜兵震慑住了，不动点脑子，使点伎俩，多捞回点儿战功，以后回长安还怎么交差呀。

但杨仆最终没有成功。为什么？因为他虽然用的是路博德的招数，但是没有领会路博德招数的玄机。当初路博德招降是趁着月黑风高，而且是主动出击，速战速决。现在杨仆是大白天的跟人家朝鲜人谈招降。相对于南越来说，朝鲜可是狡猾得多。而且朝鲜已经掌握了杨仆的弱点：不敢轻举妄动，却又想多捞好处。所以，从一开始，就注定了杨仆的失败。

杨仆失败之后，朝鲜就开始行动了，他们派人去引诱荀彘。荀彘听说杨仆想通过招降来抢功，就赶紧对朝鲜人民喊，赶紧投到我这里来吧。朝鲜人一看荀彘上钩了，就说我们已经跟杨仆将军谈好了，怎么能中途变卦呢？

朝鲜人正在狡猾地使用离间计！

这个杀人不见血的招，果真就把荀彘给套住了。荀彘觉得现在自己已经失去了先机，被杨仆捞着肥的了，就想一定要杀过去攻城。可想想

杨仆一直不配合，居然还要向朝鲜招降，这事儿是不是有点儿严重了。荀彘想到这里，出了一身冷汗，赶紧向汉武帝报告了这件事。

汉武帝看了荀彘的报告，马上明白荀彘是中了朝鲜的离间计了，因为朝鲜只说跟杨仆谈了投降的事，但到现在一直没说结果。为什么会这样？不就是为了牵制荀彘吗？朝鲜就是想通过借力打力，只要荀彘和杨仆都不敢动一天，他们就能多活一天。

既然已经看破了朝鲜的小计谋，那就见招拆招吧！汉武帝很快找来一个使者，派他走一趟朝鲜，这个人就是公孙遂。在公孙遂临行之前，汉武帝说了一句话："有便宜得以从事。"翻译一下就是：遇上什么事，要灵活处理。但究竟要灵活到什么程度，公孙遂没问，汉武帝也没说。也正是因为没问，才使公孙遂最终栽在这句话上。

公孙遂到了朝鲜以后，首先见到了荀彘。荀彘先是一阵哭诉，接着就是一顿痛骂，将大军进攻不利的屎盆子全都扣到了杨仆的脑袋上。公孙遂在长安的时候就将基本情况了解了，所以就问荀彘有没有什么妙招来解决这些问题。

荀彘说为今之计就是先将杨仆拿下，然后合并两军，一起攻城，这样一定能行。

公孙遂一听，这个方法不错，于是坐下跟荀彘商量怎样才能搞定杨仆。三个臭皮匠赛过一个诸葛亮，很快这二人就想出了办法，因为公孙遂是奉汉武帝之命前来朝鲜，所以手中有节，这个节就相当于汉武帝。于是，公孙遂就用手中的节召杨仆前来，让他来荀彘这里开会。

杨仆听说公孙遂手中有节，还敢不来？于是就马不停蹄地过来了。可谁知，自己一进门，就被人用绳子绑住了。随后，公孙遂下令将杨仆手下的兵划归到荀彘这里，由荀彘全权统帅，然后准备攻城。

公孙遂的做法让自己很满意，荀彘就更满意了。然而，却有两个人很不满意，其中之一自然是杨仆，而另一个，则是汉武帝。

有句话叫"兼听则明，偏听则暗"，只有听取多方面的意见才可能了解事情的真实情况，否则就会弄不清楚状况，耽误大事。现在公孙遂就只听见了荀彘的哭诉，却没有听取杨仆的意见，还把他强行抓了起来，这不就是典型地只听一面之词了吗？试问，这样处理问题，能将问题解决好吗？

所以，事情的结局很富戏剧性，就是公孙遂美滋滋地回到长安，将自己的决定报告给了汉武帝，之后便等着汉武帝奖赏自己，结果汉武帝看都没看他一眼，就招呼手下人将公孙遂拖出去斩了。临行之前汉武帝交代公孙遂要灵活处理问题，但没叫他这样只听一面之词啊。

公孙遂已经用鲜血为自己的行动交了罚单，接下来就是荀彘了。这个荀彘犯错已经不是第一次了，上次和平谈判砸锅就有他的责任。现在汉武帝想看看，这个荀彘究竟想要怎么收场。

再说已经将杨仆军队纳入自己麾下的荀彘，这时候可谓是春风得意。他像是被打了鸡血，兴奋地指挥自己的军队向朝鲜发起猛攻。就在汉军打得酣畅淋漓的时候，戏剧性的一幕再次出现了。因为汉军一连数月的猛攻，早已使朝鲜人民的内心千疮百孔了，而且杨仆已经被拿下了，离间计也不顶用了，再也经受不住折磨的朝鲜大臣决定放弃对抗，他们在城外杀声震天的时候采取了"救国救民"的重大行动——杀死了"坚持抗战"的主子卫右渠，投降了汉军。虽然卫右渠的人头被砍了下来，但是王险城还没被攻下来，这是什么状况？原来，有个叫成已的朝鲜大臣很爱国很勇敢，他誓死不降，坚决抵抗。荀彘一看，马上通告平壤军民，让他们杀了成已，平壤军民对战争早已厌倦，于是杀了成已，全体降汉。

公元前108年的夏天，汉军终于攻占平壤，一波三折、艰难复杂的汉军东征朝鲜之战最终宣告结束，卫氏朝鲜王国宣告灭亡。之后汉武帝在朝鲜设了四个郡，两个在今天的朝鲜境内（乐浪郡和玄菟郡），两个在今天的韩国境内（真番郡和临屯郡）。

到这个时候，荀彘也长长地嘘了一口气，一切终于结束了。

然而，一切还没真正结束！在荀彘和杨仆回到长安之后，汉武帝就宣布了对两个男主角的最终奖罚结果。荀彘满以为自己作为征服朝鲜的第一功臣，一定可以获得汉武帝的格外奖赏，可等待他的却是斩首弃市。理由就是：荀彘使用阴谋侵将争不合，并且擅自逮捕战友、吞并友军，犯了严重的政治和军事错误。

楼船将军杨仆，更应该砍头，因为他不跟荀彘配合作战，并且擅自发兵，伤亡众多。但杨仆却没有死，因为他交钱赎命，最终被赎为庶人。

中国走向世界的第一人

就在前边汉匈之间纠缠不清的时候，长安传来了振奋人心的消息：张骞回来了！

作为一个中国人，如果你没听说过张骞，就像一个欧洲人没听说过哥伦布一样，是会遭人鄙视的。公元前 126 年的夏天，所有的汉朝人都用崇拜的目光，注视着这个衣衫褴褛的汉人，看着他蹒跚地走进长安城。此时此刻，整个长安城跟着这个男子一起震动。

也许这个时候，这个历经坎坷的男人并不知道，当他拖着自己疲惫不堪的身子回到汉朝的时候，他的名字也随之载入了历史的史册。发现西域新大陆——丝绸之路，张骞这个名字，注定与日月争光，与天地共存。

张骞，字子文，是汉中郡成固（今陕西省城固县）人。十三年前，匈奴投降的人曾经向汉朝透露过一个非常重要的讯息：在敦煌与祁连山之间，有一个月氏国，曾经非常强大。冒顿单于在位的时候，曾经征服过它。再后来，老单于不知怎么地兽性大发，击斩了月氏王，还把人家的头扭了下来当酒壶。从那时候起，月氏人民就开始逃亡，并与匈奴结下了不共戴天之仇。如果汉朝能和月氏取得联系，联合抗击匈奴，肯定能成功。

那时的汉武帝还不满二十岁，但是我们有理由相信，这个想要建功立业的皇帝听到这个消息的时候是多么地兴奋和激动，他决定尽快从宫中挑选使者，替他去联系月氏国。

在汉武帝之前的中国，从来没有人听说过这个叫月氏的国家。如果真的像匈奴降兵说的那样这个国家本身是存在的，那它究竟在哪儿？那时候没有精密地图，没有指南针，更没有越野车和 GPS 全球定位系统，月氏远在天边，如同传说。所以出使这个国家，危险系数非常高。同时此次出行，肯定是要经过匈奴的，那就意味着随时有可能被这个彪悍的国家扣留。这就需要出使的人有勇有谋，还要身体强建。这样一个前无古人、后无前者的工作，谁才能担当重任呢？

就在这个时候，张骞站起来了。

我们前边说了，这个任务的危险性是非常高的，不是随便哪个人都能得到汉武帝的青睐的。汉武帝之所以最终选中张骞，是因为张骞身上有两个条件相对于别人来说更让他满意。首先，张骞身份为郎官，是皇帝身边的侍从，皇帝信得过他；其次，张骞身体强壮，脑子够灵活，为人更是诚信可靠。

张骞只身离开汉中城固老家，到长安寻求"个人发展"，到现在已好几个年头了。当年家旦为他集资捐了"郎"这个官位，是有些想法的：郎虽说只是殿廷侍从，并不算起眼，但好歹是铁饭碗。然而张骞的是个彻底的理想主义者，天生的冒险家。他在做郎的时候，就一直梦想着有一天可以大显身手。最终，出使西域的任务历史性地落到了他的肩上，他也终于有机会大显身手了。

遭遇匈奴

建元二年（前139），张骞率领100多名随行人员，和一个名叫堂邑父的匈奴籍向导，从陇西出发了。

想要通使西域，就必须从匈奴"偷渡"过去。一个人要想从匈奴偷渡过去是有可能的，但一百多号人都要过去，除非匈奴人都是瞎子。但往往人越担心什么就会来什么，就在这一百多号人掩耳盗铃般地准备穿过匈奴的时候，巡逻的匈奴人发现了他们。

匈奴的巡逻兵将张骞交给了单于，当时的单于还是军臣。这位草原上的头号抢劫分子，听了张骞的计划，差点没笑抽筋，他半认真地戏弄张骞："如果我匈奴派人出使南越，你们会放我们过去吗？"

答案当然是不放，但这同时也是匈奴的答案。之后军臣就将张骞一行人全部扣押了起来。

虽然张骞被匈奴扣押了十多年，但说良心话，匈奴对待他还是很不错的，最起码军臣没有像他父亲那样凶残，随便把人家的脑袋拧下来当酒壶一类的。相反，他很欣赏张骞，欣赏他这种明知山有虎、偏向虎山行的冒险精神。于是，他就帮张骞娶妻生子，操持生活。张骞也只能入乡随俗：看大漠孤烟，听马嘶雕鸣，恍惚间，"他乡"俨然成了"家乡"。

在人的一生中，有几个十年？很多人就是因为走得太远而忘了回来的路。很多人，不管是汉人还是匈奴人，都以为张骞经过这十多年的安逸生活，早已经遗忘了长安的模样，而出使西域的宏愿，更是磨灭得无影无踪了。

但是，张骞不同。就像当年他从海选的人当中脱颖而出一样，他还是那么傲然独立。他从来没有忘记自己是怎么来的，更没忘记自己要怎么回去。他时刻都在准备着完成自己的计划，所以就在匈奴人对他看管日益松懈的时候，做了两个准备工作：一、他学会了胡语；二、摸清了西域路线。

只要心中装着地图，无论走多远，都不会迷路。张骞的心中正是装着两个地图，一个是西域，另一个是汉朝。所以无论张骞走多远，他最终还是会回去的。

元朔元年（前128）的一天，张骞和匈奴导游，带着随从逃跑了。而他的妻儿，却从此和他天各一方。张骞一行向西跑了几十天，终于到达了一个王国，张骞开心地以为到了月氏，一问才知道是大宛。好在这个大宛没有恶意，而且还对汉朝充满了友好的情结，早就想跟富有的汉朝交往，但一直苦于没有机会。张骞看到大宛王如此热情，就游说大宛国王说："我是代表汉朝出使月氏王国的，没想到路上被匈奴捉住，关了十多年。如果大王您愿意派人护送我们安全到达月氏国，我回到汉朝，一定会向皇上表明，好好酬谢你的。"大宛王一听，心里更是高兴，于是将张骞引为上宾，还为他配备了专门的向导和翻译；并且一路相送，一直安全地送到了康居，康居王照顾大宛王国的面子，送了个顺水人情，将张骞安全地送到了月氏国。

张骞心心念念十几年的地方，终于到了！

到了月氏，张骞以为自己这下终于不辱使命，很快就可以回朝了。但让张骞失望透顶的是，这个穷尽他十余年光阴才找到的月氏国，已经不是过去的月氏国了，它已经发生了翻天覆地的变化。大月氏原来的国王被匈奴杀死后，太子继位。月氏虽然被匈奴和乌孙两个国家猫抓耗子似的追得到处乱跑，但他们后来却摇身一变，变成了对付大夏的"猫"，并且成功将这只"耗子"征服，扎下根来。这里土地肥美富饶，很少有外敌侵扰，百姓安居乐业。祥和的大月氏早已不愿再纠缠于匈奴的旧仇，时间这个最好的膏药，已经抚平了他们心头的恩恩怨怨。

张骞回味自己出发时候汉武帝的嘱托，但面对大月氏的现状，只能

是天晕地转。以大月氏现在的情况，怎么可能与汉王朝联盟对付匈奴呢？不过张骞是不会轻易放弃的，他极尽自己所能跟这个月氏王讲明来意，并且说明汉朝与月氏国互相来往的美意。但不管张骞怎么说，这个月氏新王就是不动心。他满足于现在的安逸生活，不想再干涉"江湖"的是是非非。当然，月氏王话说得很婉转，毕竟张骞这么远来一次也不容易，买卖不成仁义在："我们好不容易才过上了好日子，不想没事儿再流血了。而且，汉朝离我们实在是太遥远了，我们在地球的这边，你们在地球的那边，如果匈奴再欺负我们，你们要用多长的鞭子才能帮到我们啊？"

这桩外交生意，耗费了张骞十余年光阴的生意，就这么无声无息地黄了。张骞无奈，在大月氏住了一年多以后，决定打道回府。但是路线一定要选择好了，如果按原路返回，再次经过匈奴，那肯定是自寻死路。所以，张骞决定不走原路，而是另抄近路。这条新道，就是传说中的南道。所谓的南道，就是塔里木盆地南路；而北道，则是塔里木盆地的北部。之所以选择南道，是因为南道是羌人居住的地方，而汉朝和羌人素来是无冤无仇，穿越他们的地盘应该是安全的。可谁知世界上最安全的地方，居然是最危险的地方。在张骞一行信心满满地往回走的时候，匈奴骑兵又一次发现了他们。这件事之所以会这样，很可能是因为羌人早已经被匈奴征服了。千算万算，张骞最终还是落入了匈奴的手中。

匈奴这次将张骞留下来，美其名曰是要让他与妻儿团聚，并且告诉张骞，天网恢恢，疏而不漏，你还是乖乖地留在匈奴吧，至于汉朝，只能来生再回去了。这一留，就是一年多。

也许在匈奴人看来，张骞再次回到汉朝已是白日梦了，但是对于张骞来说，就算是白日梦也有实现的时候。果然，白日梦真的实现了。

在张骞被匈奴人再次扣留了一年多之后，也就是元朔三年（前126），匈奴的军臣单于撒手人寰，军臣事先确立的正牌继承人太子於单和觊觎王位许久的军臣的弟弟左谷蠡王伊稚斜，为了皇位开始了内部战争。国内一时大乱，张骞趁着这样的机会，准备带着自己的胡人妻子和堂邑父逃回汉朝。

但是张骞的妻儿毕竟是女人和孩子，很快就被穷追猛打的匈奴人截留了下来，最终只有张骞和堂邑父两个人逃回了汉朝。

张骞归来

有人计算了一下张骞出使西域的成本：一百多号人出去，只有两个人活着回来了。而且，张骞也没有成功说服月氏王国联手对付匈奴。那么这次汉朝是不是亏本了？

尽管张骞没有完成所谓的任务，但得到的两样东西，却是任何东西都换不来的：一个是西域的地图；另一个则是坚忍不拔的汉朝气节！就冲这两样东西，汉朝就没有亏！

张骞出使西域十三年的时间，两次被匈奴人扣留，还在匈奴娶妻生子，但最终还是听从心灵的召唤，毅然决然地回到了自己的故土，如果没有建功立业的雄心壮志，怎么能支撑到最后？虽然此次出行，一百多个人最终只有两个人回来，原因有很多，但意志力的涣散同样不容忽视。所以，张骞是好样的！

张骞的这次出行，也绝对称得上是凿空之旅，他用自己的神斧为汉朝砍开了第三只眼，让汉朝看到了更广阔的世界。说得夸张点，就是有利于东西方文化的交流；说得现实点，就是西域诸国都是汉朝潜在的盟友，只要这些外交资源被开发出来，就够匈奴受的。

张骞还给苦苦等了十三年的汉武帝带来了意外的好消息：

张骞在被月氏占领的大夏国发现了来自西南邛的竹杖和蜀国的布。而后来一打听才知道，这两样东西是商人从身毒国（今印度）贩来的。这个身毒国的风土人情，跟大夏国差不多，但她的国民却是乘象作战的。

于是张骞按照大夏国所说的，做了一个大胆的推测：大夏距离汉朝上万公里，在西南方向；而身毒国又在大夏国的东南方向，存有蜀国特产，那这个身毒国很可能就横在蜀国和大夏国中间，而且距离蜀国应该不远。

如果真是这样，那就好办了。假使汉朝再次出使西域，走北道会遇到匈奴；走南道，会遇到为匈奴卖命的羌人，这两条都不通的情况下就可以选择走蜀道。这样一来，不仅不会遇到敌寇，而且路程短，它是汉朝打通外部世界、开拓视野的极佳捷径。

汉武帝听了张骞的汇报，心情无比激动。按照张骞的说法，西域一直都对汉朝充满了好感，只是因为距离太远才没有交往。如果这次打通了西蜀，引诱这些人前来朝拜，让他们臣服，那汉朝真的就赚大了。想到这些，汉武帝更加激动，彷佛遥远的梦想已经实现。他大胆决定：重新启动开发西南夷计划。同时，组织探险，分头摸路，直到摸通通往西域的路为止。

永不停顿的梦想

张骞从西域回来后，为汉武帝描述了一幅美好的蓝图：打通蜀道，近路抄西域。但是茫茫大山，深深蜀道，哪里才是那条通往西域的必经之路呢？

要证明这一点，最好的办法就是行动。于是，在汉武帝的支持下，张骞又组成了四支探险队，分四路向西摸索，但行进了一千多里后，又

撤了回来。

尽管半路折返，张骞却没有空手回来，他给汉武帝带回了一个意外惊喜：他们发现了一个被中原遗忘的大象国。这个大象国原名叫滇越，就是现在的云南省一带。当汉朝使者带着持节去见滇越王时，这个见识只有井底那么大的首领问道："我们国家和汉朝比起来，谁的地盘大？"

夜郎自大，看来真的不是空穴来风。探险队员只好费尽唇舌地向这个首领解释，才让他知道了原来真的是山外有山，人外有人。我们现在可以说，汉武帝对于西南夷的开拓，是唐蒙开的头，却是张骞做的总结。然而，这对于张骞来说还远远不够，他要的远远不止这些。

很快，张骞的机会就来了，因为他熟悉地理状况，所以汉武帝派他随军出战，充当向导。第一次是随卫青出战，张骞发挥了自己的地理专业优势，替卫青出了大力，也被封为博望侯。但第二次与李广配合对匈作战，却贻误了战机，差点让李广全军覆没，结果，侯爵丢了，还差点赔了性命。后来用钱赎了回来，被贬为平民。

这时候的张骞可谓是一无所有了，其实一无所有并不可怕，只要你还有梦想。有梦想就会有力量，就有可能实现未来。他参加过了战争，但是战争使他一无所有，所以他不适合战争，他只适合冒险，那才是他的梦想，才是他的最终归属。

张骞虽然被贬为了平民，但跟别人不同的是，他仍能常常见到汉武帝。每当汉武帝向他咨询西域及其周边国家情况的时候，张骞都会不厌其烦地给他描述外面的世界，并且巧妙地表达自己想要再次出行的愿望。张骞说自己在匈奴的时候，听说乌孙国的国王叫昆莫，他的父亲是匈奴西边一个小国的君王，但是被匈奴人残忍地杀死了。而昆莫一出生就被扔到了荒野，但昆莫命大，没有死，因为有鸟儿衔着肉喂他，有狼给他喂奶。单于以为昆莫是神，就收养了他。等他成年后，就让他去打仗，结果昆莫屡立战功，最后单于就把昆莫父亲的百姓还给了他，让他长期驻守西域。有了这样的机会，昆莫就内抚百姓，外攻拓土，逐渐有了几万名能征善战的勇士。

昆莫始终没有忘记自己的父亲是怎么死的，更没有忘记自己是怎么长大的，所以等单于一死，昆莫就带领族人远迁，从此不再朝拜匈奴。匈奴人以昆莫不尊重自己为由向他发动进攻，但从来没有取得过胜利。

这样一来，匈奴人就更觉得昆莫是个神了，从此不敢再向他挑衅。而现在单于刚刚被我们汉朝打败，原来浑邪王所控之地就出现了权力真空地带。蛮夷之人向来垂涎我们的财物，如果此时厚赠给乌孙国王，诱使他东迁到原来浑邪王的地盘上，同我们结为兄弟，那可能性是非常大的。而这一旦成功，就等于是砍断了匈奴的右臂，有利于抵抗匈奴的再次骚扰。更长远的是，只要搞定了乌孙，那西域一带的少数民族也就容易拉拢了。逐个搞定西域诸国，使他们成为我们的藩臣，整个天下就是我们汉朝的了。

张骞的计划，不是一个三流骗子搞出来的骗钱伎俩，也不是一个梦想家提出的乌托邦式的梦想泡沫，而是一个伟大的汉人，替自己的国家做出的伟大设想。

中国五千年的文明史，无论经过多少分崩离析，最终还是归于一统。之所以这样就是因为中华民族几千年来都有着不变的梦想：怀抱天下。张骞要告诉世界的是：汉朝的天下，不仅仅是靠打出来的，也是靠走出来的。

这个强悍的召唤，很显然被汉武帝感受到了，汉武帝的征服之梦再次升腾，他决心再次联络西域诸国，准备对匈奴的战争。

心动，不如行动

汉武帝绝对是个行动派，就在他被张骞说得心动的时候，拜张骞为中郎将，让他再次率团出发。这次出发汉武帝让张骞带三百人，马匹六百，供三百随从使用，每人两匹；几万头牛羊；黄金、钱币、绸缎，价值数千万，还配备多名持符节副使，一旦道路打通，就让他们前去交涉。

张骞的金钱外交，就这样拉开了序幕。

其实张骞此次出行，用的就是以夷制夷的策略，这个策略在汉匈关系中是早有渊源。汉文帝的时候，匈奴非常强盛，屡次袭击汉朝的边境。晁错那时候就曾上书，说："以蛮夷攻蛮夷，中国之形也。"文帝当时是大为嘉奖。

由于这时河西走廊已经打通了，张骞一行也就不存在被匈奴控制的危险了，所以他们顺利地到达了乌孙。这个乌孙国的首都是赤谷城，距离汉朝首都长安有八千九百里。根据班固的统计，乌孙的人口约是六十三万，而军队则有十八万八千八百人。又据说，乌孙国跟匈奴人的生活习俗没什么大的区别，都是逐水草而居，牛羊吃到哪儿，人就跟到哪儿，正是所谓的四野为家。我们在前面已经讲了张骞的计划，知道这个乌孙国是搞定其他国家的关键，如果这个国家搞不定，其他就更是白忙活儿。所以张骞一行在面对乌孙国王的时候，非常小心。

担心什么就会来什么，尽管张骞一行非常谦卑，依然挡不住人家乌孙国王的"无礼"。其实张骞说乌孙国无礼真的是有点牵强，因为这是人家乌孙国正常的礼节习惯。只不过张骞是以汉朝的外交礼节来进行衡量的，因为无论是匈奴单于，还是乌孙王国，和汉朝都不是一个重量级的，他们充其量就是草原上的一个大头目；而汉朝，通俗地讲，则是整个天下的头目。而张骞是代表大汉天子来的，所以他觉得乌孙国王要按照见天子的礼仪来接待自己。不满之余，张骞说了一句话："天子致赐，王不拜，则还赐。"

此话翻译一下意思是这样的：我是代表天子来对你进行赏赐的，如果你不按汉朝的仪式拜见我，那就把赏赐还给我吧。

这也赤裸裸地表达了一点，那就是拿人手短。你要是不按照我说的做，不好意思，把钱还给我吧。

最后，也许是看在钱的份上，乌孙王最终还是按照张骞的要求办的，但衣食住行的规格，还是按乌孙王国的规矩来办。这些也就无所谓了，大面子保住了就行。

紧接着，张骞对乌孙国王说："如果你们乌孙能搬到东边原来浑邪王的地方，我们汉朝就送你们一个公主，并且咱们两国结为兄弟，从此一起抗击匈奴。匈奴要是欺负你，那就是欺负我，我们一定不会坐视不理。而且，以我们的合力抗击匈奴，谅他匈奴也不敢造次。"

面对这个条件，乌孙国王犹豫了。为什么呢？乌孙国王给出了两个理由：一是你说你们汉朝强大，但是我并不知道具体有多大，你要是骗了我们，那我们岂不是亏大了？二是搬家的地方是浑邪王的地盘，离匈奴也近，要是哪天匈奴看我不顺眼，挥马过来，那你们也是远水救不了近火啊。我们很长一段时间没有跟匈奴发生过冲突了，就是因为我们两国之间的距离远，所以还是呆在自己的地盘上比较安全。

事实上，这两点都算不上什么大问题，关键在于现在搬家不搬家这个问题，不是乌孙国王一个人能说了算的，因为现在的乌孙国已经一分为三了。

昆莫本来有十来个儿子，按照规矩立了长子为太子。但是昆莫的这个长子英年早逝了，按照规矩，就应该从别的孩子中另外挑选新的太子。但是早死的太子临死的时候对昆莫提了个要求，能不能立自己的儿子为太子。昆莫虽然觉得太子的要求有点过分，但一想太子这么年轻就死了，于是心软了，最终成全了早死太子的愿望，立了太子的儿子、自己的孙子岑陬为太子。

昆莫这样做，马上就有人提出反对意见了。反对的人是昆莫的另外一个儿子，名叫大禄。这个大禄在昆莫所有的儿子中是最牛的一个，因为他性格强悍，也擅长领兵，属下有数万骑兵，是天不怕地不怕的。有着牛资本的大禄在听了昆莫的决定后就发飙了，本来这个太子的位置很可能是他的囊中之物，现在是嘴边肉让人抢跑了，怎能不火大？他很快集结自己的兵力，向岑陬发起了进攻。

对于年事已高的昆莫来说，岑陬和大禄手心手掌都是肉。他没办法，为了岑陬的人身安全，只好分给了他数万骑兵，自己也留下了几万用来防身。要说大禄厉害，这个岑陬也不是好惹的，在看到自己的叔叔大禄向自己发起冲锋的时候，他就开始跟大禄对着打起来了。这样一来，原本完整的乌孙国就变成了貌合神离的三股势力，昆莫这个乌孙王，也变成了聋子的耳朵，由原来真正的国王变成了名誉国王，不能独自与张骞敲定东移之事。

国与国的关系，利益总是首要的，这个真理概没中外。乌孙国摆出

了这样的理由，也实在找不到答应张骞的其他理由，即便张骞再说下去，结果也很可能就是这样了。最后无奈的张骞只好不再勉强乌孙王，而是将目标转移到大宛、康居、大月氏、大夏、安息、身毒、于阗等国家的身上。但乌孙王也还算是义气，他给张骞派出了向导和翻译，并且护送张骞回国；还给汉武帝带了几十匹好马，用来答谢汉武帝。

张骞回到汉朝后，被汉武帝任命为大行（外交部长），位居九卿之列。张骞半生漂泊，在家仅待了一年多，就撒手人寰了。

纵观张骞的一生，他都在自己的梦里"金戈铁马"：他两次离乡背井，二十年游说四方；曾经因为领兵延误战机而判了死刑，最后被贬为平民；第二次出使西域，也没有完成自己的计划。但是罗马人民却因为张骞而领略了丝绸的华美，大汉子民也因为张骞品尝到了石榴的甘甜。张骞的生命并没有因此而虚度。

如果要用一句话来评价这个冒险家，也许阿波罗登月者阿姆斯特朗的话会比较合适："我以脚步登破母胎，啼哭着来到这世上；我又以脚步踏破铁鞋，量过这世界；我再以脚步，登上那个属于我的绚烂星空。"

张骞的一小步，正是中华民族的一大步！

后张骞时代

张骞虽然走了，但是千千万万个张骞站起来了。就在张骞死后，护送张骞回国的乌孙国使者向乌孙国王描述了汉朝的地广人多，物产丰富，乌孙国也因此开始跟汉朝交往。而张骞派出沟通大夏等国的使者，大多也不辱使命，同该国专使回朝面圣。西北各国也陆续和汉朝交往了。

对于远道而来的西域诸国，汉武帝自然不会让他们空手而回。这样一来就形成了良性循环：得到好处的西域使者，回到西域故地，用嘴巴传播汉朝的盛名。这样就吸引了越来越多的西域国家来跟汉朝交往。

在汉武帝时代，一共有三十六个西域国家跟汉朝交往。千万别被这些数目吓到，虽然数目很多，但是国家不大，一般是一城即一国，相当于希腊式的城邦国。也正是因为这些国家小，才经常被匈奴欺负。但现在汉武帝用自己的实力告诉他们：匈奴的好日子到头了！你们的好日子来到了！

这之后汉武帝派出了很多使者前往西北诸国，不管你是谁，也不管你是什么出身，只要你有胆量出使西域，汉武帝就会让你带些财物前往。

其实不用汉武帝这样子打广告，出使西域的人也早已经挤破了脑袋，对于这些穷人来说，这无疑是个发财的好机会。因为汉武帝给西域诸国准备的彩礼，不是支票，而是货真价实的黄金、绸缎和牛羊。这些东西，即使这些人在路上揩去一些，西域诸国也不会知道啊。

这些情况汉武帝知道吗？当然知道。但他必须装不知道，因为他如果表现的知道了，就没有人再替他卖命了。出使西域，道远的得八九年回来一趟，近的也需要两三年的时间；这么远的路，即使揩点油也是正常的。所以，出使西域的代表团一回来后，经过评估，成绩好的，汉武帝也就不跟他们计较揩了多少油了。

但评估不合格的，汉武帝就会不客气了。评估会不合格，就只能说明一个问题：财礼被这些人贪污得太多了。这种情况下，汉武帝一般会先治罪重罚，命令他们交钱赎人，然后将功赎罪，让他们再次出使。一次不行就来两次，直到成绩让人满意为止。

不得不承认这招根本就不管用，这些人受过罚之后，还会继续揩油。他们不是张骞，他们想的不是大汉朝能够多跟几个国家交往，他们想的只是自己能够拿到钱，然后携妻带儿，远走高飞。所以，出使团吃的回扣一次比一次多，西域国得到的财礼一次比一次少。久而久之，西域诸王就开始不高兴了。

当初张骞两次出使西域，之所以能载誉而归就是因为他讲诚信。张骞每到一国，给诸王的见面礼，都让他们觉得自己很有面子，答应给你

多少财礼，一分都不会少。这些西域国家的人都觉得张骞人厚道，所以愿意跟张骞往来，给张骞回礼。

一般情况下，诸国王的回礼，是给你更换马匹，补充粮食，配备随从，签发通行证等。也正因为这样，张骞才会顺利地回国。

但现在时过境迁，张骞这样诚信的代表团，已经一去不复返了。取而代之的，是这些揩油团。所以，西域诸国决定打击汉朝这些以吃回扣为营的代表团。

具体操作是：拒绝向汉朝代表团供粮供水，然后拒绝签发通行证。那时候汉朝通往西域有两条道，一条是南道，一条是北道。楼兰国在南道的要害上，车师国则在北道要害上。这两个国家不但不放行，居然还趁机打劫代表团，更可怕的是，匈奴居然也掺合了进来。

这一下子，汉朝的代表团就火了。因为楼兰和车师等国黑白不分，一棍子打死了一船人。

这些代表团的人回国后，就跟汉武帝告状了，并且说不能这么便宜了他们，还说已经想好了对付他们的办法。因为楼兰及车师等国，与匈奴不同。匈奴是马背上的民族，四野为家，但楼兰等国却有固定的城堡和军队，他们跟汉朝比起来根本就不是对手。

汉武帝最终批准了这个方案，他之所以同意，是因为代表团提到了一个关键词——匈奴。如果这些国家跟匈奴联合起来，那张骞的努力不就白费了？送出去的千万财礼不就打了水漂了？

很快，汉武帝就选定了两支军队，一支由公孙贺将军率领，共一万五千骑兵，自九原（今内蒙古包头市）出发；另一支由赵破奴率领，共一万余骑兵，从令居（甘肃省永登县西）出发，目标直指匈奴！

结果这两个将军搜索了半天，也没找到匈奴人的影子，最后只好班师回朝。

公元前108年，汉武帝再次出兵西域，负责人之一是赵破奴。汉武帝让他和另一位将军带领七百骑兵出发，目标则是楼兰和车师。

楼兰国，就是今天的新疆若羌县；而车师国，则是今天的吐鲁番市。几乎是在赵破奴空降楼兰城下的时候，楼兰国就毫无悬念地被他拿下了；然后，赵破奴继续北上，搞定了车师。

之后汉军继续向西挺进，很快就出现在乌孙国面前。但让乌孙国想不到的是，汉军在自己的国边上逛了一圈，就吹着口哨回国了。

从这之后，乌孙国王就开始睡不着了，因为乌孙国王认为汉军在自己的家门口遛一圈之后回去，就是先礼后兵，让他们好自为之。意思也就是说：如果你乌孙国不听话，很可能就是下一个楼兰国。

左右为难的乌孙

乌孙国王想来想去，也只有一个办法解决，那就是和汉朝和亲。但是亲近汉朝就意味着疏远匈奴，而疏远匈奴就意味着……

昆莫不敢再往下想了，也没办法再往下想了。现在汉朝强盛，西域诸国争着抢着依附汉朝，而不趋附的下场也很明显，楼兰和车师就是最好的例子。现在连月氏和大宛都和汉朝建立了友好合作关系，他乌孙国还能孤木独撑吗？

当然不能了！

于是，在大势所趋之下，乌孙王就开始向汉朝靠拢了。但是消息飞到匈奴那里的时候，不出意料的，匈奴单于怒了：

"没有我匈奴，你昆莫哪有哺养之地；没有我匈奴，你昆莫怎么会有复国之师。"在匈奴单于眼里，现在的昆莫就是个十足的大汉奸，再跟他讲别的都是没用的，最好的办法就是用马刀来说话。

很快，匈奴单于就派人给乌孙王捎去了一句话："睡觉的时候，别忘了关门。"弦外之意就是：小心点，我很快就来打你了。

凭着自己多年来对匈奴的了解，昆莫知道匈奴这句话不是戏言，而

是动真格了。如果这句话放在二十年前，他昆莫眼一定眨也不眨。但现在的昆莫已经老了，而国家也一分为三，人心不齐。如果真的动起手来，乌孙肯定是凶多吉少。

怎么办呢？

就在这紧急关头，昆莫想起了一个名字：大汉。汉朝不是说我是他的结拜兄弟吗？不是说匈奴欺负我就是欺负他吗？既然这样，我现在就要被匈奴欺负了，那汉朝也不会坐视不理吧？

之后昆莫就派人向汉武帝表达了自己的想法。昆莫以为，汉武帝一定还会像当年一样，非常乐意跟自己交往。但是，很不幸，昆莫错了。

当年张骞向乌孙王提出交往的想法的时候，被没有远见的乌孙王硬生生地拒绝了。现在乌孙用到汉朝了，就又开始向汉朝表示想要结盟的美意，是不是太晚了？国家之间的交往，在互惠互利、平等的基础上才会结成外交联盟，现在你有求于人，自然是矮人一头了。

果然，汉武帝听了乌孙使者的话后，没有说行也没有说不行，只是说再研究研究。这句话的潜台词再明显不过了，就是说这件事没有百分之百也有百分之九十九的不可能了。因为这件事的主导权在汉武帝手里，他一定要等乌孙拿出更大的筹码后才会答应这件事。好在乌孙明白这样的道理，没有继续争辩，而是耐心地等待。

果然之后不久，汉武帝就给出了答复：同意跟乌孙国建立兄弟关系，但是如果乌孙想要娶汉朝的公主，还是先凑足聘礼吧。听到这样的条件，不知道乌孙王会不会后悔。这就叫打着不走，牵着倒退。

现在后悔也没有用了，还是那句话，形势逼人。反正现在在汉朝这门亲戚是攀定了，昆莫只管准备好千匹好马，送给汉朝吧。汉朝毫不客气地照单全收，同时订好了乌孙迎亲的日子。

公元前105年的秋天，汉武帝封江都王刘建的女儿刘细君为公主，嫁与乌孙王。出嫁那天，整个西域都震动了。他们之所以震惊，不是因为昆莫这个老头娶到了汉朝公主，而是汉朝送来的嫁妆。当时的班固用四个字形容它，那就是：赠送甚盛。

究竟盛到了什么程度，我们不得而知。但我们可以想象，汉武帝为人一向大方，这次公主出嫁，自然也是大手笔。事实上，汉武帝这次也充分照顾了乌孙王的面子，仅替公主配备的随从，就有数百人，还有络绎不绝的车队，所以一路上是烟尘滚滚。

就在汉朝这边和乌孙轰轰烈烈地送亲迎亲时，匈奴那边非常戏剧性地提出：不打了。并且，很快匈奴单于派人将他的一个女儿也送来了，说也要跟乌孙结成亲家。

这等好事昆莫自然是不会拒绝，白送上门的干吗不收？于是愉快地收下了。昆莫用一千匹马，换了两门亲家，两个美女，N 多嫁妆。昆莫的这单生意，可真的是赚大了。

只是可怜了刘细君公主，这个政治婚姻的牺牲品，她梦想的美好而浪漫的爱情就此画上了句点。她现在要做的就是努力跟昆莫套近乎，替他生儿育女，盼望着有朝一日能将自己的儿女送到汉朝认亲拜祖，也不枉牺牲自己的爱情了。

但是，刘细君公主这个小小的愿望也是非常难实现的。因为一年三百六十五天，绝大多数的时间里，她都是形单影只的一个人。昆莫很少来看她，即使来了也只是吃过饭就走人。想想，这样的情况下又如何生儿育女呢？

这当然不是因为昆莫讨厌公主，而是因为昆莫不但老了，而且两个人之间基本上就是鸡同鸭讲，语言不通想要沟通也不可能，昆莫也只能无奈地让汉朝公主继续独守空房了。

这样一来，汉朝公主就更加想家了，谁又能懂她独自一人的寂寞？

其实昆莫对于公主的心思是非常了解的，只是自己没有办法替她分忧罢了。就在汉朝再次送来礼物的时候，昆莫决定跟公主好好谈一谈。昆莫只跟刘细君公主说了一句意味深长的话："我老了！"

刘细君公主伤感地说："我早知道你老了。"

昆莫接着说："可是我的孙子岑陬还年轻。"

刘细君不知道昆莫在想什么，只是疑惑地看着这个老人。

昆莫看公主不懂就说："我死后，你就跟我孙儿一起过吧。"

这下，公主恍然大悟了。原来昆莫一直盘算的是将自己留给他的孙子啊。按照辈份，那个岑陬应该叫自己的奶奶啊。母子乱伦听说过，但是奶奶和孙子乱伦是不是太荒唐了？这事要是发生在汉朝，那是会被装猪笼、割舌头、四捆六绑、抬上火架，把你煎死才罢休的。

刘细君震惊之后，一口拒绝了昆莫的要求，并且给汉朝写了一封信，

哭诉了昆莫荒谬的想法。

汉朝给公主的答复却并不尽如人意，只有一句话："从其国俗，欲与乌孙共灭胡。"大概意思就是：入乡随俗吧，只能委屈你了，我们必须联合乌孙灭掉匈奴。这样一来，只能答应乌孙的所有要求，不管是合理的还是不合理的。公主这时候也没有别的办法了，汉朝都已经这样说了，就将自己所有的退路都堵死了。当年霍去病不是说"匈奴不灭，何以为家"吗，为了自己的国家，又有什么不能忍呢？于是公主继续留在乌孙，做了自己孙子的老婆，因为这是乌孙的传统：新乌孙王对旧乌孙王的所有财产，都具有继承权和使用权，包括女人。

也许对于刘细君公主来说，她已经没有选择，但正是她这样的选择，成就了汉朝。这个只身远在他乡的女子，同样是值得我们敬佩的！

巫蛊案

第六章

　　人非圣贤，孰能无过?汉武帝的一生虽有过轰轰烈烈的功绩，但也有为人不齿的劣绩，最大的错误，莫过于巫蛊。

　　那是个人人谈巫蛊色变、玩巫蛊丧命的年代，不过一个人除外，这个人就是江充，因为他是汉武帝的心腹，正好可以帮助间歇性健忘的汉武帝除掉可疑的人。然而，江充的出现，也使得汉武帝的亲三儿子成为冤魂一缕，为之涂炭的生灵更是数不胜数。

巫蛊害死人

汉武帝的一生，堪称雄才大略，他的雄才大略、文治武功使汉朝成为当时世界上最强大的国家，但是汉武帝也是一个人，一个有着七情六欲的人，人非圣贤，孰能无过？所以，在汉武帝光芒耀眼的背后，我们也会看到种种让人震惊的错误。巫蛊就是其中之一。

传说，巫是指能用祭祀或者咒语驱使鬼神降祸于他人的人；而蛊则是一种神秘的有毒的虫子，这种虫子看不见，摸不着，人们感觉不到它的存在。据说蛊一旦进入人体，便百药无效，受蛊之人只能十分痛苦地死去。

在某个传统的民族中，女人会下蛊，用以惩戒不忠的男人。但在汉朝，下蛊的对象不单单是不忠的男人，还有可能是别的。

公元前130年的秋天，长安宫中发生了一件轰动天下的大事。这就是当时著名的巫蛊案。而案件的主谋，正是汉武帝的陈阿娇陈皇后，她谋害的对象，则是一个柔弱女子，卫子夫。当然，那时候的卫子夫已经不再是原来的身份，而是汉武帝的一个宠妃。

有句话说得好，世界上没有无缘无故的恨。陈阿娇之所以要对卫子夫下这样的毒手，正是因为她已经渐渐失去了汉武帝的宠幸，而汉武帝移情别恋的对象正是卫子夫。陈阿娇身处后宫，却不懂得后宫的游戏规则，不知道皇帝不讲究专一，也不讲究忠贞不二。叫一个后宫养着三千佳丽的皇上眼中只有你一个人，是不是在痴人说梦？陈阿娇却一直在做这样的美梦，最终也让这梦伤了自己。

被妒忌折磨的陈阿娇的日子，可谓苦不堪言。更让陈阿娇不能忍受的是，自己花了九千万治不育症，最终竟没有任何效果。而卫子夫，这个女人的肚子简直太争气了，在汉武帝第二次临幸的时候，就传出了好消息。这使得陈阿娇越发眼红了：没有孩子也就意味着皇后的位置即将不保，古代的法律规定，皇后没有儿子，就可以被理所当然地废黜了。陈阿娇的母亲——长公主刘嫖听说卫子夫怀上汉武帝的孩子的时候，曾经想将卫子夫的弟弟卫青杀掉，但是福大命大的卫青最终活了下来。这件事被一直寻找机会惩戒长公主的汉武帝大加利用，长公主从此也就不敢再轻举妄动了。

陈阿娇没了母亲这个靠山，而汉武帝的翅膀却越发硬朗了，自己应该怎么办？走投无路的陈阿娇最终选择了一条不归路——咒死！

所谓的咒死，就是利用巫蛊对当事人进行封建迷信的诅咒。现在再看巫蛊，不过就是人们恐惧苦闷的心魔罢了。

陈阿娇为了诅咒卫子夫，让人做了很多的木偶，上面写着卫子夫的姓名和生辰八字。然后让巫师将木偶人埋到地下，再招一帮女弟子，跟着自己画符念咒，诅咒卫子夫。这个方法简单易行，即使没有真的起到诅咒作用，至少也能从心理上起到一定的安慰作用。但是，被妒忌冲昏头脑的陈皇后没想到的是，这套方法虽然简单易行，也能泄愤，却也能泄露秘密。一旦木偶被人找到，那些巫师也就浮出水面了，人证物证俱在，到时候就真的死定了。

利润有多大，风险就有多大。正在为诅咒了卫子夫而高兴的陈阿娇，没想到自己真的被人揭发了。汉武帝听到举报之后，没发火，也没忙着治罪，而是找了一个人来调查这件事。这个人，就是我们会在后面讲到的汉朝著名大法官——张汤。

张汤是汉朝著名的酷吏，这个酷不是装酷的酷，而是冷酷的酷。张汤从小就有很强的执法办事的法律精神，现在蒙皇上爱戴交给自己查案子，自然会不遗余力。张汤立案侦查，结果发现最大的嫌疑人竟然是当今皇后，而被牵连到的人，更是高达三百余人。这三百多人还好说，张汤给他们写好了死状词后，就被推到街上斩首了。但这个最大的嫌疑人陈皇后，张汤就没有能力主审了，他就又将这块烫手的山芋丢给了汉

武帝。

汉武帝恨陈阿娇母女已经很久了，自己这个大姑妈太贪婪专横，而这个表妹更是专横霸道。现在，正是一个绝好的机会来处理她们。于是汉武帝就下了一道诏书，诏书原文如下："皇后失序，惑于巫祝，不可以承天命。其上玺绶，罢退居长门宫。"

7月9日，汉武帝撤销了陈阿娇的皇后头衔，将她幽禁于长门宫。这个长门宫，本来是刘嫖的。早年它是长公主的后花园，后来转到汉武帝名下，汉武帝将其改为长门宫。而现在汉武帝将陈阿娇幽禁在长门宫，实行的也正是退货政策：从哪里来，回哪里去。遥想当年汉武帝被长公主刘嫖抱在怀里，许诺要是阿娇嫁给自己，就会盖个金房子让她住。而陈阿娇从一个金屋藏娇的浪漫梦幻开始，最终却以一个长门之怨收场，也着实悲哀。十几年的夫妻，毁于一旦。

忆往昔，承诺既出，满堂皆欢喜。拾眼前，伊人在，恩情绝。满地黄花堆积，只落得个飘零菊花命。

巫蛊还在继续

陈阿娇已经由原来集万千宠爱于一身的陈皇后变成了长门怨妇，属于她的时代已经远去。时间继续流淌，故事还在继续。而巫蛊的阴影却越来越严重，尽管汉武帝已经采取了一定的防治措施，但依然挡不住巫蛊的泛滥。

也许开始的时候，年轻力壮、意气风发的汉武帝根本就不相信巫蛊

的存在，但是到了晚年，汉武帝的体质越来越弱，身形越来越佝偻，巫蛊的魔力在他心中也越来越大。汉武帝寝食难安，日思夜想：是不是正有人用巫蛊来诅咒我，要不为什么我的身体会越来越差？

当然，这种情况的出现还有一个背景是不得不提的。汉武帝天汉年间，国内开始大范围的流行疫病，现在看来这种疫病可能是来自匈奴发动的生物战。因为汉武帝在位的时候不断对匈奴发动大规模的战略进攻，迫使匈奴王庭远迁漠北。为了阻挡汉军的进攻，匈奴就开始使用"胡巫"的萨满巫术。这种巫术的"诅军"方法之一，就是将疫马、牛、羊等埋到汉军经过的水源源头上，或者将染有烈性病毒的疫马施放给汉军，以这样的方式把病毒传染给汉军，使汉朝的人和畜感染疾病，疫病最终随着汉军传染到了长安。年轻的霍去病英年早逝，应该也是感染了当时没办法杀死的病毒。

到了汉武帝中后期的时候，大规模的疫病就开始在全国流行了，汉武帝也没能幸免，体质越来越差的汉武帝就开始怀疑自己是不是中了巫蛊之术。所以说，巫蛊的流行正是在疾疫流行的背景下发生的。

那时候的科学技术还远远没有发达到现在这个地步，所以对于一些身体上的异样难以解释。汉武帝身体之所以越来越弱，跟他常年操劳国事有关，更跟匈奴病毒的传入有关。然而太医解释不了汉武帝的身体为什么会这样，巫蛊之风又越刮越烈，汉武帝向巫蛊靠拢，也算是情有可原吧。但是，他的靠拢，却让很多人付出了血的代价。

第一个倒霉的人，正是曾经历过多次大起大落的公孙敖。尽管公孙敖打仗不是很厉害，但仗着跟卫青的交情，他也沾了不少的光。只是天下没有免费的午餐，没有人能一直只捡便宜不吃亏，很快，公孙敖就开始倒霉了。

公元前96年的4月，对公孙敖来说，是一个无比绝望、无比黑暗的日子。就在这年春天，公孙敖结束了自己的一生。

事情的起因是公孙敖的妻子被人发现玩弄巫蛊。这事要是放在前几年，估计也没什么大不了，但当时的汉朝正是人人谈巫蛊色变的时候，玩刀玩火都是小事，如果敢玩巫蛊，只能说明一个问题，那就是这个人已经活腻了。

因为只要这会儿被人查出来玩巫蛊，就会被抄家，还要连累一族的人跟着他一块死。现在公孙敖的妻子被人发现玩巫蛊，结局自然也好不了。很快，已经经历过多次大风大浪的公孙敖就被汉武帝拉出去，腰斩了，他的一族人也没有一个能幸免。

这件事之后，汉武帝以为公孙敖已经被砍了，以后就算是有人要玩巫蛊，也要考虑一下自己的腰板是不是够硬，能不能挺得住大刀的"砍伐"。这招就叫杀鸡儆猴，为的就是震慑其他玩巫蛊的人，不要随意玩弄那个害人的东西。但让汉武帝没想到的是，这只是一个小小的开始，甚至连正式开始都算不上，还有更大的案子在后面等着他呢。

真正的可怕拉开序幕了！

时间快速流转，很快过了四年，真正吓人的大巫蛊案拉开序幕了。

公元前 92 年的 4 月，发生了特大的旱情，百姓的日子可想而知，而且那年的怪事儿是一件接一件。汉武帝就撞上了一件大的。彼时汉武帝正在建章宫度假，建章宫是位于长安城外的一座宫殿，大热天的这里面还算比较舒适。但就在汉武帝享受安静舒适的时候，他突然看见一个人远远地朝自己走来，身上居然佩戴着长剑穿过了中龙华门。汉武帝眼疾手快，赶紧派人前去拦路捉拿，结果剑客被吓到，丢下剑就逃命去了。虽然这个人没有把汉武帝怎么样，但已经完全打扰了汉武帝的静修。他不知道这个人是怎么进来的，难道他会隐身术？因为在汉武帝责问门卫长官的时候，门卫说自己既没看见人进来，也没看见人出去。这一下子汉武帝就更加疑惑了，如果不是自己曾经派人吓跑了刺客，甚至都会怀疑自己是在梦中见到的这个刺客。问题是既然不是做梦，那这个人为什么会出现？建章宫的戒备极其森严，剑客好像就是在他自己的家一样来去自如，在大内高手的追击下，居然也能逃之夭夭，好像有什么天生的神力一样。汉武帝思考了半天也没想明白，只能得出一个结论，这个人是个武功高强的异人。而他既然能在建章宫来无影去无踪，只能说明他早已经踩好了点儿，摸透了这里的门道，是早有预谋的。

想到这里汉武帝出了一身冷汗，建章宫戒备森严居然还能让人这般来去自如，他要是想要自己的性命还不是易如反掌的事儿？那些给自己把关门禁的人都是饭桶吗？居然这么一个大活人都看不到，是干什么吃的？盛怒之下的汉武帝就将门卫最大的头头儿门卫长官斩了，杀鸡给猴看。

门卫长官虽然被斩了，刺客却还没有找到。汉武帝紧接着下令，无论花多大的代价都要把那个刺客找到，就算是挖地三尺也要把他挖出来。

至于怎么挖，到哪里去挖，汉武帝已经做好了充分的安排。他先派人去上林苑搜，上林苑是汉武帝打猎度假的猎场，这里林子虽然不大，但是什么鸟都有，正是江湖异士藏身的绝佳场所。除此之外，汉武帝还命人大关长安门，挨家挨户地搜。就算是这样地毯式的搜索，在十一天的时间里，还是没有找到任何可疑的人，甚至连一个鬼影都没找到。

这下子汉武帝开始郁闷了：究竟是谁要跟我刘彻过不去呢？

其实这时候汉武帝心里也不是没有怀疑对象，他之所以没有派人将这个疑似犯人捉拿归案，就是因为他怀疑的这个人是个江湖大侠，现在不知道躲到了哪个山沟沟里，根本不见人影儿。

这个时候，汉武帝的内心被现实严重伤害了，内心的挫败感越来越强烈。自己纵横天下大半辈子，什么大风大浪没见过，现在居然就被一个嫌疑犯给绊住了双脚，这样大规模的搜索竟然找不到一个人，我情何以堪？

就在汉武帝备感挫败的时候，有个人主动站出来要给汉武帝排忧解难了。他对汉武帝说，皇上别忧虑，不就是一个游侠嘛，我保证给你捉拿归案。

这个人正是公孙贺。我们在前边曾经介绍过公孙贺，也曾着重说过他背后的光环。公孙贺能说这样的话，自然是有几把刷子的。没有金刚

钻哪能揽得了瓷器活儿呢。班固曾经这样评价公孙贺，说他少为骑士，从军数有功。后来公孙贺由汉武帝的舍人变成太仆，又娶了卫子夫卫皇后的姐姐为妻，一下子就荣升为皇亲国戚了。之后的公孙贺更是一路绿灯闪耀，马上就要荣升为丞相了。就在汉武帝说要立他为丞相的时候，公孙贺却死活不答应了。

为什么他死活不接受呢？道理很简单。公孙贺不是傻子，他当然知道自汉武帝上台以来，几乎没有一个丞相可以善始善终的，这是有例为证的。除了公孙弘和石庆之外没一个得好死的。窦婴被砍头弃市；田蚡虽然没被砍头，但却是被活活折磨死的；李广的堂弟李蔡因为占了皇家的土地，被人家砍头致死；庄青翟因为联合朱买臣搞掉张汤，也没逃过汉武帝的一刀；甚至连大家都陌生的赵周，最终也是不得好死。赵周之后的丞相石庆，虽然他是汉朝出了名的老好人，却依然被汉武帝横挑鼻子竖挑眼，挑出一大堆错来。最后，因为办事不利而获了罪，自己交钱赎人了。他虽然不是不得好死，但他死后所谓的万石君的光荣历史，也就彻底终结了。

所以，种种迹象表明，丞相这碗饭不是谁都可以端起来的。公孙贺了解前几任丞相的死法，更了解自己的脾气，时刻铭记自己是个有血有肉有脾气的军人。石庆那样的老好人在汉武帝手下尚且干不下去，我这个有脾气的人又怎么能干得下去呢？所以在汉武帝说让公孙贺接石庆的班的时候，他是死活不答应的。砍头掉脑袋的事儿，谁愿意做呢？

汉武帝是个固执的人，他说让公孙贺当丞相，是十头牛也拉不回来的。在汉武帝拜公孙贺为丞相的那天，公孙贺急得跪在地上不停地哭，誓死不接受封印，丞一边哭，一边抹着眼泪说："臣不才，出身卑微，只会弯弓射箭，战场杀敌，实在无力承担丞相的重任啊。"

公孙贺哭得如此惊天地泣鬼神，汉武帝也不由得跟着掉起眼泪来。汉武帝对左右说，快将丞相扶起来。公孙贺却执意不肯起来，因为他心里清楚，自己一旦起来，就算答应了汉武帝的封赏，更是答应将自己的脑袋和全族人的脑袋一并交出去，任人随意乱砍了。只要自己一直不起来接受大印，皇上也就不会再为难自己了。

不幸的是公孙贺错了，虽然他一直长跪不起，汉武帝却有他的办法，他突然改变了策略，将原来的好言相劝变为冷处理，转身拂袖而去。这

下子公孙贺没招了，只好乖乖站起身，拍拍身上的灰尘，接下了那个人见人怕的衰丞相印。

公孙贺的预感很正确，就在不久的将来，这个衰丞相印，果然就给他们家带来了噩耗。

厄运的始作俑者是公孙贺的儿子公孙敬声，这个公孙敬声是个典型的富二代。种种历史迹象表明，如果富二代的家教不是很严的话，很容易惹下滔天大祸。现在有杭州的飙车人，古代就有公孙敬声。

在公孙贺做了丞相之后，公孙敬声就接了父亲的班，做了现任太仆。在公孙贺战战兢兢地接过丞相的大印后，公孙敬声却开始牛气冲天了。他觉得自己的家族简直是太荣耀了，自己的父亲是丞相，自己的母亲是皇后的亲姐姐，自己又是部长级的高官，享受着国家的俸禄，这样的家庭要是犯个什么事儿，不就是让蚂蚁咬了一口吗，有什么大惊小怪的呢？怀揣这种想法的公孙敬声开始了挥金如土、骄奢淫逸的生活。我们知道，任何坏事的发生，都是因为人没能真正地认识自己的能力，没能正确评价自己。公孙敬声如此不知天高地厚，等待他的也只能是身首异处。

就在公孙敬声享受挥金如土的潇洒时，突然发现自己手中的银子不够填补花钱出现的缺口了。这可怎么办？很快，自恃聪明的公孙敬声就想出了一个填补空白的好方法：捞钱。这个富二代公孙敬声将主意打到了什么身上？北军身上！而且一捞就是一千九百万！众所周知，北军是皇城根儿底下的战略预备队。汉代保卫京师的军队有长安城南的南军和城北的北军两大阵营，南军主要负责大内皇宫，而北军则负责保卫长安及京畿地区的安全。关键一点是北军本来就是清水衙门，平时连发工资都是难事儿，汉武帝想了半天办法才从京城阔少那里敲来了一笔军饷，没想到却被这个公孙敬声钻了空子，换你你不生气？公孙敬声脑袋进水地将主意打到了军队身上，这不是明白着找死吗？

很快，公孙敬声的事情就败露了，长安那些酷吏一点儿不含糊，将公孙敬声治罪下狱。

这时候事情就要回到公孙贺对汉武帝说自己可以帮助他排忧解难的时候了，公孙贺说这话那会儿，正是公孙敬声被抓进监狱之后。公孙贺之所以这样说、这样做，正是希望通过抓住嫌疑犯来赎自己儿子的罪。汉武帝最终答应了这个条件。

雄韬伟略——汉武帝传

汉武帝将自己怀疑嫌疑犯是闻名长安的游侠朱安世的想法告诉了公孙贺，公孙贺就开始抓人了。谁也不知道公孙贺用的是什么办法，反正最后让他将传说中的大侠朱安世捉拿归案了。但当朱安世听说公孙贺拼死拼活地抓他是为了给自己的儿子赎罪的时候，却仰天长笑了。大侠果真是大侠，风度就是不凡，死到临头依然如此洒脱。

朱世安放出风声："丞相全族人，就要完了。"

风声放出后不久，朱世安就从狱中传出了一封信，说要告公孙敬声和阳石公主私通。这个阳石公主就是汉武帝和卫皇后生的女儿，算起来应该是公孙敬声的表姐或者表妹。这还不算，更可怕的爆料还在后面，朱世安说公子敬声知道皇上经常去甘泉宫，曾经叫人在驰道中间埋了木偶，用来诅咒皇上。

告状书很快就传到了汉武帝手中，汉武帝派人去查，果真在驰道中间挖到了木偶。这时候就算是公孙敬声有千张嘴也说不清了。

不久，公孙贺全族被诛杀。又不久，阳石公主、诸邑公主，甚至连卫青的儿子卫伉，也因公孙贺的巫蛊案株连，人头落地。公孙贺的预感灵验了，汉朝最恐怖的巫蛊案，也就此掀开了最可怕的序幕。

卫氏家族落幕

不得不承认，汉武帝是个"大义灭亲"的皇帝，阳石公主和诸邑公主作为他的亲生女儿，杀死她们的时候汉武帝连眼睛也没眨一下，可见巫蛊对汉武帝的毒害之深。

历史从来不相信眼泪，任何一段历史都是在鲜血和悲号中前行，在得宠和失宠之间交替的。对于汉武帝这样的做法，也许别人会认为只是单纯的巫蛊惹的祸，但事实上真的是这样吗？也许卫皇后并不这样认为。当年卫皇后一人得宠，可谓鸡犬升天。再加上卫青和霍去病又在战场上大扬汉朝的国威，建立了赫赫战功，卫氏家族的荣耀可谓是登峰造极；可现在，卫皇后的两个女儿，卫青的儿子，早已化作了冤魂。手起刀落，表面上斩断的是几个人的头颅，但实际上却是卫氏家族的尊崇和荣耀。

　　卫皇后能得出这样的结论并不是凭空想象的。从来以色事君的人，都知道这样一潜规则：色旺宠旺，色衰宠衰。卫子夫身处后宫，不会不明白这样的道理。凭着女人特有的直觉，卫子夫早就发现皇上的心不在自己身上了。卫子夫想得不错，此时汉武帝的心思确实已经不在她身上，而是转移到别的女人身上了。这些女人是谁？其中有两个是世人公认的，一个是在她死后还让汉武帝念念不忘的李夫人，另一个则是手心握着小玉钩的钩弋夫人。她们跟已经年老色衰的卫子夫相比，正是年轻貌美的时候。卫子夫的皱纹、眼袋、黑眼圈和那两位夫人的脸色桃红、皮肤紧绷、身材苗条相比，自然是没有任何竞争力的。

　　如果卫青还活着，霍去病也不英年早逝，也许卫氏家族也不会落到今天这个下场，但是历史从来就没有如果。现在的卫氏家族确实已经岌岌可危了，而这些更直接撼动了太子刘据的地位。

　　卫皇后一共生了四个孩子，三个女儿死了两个，现在就只剩下一个女儿和儿子刘据。我们在前面也说了，陈阿娇虽然是汉武帝金屋藏娇的第一个女人，但无奈这个女人努力了很多年就是没有孩子。开始的时候汉武帝还耐心等待，但无奈左等右等就是没有孩子出来，失望至极的汉武帝决定不再等了。之后汉武帝结识了卫子夫，在第二次临幸卫子夫的时候，她就争气地怀孕了。后来，在公元前128年，卫子夫更是幸运地生下了刘据，这才让陈阿娇妒忌得发狂，对卫子夫施用巫蛊，想要咒死她。

　　刘据的诞生，对于汉武帝来说是极其兴奋的一件事。刘据出生的时候，汉武帝已经二十九岁了，二十九岁对于现代人来说都是晚婚晚育，更何况是两千年前的汉朝。所以，刘据是汉武帝盼星星盼月亮盼来的，这样的盼望能不对刘据恩宠有加吗？所以，刘据出生的那一年，卫子夫就被汉武帝封为皇后，从此母仪天下，陈阿娇也从此告别了皇宫的一切。六年后，刘据被"老"来得子的汉武帝封为太子，从此更加尊崇娇贵。

在古代的皇宫，太子的位置是众多嫔妃争夺的焦点，只要哪个妃子被皇帝宠爱，那她的孩子就很可能成为皇帝的候选人。远的不说，就说汉武帝刘彻，当年的太子是刘荣，但是后来王美人得宠，栗妃被汉景帝逐渐疏远，刘荣的太子位置最终成了刘彻的囊中之物。所以，幸运这个东西太虚幻，它是看不见摸不着的，即使你现在幸运，也并不代表会一辈子幸运，说不定什么时候就会有人出来跟你竞争太子，甚至将你从太子的位置上挤下来。现在的刘据，正在经受这样的考验。尽管他是个好孩子，小时候懂事听话，长大了谦虚有礼、待人宽厚，但不是任何一个好孩子都会得到上天的眷顾，会一直有糖吃。命运给懂事的刘据安排了这场生与死的考验，是任何人都不能改变的。

卫氏家族随着卫子夫的年老色衰而逐渐失宠，甚至开始狼狈不堪，卫子夫已经敏感地察觉到了这点，而且她同时发现刘据的地位也开始摇晃。因为，已经有很多的竞争对手站了起来。

王夫人及其子刘闳；李姬及其子刘旦、刘胥；李夫人及其子刘髆。除了这些，还有一个更厉害的，那就是钩弋夫人的儿子刘弗陵。在刘弗陵出生的时候，就传说他是被怀了十四个月之后出生的。如果这个结论放到今天，一定会被人认为是死胎或者是编造的，因为它太违背科学根据。我们有理由相信，即使古代的科学技术不发达，也不会出现怀胎十四个月的现象，唯一可靠的解释，就是这种说法是编造的，而编造的目的正是为了造势。

之所以说是造势，是因为早在远古时代，就曾有一个伟大的人是怀胎十四个月后诞生的。这个人就是尧帝。传说中的尧帝一直都是儒家人的偶像，因为他不但创立了一个美妙的政治时代，还创造了一个禅让的美妙时代。千年以来正是尧帝的传说鼓舞了读书人不断奋进，他们奋斗的目标，正是渴望能使中国政治返朴归真，再现尧舜政治。

而现在刘弗陵竟然会在若干年后，跟尧帝一样怀胎十四个月后出生，这不就预示着刘弗陵就是这个时代的尧帝吗？如果刘弗陵是尧帝，那汉武帝的身份自然也就不一般了。因此，汉武帝在听了这个说法后，就将钩弋夫人居住的钩弋宫改成了尧母门。我们相信汉武帝其实知道这种说

法是不可能的，他之所以会这样表示相信，正是因为汉武帝宠幸钩弋夫人，想将太子的位置交给刘弗陵。

对于汉武帝这样的做法，卫子夫不可能看不出个所以然来。她当然知道，太子这个位置从来就不是终身制的。它就像一马车，技术过硬，可以顺风顺水地开到皇帝的大道上；技术不过硬，就可能在半路被其他车手一把撞进悬崖，别说太子位置不保，命能不能保住都得两说了。

现在，汉武帝的四个儿子的崛起，已经将刘据保住太子的成功率由原来的百分之百，降低到了百分之二十五。而这百分之二十五能不能保住还得两说，因为汉武帝对刘据这个儿子并不是很满意。为什么？就是因为他觉得这个刘据太不像自己，而且刘据为人太厚道，才华也不出众。

想当年，刘邦曾一意孤行要将刘盈废掉，改立刘如意为太子。原因之一就是刘盈一点儿也不像刘邦，而刘如意小小年纪就已经继承了刘邦所有的优秀基因。如果不是张良给吕雉支了一招，请出商山四皓保住了刘盈，那汉朝的历史，很可能就是另外一幅光景了。现在汉武帝也有了当年刘邦的感慨，自己纵横天下大半辈子，建立了无数功业，为什么刘据这样宅心仁厚，没有半点乃父之风呢？英雄从来就是爱英雄的，所谓惺惺相惜就是这个道理。

对于汉武帝的心思，明眼之人已经看得一清二楚。对此，汉武帝曾经有过掩饰，那时卫青还在人世，为了安抚卫子夫和刘据，汉武帝曾对卫青说过这样的话："你们尽管放心，我不会随便换太子的。我现在以武力讨伐天下，就是为了给太子创造一个好的治理环境。如果将来的太子还像我一样尚武无度，那汉朝还能经受得了这样的折腾吗？"

话的意思很明显，就是我现在尚武无度，我不会再找一个跟我一样的人做太子，而是找一个宽厚的人来治理国家，这样百姓就不会怨声载道了。卫青将汉武帝的话传达给卫子夫的时候，就好像是给卫子夫打了一针强心剂，平复了她焦躁的情绪。但是卫青死后，游戏规则也开始悄悄地发生了变化，等卫子夫的两个女儿被汉武帝以巫蛊罪杀掉后，一切就都趋向明朗化了。再到后来，汉武帝将钩弋夫人封为尧母，傻瓜都看得出，卫家的地位，已经摇摇欲坠了。命运的车轮已经开到了悬崖处的拐弯，只差一个撞车的人出现。不幸的是，这个人很快就出现了，他轻轻地在车后一推，刘据就跌下悬崖，粉身碎骨了；这个人当然也不会善始善终的。

防不胜防的小人

一般本命年的时候，很多人都会给自己买红袜子穿，美其名曰踩小人，因为据说在本命年这年会有很多的衰事发生，不得不防会在背后阴你的小人。但是小人这个东西是无处不在的，不一定只会在你的本命年出现，也不是你说防就能防得了的。现在，对于刘据来说，就遇到了生命中防也防不了的极品小人——江充。

江充是赵国邯郸人，原名叫齐。还是江齐的时候，他是赵王刘彭祖的座上宾。

汉朝人都知道，刘彭祖可不是一般的善类，他阴险、狡诈、苛刻、诡辩，是无人不知无人不晓的。他在位的五十多年间，二千石级的官员就没有能任满两年的，刘彭祖有自己的招数对付这些官员，让他们听自己的话。首先，一闻知相国从中央来，刘彭祖总是穿戴整齐，出门远迎。其次，就是麻痹对方，不是设疑诈对方说错话，就是设圈套让对方钻。最后，记录对方的错误言行，一旦对方要跟他过不去，他就搬出这些备案录威胁他们。到最后，对方只有落荒而逃，避之而不及。所以，在刘彭祖这样的领导的带领下，要想混下去怎么着也得有两把刷子吧。物以类聚，人以群分。江齐混到座上宾的位置可想而知也不是什么好鸟儿。

江齐之所以能混到今天这个光景，也是好风凭借力的结果，这"力"就是他的妹妹。江齐的妹妹能歌善舞，人长得也很漂亮，在表演的时候被赵国的太子丹看中，纳了妾。一人得道，鸡犬升天。江齐借着

— 219 —

妹妹的梯子，再加上自己的脑筋，就混到了一个不错的位置。但后来，就在江齐还在梦想着自己有一天可以继续高升的时候，有一个人开始找他的茬儿了，这个人就是他的妹夫，太子丹。其实江齐被人家找茬也是事出有因的，因为他在跟赵王喝酒的时候，居然将太子丹那点儿不堪的往事全都爆料给赵王了，你揭人家的老底儿，还想让人家对你谦卑有礼，是不是太异想天开了？

但江齐这么多年也不是白混的，太子丹的人还没到，他就脚底擦油——溜了。但江齐的父兄就没有这么好运了，太子丹在久寻不见江齐的情况下，一怒之下就将江齐的父兄们斩首弃市了。到这个时候，即使江齐变身为老鼠也不能继续在赵国混下去了，唯一的办法就是另谋他处。

对于江齐这种人来说，无论去哪儿，都不是大问题，当初，他不光是靠赵国的关系网才爬到座上宾的位置的，更重要的是靠自己的脑筋爬上去的。所以，只要脑袋还在，好前程就不是什么大问题，很快，事实也证明了这一点。

江齐离开赵国后就跑到了首都长安，并且给自己找了一份不错的职业——告密。汉朝自开国以来，一直对告密者敞开大门，只要你手上有料，就不会让你白跑一趟。太子丹之所以要将江齐置于死地，就是因为江齐手中有关系着太子丹人头去向的料。对于江齐来说，这些料往大里说关系着自己的小命儿，往小里说则关系着自己的前途，所以一定要妥善保管。为了更好地保障自己的安全，江齐将自己的名字改成了江充，从此江齐就在世界上消失了。

凭着自己的智商，江充将太子丹的秘密成功地告到了汉武帝那里。这些料究竟是什么，让太子丹如此紧张？他当然要紧张了，因为太子丹跟自己的同胞姐姐有不正当性关系；除此以外，更是胆大包天地跟赵王的嫔妃乱来、跟地方豪强勾结。

这三条中的任何一条几乎都可以将太子丹置于死地，尤其是前两条。因为汉朝的治国理念是孝，孝道属于儒家思想，而汉武帝对于儒家思想是非常推崇的，所以特别迷信孝。

一个如此推崇孝的朝代怎么能够容忍这样乱伦的事情发生呢？太子丹的行为已经严重践踏了汉朝的国家尊严，扰乱了社会治安，置法律条文于不顾，简直是罪不可恕！因为江充是以上书的形式告的密，汉武帝觉得事情说得有鼻子有眼的，肯定假不了，于是就直接派人去抓人了。很快，太子丹的审判就结束了，死罪已成定局。

后来，刘彭祖试图阻挠汉武帝的审判，也给汉武帝写了一封信，说江充就是赵国的通缉犯。他的话不能信，太子丹什么错都没有。但是这时候汉武帝已经审判了太子丹，事实已经掌握在手中，任凭刘彭祖说得天花乱坠，他也不信。不过汉武帝还是给了刘彭祖面子，免了太子丹的死罪，但太子的位置却随之废黜了。

太子丹被废了，江充的仇也报了，心里也就没有什么疙瘩了，更让江充感到高兴的是，自己迎来了一个崭新的时代，一个可以风光无限、前途无量的时代。事实证明，历史的前进不一定都是大人物推动的，小人物也会起到这个作用，现在江充这个小人物就在推着历史的车轮前进。

江充之所以觉得自己风光的时代来了，是因为他已经掌握了一个混下去的绝招。在前边江充状告太子丹的时候，就已经敏锐地察觉到了这点，现在他就要将告密进行到底。

很快，江充因为告密有功，汉武帝决定见见他，于是安排在上林苑的犬台宫。这个见面的地点其实很尴尬，犬台宫，最起码也是跟走狗有关的地方，这无疑就告诉江充，你充其量不过就是一条走狗罢了。然而，江充的表现却是可圈可点的，他虽然明白汉武帝的弦外之音，但依然对这次见面表现得非常重视。在见汉武帝之前，江充将自己周身上下好好收拾了一下，确保自己真的可以了才出门。所以，在汉武帝见到他的时候，真的是感到眼前一亮。之所以能达到这个效果，是因为江充本身资质不错，具备当模特的潜质，而且那天经过打扮后的服饰都很得体，周身上下散发着自信的味道，很有点《赌神》里周润发的感觉。而且，尽管汉武帝约见他的地方挺尴尬，但江充没有半点猥琐，更没有半点走狗的自卑。

我们可以部分地还原一下江充当天的打扮：自制的纱衣、摇冠、飞缨，这就是一典型的潮男打扮啊。

时尚这个东西一直以来都是大家追求的目标，古今中外概莫能外。汉朝自开国以来，那些时尚的潮男就一直是皇上的好跟班，刘邦时候有籍孺，文帝时候有闳孺。或许，在江充决定见汉武帝之前，就闪过这样的念头：也许，我可以成为又一个靠时尚赢得皇帝宠幸的人。

不幸，汉武帝的心思被江充说中了，于是他就和养眼的江充聊了起来。不知不觉就聊到了政治上，这时候江充又给了汉武帝惊喜，因为他就是天生的政治天才，面对汉武帝的提问不但不慌，且对答如流。江充就如同夏天燥热之后的一场甘霖，浇了汉武帝个透心爽。

第一印象很重要，现在江充已经成功地完成了这一项。接下来，江充就要靠着自己的时尚跟汉武帝要官了。要的什么官呢？使者，出使匈奴的使者。

对于要官的人汉武帝见得多了，所以当江充跟他要官的时候，他没点头也没摇头，而是将江充叫来，仔细询问他的想法。

江充很坦白，告诉汉武帝说自己没去过匈奴，没有什么特别的想法，他并不知道自己会遇到什么情况，他能做到的只是随机应变。

汉武帝对江充的洒脱很满意，就同意他出使匈奴了。不久，江充就从匈奴安全地返回了，具体做了什么事儿，立了什么功没人知道，反正江充回来之后就升了，被拜为直指绣衣使者。所谓的直指绣衣使者，还有另外一种说法是绣衣直指御史，它是西汉侍御史的一种，是皇上派出的专使，出使的时候拿着节仗，穿着绣衣，可以调动郡国军队，独行赏罚甚至可以诛杀地方官员，权力可谓非常大。也正是因为权力如此之大，所以汉朝不常设置官员。江充能从一个告密的小混混级别的人物爬到今天的位置，也不能不让人刮目相看啊。

创收开始了

对于这样的变化，江充内心自然是十分亢奋的。汉武帝对他的人品、能力如此的信任，他心里也是有数的。所以，为了维护好自己的形象，江充决定做点事儿，想来想去，决定卖直。什么是卖直？卖是卖弄，直是正直，加起来的意思就是：卖弄正直。对于正直，江充有自己的理解：皇上的利益至高无上，除此之外他统统不认账。基于这样的理念，江充上任伊始就开始烧第一把火：修理长安城那帮贵戚子弟，之所以选中他们，是因为他们都很有钱。而江充能得出这样的结论，也是源于他的智商，因为他看出来汉武帝喜欢为自己排忧解难的下属。汉武帝时代的武将和酷吏非常有市场，就是因为他们为汉武帝做事，汉武帝欣赏他们。张汤之所以混得开就是因为他经手的案子，基本上没给任何人留过面子，更谈不上什么受贿。张汤死的时候，家里总共不到五百金。这样一个只知贡献不知索取的人，又怎能不让汉武帝欣赏呢？

聪明如江充，能看不出汉武帝这点儿心思？所以江充立志要向张汤学习，但方法不同，张汤整人是往死里整，而江充则认为整人只是手段，不是最终目的，他的目的是要帮助汉武帝增加收入。

我们在前边也说过很多次关于军费的问题，知道汉武帝经过这么多年的征战已经将文景之治时期人们的小康生活水平降低了很多，在军费一度不能解决的时候，汉武帝只能号召那些先富起来的人们支援自己一把，无奈响应的人寥寥。经过一系列努力，总算是将燃眉之急渡过去了，

但是问题并没有得到最终解决，军费问题总是会时不时地出来骚扰一下汉武帝已经非常脆弱的神经。现在，汉武帝不用再恼火了，因为江充马上就要为他排忧解难了。

要整人也需要理由的，这不用愁，古语有云，欲加其罪，何患无辞，只有你想不到的，没有你做不到的。要想整人，江充有的是理由。于是，万事俱备，只欠江充点火了。

很快，就有很多长安贵戚落网，破财消灾，古之定论，江充就依靠这个，着实发了一笔。为什么这些人这么容易就落网了？道理其实很简单，但凡是贵戚，就会觉得自己身份尊贵，胆子还特别大，有些别人不敢做的违法乱纪的事儿他们敢做。汉武帝时期规定，凡国家高速公路——驰道只能皇上一人行驶，没有皇帝的命令，任何人不能在上面行驶，即使皇上特许，也只能在两边行驶。这样做倒不是因为皇上整天要在驰道上行驶，只是为了维护皇帝的尊严罢了。但这样的驰道一般都是宽阔的林荫大道，如此罗曼蒂克的道路又怎能不让人向往？于是趁着不注意，就会有贵戚斗胆驾车享受一番，有第一个就有第二个，于是就常有贵戚在驰道上享受罗曼蒂克。江充正是看准这样的机会，逮着了这些贵戚的违禁行为，将他们兜里的钱掏了出来。

等江充将搞到手的钱交给汉武帝的时候，汉武帝真是满意极了。说到这里，可能你会想起一个人，对，就是公孙敬声，当时他捞钱捞到北军头上的一千九百万军费就是江充辛辛苦苦从贵戚兜里掏出来的钱，怪只能怪公孙敬声太没有智商，才会犯这种脑袋进水的低级错误。

在江充忙着给汉武帝增加收入的时候，难免会有一些皇亲贵戚被江充遇到，"正直"的江充也一视同仁地给了下马威，这里面就有曾经嚣张跋扈、不可一世的长公主——刘嫖。

回忆汉武帝小的时候，长公主也不是一般的风光，窦太后尚在人世，自己的女儿又与当朝太子定亲，怎一个呼风唤雨了得！但是陈阿娇不能生孩子，窦太后也已经作古，长公主的好日子也从此一去不复返。这次长公主落到江充手里，也是因为她走了只有汉武帝能走的那条路——国家高速公路——驰道。

等江充将长公主和她的一干随从逮住要按公处置的时候，长公主说自己有太后特诏，你不能这样对我。但江充不吃这套，他对长公主说：

雄韬伟略——汉武帝传

"有太后的特诏当然可以，但特诏的只是你一个人，随从可没被特诏。"于是二话没说，直接将长公主随从的车马充公了。

长公主哑巴吃黄连——有苦说不出，因为她知道，如果没有汉武帝的旨意，江充不敢这样做。但现在长公主已经没有能力跟汉武帝叫板了，所以只能打落牙齿往肚里吞了。

克星出现

事情到了现在，应该说已经非常圆满了，江充的名儿也赚到了，钱也赚到了，点到为止就好了。但是历史的车轮既然已经转起来了，就不由得江充不往前走了。很快，江充就遇到了自己命中的克星——太子刘据。

刘据和江充结怨的过程大概是这样的：有一次江充陪汉武帝去甘泉宫度假，正在高速公路上奔驰的时候，突然就看见对面开来了一队人马。江充心想，居然有人敢在太岁头上动土，真是不想活了。于是他亲自下车检查，结果发现是太子的家臣。本来江充不想惹太子，因为大家都知道汉武帝已经老了，将来皇上的位置很可能就是刘据的。但现在江充已经下车了，即使不想惹也得惹了，于是将太子的家臣呵斥了一顿，将车马全部充公了。

江充已经维护了皇上的尊严，但太子刘据也要面子啊，现在江充这样做已经严重折损了刘据的面子，刘据怎么可能善罢甘休呢？于是，很快地，刘据派人去找江充，说自己不是心疼那些车马，只不过不想让皇

上知道，以免被皇上责备自己没有管好家臣。但刘据的要求却被江充拒绝了，不但拒绝了，江充还将这件事报告给了汉武帝，汉武帝对江充的所作所为表示非常支持。这之后，江充连太子都敢动的名声就传播在外了，但他跟刘据的梁子也就此结下了。

要是放在以前，这样的事相信刘据不会介意，但是现在刘据的日子已经不比从前了。先不说那些相继出生的太子竞争者已经使刘据整天如履薄冰、战战兢兢了，就是汉武帝对他们娘俩儿的态度就足够刘据难过的；再加上长安自从来了一个江充，皇亲国戚的日子就没有好过的。惹不起还躲不起，大家一般都是能躲则躲了，刘据本来也是抱着这种想法的。但是直觉告诉刘据，即使他躲起来，他和江充的定时炸弹也还会被引爆的。事实证明，刘据的直觉应验了。

但是，首先引爆定时炸弹的人并不是江充，而是一个叫苏文的人。关于苏文的资料不多，但有一点很明确，就是这个人性格狡诈、阴险，不是什么好鸟儿。

苏文这样性格的人跟刘据自然不是一条道儿上的人，于是刘据对他疏而远之。谁知，苏文居然将此怀恨在心，并且转而投到另一个阵营的怀抱里。收留他的人，正是钩弋夫人。

苏文长期混迹于皇宫大内，对方是不是绩优股他一眼就能看出来。当他见到刘弗陵的时候，职业敏感告诉他，这正是一支潜力无限的绩优股，所以他决定投其门下，替他们打工。

我们在前面说过，在汉武帝内心深处刘据的太子地位已经严重动摇了，苏文不是傻子，自然看得出眉头，他自认为有责任做这个掘墓高手，将刘据从太子的位置上赶下去，将刘弗陵扶上台。而除掉刘据，也正是自己的心愿，一举两得，于是，苏文开始动手了。

苏文要想动摇刘据的太子位置，自然是要找理由的，正像我们前面说的，欲加之罪，何患无辞，即使不能在本来没有骨头的鸡蛋里面挑出骨头来，只要能让大家相信鸡蛋里面有骨头，那也就胜利了。

但是刘据这个鸡蛋有点不好挑骨头，因为刘据为人厚道，恪守孝道，是个谦卑有礼的好青年。即使是这样的难度，苏文也不怵头，因为对于他这种厚颜无耻的天才小人来说，想要给刘据点诽谤或者诬陷，还不是易如反掌的事儿。很快，刘据就被苏文抓到了把柄。

有句话叫"不怕没好事就怕没好人"，苏文就是这样的小人，所以刘据的日子可想而知了。苏文给刘据找的罪名是什么？说刘据趁看望孤独寂寞的卫皇后的时候，居然跟宫女鬼混。这当然是不可能的，以刘据的人品他是干不出这样的事儿，他只是觉得自己的母亲被新欢众多的皇帝父亲冷落了，就偶尔去看望母亲一下，陪她聊聊天，以安慰她寂寥的心。这样的孝道居然被苏文说成了是让人作呕的鬼混，苏文的造谣能力可见一斑。

更可怕的是，汉武帝居然就相信了苏文的鬼话，苏文的造谣能力更不容我们小觑了。汉武帝并没有发作，在他看来这不过就是小事一桩。后来汉武帝给刘据调去了二百个宫女，也算是体贴自己的儿子了。刘据对汉武帝的举动很纳闷，他并不知道苏文已经在汉武帝面前告了自己一状，后来调查了一下才知道，不过刘据也没有声张，而是在心底记下了苏文的名字。

苏文告了一状居然没撼动刘据的地位，心中的郁闷可想而知，但是苏文没有气馁，而是再接再厉地找来了两个人帮自己，一个是常融，另一个是王弼。他们虽然职务不高，造谣生事的本领却不低。于是三人各自分工，分头调查太子的不洁行为，就算是编也要编出几个头条来，开弓没有回头箭，现在箭已经射出去了，没有办法再回头了。

于是，一状未果的情况下，苏文打刘据的小报告就源源不断地送到汉武帝案头。汉武帝若无其事地将所有的小报告全都压了下来，他有没有跟太子说什么没人知道，但有一点我们知道，那就是对于苏文的这些小报告汉武帝是默许的，这才是最刺激、最可怕的地方。

在刘据没有采取行动的时候，卫子夫看不下去了，她忍苏文已经忍得太久了：我是善良，但不代表我注定要被人欺负，你苏文也别太过分了！于是卫子夫对刘据说做人可以软弱，但不可以一直软弱，如果不给苏文点儿颜色看看，他还真以为咱们娘俩儿是病猫呢！

这时候刘据却表现得非常镇定，他对卫子夫说："母亲大人，请您少安毋躁。"这话在卫子夫听来却浑身不舒服，人家已经将火烧到眉毛上来了，还忍什么啊？刘据看母亲着急，就说："身正不怕影子斜，我没做错什么，他苏文能把我怎么样？再说，他们那点小闲话能够迷惑父皇那双锐利的眼吗？"也许有人会觉得刘据有些盲目自信，但是这样的自信是有

根据的，小人再怎么反，也不过就是小人，因为他们现在面对的是一堵又高又硬的防火墙，不是他们随便打打报告，使点小伎俩就能撼动的。刘据的自信很快就被事实证明了，因为汉武帝不久就召见刘据了。对于这次召见，卫子夫只觉得有一股不祥的寒气从脚底下升起来，女人的第六感告诉她，有事要发生了。

预感应验

确实有事发生了，而且正如卫子夫所料，不是好事。

情况是这样的：汉武帝身体欠安就派苏文的狐朋狗友去召太子谈事，结果常融竟然汇报汉武帝说太子听说陛下生病，脸有喜色。听了这样的话，汉武帝心想是不是刘据等皇上的位置等得不耐烦了？但汉武帝什么都没说，只是安静地等待刘据的到来。

后来，刘据来了，父子俩就开始聊天。阅人无数的汉武帝很快发现刘据心事重重，连说笑都很勉强，而且，刘据的脸上有两道隐约可见的泪痕。如果没猜错的话，应该是刚刚哭过，而为什么哭，很可能就是听说自己身体不适而伤心落泪的。这时候，汉武帝突然醒悟，常融等人的小报告可能大有问题。

太子走后，汉武帝就派人去查这件事，结果发现常融等人跟太子有仇，此举正是想借刀杀人。这样的走狗居然想挑拨我们父子间的关系，活得不耐烦了！盛怒之下的汉武帝二话没说，叫人直接将常融拉出去砍了。汉武帝的耳朵算是清静了，而卫子夫也终于开始相信刘据那句话：

— 228 —

"身正不怕影子斜，只要做好自己，就能保住自己。"除此之外，还有一条，那就是做人要低调。

世界总算暂时归于平静，但小人就如同熊猫烧香，即使再厉害的杀毒软件和防火墙，在熊猫烧香的攻击下也很可能导致电脑瘫痪，因为操作病毒的黑客太厉害，防不胜防。很快，世界又开始混乱，而刘据和卫子夫也陷入这样的混乱中不能自拔。因为不知道什么时候，京城就聚集了一群黑客——方士和神巫，他们用手中的病毒——巫蛊，开始埋木念咒，妖言惑众。

这些方士和神巫从来都不讲什么良知，只要你有钱，他们就为你服务。于是那些心里有仇恨对象的人就开始找这些人为自己服务，只要给钱，让他们在对方家里埋上木头和一道谱，然后告到皇上那里，说某某人想咒你老人家死，那对方十有八九就会死。这样简单易行的报仇方法为什么不用，所以一时间京城开始鬼神重重，到处隐没，巫蛊之风，越演越烈。面对这样的现象，汉武帝派人力查，结果揪出后宫及大臣好几百人，汉武帝毫不留情地宣告了他们的死刑。但汉武帝不知道的是，这不过是一次小小的练兵，真正的病毒侵袭还在后面。之所以这样说，是因为人虽然被汉武帝杀死了，但留下的阴影还在他心中。结果，有一天夜里汉武帝就梦见数千个木人持着刀棍追着他准备猛打，还没等自己动手，就从梦中惊醒了。这之后汉武帝的身体就一天差似一天，整天恍恍惚惚，做事记东忘西，有点健忘症的前兆。这一年是公元前91年，汉武帝六十六。按照孔子的标准，这个年龄正是该认命的时候了，汉武帝纵横天下大半辈子，现在身体有这样的不适应该也算正常，而且岁数摆在那儿呢。

但这个世界上就是因为有那种唯恐天下不乱的人出现才不太平的，这不，就有这样的一个人对汉武帝说，你这个病生得很奇怪，应该不是身体能量过度消损所致，而是有人用巫蛊诅咒你所致。这个唯恐天下不乱的人不是别人，正是一直在为汉武帝增加收入的江充。

江充说这样的话也是有根据的，因为他已经事先埋好了木马，这个木马就是陷害人的证据。他之所以这样做，无非就是为自己的未来着想，汉武帝已经老了，不知道什么时候就会撒手人寰，假如汉武帝在自己没有预料的情况下驾崩，那自己的日子还怎么混啊？自己跟太子有仇，汉

【第六章】巫蛊案

武帝一死太子就变成了皇上，那还不往死里整自己啊？所以他必须在汉武帝死之前将太子刘据陷害了，这样他就放心了。

　　对于江充来说，这是最好的保住性命的办法，也许开始的时候他没有这样想过，但是现实让江充必须做出这样的选择。其实假如真的如江充想象的那样，汉武帝驾崩，刘据上台，也不一定就会对他做什么，刘据毕竟是个宅心仁厚的人。所以，江充这样的举动着实有些以小人之心度君子之腹。然而，历史将江充放到这样的尴尬位置，刘据命中该有这样一劫，这是谁都不能改变的。

江充领命

　　江充告诉汉武帝背后有人诅咒他，疑心本来就重的汉武帝自然就派人去查了。那派谁去呢？当然就非江充莫属了。

　　江充已经领了汉武帝的命令要去查刘据，等待刘据的就不再是苏文那样的小伎俩了，因为江充和苏文本身就有技术上的档次之分。如果说江充是个小混混，那么苏文也只能是小小混混了，两个人的手腕和凶狠程度有着天壤之别。苏文可能只会在鸡蛋里面挑骨头，但江充则可能在鸡蛋里面找出小鸡来。

　　很快，江充就找来了一批胡巫，这些所谓的胡巫，不过就是胡人的巫师而已。外来的和尚会念经，古已有之的崇高理念。这些胡巫也不含糊，所到之处是鬼哭狼嚎，还真营造出了一点儿氛围。江充这样做，其实是在扩大打击范围，制造冤狱，好让别人知道我不是在针对太子一个人，只不过是我在打击的时候，碰巧遇上了太子而已。江充实行这个招术先从京城内部开始，接着是城郊，然后是地方郡国，从内而外，一点一点地扩大面积。结果，因为这个而惨死的人已经超过了数万。你可能会问，杀了这么多人，汉武帝的病好了吗？当然没有。汉武帝本来也不是因为这些巫蛊生的病啊，所以即使杀尽天下人也不会起到什么作用的，就算是好了也是碰巧赶上的。不过汉武帝的病没好，对江充来说却是一件不错的事，因为病没好就说明还有人在玩巫蛊，他就有理由继续查下去了，也才有可能将这个祸水引向太子刘据。所以，绕来绕去，江充的目的不过就是逮着他所谓的那个漏网之鱼——刘据，前边的查证就是为了给逮着太子做铺垫，而惨死的人只能用来陪葬了。

江充之所以能这么一直折腾下去，当然也是得到汉武帝的首肯了，所谓多疑生暗鬼，汉武帝本来就对自己生病大有怀疑，所以才让江充领命去查找巫蛊。江充已经将打击范围扩大到了全国，但病却丝毫没有好转，汉武帝更加坚信是有人在自己背后玩弄巫蛊了，而且，巫蛊应该没藏在山高皇帝远的地方，而是就在皇宫里面，在自己的前后左右。

人在岁数大的时候，总是会做出一些让人匪夷所思的糊涂事儿来，现在汉武帝如此折腾，置冤死的人于不顾，正是糊涂的表现。他看似是一国之君，其实已经被巫蛊迷住了心窍，成了江充的玩偶。当然，汉武帝英明一世，并不是完全糊涂，因为后来他醒悟过来之后，还是还了太子清白，所以，汉武帝只是间歇性糊涂。但现在正是汉武帝间歇性糊涂最厉害的时候，也正是江充折腾得最厉害的时候，所以结局注定会是悲惨的。

江充利用汉武帝的怀疑，跟胡巫串通好了，说宫中蛊气浓重，不除掉这个，你老人家的的病怕是好不了了。此话正中汉武帝下怀，于是授权江充进宫抓鬼，而且，汉武帝还关照了江充一句话，说你一个人除得掉这个鬼吗？言外之意就是你别一不小心掉进去出不来了，那样我的病好不了还要搭上你。江充何等聪明，马上明白汉武帝是另有安排，于是乖乖地等着吩咐。

果然，汉武帝给江充找了几个助手，分别是按道侯韩说，御史章赣，黄门苏文。江充一听，差点没笑抽了筋，自己对错综复杂的皇宫本来就有点怵头，现在苏文来了就什么都不怕了，他可是对皇宫门儿清楚的人，

这样一来，还有什么人是自己扳不倒的呢？于是江充就联合苏文，在皇宫布下了天罗地网。

当然，他们对如何扳倒刘据也有一定的策略，主要采用包围折磨法。先是故意在皇宫内大范围的折腾，然后再慢慢收缩范围，最后将目标锁定在皇后和太子宫。

为了将皇后和刘据这两个大鱼逼出水面，江充居然无所不用其极地使出了这样一个狠招——掘地三尺。所谓掘地三尺，就是在皇后和太子宫内实行地毯式搜索，室内的任何一个角落都没有放过，目的只有一个，就是将根本不可能存在的木偶找出来。

对于太子来说，江充的行为太莫名其妙；但对江充来说，却不是这样的，因为在第 N 天寻找之后，还真被江充找出了许多莫名的木偶，更阴险的是这些木偶上还有写着咒语的帛书。这下子，刘据就算是跳进黄河也洗不清了。

木偶的出现对刘据来说简直是天大的打击，他根本不知道什么时候在自己的地盘上居然就出现了这么多木偶，还有让人恐慌的咒语。但刘据前前后后一想，马上就明白了这是一个阴谋。当初巫蛊在皇宫内搞得沸沸扬扬，不过就是障眼法，真正的目的是想要整死自己。现在关键是自己怎么洗脱这样的罪名，向世人证明自己是清白的？刘据想了半天，决定去找一个人，这个人就是他的老师——石德。

刘据将自己现在的状况给石德讲了一遍，然后问老师自己该怎么办。

石德对刘据说当年你的两个姐妹、卫青将军的儿子，还有公孙贺一族人就是被来路不明的巫蛊害死的，你现在碰上江充这样的烂人，就算是有嘴也说不清了。

刘据听了老师的话，脸都绿了。

上帝曾经给我们指过一条明路，说是有人打你的左脸，你就将右脸再伸出让他打。但是在恶劣的政治生存环境下，这样的理论显然不能成立，不等你伸出右脸，人家就已经让你尸首两异了。显然，上帝是靠不住的。所以，石德就对刘据说，江充不是想撒网捉大鱼吗，与其坐以待毙，不如你主动出击，拼他个鱼死网破。

石德主动出这招其实也是为形势所逼，因为巫蛊这个东西可怕就可怕在，只要你一沾上巫蛊，那所有跟你有关系的人就都要跟着陪葬。刘

雄韬伟略——

汉武帝传

据现在沾上这样的事，他石德作为刘据的老师能脱得了干系吗？既然怎么着都得死，那为什么还要死得窝窝囊囊呢？不如跟这帮烂人拼了！这样就算死了，没准还能得到上帝的称赞呢。

但怎么拼，如何拼却是要讲究策略的，盲目地拼，可能只会把事情弄糟了。石德慎重地想了一会儿，就说现在皇上已经病入膏肓，能不能活到明天还得两说，这样一来我们就可以矫造诏书，将江充等烂人一网打尽，先斩后奏。

对于石德和刘据来说，此时正是非常时刻，所谓非常时刻就需要非常之计来应对，石德的以诈还诈，说起来还算是很靠谱的。但是，遗憾的是，这条非常之计没得到刘据的认可。这样所有结局的出现，也就真的无言以对了。

刘据对此的解释是：我身为太子，怎么能乱来呢？不如我亲自面见父皇，向父皇请罪，也许还能躲过一劫。

刘据得出这个结论也有自己的依据，毕竟他跟汉武帝做了这么多年的父子，彼此之间的了解自认为已经足够多了，所以无论外界如何造谣生事，汉武帝都会对他网开一面的。与其说刘据脑袋进水，不如说他是个爱幻想的孩子。因为他不知道世事险恶，正有人等着他往笼子里跳呢。

很快，刘据就会发现，自己是死在了自己的爱幻想上，因为江充决定出招了！

在刘据还在犹豫着怎么办的时候，江充已经先他一步前往甘泉宫见汉武帝去了，形势瞬间变得紧迫起来！

这个时候刘据终于后知后觉地明白做人不能太厚道，于是决定走老师说的那条路，与其坐以待毙，不如以诈还诈。刘据好歹也是一朝的太子，手底下的食客一抓一大把，所以很快就聚揽了一拨人，然后假传汉武帝的命令，派食客速速逮捕韩说、江充和苏文归案。

太子反击战

这天是公元前91年的7月7日，刘据的行动正式宣告开始了。

首先被刘据搞定的是韩说。开始的时候韩说还怀疑刘据的人是假冒的，死活不认账。但刘据此时才不管这些，放下一贯的宅心仁厚，没等韩说再分辩就让他去了西方极乐。

其次被搞定的是江充，这个让刘据恨得牙痒痒的赵国人。当刘据听说江充被活捉的时候，他决定亲自结果这个人的性命，以解心头之恨。当面对刑场上的江充的时候，刘据内心的激动可想而知，自己从七岁被立为太子，熬了三十年终于熬到了今天。虽然之前也是战战兢兢地活着，但要没有江充，也许一切可以在战战兢兢中走到最后，最终也会成为一国之君，但现在，一条鱼满锅腥，自己可能再也回不到从前了。想到这里，刘据举起手中的剑，砍下了江充的人头。一个搬弄是非的混混，由此结束了生命。

到这时，一切进行得似乎非常顺利，但是对于刘据来说，内心的安静和踏实已经完全被毁掉了，冥冥中他感应到还有另外一只黑手在引领他走向深渊，而那个深渊是万劫不复的。经历过内心的翻江倒海之后，刘据回到现实，此时此刻他还有更重要的事情要做，那就是"三巨头"之一的苏文还没有死，他还在深宫中时刻威胁着自己和母后的生命。

于是，刘据赶紧派人持节秘密通知卫皇后，同时征调长乐宫警备部队，打开军火库，分发武器。一夜之间，长安城的骚乱像火山一样爆发了。尽管刘据知道自己的所作所为是在正当防卫，但是长安城的老百姓不知道，他们知道的只是太子造反了，这一次，刘据将自己逼到了风口浪尖！

刘据造反的消息很快就飞到了汉武帝的耳朵里，传播消息的人就是那个仅存的苏文了。而且在传播完消息之后，他赶紧鞋底擦油——走人了，他可不想也落得个江充那样的下场。对于苏文传播的太子造反的消息汉武帝还是有所怀疑的，但是接下来他却真的有些动摇了，因为御史章赣也被刘据的人突袭了，章赣不敌刘据，带着伤逃出了京师。

这下子，我们终于明白了，刘据的反抗不光是针对江充等三人，而是针对整个汉朝政府，对他来说，除了卫皇后和老师石德，天下几乎都是他的敌人。

但这，注定是一场孤独的战斗，因为此时此刻的刘据已经由国家的接班人变成了全国的公敌，等待他的，是命运的审判。

面对刘据的行动，汉武帝一直还是有所怀疑的，尽管章赣已经负伤了。因为在汉武帝的印象中，刘据一直是个乖孩子，小时候乖巧可爱，长大了虽然不是很喜欢，但父子之间的关系还算融洽。现在刘据这样做，只不过是被江充他们逼急了，兔子急了还咬人，何况是人？

但无论如何，要给天下人一个说法啊，还是按照汉朝的老规矩，召刘据来问问。自汉朝开国以来，这个方法一直屡试不爽，如果刘据找借口不听召唤，那才说明是真的心里有鬼。

这时候我们也可以看出来汉武帝已经从间歇性糊涂中醒过来了，但无奈，事情的发展总是不让人如意，汉武帝刚有点明白，就又陷入了糊涂的深渊。

这是怎么回事？原来汉武帝派了一个使者持节进城去找刘据，让刘据务必来甘泉宫见自己。没想到，派出的使者是个胆小鬼，他怕刘据杀了自己，就在城外转了一圈，回来装作惊魂未定的样子对汉武帝说："太子反局已定，还说要斩了我，我是趁他们不注意逃出来的。"

刘据命中一定是有灾星的，不然不会遇到这么多的挫折。

汉武帝听到这里，简直就要骂娘了。正在这时，有个人从长安来汇报情况，汉武帝听完汇报，已经没有理由不相信刘据造反了。

这个来汇报工作的人是当朝宰相刘屈氂的秘书长（长史），汉武帝

— 235 —

之所以相信宰相的话，是因为这个宰相在汉武帝眼里是个靠得住的人。当年公孙贺被巫蛊整死的时候，刘屈氂还只是个地方太守，公孙贺死后再也没人敢不要命地接这个丞相的大印，汉武帝无奈，只好从自己亲戚里找一个能干又可靠的，刘屈氂就这样被选中了。

然而不得不说汉武帝智者千虑也会有一失，因为说刘屈氂可靠，那是非常不靠谱的，觉得刘屈氂能干更是不靠谱的，因为这个当朝的宰相听说太子造反之后，第一个行动居然是像兔子一样逃跑了，而且，居然连相印都没来得及带。

当汉武帝见着丞相的秘书长的时候，就问为什么太子还没喊打，丞相就跑了，他到底是干什么吃的？秘书长自知理亏，但身为丞相的部下也不能不为丞相打掩护，只好说丞相不是不敢发兵，他只不过是想封锁消息，不想将事情闹大。

汉武帝听了这样的诡辩就指着秘书长的鼻子骂道："事情早就闹大了，就差全天下的傻子不知道了，还有什么可封锁的啊？简直是胡言乱语！"

秘书长为自己的主子打掩护固然没有什么可指责的，但也要看面对的人是谁吧，汉武帝虽然病了，但还没到满嘴说胡话的地步，这样打马虎眼不是明摆着找骂吗？不过这样的紧急关头汉武帝也没时间收拾他们，当务之急是赶紧出台措施，摆平刘据。于是，汉武帝下了一道命令，说了两点指导意见：一、关闭长安所有的城门，不准放出一个人，造反者格杀勿论；二、保护长安老百姓的安危，尽量短兵相接，以免杀人太多。

做好了部署，就开始行动吧！汉武帝征战大半辈子，没想到这一次是跟自己的儿子在战场上见面了。

回过头来再看现在的长安城，简直是一片混乱，文武百官犹如无头苍蝇般东撞西碰。在这混乱之际，刘据出来说话了。他说："帝在甘泉病困，疑有变；奸臣欲作乱。"意思是皇上现在正在甘泉宫养病，可能随时会有生命危险，趁着这样的机会，有奸臣作乱。分析一下这话，就知道刘据是想表达这样的意思：有人觉得皇上快不行了，就想趁机作乱，我现在挺身而出是要为我们刘家清理门户，不关其他任何人的事。既然皇上快不行了，大家不如就跟了我吧。不得不说刘据的算盘打得非常好，因为只要中央的局势被稳住就等于其他方向的局势被稳住了。但是，如果按照那样的趋势发展下去，还会有后来的悲剧吗？历史没有假如，是因为汉武帝不允许那样的事情在自己眼皮底下发生。

对汉武帝来说，谁都可以说自己快不行了，唯独太子不行。太子是汉武帝的亲儿子，他的话具有相当的可信度，他说出这样的话就等于昭告天下自己真的快不行了。试想，如果所有人都听信了刘据的话，跑到他的旗下，那汉武帝怎么办？只剩下一个光杆司令，这种情况怎么可以出现呢？所以汉武帝决定离开甘泉宫，向天下宣布，我刘彻还活得好好的。

很快，汉武帝就从甘泉宫回到了长安，回来后的第一件事就是要辟谣，那时候没有国务院新闻办，更没有发言人，那汉武帝怎么辟谣啊？不要着急，山人自有妙计。汉武帝想出来的办法就是亲自上阵指挥，跟太子打一仗。活了将近七十年，这一仗是汉武帝唯一一次亲征，冥冥之中也就注定了他要将这一仗的惨烈和遗憾带入陵墓。

至于如何打败太子，汉武帝有自己的部署：征诏大长安京畿邻县武装部队，中央所有部长级（两千石）以下官员将领，统交丞相刘屈氂率领。长安的众卿已经看到亲征的汉武帝了，刘据的哄骗也就宣告破产了，接下来怎么办？没有别的办法，只能拼了！

再说此时此刻的刘据跟汉武帝相比，无异于光杆司令，手中没有军队，拼下去也是死，怎么办？但很快，刘据就想到了一个聚揽军队的招数。

刘据的这个招数跟一段历史有关，当年陈胜吴广揭竿而起的时候，可谓一呼百应，一夜之间，秦朝就成了天下穷苦大众的死敌。面对揭竿而起的穷苦大众，秦朝只能被迫接招。当时陈胜依靠自己的威信，很快就聚揽了几十万难民兵，几十万大军雄纠纠气昂昂地向着秦军开火，没想到几个回合下来，这些起义军就被人摆平了，陈胜本人还被人满世界地追着打。谁这么厉害打赢了这么多的人？他就是章邯。尽管章邯只是皇宫后勤供应部部长（少府），而且开始的时候还手无寸铁，但他有办法快速聚揽军队。当时咸阳城有几十万囚徒，章邯在征求秦二世同意的前提下将这拨人放出来组成临时军队，最终才搞定了陈胜。章邯之后，韩信也想采用这个方法来帮助自己造反，但无奈自己想特赦长安囚徒进攻长安的消息不幸走漏了，结果落得个惨死的下场。所以，囚徒本身就

是一把双刃剑，用不好很可能就会伤了自己。

刘据现在的办法也是效仿当年的章邯，让囚徒为自己服务。之后，刘据假传圣旨，将长安囚徒全放了出来，然后选出临时将军率领，准备投入战斗。对长安的这帮囚徒来说，今天的特赦简直是生命的恩赐，即使今天将热血洒在战场上，也比将生命虚耗在深不见底的牢底强，所以，先干一票再说吧。

这个时候的刘据并没有被局势搅得神志不清，他明白这帮临时上阵的囚徒是经不起真正战争的考验的，要想做成大事，靠的还是真家伙。当年吕后死后，陈平和周勃是怎么整死吕氏家族的？要知道那时候的吕氏家族可是握着两支劲族呢，一个长安城的南军，一个是长安城的北军，将这两个军队握在手中，就相当于握着整个长安了。

陈平和周勃正是因为看明白了这点，将北军和南军成功地搞到了手才瓦解了吕氏家族。那是怎么将军队弄到手的呢？骗的，大家一起忽悠吕实禄，一直忽悠到他交出兵权为止。

对刘据来说，真家伙就是长安城的南军和北军；此外，还有一个部队比较重要，那就是驻守在长安城外的长水及宣曲两支胡人骑兵。所以，刘据根据这样的政策部署了作战方案：首先，把特赦的劳改犯分成两个小队，分别由石德和门客张某率领；其次，派一囚徒持节出城，征调长水和宣曲两支胡人骑兵，前往长安会师；最后，刘据将搞定北军和南军这样高难度的问题留给了自己。刘据究竟想怎么将北军和南军搞到手，哄骗，还是硬夺？答案都是否定的，刘据有自己的办法，既然战争已经拉响警报，那就出发吧！

对于汉武帝来说，刘据不过就是个愣头青，汉武帝纵横天下的经验不知是刘据的多少倍，所以，在刘据以为自己即将到达终点的时候，汉武帝早已经在终点等着他了。因为，刘据虽然派劳改犯如侯去调兵了，但如侯刚出长安，屁股后面就有人追了上来，追如侯的人正是汉武帝派出的侍郎马通。纵然如侯跑得像兔子一样，但最终还是被跑得像猎豹一样的马通在半路拿下了。然后马通向长水和宣曲两支外籍骑兵宣布，如侯所持的使节是冒牌货，你们不要听他的。宣布完毕，他将如侯当场杀死，并带领两支胡兵向长安扑去。

此时的刘据并不知道长安城外发生的一切，他将所有的心思都放在了如何将南军和北军搞到手上。我们在前面说刘据对于将南军和北军搞到手既不想哄骗也不想硬夺，他有自己的办法。那办法是什么？就是又哄又吓、软硬兼施。

他之所以想出这个办法，是因为他对北军的指挥官很有把握。这个指挥官叫任安，他就是司马迁那篇著名的《报任安书》里的男主角。任安小时候家里很穷，靠赶车为生，后来做了卫青的舍人，这才一步步混到了今天的位置。提到卫青，我们也就明白了刘据所谓的有把握是什么意思了，没有卫青就没有任安的今天。卫青是刘据的亲舅舅，而卫青当年发迹靠的是刘据的母亲卫子夫，等量代换，也就是说任安走到今天，感谢的也应该是当今皇后、刘据的生母卫子夫。靠着这层关系，刘据有理由相信，任安这么大岁数肯定懂得知恩图报。

刘据说的这些道理任安确实懂，所以当刘据来到北军大营的时候，任安也出来见刘据了，也接了刘据的使节。成功对于刘据来说，似乎就在咫尺了，刘据的内心不由得欢呼跳跃。

但是，当刘据说出请发兵的命令时，任安转身走了，非但没发兵，还将城门紧闭，将刘据一个人晾在了那里。

这是怎么回事？刘据百思不得其解。他当然不知道姜还是老的辣，汉武帝这块老姜早就料到刘据会用这条计谋，于是临时改变符节的特征，在原来红色符节的杆上全部加上了黄缨；而刘据用的还是以前的使节，理所当然就是假的了。

应该说任安已经还了刘据人情，因为按照老规矩，当刘据拿出假使节的时候，任安应该立刻将他拿下，送到汉武帝手中。但现在任安没有这么做，为的就是还当年的知遇之恩，纵使他朝相遇，我也不过就是你的路人甲了。

任安在刘据热血沸腾的头上浇了一盆冷水，使他瞬间清醒了，现在怎么办？出城？不可能；动手？那是找死，唯一的办法，就是撤！往哪里撤？往城里撤。然而，刘据这条唯一的后路也被人堵死了，因为有个人已经在路上等候他多时了，这个人就是丞相刘屈氂。

此时的刘屈氂也是一肚子火，本来日子过得好好的，你刘据偏要造反，害得皇上骂我是胆小鬼、窝囊废。你是我兄弟又怎么样，你不仁就别怪我不义！于是刘屈氂在长乐宫西门，摆出了一副硬汉的架势，准备

决一死战。此时的刘屈氂信心满满，因为他背后是强大的靠山——汉武帝，手中还有部队，小小刘据还有什么可怕的？刘据，放马过来吧，长乐宫西门就是你的鬼门关，明年的今天就是你的死期！

但不得不说，刘屈氂的自信有些过头，因为此时的刘据并不是一个人在战斗，而是在跟长安的囚徒、所有的长安市民并肩战斗，所以，刘据的实力是不容小觑的。也许开始的时候长安市民只是在看热闹，但是后来他们加入了进来，因为太子的经历让他们感同身受，一个奸臣江充将长安人民搞得鸡犬不宁，他们要为还原自己的美好生活战斗！

这一下子轮到刘屈氂干瞪眼了，长安市民已经站了起来，如果消息传出长安，那些曾经被江充折磨过的其他郡国的人也站起来反抗，那岂不是乱了套了？想到这里，刘屈氂出了一身冷汗。就在刘屈氂神游太虚的时候，战斗拉开了序幕，双方仇人见面分外眼红，打得是热火朝天，这一打就是五天。汉武帝曾经下令要保护长安老百姓的安危，现在看来是根本就不可能的，事情从一开始就已经牵扯到了老百姓的利益了，要想他们不加入战斗，真的不太容易做到。七天过后，再看长安城，那是血流成河，横尸遍地，其惨烈悲壮，难以尽言。

好在五天后，局势趋向缓和了，因为：一、光脚的跑不过穿鞋的，长安市民没有武器，亏吃大了；二、中央想利用这个机会向长安市民澄清事实，说他们是被太子忽悠了，太子不过是想利用江充这个事情造反而已。于是，在汉朝政府官员铁棒的打击和忽悠下，越来越多的长安市民脱离了刘据的阵线。仿佛一夜之间，刘据就从一个万人追捧的明星，变成了一个"孤儿"，到7月17日，刘据终于撑不住了。

三十六计走为上策

　　此时刘据该怎么办？三十六计，跑为上策。往哪里跑呢？东方不亮西方亮，既然西门过不去，那就去南边的覆盎门吧。这个时候覆盎门的守门人是宰相府执行官（司直）田仁，谁也不知道当时发生了什么事，反正刘据不费吹灰之力就溜出了长安。

　　其实刘据不是趁田仁不注意逃出去的，而是被田仁放出去的。

　　这个田仁是谁？他为什么要放走刘据呢？田仁是田叔的儿子，田叔就是当年替汉景帝出使梁国，调查袁盎被杀的使者。当时田叔查出谋杀袁盎的主谋就是梁王刘武，可他走到半路却将刘武的罪证烧了，因为他知道刘武是窦太后的心肝宝贝，同时也是汉景帝的胞弟，他不想拆散人家骨肉同胞。事实证明田叔的好心也得到了好报，当他把这个大道理讲给汉景帝听的时候，汉景帝不但饶了他，还赏了他，窦太后也乐得老泪纵横，心里自然是念田叔的好。

　　现在田仁之所以要放走刘据，除了遗传了自己父亲的好心，还有一点很关键，就是他能爬到今天的位置，除了受父亲功德无量的荫蔽，还要感谢一个人，这个人就是老好人卫青。开始的时候田仁受卫青赏识，成了卫青的舍人，后来田仁多次跟随卫青出战，屡建战功，最后被卫青举荐做了郎中，数年后，更是一路飙升，进了丞相府。

　　现在我们也明白为什么刘据要向覆盎门跑了，他当时就是揣着买彩票中大奖的心思来的，他知道田仁也曾经是卫青的人，怎么着也能给自

己点儿面子。果然，这个好运气还真被刘据撞上了。田仁充分发扬了自己父亲宁可多拆一座桥，也不拆人间骨肉情的高风亮节，他对别人说："太子跟皇帝抬扛打架，那是他们家庭的内部矛盾。现在太子落难，我们就不要再为难他了，放他走吧。"就这样，刘据顺利地溜出了长安城。

刘据是暂时脱离危险了，可田仁的麻烦才刚刚开始，因为当时汉武帝有令：关闭长安所有的城门，不准放出一个人。现在最大的头目居然被人放走了，这不明摆着公然反抗汉武帝吗？所以当汉武帝知道刘据被人放走之后，是火冒三丈，马上派人将这个不听话的下属拿下，准备斩了。

就在田仁生命危在旦夕的时候，有人站出来为他说话了，这个人就是御史大夫暴胜之。关于暴胜之我们搜罗到的资料不多，出生年不详，籍贯不详，好像就是个来路不明的人。即使暴胜之来路不明，也不能掩盖他是个牛人的事实。他之所以博得这个美名，是因为当年他做过一件非常牛的事儿。

我们都知道，汉武帝因为连年征战使得经济非常不景气，经济上不去，人民的生活自然没有保障，当时失业的人特别多，再加上没有什么第三产业、社会保障金，失业人员只能自己想办法创收，想来想去，就想出了一个不错的致富手段——盗窃。后来因为规模越来越大，最终发展成了一个盗贼集团。中国古代的盗贼一直遵循这样的规律：社会越安定，生存空间越小，产业规模也就越小。如果赶上乱世，生存空间则会迅速膨胀，收入也会翻好几番。汉武帝时期尽管开拓了汉朝的疆土，扬了大汉民族的国威，但汉朝的经济并不景气，尤其是汉朝后期。而且，衡量百姓生活的幸福指数有一条必不可少，那就是监狱，如果监狱里犯人多，国民的幸福指数也就可想而知了。但这样的动乱正好给盗贼创造了极好的生存空间，所以汉朝地方郡国的盗贼就好像是"野火烧不尽，春风吹又生"的小草一样，四处泛滥。也正是因为盗贼蜂起，汉武帝才重用酷吏治理郡国。暴胜之，就是依靠治理盗贼这样的机会崛起的。

那么暴胜之是怎么凸显出自己的牛的呢？他用的是跟别人不一样的办法，不只是坐镇指挥，还亲自抓捕盗贼。而且每次出场，都要穿上一身华美的衣服，抓贼的时候则挥着一把铁斧，冲在最前头。那场面，那气势，怎一个惊心动魄了得！放在现在，第二天肯定就是头版头条：公安部长身穿笔挺西装、手拿大斧，狂追盗贼。暴胜之就是凭着这样的手腕，震慑住了盗贼集团的成员们，而他也一路飙升，当上了今天的御史大夫。

暴胜之对盗贼如此，为人肯定也是正直的，所以面对田仁的遭遇，自然是要挺身而出的。他说田仁也是好心，不应该被杀，应该等待皇上的指令，结果刘屈氂就放了田仁。我们不知道暴胜之为什么要救田仁，是因为跟田仁有私交，还是因为同情刘据，我们只知道汉武帝听说田仁被放了之后非常不高兴。

其实这还不是汉武帝最不高兴的，他最不高兴的就是自己在长安布下了天罗地网，居然还让刘据给溜了出去；现在这个暴胜之不知道赶紧追赶刘据，居然还为放走刘据的人说情，简直是太没眼力见儿了。于是汉武帝派人给暴胜之捎去了一句话，大意如下：司直故意放走叛党头目，丞相杀他是理所应当，你为什么擅自劝阻呢？

暴胜之一听，知道汉武帝对自己的所作所为很不满，于是自杀谢罪了。

找不到刘据人，汉武帝也不肯罢休，他要找卫子夫算账。汉武帝给管理皇族事务的宗正刘长下了一道命令，让他进宫收缴卫皇后的印信。卫子夫听说这个消息后，没等人家来找她，就自己做了了结。

卫子夫死了，汉武帝的怒气还是没有消，还有两个人他要收拾，一个是任安，一个是田仁。在汉武帝看来，任安就是个墙头草，他之所以紧闭城门不与刘据作战，其实是想坐山观虎斗，等胜败分出来之后再投靠胜利的一方；而田仁就更不必说了，私自放出刘据，肯定是同党，那还等什么？拉出去，腰斩！可怜的田仁，虽然遗传了父亲的善良，却没得到父亲的待遇。

最后，汉武帝还要收拾三类人：一类是出入过太子刘据宫门的宾客；一类是跟随刘据作战的市民；一类是被逼参加刘据集团的官员。前两类都是死罪，最后一类是流放。

死了这么多人，汉武帝还不肯罢休，他觉得刘据漂流在外，随时可能杀回来，所以命令长安各门重兵屯守。结果，白色恐怖笼罩着整个长安城，上至中央众卿，下到长安市民，个个活得战战兢兢。

结局很悲惨

其实汉武帝对刘据杀回马枪的担心实在是多余的,因为此时的刘据就是一个被命运抛弃的孤儿,他一路逃亡,最终被一个穷苦的兄弟收留了。对于这个苦兄弟来说,刘据及他身边的两个孩子简直就像一座大山。不过这个苦兄弟很够意思,他什么也没说,只是继续织草鞋卖草鞋,供养刘据几个人。这样一来就让刘据觉得不好意思了,就在想着如何报答他的时候,刘据想起了一个人,一个有钱人。这人是湖县人,是刘据的一个故友,刘据想到他不是想投靠他,而是想向他借钱。但是,刘据忘了现在正是全天下通缉他的时候,几万个摄像头盯着他的一举一动,他派人去借钱的过程,很快就惊动了地方官。

8月8日,地方官派人包围了刘据的藏所。这里不是长安——那个曾让他享受过命运美好待遇的地方,这里只是异乡,而且此时的他身单力薄,已经完全丧失了抵抗的力量。刘据从门缝里看到屋外人影重重,他知道,一切,已经无可挽回了。

很快,绝望至极的刘据找来一根顶柱将门顶死,然后抽出一缕帛绢挂上屋梁,绑紧;接着用板凳垫高身体,将头伸进了死亡的结里;最后,双脚踢开板凳,告别了这个对自己曾美好又残酷的世界。当众人冲进来的时候,刘据已经彻底离开了世界。

一切,到此结束了。一场巫蛊,让无数生灵涂炭,让无数百姓遭殃,让众多官员陪葬。这一切,究竟怨谁?也许,汉武帝真的应该反思了。

这一年,刘据37岁。

汉武帝的精兵良将

第七章

汉武帝的功绩称得上是彪炳史册，他的雄韬伟略是历史上很多皇帝望尘莫及的。而他成绩的取得，自然也离不开身边的那些精兵良将，卫青、霍去病在战场上熠熠生辉，他们让汉朝从此扬眉吐气；而大文豪司马相如、智圣东方朔、酷吏张汤、老狐狸公孙弘等也从不同方面演绎着精彩，因为有了他们，汉武帝的时代才那么超凡脱俗、出类拔萃。

老好人卫青

炼狱的卫青

关于卫青，我们了解得最多的是他的战功，是他背后的光环，但很少有人知道卫青小时候的辛酸。

卫青，字仲卿，是平阳人，至于是什么时候出生的，没人知道。他小的时候不姓卫，他父亲郑氏是个基层干部，是平阳公主的家奴，后来因为工作关系认识了卫子夫的母亲。俩人感情很快升温，最后生下了他们的爱情结晶——卫青。但最终卫青的父亲回了家，跟卫青的母亲分开了。

美国作家福克纳曾说过一句话："如果想把一个人培养成作家，只要给他一个不幸的童年就足够了。"这话不是吹，但凡成功的人，都是经历过"苦其心志，饿其体肤，空乏其身，行拂乱其所为"的阶段的。小时候的卫青没有什么大的奢望，他最大的愿望就是能拥有一个幸福的家，一张温暖的床，几个热腾腾的馒头，和能得到周围人的尊重。

然而现实是残酷的，卫青在出生之前，他的母亲已经生了一男三女，卫青的母亲也没有什么别的好出路，只能给人家做奴婢，所以卫青的命运也被书写好了，只能做一个小家童。

后来，卫青的母亲一个人带着几个孩子根本没法生存，只好将卫青送到他的生父那里，之后卫青就回到了生父家生活。然而，孤独的卫青却遭到了继母的不理睬和几个同父异母兄弟的不欢迎。

继母不喜欢、同父异母的兄弟姐妹们不欢迎的生活环境，最终却造就了卫青的坚强和早熟，养成了他谦卑隐忍的个性。所以说，生活的不幸是对人有益的。

再说卫青的生父也没有什么好的出路，卫青要想立足，最好的办法就是替自己家牧羊。于是，卫青每天赶着一群羊，在山高高、野茫茫的地方放牧，最大的理想就是羊能快点长大，卖个好价钱，自己能娶上个媳妇，有一个属于自己的温暖的家。光阴荏苒，岁月如梭，这个孤独的孩子就在放牧羊群的过程中长大了，长成了一个男人。岁月的涤荡，没有让卫青变成一只柔弱的羊，而是变成了一头凶猛的狮子。后来，成年后的卫青去甘泉宫办事，和一个会算命的囚徒相遇，囚徒端详了卫青半天，说："兄弟，你命中注定是个贵人。相信我，你将来肯定会被封侯。"

听了这话，卫青笑了，自己一个奴隶也能当将军，这不是在开玩笑吗？巍巍高山，茫茫山坡，命运如草，生于斯，长于斯，灭于斯，封侯之说又从何而来呢？但年轻的卫青不知道，命运正是这样安排他的，现在没被封侯，只是时间还没有成熟，要知道，一切皆有可能。

在卫青通往将军的路上，第一个给他创造可能机会的人正是平阳公主，因为平阳公主将卫青召来当了骑奴，卫青这时候就随了自己母亲的姓，改姓卫。这之所以算是一个机会，是因为骑奴和牧羊比起来，待遇已经好了很多，最起码没有风吹日晒雨淋了，也没有"前不见古人、后不见来者"的苍茫感了。做骑奴的卫青解决了温饱问题，还学会了必须的礼仪。更重要的是，做骑奴对卫青来说是一种锻炼，因为骑奴必须具备武功和精湛的骑术，这些就为卫青做大将军提供了锻炼机会。卫青正是在这样的生活中，逐渐练就了自己精湛的骑术和箭术的。

然而，命运的游戏才刚刚开始，卫子夫受宠后，卫青跟着姐姐入了宫。汉武帝给卫青安排了一个好工作——在建章宫当差，在这里，卫青还结识了一个肝胆相照的朋友．公孙敖。这是卫青的第二个机会。

命运也许觉得给卫青的考验还不够多，就在卫青以为一切已经走向平和的时候，长公主刘嫖的魔爪伸向了他。卫青很郁闷，为什么自己同母异父的哥哥和另两个姐姐没事儿，就是自己有事儿呢？但不管为什么，长公主的魔刀已经伸向了他，准备拿他开刀祭血了。卫青眼睛一闭，准

备向命运低头了。

就在这关键时刻，卫青命中的贵人——公孙敖出现了！

当时，公孙敖听说刘嫖准备对卫青下手的时候，第一个念头就是抢人。公孙敖当机立断，找了一群生死朋友，踩好点，以出其不意之势将卫青解救了出来。

也正是从这时候起，卫青和公孙敖结成了生死联盟，以后不管做什么，卫青都会想着公孙敖，后来在打仗的时候，公孙敖也因此沾了卫青很大的光。

之后，长公主准备杀卫青的消息传到了汉武帝的耳朵里，汉武帝当时的威严已经基本树立起来，对长公主也不必畏惧了，而且一直在寻找对付她的理由，现在遇到，自然是要大加利用的。于是，汉武帝就将卫青召来，封他为建章宫总管，同时兼为皇帝侍从官。然后又将卫子夫的兄弟姐妹通通召来，封的封，赏的赏，这里面自然少不了公孙敖的好处。汉武帝这样做的目的一目了然，就是明确地告诉长公主，你的敌人卫青是我的人，以后你要打狗，最好也看看他们的主人是谁。

这之后，长公主收敛了很多，而此举也将陈阿娇向怨妇的行列推进了一大步。后来陈阿娇自作孽不可活，用巫蛊害惨了自己，却成就了卫子夫，卫子夫因此登临皇后的宝座，汉武帝爱屋及乌，从此也开始重用和提拔卫青。

然而，此时风光的卫青没有头脑发热，而是异常冷静。他知道做外戚，只是一时风光；做能臣，才是一生荣耀。仅依靠裙带关系，必然难以令人信服，要想站稳脚跟，靠的还是自己建立功业。

很多人之所以能够成功，就是因为他时刻保有一颗进取的心，正如周总理所说："人要永远感到不满足，才能不断进步。"卫青就是因为不断激励自己，才最终捕捉着了建功立业的机会。

崭露头角

公元前129年，马邑之战已经过去四年了，但汉武帝一直没有忘记因为王恢的犹豫不决所带来的耻辱，所以，这一年汉武帝决定进军匈奴，一雪马邑之耻。

对于此次出战，汉武帝做了详细的部署，命车骑将军卫青、骑将军公孙敖、轻车将军公孙贺、骁骑将军李广各率一万骑兵，分别从上谷、代郡、云中、雁门出击，攻打匈奴。

经过厮杀，四个人的结果却大相径庭：公孙贺一无所得；公孙敖损失七千骑兵；李广兵败被俘，侥幸逃脱；唯独卫青立功，被封为关内侯，这是汉朝军功爵制的第二等。

说起来，卫青在这次战役里斩获的匈奴人并不多，杀敌虽然不多，但是意义重大。这次战役深深震撼了匈奴人，以前汉匈之间有冲突，多半是在汉朝边境交战，从未深入过匈奴腹地。但这一次，卫青竟然打到了龙城，攻入了匈奴的王庭。这对于匈奴来说，是一种警示：汉朝人原来是可以光顾匈奴腹地的啊，整个匈奴领地以后也就没有什么安全可言了。

另外，卫青打到的龙城，正是匈奴人祭祀天地祖先、部落的王庭，是政治中心，更是宗教圣地。卫青都打到匈奴的老祖先那儿了，还能让匈奴不愤怒？

被卫青激怒了的匈奴，在公元前129年后，开始屡次进攻汉朝的边境。第二年，卫青领车骑将军职，率领三万骑兵从雁门出塞；将军李息从代地出塞，夹击匈奴。最终，卫青斩获了数千敌人，这次号称"雁门之战"的战役使汉武帝对卫青的信任度大大提升，汉武帝想给汉朝培养大将军的梦想很快就要实现了。

雁门之战虽然取得了胜利，却引来匈奴更大规模的报复。卫青作为一代猛将，对于匈奴的进攻并没有发怵，他在公元前124年带领着三万兵士，进攻匈奴右贤王，最终大获全胜，卫青也因此被封为万户侯。

第二年，卫青带领众将出征的时候，没料到居然出了叛徒，赵信突然投入匈奴的怀抱，让卫青大大为难，最终交给汉武帝解决。汉武帝的最终决定是卫青既无功也无赏，原地不动，但在这次战争中战神霍去病横空出世，卫青也算是功不可没了。

很多人奇怪卫青出身卑微，而且没受过什么高等教育，跟和他共事的老前辈比起来，却总能在别人失败的时候取得胜利，难道是有神力相助吗？

当然不是。

尽管论深谋远虑、运筹帷幄，卫青不是韩安国的对手；论驰骋疆场、

经验丰富，卫青也不是李广的对手，但卫青却有别人不具备的优点。

我们在前边说了，卫青因为卫子夫得宠而得到汉武帝的重用，但是卫青没有一味地只知道享受，而是积极进取，随时提高着自身的才能。在做骑奴的时候，卫青的箭术就已经非常精湛，这中间对于如何调兵遣将，如何进攻防守，如何整体协调，卫青也有自己的看法和见解。

《资治通鉴·汉纪十》上曾经这样记述卫青："青虽出于奴虏，然善骑射，材力绝人；遇士大夫以礼，与士卒有恩，众乐为用，有将帅材，故每出辄有功。"这就很明白地说明了卫青善于骑射，才力过人的特点；而且，因为小时候的特殊遭遇，造就了他谦卑隐忍的个性，对士卒关心爱护，宽容有礼，所以众人都愿意跟随卫青出战。好人缘加上才华，卫青出战才屡战屡胜。

口说无凭，我们有例为证。龙城大捷，卫青很好地展示了自己的才华。他选择龙城为进击目标，就显示出了他的能力。首先进攻龙城，卫青不会无功而返，因为龙城是匈奴人祭祀的地方，不可能没有人把守，所以此去必然会有收获；其次，选择龙城不会有重大损失，因为龙城是匈奴人的腹地，汉军以前没有来过。而匈奴的惯例是青壮年出征，老弱病残留守，这时候出其不意，攻其不备，汉军还能打不过他们吗？正是因为卫青的智取，最终才得到了汉武帝唯一的奖赏，并且由此证明了自己的实力。

另外，卫青之所以总能够取得胜利，也是因为赶上了好时代。汉武帝时代，对待匈奴的策略已由原来的防御转为主动进攻，卫青在汉武帝的亲自部署下，熟练了作战模式。这是个需要英雄的时代，恰好被卫青赶上。如果跟李广相比，卫青的际遇我们会看得更清楚，李广终其一生也没有得志，就是因为他前边没有赶上好时光。

当然，我们也要说一点，卫青之所以成功也是因为有运气。在公元前129年的那次战役中，李广和卫青一样，都带领一万军队出击，但卫青一路未遇强敌，直捣龙城；李广却遭遇匈奴主力，兵败被俘。试想，如果是卫青遇到了匈奴的主力，结果会怎样？没人知道。

而跟公孙敖和公孙贺相比，卫青的幸运就更加显而易见了。靠着好运气，卫青从此屡战屡胜，平步青云，最终成为汉武帝倚重的大将，成为一代名将。

卫青的一生也是戎马倥偬的一生，他七次率兵出击匈奴，本部无一败绩。但如此劳苦功高的卫青却很少得到别人的赞赏，究其原因，就是因为卫青不肯巴结文人、收买门客，为自己造势，由此可见卫青为人的低调和谦逊。汲黯从来不对卫青行礼，对此卫青也不生气，反倒更加敬重汲黯。漠北之战后，霍去病成为汉武帝的宠臣，卫青昔日部下都到了霍去病那里，卫青对比既不生气，也不恼火。最终，就这样平淡地度过了一生。公元前106年，卫青去世，他的坟墓按照卢山的形状修筑，葬在了茂陵的东北侧。

战神霍去病

年轻的战神

说到霍去病，相信会让很多汉朝人的精神为之一振，不光因为他英年早逝，给人留下无限的遗憾，更重要的是他打过无数的胜仗，给过匈奴闻风丧胆的教训。

霍去病生于公元前140年，河东郡平阳县（今山西临汾）人。这个年轻战神背后的光环也足够让时人羡慕，他的姨妈是卫子夫卫皇后，而舅舅正是赫赫有名的名将卫青。

霍去病跟卫青有很多相似的地方，尤其相同的一点是，他们都是私生子。霍去病的父亲霍仲孺是平阳县的衙役，与平阳公主的奴婢卫少儿互相爱慕，生下了霍去病。后来霍仲孺跟卫青的父亲郑氏一样回到家乡，

又跟另外一个女人结婚，生下了汉武帝的另一个名臣霍光。

卫子夫得到汉武帝宠幸后，刘据被立为太子，卫青功勋卓著，卫氏家族平步青云，一下子就到了权力的巅峰。汉武帝爱屋及乌，对十六七岁的霍去病也非常宠爱，十八岁，就让霍去病跟随自己的舅舅出征了。也许汉武帝当时没有想到，自己此举，居然为汉朝缔造了一个年轻的战神。

公元前123年，漠南大战拉开序幕，汉武帝派出了绝对的明星阵容来对抗匈奴，当时的霍去病像一只敏锐的雄鹰，站在卫青的身边，虽然一言不发，却不容人忽视。

这条沙漠中的响尾蛇凭着自己对战争的敏感性，带领着八百人的特种部队，成功找到了匈奴人的大营，结果正安心睡觉的匈奴兵被从天而降的霍去病打得只有招架之功而无还手之力，最终取得以八百人打下了两千人的好成绩，霍去病的才华得到了一次成功的展示。

霍去病的战功，跟同行的将军们比起来，就更加卓著了。赵信投降了匈奴，还带走了八百骑兵；苏建尽管没有叛变，但是带出去侦察敌情的人，全军覆没，只有他一个人光杆司令跑了回来；卫青和其他几位将军全都无功亦无过。但汉武帝却给了霍去病极高的评价：以最低的成本获得了最佳的战绩。捉活的也好，砍死的也罢，都称得上是第一。所以，霍去病被封为冠军侯。这个只有十八岁的孩子，用自己的实力证明了自己不比这些年纪大的将军差。

又过了两年，汉武帝决定对匈奴发动一次新的战斗，此次派出作战的人，正是在十八岁就崭露头角的霍去病。为了让霍去病更好地完成任务，汉武帝给他配备了最好的保镖——速度极快的骑兵。接到任务的当天，霍去病就带领部队在大漠中狂奔起来，进击匈奴，如入无人之境，而霍去病敏锐地感觉到，敌人正藏在皋兰山后。

果然，当霍去病到达山的那一面的时候，遇到了匈奴的大官——卢侯、折兰二王，双方进入真正血与火的较量中。在这场战争中，霍去病完美演绎了擒贼先擒王的道理，在匈奴人费劲地保护匈奴王的时候，霍去病一箭射过去，正中匈奴王的头颅。匈奴兵一看，刚才还在呐喊的头领居然已经毙命，衣衫早就被冷汗打湿了。

最终，霍去病带领人马成功除掉了卢侯王和折兰王，还俘虏了浑邪王的王子，以及他的相国和都尉文武两套班子成员，斩敌八千九百六十。更值得一提的是，霍去病还将匈奴人用来祭天的金人神像抢走了，简直妙哉！

当胜利的消息传到汉廷的时候，汉武帝笑了，他对自己的眼光更加自信了，笑过之后，汉武帝就重重封赏了霍去病，奖励他两千户采邑。

霍去病的光芒在那一刻开始显露，而这一年的夏天，更是光芒万丈。

当年夏天，汉武帝派霍去病出征，和公孙敖、李广、张骞兵分两路进击匈奴。在公孙敖迟到的情况下，霍去病独自率军深入敌境。而目标，正是祁连山。

这个年轻的战神用行动再一次证实了自己生来就是属于战场的，他的嗅觉和敏感度，已经胜过了所有参战的将军。在这次战役中，霍去病料到匈奴人认为汉军一定会舍远求近，于是在近路设立重重关卡，做好了十足的防备工作。于是他反其道而行，舍近求远，绕了一个大弯，从背后偷袭了匈奴兵。霍去病西渡黄河，翻越贺兰山，直奔西北，绕过居廷泽，然后折向西南，穿过小月氏部落，将铁网撒在了祁连山上。

当匈奴兵还在傻傻等待霍去病从近路攻击自己的时候，霍去病已经插入了他们的心脏。再想回头去救，为时已晚了，霍去病那时候已经优哉游哉地准备收网了。这一仗，霍去病收获颇丰：共斩杀匈奴三万二百人，俘虏匈奴单桓王及相国都尉等二千五百人，其中有五个匈奴王，以及王母、王妻和王子共五十九人，相国、将军、当户、都尉共六十三人。一年之内，霍去病打赢了两次大仗，创造了中国战争史上的奇迹，经此一役，匈奴人不得不继续后撤，一直退到了焉支山北，汉朝也得以收复了河西平原。

经霍去病这一折腾，匈奴不光人数大减，而且对汉朝，尤其是对霍去病可谓是闻风丧胆。所以，在同一年的秋天，汉武帝得到了消息，说匈奴人来投降了，人数不低于四万人。

汉武帝对此其实有些怀疑，就叫霍去病前去迎接，如果是降兵就迎回来；如果是假投降，就跟他们再打一仗，霍去病欣然领命。

其实匈奴这次投降确实是真的，但在路上却出了点儿小插曲。本来是浑邪王和休屠王一块带兵来投降的，谁知半路上休屠王突然后悔了，觉得自己作为匈奴后代，不能这样辱没祖先的名声。就在休屠王将自己

的想法告诉浑邪王后，浑邪王二话没说，将休屠王杀掉了，并将他的人马收到自己旗下，浩浩荡荡地来汉朝投降了。

当匈奴人看到迎降的、像是天神下凡一样的霍去病时，内心的恐惧终于爆发了，纷纷往回跑。霍去病不知道中间出了什么问题，于是赶紧带兵去追，找到浑邪王一问才知道是他们自己内部发生了暴乱。霍去病当机立断，让人砍杀了一部分人马，这才使慌乱的匈奴兵镇静下来，最后，成功地将这些降兵带回了长安。

历来英雄就属于战争，战争造就了英雄，英雄同样也结束了战争。在汉朝跟匈奴这么多年的对抗中，霍去病犹如一个登山者，山高人为峰。他一次次超越自己，同时也超越了卫青，超越了大汉所有的勇士，成为汉朝的一个高度。"匈奴未灭，何以为家"的声音代表了强汉的声音，从某种程度上来讲，霍去病就是汉朝的标志，代表了汉朝的血性。

不完美的战神

然而，相对于卫青来说，霍去病却是不完美的，尽管他的战功高于卫青。我们在前边也说过，卫青和霍去病其实很像，都是私生子这点上尤其像。然而两个人尽管都有这样的遭遇，但生活态度却迥然不同。卫青早年尝过生活的酸甜苦辣，所以知道什么叫珍惜，特殊的人生经历教会了卫青一点，那就是高调做事，低调做人。所以，无论立多少战功，我们看到的卫青永远是谦卑有礼的，温和有加的，他不对任何人趾高气昂，尽管汲黯从不对他行礼，卫青非但不计较反而低头向汲黯请教。

霍去病却不这样，这当然跟霍去病的生活环境有很大关系。尽管霍去病也是私生子，但他出生的时候，卫家已经发迹了，所以卫青当年吃过的苦，霍去病没有吃过。衣食无忧、不知世间冷暖的霍去病长大之后，自然是一副公子哥的作派。

公子哥霍去病在行军打仗的时候，跟卫青的态度也是截然相反。卫青行军作战，总是跟战士们同甘共苦；而霍去病每打完一次仗回来，即使将士们已经面露饥色，如果去掀霍去病的锅盖，还是会发现里面有很多剩饭剩菜。霍去病宁愿倒掉这些饭菜，也不会施舍给自己的将士们，这就是最真实的霍去病。

此外，霍去病在临死之前还做了一件更让人失望和震惊的事——射

杀李敢。

说起这件事，霍去病也算是好心，因为他要替自己的舅舅卫青报仇。而李敢之所以要袭击卫青，也是有理由的。我们在前边也说了，李广在跟随卫青最后一次出征的时候，因为迷路贻误了战机，李广自杀以谢天下。但李敢却觉得父亲自杀是因为卫青不给父亲打前锋的机会，所以是卫青害死了自己的父亲。之后，李敢便寻找机会袭击卫青，结果伤到了卫青。卫青没有跟李敢计较，将这件事隐瞒了下去，没想到，这件事却叫霍去病知道了。

对于李广的死，现在有很多种看法，有的人认为李广的死其实是一个骗局，因为李广迷路给出的理由是当时没给自己配备向导。司马迁也说李广当时没有向导。有人却对此提出异议，说打仗也不是自费旅游为什么给配备向导，不给配备向导的说法不可能成立。对这件事，班固没有说没给配备向导，只说了迷路一事。

司马迁和班固各执一词，让李广迷路这件事变得扑朔迷离起来。有人就此给出了假设：就算卫青为公孙敖着想，调李广打后卫，但按卫青的为人不会不给李广配备向导，如果配备了向导，那李广为什么会迷路？向导当时干嘛去了？所以，这些人就此得出结论：当时卫青给李广配备了向导，而向导被李广杀掉了，目的就是要嫁祸卫青，要报复他。

依据就是：首先，卫青遇到迷路归来的李广后，马上派人送酒去慰问，顺便问迷路的原因。如果当时卫青没给李广配备向导，那迷不迷路根本不用问，猜都可以猜出来；其次，卫青派人问话的时候，李广一言不发，这其中很可能有诈；再次，当卫青要召李广的下属问话的时候，李广为什么非常着急，甚至要自杀？这样推论下来，就很可能得出李广确实是要嫁祸进而报复卫青的结论，因为卫青将李广最后封侯的希望都给掐灭了。当然，这只是一种猜测而已，真实的情况，也许只有历史知道了。

但无论是哪种可能，李广的死卫青都是有责任的，因为他的确是想让自己的兄弟公孙敖出头，让他占了李广打前锋的指标。基于这点，李敢才要对付卫青。

李敢袭杀卫青未遂，卫青又隐瞒不报，事情到了这时候，一个做初一，一个做十五，算是扯平了。但不幸的是，霍去病并不这样认为，他觉得舅舅受伤了，不能就这么饶了李敢，于是，霍去病动手了。

公元前117年春暖乍寒的时候，身为郎中令的李敢陪同汉武帝到甘泉宫去打猎。就在猎场，骠骑将军霍去病一箭射杀了李敢。霍去病非常擅长骑射，要想用箭除掉一个人，自然是手到擒来的事情。李敢一死，为了维护霍去病的名声，汉武帝只好说李敢是被鹿撞死的。就因为一点私事儿，霍去病将汉朝的一员大将射死，霍去病的度量和胸襟可见一斑。

然而，不知道是李敢的鬼魂作怪，还是天妒英才，就在同一年的9月，霍去病因病去世了，年仅24岁。

霍去病的死，对于汉武帝来说无异于少了一只翅膀。斯人远逝，汉武帝仿佛梦见了祁连山，梦见了在那片辽阔的天空下，一个少年挥着长剑，犹如猛虎下山，追逐着遥远的匈奴狼。而这时，耳边飘来一首凄凉的匈奴民歌：

亡我祁连山，使我六畜不蕃息；

失我焉支（胭脂）山，使我妇女无颜色。

智圣东方朔

狂妄的东方朔

话说汉武帝在自己想要大干一番的时候，遭遇窦太后的横加干涉，结果想做的一切事情都半路夭折了，汉武帝的心情沮丧到了极致，于是就决定出去微服私访，这当然是官话，真实的情况是出去旅游、度假，透透气。但汉武帝在出去的时候，却遭遇了一些不愉快，于是决定不再

住私人旅馆，那样太危险，而是派人沿路秘密设立旅舍。

很快，汉武帝就觉得这个主意也不好，因为这样很容易将自己的麻烦惹大了，毕竟窦太后和王太后都不是好惹的。想来想去，汉武帝觉得还是在自己的皇家园林打猎比较惬意，转而一想又觉得皇家园林太小，于是又冒出了一个念头：不如扩建上林苑，打通沿路阻隔，直通终南山。

对于这个既疯狂又奢侈的想法，汉武帝想到了一个人，知道他一定可以帮助自己完成这件大工程，这个人就是吾丘寿王。

吾丘寿王是今天的河北邯郸人，擅长辞赋，曾拜董仲舒为师学过《春秋》，是为太中大夫。要让这么一个中级国务官去搞这么大个建筑工程，实在是有些不适当，为此汉武帝就让首都长安警备区司令（中尉）、北长安市长（左内史）、首都长安特别市长（右内史）等去配合吾丘寿王的工作，呈报辖区内的农田，动员农民搬迁。

这样一来，吾丘寿王的工作就很快得以开展了。不久，吾丘寿王就给汉武帝递交了一份调查报告，说扩建上林苑可行。汉武帝一听，喜上眉梢，决定即刻动工。就在这时候，有人出来反对了。这个人正是我们要说的男主角——智圣东方朔。

东方朔，字曼倩，平原厌次（今山东惠民）人。特长非常突出，强闻博记，诸子杂书无所不通。俗话说得好，没有金刚钻也揽不成瓷器活儿，东方朔能这么狂妄，也是有理由的。当初汉武帝发出布告广招天下贤良的时候，东方朔也闻声从齐国赶来参加面试了。为了能在考试中脱颖而出，东方朔想出了一个绝招——写了一篇超长的策论。策论没有什么绝的，绝就绝在当时没有纸（东汉蔡伦才发明了纸，这是好多年之后的事），东方朔是在竹简上写的这篇策论，据司马迁介绍，东方朔当时用去了三千片竹简。

三千个竹简，想一下这是什么概念？且不说重量，就说汉武帝看这些竹简花的时间，就足足用了两个月！这两个月的时间里，汉武帝是天天读，今天读多少记上记号，明天接着读。而且，关键汉武帝不是一个人在读，因为仅靠他一个人是不能将策论翻起来的，东方朔的绝也就可见一斑了。

写出如此长的策论仅是东方朔绝招的冰山一角，他还做过更绝的事情。当年那封千古少有的求职信，更堪称东方朔的一绝。现在晒出来，奇文共赏：

　　我，东方朔，小小年纪没了双亲，由兄嫂抚养成人。三岁学读书，勤奋好学，三个冬天读的文史，够一辈子使用。十岁学击剑，十六岁学《诗》《书》……（省略二十二万字）。十九岁学孙吴兵法，精通各种兵器……（省略将近二十二万字，加起来就差不多四十四万字了）。除此之外，性格豪爽，重义守诺，堪称子路转世。

　　我今年二十二岁，身高两米一（九尺三寸）。大家都说我的眼是双目有神，烂若明珠；牙齿洁白，仿若贝壳。还有，勇若孟贲，捷若庆忌，廉若鲍叔，信若尾生。像我这样的人，应该足够做你的大臣了吧？

　　……

　　汉武帝读到这里，觉得东方朔真是太可爱了，于是赶紧将东方朔留下，给他安排了工作。然而，这份工作让东方朔很失望，为什么？因为汉武帝给东方朔安排了一个他不熟悉的领域的工作——公车府员工。这公车府是做什么的？说白了就是搞接待的，凡是臣民上书，或者皇帝征召，都是他们份内的事儿。当初汉武帝觉得东方朔人高马大，而且口舌伶俐，做这样的工作简直太对口了，于是赶紧让他走马上任。但东方朔的感受呢？失望，非常失望，失望至极。之所以失望是因为，首先，这个工作需要经常跑腿，没油水捞也就算了，工资还特别低；其次，这个工作见到皇上的可能性微乎其微，见不到皇上想要熬出头，要到猴年马月啊！

　　所以，东方朔面对这个工作的时候，失望之情是溢于言表。自己读了这么多年的书，想要的结果可不是解决温饱，现在这样还有什么颜面见江东父老啊？

　　想到这里，东方朔就开始想办法换工作了。

　　具体怎么换呢？伸手要官，似乎是个办法，但绝对称不上是最好的办法。所谓的好办法是能让皇帝心甘情愿地给你官儿当，伸手要官做得太明显，皇上很可能不高兴。突然，东方朔灵光一闪，想出了一个好办法。

　　那个时侯，侍候皇上的主要有两种男人，一种是太监，另外一种是侏儒，东方朔的办法就打在了侏儒身上。一天，东方朔将几个跑动的侏儒叫到自己面前，装出一副心事重重的样子，说："兄弟，有个事儿要跟

你们说，但又不知当讲不当讲。"

侏儒一看东方朔这个模样，直觉上认为不是什么好事情，于是紧张地问东方朔："大哥，俺们天天守职奉公，不敢出半点差错，现在你这样问，是不是哪里出了问题啊？"

东方朔依然一副心事重重的样子，说："其实啊，这事儿我很为难，说出来会伤你的心，但不说出来，又让我良心不安。唉，算了，我还是实话实说吧……"

侏儒们此时都大睁着眼睛，想知道东方朔葫芦里到底卖的什么药，但就在大家安静地等着的时候，东方朔又不说了。这下子可把这些侏儒急坏了，以为真的有什么大事发生了，于是更加急切地催着东方朔快讲。

东方朔一看火候差不多了，就说："不过我有言在先，这事儿我也是从小道得到的信息，不知道是不是属实。事情是这样的：我听人说皇上对你们的评价是一群废物。说什么种田不如常人，做官又不能胜任，从军又不能杀敌，对国家一点儿用处都没有，白浪费粮食，要将你们通通杀掉。"

侏儒们一听这话，都傻了，反应过来后就开始哭。东方朔一看这些侏儒上道了，赶紧拍着他们的肩膀说："兄弟们别哭了，我知道你们也不容易，事到如今，我也不能见死不救，这样，我教你们一个救命的办法吧。"

侏儒们一听这话，又开始高兴起来，全都期待地看着东方朔。东方朔这时候居然又卖起了关子，急得一帮侏儒快疯了。东方朔看这些侏儒真的着急了，就神秘兮兮地说："但你们要保证，不要告诉别人是我跟你们说的。"急得快疯掉的侏儒们，赶紧纷纷承诺。

东方朔说："办法很简单，下次碰到皇上出门，你们多找几个兄弟，集体去皇上面前哭着请罪就行了。"侏儒一听，果然是好办法。

升官发财

东方朔的话被这帮侏儒完全贯彻实施了，就在汉武帝准备出门的时候，这群侏儒在汉武帝面前哭着请求赦免死罪，放他们一条生路。汉武帝一听，这唱的是哪出戏？就问他们："你们好好的，有什么罪？"

侏儒如实相告："陛下不是觉得我们没用，要杀我们吗？"

汉武帝："我什么时候说过你们没用要杀你们的话？"

侏儒："东方朔说的啊。"

这帮侏儒就把东方朔给"卖"了，汉武帝一听明白了，这帮小侏儒是上了东方朔的当。平时就听人说这个东方朔神神鬼鬼的，没想到还这么会忽悠人，于是就决定将东方朔叫来问个清楚。

再说此时的东方朔等得都快绝望了，当时他忽悠侏儒，为的就是能见汉武帝一面，但到了现在汉武帝也没召见自己，东方朔心想也许没戏了。就在这会儿，汉武帝派人来召见他了。

见了东方朔，汉武帝就不客气地问东方朔为什么要忽悠侏儒。东方朔对此早有准备，说："陛下错矣，臣不是吃饱了才撑的，而是没吃饱而硬撑的。"

汉武帝一听，这是什么话？

东方朔说："陛下您想，侏儒只身长三尺余，却有一袋米，二百四十钱的俸禄；而我，身长九尺余，是他们身高的三倍，竟然也是一袋米，二百四十钱的俸禄。就算是撑，也是这些侏儒能撑死，我的那些钱和粮根本不够吃的，所以不存在撑死的情况。所以，希望陛下能给我涨工资，让我也能有撑死的机会。如果陛下觉得我没有这样的资质，就让我离开长安好了。"

汉武帝一听，原来东方朔是早有预谋啊，忽悠这帮小侏儒不过是给自己涨工资找的借口和机会罢了。但汉武帝同时也很高兴，因为宫廷等级森严，没有人能这样对皇上说话，这个东方朔却不同于别人，敢于讲出自己的要求。所以汉武帝不但没治东方朔的罪，还给他换了一份工作，调他到金马门上班。

金马门是干什么的？金马班是官署名，古代门旁有铜马，因此而得名。而金马班的工作正是学士待诏处，跟皇帝直接打交道的几率很高。很多人都觉得东方朔走上这个工作岗位，已经离成功很近了，大好前程就在不远处。

就在人人都为东方朔高兴的时候，东方朔本人却不怎么兴奋。有人可能会说东方朔开始的时候对自己的工作不满意，死了活了的要见汉武帝，不就是想升官发财吗？现在升官发财的几率大了很多，为什么不高兴呢？

这话只说对了一半，东方朔千方百计地接近汉武帝确实是想发财，但发财和升官却是两码事。东方朔内心深处从没想过升官，那些大官他见过很多，个个板着一张脸，同僚都对他们疏而远之，这不是东方朔想要的。东方朔想要的很简单，四个字：玩世不恭；当然，这是不太中听的说法，它们也可以换成另外三个字：逍遥游。

　　人生不枉来一回，何不放歌逍遥游，这是庄子和陶渊明的终极梦想。而我们也从他们身上知道，所谓的逍遥游，就是归隐江湖，与青山为伴，与绿水为友，以天为被，以地为床。闲来抚琴唱歌，喝茶品茗，吟诗作对，风雨任逍遥。

　　东方朔对逍遥游有自己的见解，他认为，庄子的逍遥不是上档次的逍遥，真正上档次的逍遥是大隐隐于朝，而他要做的，正是在庙堂之上放荡不羁的大隐者。

　　身处官场的人都知道做官是需要眼观六路耳听八方的，没有点儿脑筋的人在官场上根本吃不开。那些在人前呼风唤雨的大人物，一旦落马，得到的多半是门前冷落车马稀的下场，那个时候也就体会到什么叫人情冷暖、世态炎凉了。

　　一个人，来到这个世上，是为了什么？相信人人都有一个最初的梦想，愿意为了这个梦想而奋斗。等到你踏进梦想的圈子，接触各种各样的人，却发现情况并不是自己当初想象的那么简单，圈子的力量是那么大，以至于改变了自己的初衷，也改变了自己处事的方法和原则。身处圈子越久，就越发现自己被圈子套得越牢，就好像是孙悟空的紧咒圈，只要你想逃出圈子，就会被紧箍咒弄得满地打滚。

　　卢梭曾经说过一句话："人生而自由，却无处不在枷锁当中。"所以当你处圈子的时候，就开始不自由了。而官场，恰恰是最不自由的地方，处处看领导脸色行事，你能自由吗？不时拍一下马屁，没有了真我，又何来自由？庄子当年就是因为害怕官场剥夺了自由，才拒绝做官；而陶渊明半路上解甲归田，也是因为身处樊笼，没有自由。

　　说了这么多，不过就是想告诉大家，官场就是个大圈子，不是谁想自由就自由得了的。现在东方朔要做一个大隐隐于朝的隐者，那可不是挑战一般的高度。要知道，官场每一步，都可能是荆棘和地雷；每一步，都可能是鲜花遮眼的牛屎。走在官场的大道上，随时有可能被人绊倒，

踩上狗屎或地雷。

但东方朔却自诩有这个能耐，也有这个胆魄。当然，他能这样自信，是因为他已经洞穿了这个时代和个人的命运。这个时代，不是春秋战国时代，需要的不再是张仪和苏秦的纵横之说，这个时代是天下太平的时代，现在大家吃饱了想的不再是什么时候会起战争，而是没事找点什么乐子。平民这样想，当官的这样想，皇帝更是这样想的。

东方朔天生豁达，不拘小节，叫他戴上高帽，替天地立命，为百姓谋生，他没有这个兴趣；替人跑腿打杂，也不符合他的个性，他生来就是为给大家找乐子的人。当然，他服务的对象级别很高，是皇上而不是一般人。这样，没事儿还能赚点外快，生活还是很享受的。也许，这就是东方朔来到世间的宿命吧。

大隐隐于朝

众所周知，京剧中的脸谱可谓品种繁多，意思明显，红脸代表忠勇；黑脸代表刚烈；黄脸代表残暴；蓝脸代表粗犷；绿脸代表暴躁；白脸代表奸臣。然而，生旦净末丑，却没有属于东方朔的那一个。对他来说，自己登上什么舞台，就会灵活地扮演什么角色，所以生旦净末丑他可能都会演到，也正因为这样，就没有属于他的固定脸谱了。

事实也正是如此，自从东方朔忽悠了那些侏儒之后，汉武帝就对东方朔刮目相看了。而东方朔这个人之所以能有那么"远大"的志向，要大隐隐于朝，自然也不是不会为人处事的人，于是东方朔在跟汉武帝相处的时候，每每都会用自己智慧的幽默把汉武帝逗得非常开心。之后，汉武帝召见东方朔的机会就越发多了起来。

司马迁曾经说过，汉武帝跟东方朔喝酒，没有一次是不开心的。汉武帝一开心，那还不随手就赏赐了，而发财也是东方朔的愿望，所以对于汉武帝的赏赐，东方朔从来不拒绝，非但不拒绝，能多捞绝对不少捞，即使是下酒菜，东方朔也会打包拿回家。

两米多高的大男人打包，这似乎并不多见，但东方朔做起来却一不害羞，二不含糊，三不犹豫。每次打包，都直接将衣服裹起肉来就走人，坦荡自如，旁若无人。试问，这样的境界有几个人能做到？

汉武帝看东方朔如此节俭，就更多多赏赐他了，东方朔赚得外快不

少，但存下来的银子却不多。为什么？因为他一转身就将银子花了出去，去长安街上泡妞了。

打包如此坦荡的东方朔，对女人也有很多的要求。长安的女子，爱东方朔是爱得死去活来的，他不见得动心，对他爱答不理的他也不去使劲巴结，只要你愿意跟他玩，就没问题。但要注意的一点是，这是有时间限制的，最长不能超过一年。

有人可能会说，这样做成本是不是有点儿大。但对于东方朔来说，钱不是问题，汉武帝就是他的取款机，要多少没有啊，只要他想多赚钱，多动点心思逗汉武帝开心就是了。

生活如此无拘无束的东方朔自然很快就成了名人，不光因为他能打包，更因为他能泡妞。如果那时候有娱乐记者，一定天天趴在东方朔家门前，不断给大众爆料。

当然，即使没有娱乐记者，东方朔也已经成了人们茶余饭后的焦点话题人物。东方朔的想法就是要出名，他当然知道在一个思想正统的时代里搞怪，是很容易就出风头的。也许，有些人可能抱着枪打出头鸟的想法不敢出风头，但又有想看别人出风头的好奇想法矛盾地活着。东方朔却不是这样想的，他不想看别人出风头，他想自己出风头，这样才能独领风骚，笑傲江湖，实现自己的梦想——逍遥游。现在，长安街上的人都在谈论他，他的目的达到了。长安街的老百姓现在给东方朔起了一个新绰号——狂人，这个称呼，其实很大程度上是贬义的。在他们看来，东方朔是个文人，还是个公务员，怎么着也得注意自己的形象啊，现在又是打包酒菜，又是包二奶的，太不成体统了吧。

但东方朔才不管这些，世人笑我太疯癫，我笑世人看不穿，他就天天疯，月月疯，年年疯。不过东方朔也许不知道，不是所有的人都觉得他疯，有一个人能读懂他，这个人就是汉武帝。

那时候，汉武帝身边的郎官也说东方朔就是个神经病，汉武帝却笑笑说："如果东方朔不搞怪，你们哪个能活得这么滋润？难道不是这样吗？"试想：如果东方朔天天一本正经，衣冠整洁，按时上班下班，那汉武帝身边，包括汉武帝，还能像现在这样，有事没事拿东方朔过来逗乐？

也许这些郎官不知道汉武帝为什么要这么宽容东方朔，问题其实很好理解，因为对于汉武帝来说，皇宫就是一桌菜，要有天天一本正经的官员当主菜，也要有东方朔这样的人做餐后水果和开胃菜。天天吃主菜，很容易就会没有食欲的，这样日子还能过下去？所以，东方朔爱打包，随他；爱包二奶，也随他。但有一个底线必须坚守，那就是，不能玩到汉武帝头上，只要不越雷池一步，所有的事就都是小事。当然，对于这个底线，东方朔一清二楚。

有一天，东方朔走过行宫，一个郎官看到他就和他聊了起来，不知不觉就说到了东方朔的绯闻上，郎官好奇地问，东方朔知不知道外面传得沸沸扬扬的议论声，东方朔眯着眼微笑地说："不知道。"

郎官有些不好意思，但继续说，他们都说你是神经病呢。东方朔一听，哈哈大笑。对于世人的看法，东方朔怎么可能没听说，只是这些人只知道背后谈论别人，却不知道人生苦短，及时行乐，真是悲哀！东方朔笑完，对郎官说出了自己的真实想法："古之人，都跑到深山老林避世；而我东方朔，却要避世于庙堂，这才是所谓的真的大隐！"

从此，大隐这两个字就成了解读东方朔疯狂的绝密钥匙，这里有东方朔的酒歌为证："陆沈于俗，避世金马门。"自古以来，人人都觉得东方朔是一个特立独行的人，这样的误解，也不过因为世人也是如此的玩世不恭罢了。

东方朔除了前面说的那些疯狂之事外，还有身怀占卜的好功夫。有一次，汉武帝和数位方术大师一起玩猜谜游戏，汉武帝将一只壁虎反扣，然后让这些大师们猜，猜中者，重赏，但遗憾的是，没有一个人猜中。

后来，东方朔来了，他兴致勃勃地对汉武帝说："我学过《易》，让我先占一卦再猜。"

占卦当然是幌子，这样说的好处就在于，如果猜不中，东方朔可以说是《易》卦不准，与他的智商无关，这是很好的一个下台的台阶。东方朔说完，就开始占卜，最后说，这不是一只壁虎，就是一只蜥蜴。

果然猜中了！

这事儿要不是班固记录下来，也许会有人说是编的，即使这样，也不得不让人惊叹，东方朔的脑袋不是人脑袋。这件神奇的事很快就以光速的速度传遍宫中大小角落，人们纷纷传说东方朔的神机妙算，但一个人除外，这个人人称郭舍人。说起来，郭舍人其实是东方朔的同行，因为搞怪和逗乐是他的老本行。而且，他出名比东方朔早。现在东方朔的名声眼看着超过了自己，他心里当然不是滋味，开始妒忌了。

郭舍人如此妒忌，其实是没有道理的，能称呼他为郭舍人，是客气的说法，因为他本身就是个倡优，也就是以音乐歌舞或杂技戏谑娱人的艺人。一个靠杂技戏谑吃饭的人，想要胜过东方朔，估计有点儿难。但郭舍人偏偏自不量力，要跟东方朔一较高下，郭舍人对汉武帝说："东方朔有什么好狂的，他不过是因为幸运才猜中的，现在让我来考考他，如果他猜中了，就打我一百棍；如果猜不中，就把赏给他的帛赐给我吧。"结果，郭舍人技不如人，被东方朔猜中，白挨了一百大棍，被打得嗷嗷大叫。

这就是另类的东方朔，即使人人都说他是疯子，他仍然自顾自地走自己的路。当然另类的东方朔也有食人间烟火的一面，开头说的他阻拦汉武帝扩建上林苑就是很好的例证。这次，东方朔没有使用自己的绝招，他觉得这是一件严肃的事，就一反常态，一本正经对汉武帝陈述了自己的观点。话不长，概括一下，意思如下：

终南山盛产各种野生动物及农作物，是百姓生活的根本，国家税收的来源之一。陛下为满足个人私欲而占为己有，于情于理，都说不通。

汉武帝听了，连连点头，非常高兴。让汉武帝高兴的不是东方朔给自己提了意见，而是东方朔竟然也喜欢参政议政，基于此，汉武帝当即提东方朔为太中大夫兼给事中，并且赏了一百斤黄金。但赏完之后，汉武帝却对吾丘寿王说："上林苑的事，按你的方案去实施吧。"

这下，东方朔傻了。原来，自己在汉武帝眼里，只是一个逗乐的工具！

大文豪司马相如

郁郁不得志

前面说了，东方朔试图劝阻汉武帝继续修建上林苑，汉武帝虽然觉得东方朔给了他惊喜，回报东方朔以赏赐和升官，但依然按照自己的意愿行事。东方朔猛然发现，自己不过就是汉武帝一个逗闷的工具罢了。

汉武帝之所以执著于此，是因为对于打猎他真的非常喜欢。我们无数次分析过汉武帝的性格，知道他是一个有抱负的皇帝，只是因为有窦太后掣肘着他罢了。现在汉武帝旺盛的精力没有用武之地，满心的恼怒也无处发泄，只好拿上林苑里的动物们开刀了。

然而，身为臣子的人却不得不为汉武帝的生命安全着想，野兽跑了，还有别的，但皇上要是受伤或者死亡，那成本就太大了。所以，为了皇上的安危，臣子即使冒犯皇帝，也要继续劝谏，直到皇帝打消念头为止。这不，东方朔劝阻不成，又一个人站出来说话了。此人，正是司马相如。

关于司马相如，我们听说的最多的一点就是，他是个很了不起的大文豪。司马相如，字长卿，小名犬子，成都人氏。爱好读书和击剑，非常擅长写赋和鼓琴。但司马相如有个很明显的缺点，就是口吃。司马相如开始的时候并不叫司马相如，只是后来读书的时候，因为太过仰慕廉颇负荆请罪的对象蔺相如，所以才改名相如的。

司马相如的家境还是很不错的。在景帝的时候，司马相如一家花钱

买了一个郎官，被景帝封为武骑常侍。但对这个工作，司马相如非常不满意，因为他并不爱好这些。当然，也因为这个工作太冒险，武骑常侍平时的主要工作就是陪皇帝打猎。试想，让一个口吃的人去干这么冒险的事，要是真出了危险，能不能喊完救命两个字都是问题。

所以，在工作的时候，司马相如总是压抑着内心的不满，他时刻盼望着皇上能突然开始写赋，这样自己的特长就找到用武之地了。但造化弄人，刘家到景帝这辈儿还没出过一个喜欢文学的皇帝，也正是因为这样，司马相如才一直没找到出头的机会。

是金子就有发光的时候。景帝不爱好文学，不代表所有的皇室成员都不爱好文学。景帝的弟弟，那个试图抢夺皇位的梁孝王刘武就对文学一往情深。有一次，刘武带着一班文人来朝述职，恰好被司马相如撞见，一番谈论后，一种相见恨晚的感觉从司马相如心底油然升起。他当即就决定放弃继续追随景帝，称病辞职去投奔刘武了。

刘武对于司马相如的到来，当然是举双手赞成的。等司马相如到了梁国后，马上给他安排了食宿，让他跟一帮文人同吃同住，还经常举办文学讨论会。这样的环境使得司马相如的文学情愫汹涌澎湃，终于有一天，享誉天下的《子虚赋》诞生了。

对司马相如来说，刘武是个难得的好上司，但这样的好上司却没有长命百岁。因为窦太后对这个小儿子十分宠爱，经常在他耳边说些怂恿的话，结果刘武内心深处的当皇帝欲望就开始升腾，直至最终爆发。很快，刘武的美梦就被袁盎一帮人给惊醒了。刘武一怒之下派人刺杀了袁盎，结果东窗事发，被景帝知道了，从此手足之情就被慢慢稀释了。刘武也因此得了抑郁症，不久就一命呜呼了。

刘武一死，身后的那些文人就树倒猢狲散了，司马相如无奈之下只好回到成都。这时候司马相如家也开始衰败。

但不要太小看了穷人，当年陈平不也是个穷人嘛，可他家照样车水马龙，为什么？就是因为陈平有一帮志同道合的贵族朋友。虽然半道中落的司马相如不能与陈平相比，但他也还有好几个铁哥们，其中有一个叫王吉的，在临邛当县令。

按照汉朝当时的规矩，一万户以上设县令，一万户之下改叫县长。由此可知，临邛这地肯定人气旺盛，紫气笼罩，油水不少。所以，司马相如决定去投奔王吉，但这时候问题又出来了，王吉尽管是一县之令，也没有办法给司马相如安排再就业。这可怎么办？

司马相如跟王吉开了半天碰头会，研究来研究去，觉得司马相如想当官似乎是没有什么指望了。但很快，两人就发现天无绝人之路，没法当官，但有办法致富。

王吉给司马相如指的什么道儿呢？这事儿私底下说说也就罢了，真要是搬到台面上，估计会被唾沫淹死。王吉和司马相如合计了半天，确定了一个共同的奋斗的目标：娶到临邛首富卓王孙的女儿卓文君。只要傍上富家女，那好日子还不就在眼前了？

两人之所以决定干这件事，是因为现实条件非常有利于他们。首先，卓文君本来是许配给了一个皇孙，可谁知那个皇孙命短得很，还没来得及成婚就一命呜呼了。卓文君新娘子没做成，就开始在家守寡了，这就给司马相如找到了"下手"的机会。其次，卓文君和司马相如有志同道合的地方，卓文君擅长弹琴，而且文采了得，算是个文艺女青年，这就给司马相如找到了"攻破"卓文君的突破口。如果卓文君对这两样完全不感冒，司马相如即使表演得再精彩纷呈，卓文君也完全看不出门道啊，更别说找到打动她的突破口了。再次，也是必要条件，就是所有的文艺女青年都有一个通病，就是喜欢儒雅的翩翩美男，司马相如尽管口吃，但长得却是一表人才。而且，坊间传闻当时年仅十七岁的卓文君是美貌非凡"眉色远望如山，脸际常若芙蓉，皮肤柔滑如脂"，这样的佳人跟司马相如还真是很般配。

当然，有优势是好事，但司马相如的劣势也非常明显，最大的麻烦就是穷。女人喜欢帅哥，但遇到婚姻，女人一般都会考虑现实条件，所以司马相如很可能就要输在这条上。当初陈平的老婆连着克死了五个老公，陈平说要娶人家，人家还瞧不上他那个美男子呢。究其原因，还不就是因为陈平穷，要不是后来女方的爷爷看出陈平是个潜力股，估计陈平这辈子就得孤老终生了。

司马相如穷，但卓文君家很富，是有名的钢铁大王。卓王孙不但是临邛首富，也是汉朝首富。要按照正常渠道娶到卓文君，司马相如历经整个汉朝估计都不能实现这个愿望，所以，只能想点非常之策了。

王吉和司马相如想来想去，只有一个办法能实现梦想了，那就是：勾

引卓文君私奔！

勾引卓文君

司马相如和王吉主意一定，就决定立即行动。说句老实话，即使王吉不当官，也肯定饿不死，为什么？因为他有很敏锐的市场观察力，而且熟悉市场广告学。之所以说王吉敏锐，是因为他知道即使现在的司马相如是个落魄公子，用股市专业术语来说就是走低股票，但他也有广阔的升值空间。当然这需要包装，司马相如本身就是优质品，再一包装，影响他成功的劣势就可以转化成优势了。

说起王吉这招广告学，在古代曾经有很多人使用过，远的不说，汉朝就有一个将政治和广告学完美结合的人，这个人就是刘邦。刘邦造反之前，首先说自己是神龙的儿子，为自己造势，接着吕公说他有贵人之相，最后吕雉又替他编出一套头顶祥云之说。如此一来，刘邦就成了集众吉祥景象于一体的化身，世人想不服都不行了。

王吉现在要做的，就是效法刘邦，为汉朝再打造出一颗文曲星来。事实上，深谙广告学精髓的王吉成功了。自这之后，四川地区出现了许多效法司马相如的文人，最典型的当数唐代的陈子昂和李白。

为实现致富，王吉安排司马相如如此包装：首先，必须让自己给众人留下一个风流倜傥的公子哥印象。其次，要装出高深莫测的贵客模样。第二个目标说起来成本不高，只要司马相如少说话少露面，王吉再出去鼓吹一番就能实现。但要实现第一个目标就比较困难了，因为以司马相如的财力不可能弄得起这样的包装，必须找到一个赞助商，让他赞助司马相如衣服和住所。

现在司马相如就是一待业青年，所以赞助商的重任只能落到王吉肩上了。王吉将司马相如搬到了当时临邛县城的宾馆（都亭），然后，又以县令的身份天天去探望司马相如。这样几次之后，司马相如就对外宣称，我身体不好，叫王县令以后少来打搅我。

这话一传出去，整个临邛县都震动了。其实这也不奇怪，当时蜀地山高皇帝远，见过的最大的官就是临邛县令。在蜀地人民眼里，临邛县令就是皇帝，需要大家供着，能让他天天去看自己，简直是求之不得；现在司马相如却拒绝了。看来，此人不是寻常之人。

这样的话传出去之后，司马相如马上就变成了一个神秘的人，王吉见势继续造势，让司马相如更加深居简出。这样一来，吹的人吹的热火朝天，被吹的人却迟迟不露面，广告的效果就出来了：人们对司马相如的期望值达到了一个前所未有的高度。这招用在兵法里面，就叫"欲擒故纵"。

随着街头巷尾关于司马相如的传闻越来越多，临邛县城的富豪们也开始注意司马相如了。当时，临邛因为冶铁，先富起来的人有很多，但最富的只有两家，一家是卓家，另一家是程家。卓家号称家童八百，程家号称家童亦数百。后来，这两大富豪就开了一个碰头会，说临邛来了个贵客，是王县令的朋友。不如咱们尽尽地主之谊，设宴款待一番，也满足一下咱们的好奇心。

这一建议得到两大富豪的一致同意，之后就开始着手准备。到设宴这天，为了烘托气氛，卓、程两大富豪还请了数百个宾客前来捧场，真实目的是要满足大家的好奇心，当然，主角之一的王吉是不能缺席的。王吉到了后，就问司马相如为什么还没到。

两大富豪就说已经派人去请了，众人继续耐心等待。过了一会儿，派出去请司马相如的人回来了，说司马相如见是见到了，但他说身体不舒服，就不来了。还让他传话给大家说不好意思。

这下在场的宾客都傻了，这么多人都在等他出现，现在一个不来了怎能安抚大家呢。何况县令在场，他的朋友不来他也不高兴啊。这可怎么办好啊？

这时候，王吉站了起来，说："我看，还是我去请吧。"

当然，事情的发生都在王吉的掌握之中，后来王吉到了宾馆里，两个人假意地互相客套了一番，最后，司马相如装作盛情难却的样子，勉强答应前来捧场。之后的情形就是：几百口子人在等司马相如一个人，等司马相如出现的时候，几百双眼睛聚光灯一样打向他，场面那叫一个盛大！司马相如微笑着点头，那气度，那神采，让在场所有的人都惊叹不已。

看到这一幕，王吉得意地笑了。事情到这里已经成功了一半，接下来要演的戏更是在司马相如的掌握之中。等到大家喝到高兴的时候，王吉突然提议说临邛难得来一个贵客，那就让这个贵客给我们表演一个节

目吧。王吉爆料说司马相用的琴名为"绿绮"，是梁王刘武所赠，是名噪一时的古琴，而司马相如正擅长用这把琴演奏，就建议司马相如给大家演奏一曲，让大家饱饱耳福。

众人听王吉这么一说，赶紧鼓掌欢迎。司马相如知道自己有口吃的缺点，说话就露馅，所以一切事情都听王吉的指挥。现在说的这个当众弹琴，就是他们计划中的重要一环。抚琴的目的不在众宾客，而在卓大富豪的女儿卓文君，抚琴就是丘比特的神箭，能不能射得中，就看这琴能不能弹得动人了。

其实以鼓琴取悦异性，那是中国历史上的老把戏了。古代不知道有多少人曾经弹着琴，吟着古老的诗词"窈窕淑女，琴瑟友之"追求美女。当然，不是所有的人都能被琴打动的，现在王吉使出这招，是因为已经调查清楚了，卓文君爱琴，以琴挑之，绝对不会对牛弹琴。

而且，王吉在此前已经得到线人的准确来报，说卓文君对司马相如也是仰慕已久，在众人跃跃欲试的时候，她也正躲在帘子后面偷听。王吉心想还真有戏，于是打手势让司马相如开始。司马相如知道事情已经基本步入正轨，于是开始演奏《凤求凰》。

不得不承认的一点是，司马相如的琴技确实了得，那琴声犹如高山流水，恍若置身于高山翠谷之中，鸟语花香，溪水潺潺。而很快，前方就传来了可靠消息：卓文君心痒了。

心痒以后的故事就很老套了，司马相如迅速行动，花重金贿赂了卓文君的侍从，鸿雁传书表达了自己对卓文君的爱恋之情。文艺青年喜欢的都是这样浪漫的表达方式，于是两颗爱情的卫星成功接轨。当天晚上，卓文君就脑袋充血地坐着司马相如的车，私奔了！

被现实击倒

在卓文君怀揣对浪漫爱情的幻想的时候，司马相如和卓文君到了成都司马相如的家。卓文君兴冲冲地下车，一进门却呆住了。卓文君以为一路奔波司马相如头晕，进错了地方，于是找司马相如求证，在得到肯定回答后，卓文君终于相信，这就是司马相如的家，千真万确的家，也就是她未来的家。

此时卓文君内心的问号一点一点冒了出来，这个家除了有四面墙壁，

几乎什么都没有了，而身后司马相如的打扮，高贵儒雅，举止有礼，怎么看也不像这种家庭环境下走出来的人啊！想到这里，卓文君的冷汗快下来了，难道……自己……遇到了……人贩子？

卓文君惊恐地看着司马相如，司马相如一副了然的样子说，我……确实……是……人贩子，只不过……我……贩的……光……明磊落，是……你自愿……跟……我来的。还是翻译一下吧，司马相如说自己曾经也很辉煌过，只不过从刘武死后，自己就遇到了金融危机，生活水平已经下降到了原始社会。情况就是这样的，你看到的也是真的，如果你不嫌弃就忍忍吧；如果你后悔了，我也不拦着你，我会把你再送回去的。

回去？那是怎么可能实现的事？既然已经走到私奔这步了，卓文君就没有转圜的余地了；即使回去了，整个临邛的人也还会把她赶出来的，私奔出去的人，就是泼出去的水。卓文君思前想后了很长时间，最终也只能嫁鸡随鸡、嫁狗随狗地留了下来。

很明显，卓文君是上了广告的当，一场琴会，一个假扮的绅士，就这样改变了一个女人的命运，但生米已经煮成了熟饭，回头路已经堵死了，只好打落牙齿和血吞，勒紧腰带准备熬这漫长而清苦的日子。然而现实的情况是根本经不住卓文君思量，自己以前是富家女，不愁吃不愁穿，但现在做饭还得数着米粒下锅，如此大的差距，实在是不能忍受啊！卓文君真的大彻大悟了，爱情是没有浪漫的，而没有面包的爱情真的是脆弱的。

其实此时卓文君的一颦一笑、一举一动都被司马相如看在眼里，但司马相如能说什么，经济实力决定上层建筑，现在说出来的话也不过就是空头支票，还不如不说。

卓文君最终还是忍不住了，她试探地对司马相如说："咱们这样整天吃了上顿没下顿的也不是办法，要不我回家一趟，让我父亲好歹赞助点儿？"

卓文君的话刚一出口，司马相如的心就开始活动了。事实上司马相如等的就是她这句话，当初他跟王吉合计着骗卓文君不就是为了发财致富吗？要想发财致富当然就要靠卓文君的父亲卓王孙的扶持，要不钱从哪儿来？现在，司马相如已经成功地将卓文君骗到了手，接下来自然是该结网收鱼了。于是，司马相如就开始收拾家里仅有的一辆马车，变卖了一些东西跟着卓文君回娘家了。

当司马相如再次站到临邛街头的时候，内心的感慨已经将他淹没了，此行有多丢人司马相如不会不知道，但现在事情已经这样了，就只能硬着头皮上阵了。很快，卓文君就听到有人传话给她："你父亲已经被你气晕了，你还回来干什么？"卓文君心里一怔，心想，事情比自己想象得严重多了。

情况确实很严重，卓王孙很生气，后果也很严重。事情放在现在也是一样：请你吃饭是好意，可没想到你吃完饭还把我女儿拐走了，这事说出去要多丢人就有多丢人啊！钱倒是小事儿，女儿也还算不上太大的事儿，但大事是我活了一把岁数，居然让你这么耍，那我的老脸还往哪里搁？我卓王孙在临邛是有头有脸的人，你这么耍我，以后我还要不要做人啊？

卓文君知道这些后，只能望着家的方向叹气了：这次看来是白跑一趟了。

就在这时，司马相如打破了一贯的沉默，自信满满地说："'既来之，则安之。'我们先住下，你别操心了，我有办法让你父亲认咱们来。"

司马相如是在吹牛吗？当然不是。这一切都在他和王吉的意料之中，所以没什么好意外的。现在既然已经回到临邛了，那就好好打一场硬仗吧，要不这辈子都没办法翻身了，而且前边做过的努力也都白费了。司马相如按照当初规划好的计划，拿出自己的全部家当，在临邛开了一间酒吧自力更生。当然了，司马相如身上的那点钱想开个大点的酒吧也不可能，想多雇点人更不可能，只能他们自己动手丰衣足食了。然而这样一来，正好可以让卓王孙看到自己的女儿亲自劳动，卓王孙死要面子，肯定会有反应的。

不久，酒吧按照原定计划开张营业了，既没有鞭炮声也没有喝彩声，有的只是一间陋房，几张凳子，一对贫穷的夫妻，不声不响地干着活。卓文君负责站柜台收银，司马相如自当小二，忙里忙外。一夜之间，整个临邛都轰动了。

之所以这样是因为临邛人活了大半辈子，从来没想到一个大富豪的女儿能自己开小酒吧，当女服务员。于是消息一传十十传百，很快就传到了卓王孙的耳朵里。

此时的卓王孙已经没法形容自己内心的感受了，他觉得自己像是被人脱光了衣服放在展览窗里展览，丢脸不丢脸似乎已经麻木了。之后，卓王孙大门不出二门不迈，在家里做起了宅男，这个女儿就当自己从来没有生过。然而现实情况总是很难叫人如愿，卓王孙想休息，怎么可能？卓家的亲戚也不会让他耳根清净啊。中国盛产七大姑八大姨，三个女人一台戏，这些人唱的戏足够他好好喝一壶的了。

这不，这些人很快就来到卓家，对卓王孙表达的意思基本一致：卓老啊，像您这种大户人家，当然不在乎那些小钱了，但现在卓文君和司马相如生米已经煮成了熟饭，我看您还是认了吧。再说那个司马相如也不赖，人家好歹是见过大世面的人，又有才华，将来不愁不出人头地啊。您看是不是把文君领回家来，您耳根也清净，大家都好啊。

卓王孙开始的时候沉默不语，但后来这个生意人算了一笔账，将筹码压在了司马相如的才华上，这才最终找到平衡，妥协了。于是他将司马相如和卓文君接回家里来，承认司马相如是自己的女婿，并且还将家童数百人分给他们俩，赐钱百万，还补了很多嫁妆，衣服无数。司马相如摇身一变，就飞上了枝头。

重出江湖

话说司马相如和卓文君得到认可之后，摇身一变就变成了富甲一方的暴发户，于是买房置地，将自己的小家打点得不错。也许会有人骂司马相如卑鄙无耻，但肯定是一边骂一边妒忌：自己要是能像司马相如一样，该有多好！

会这样想的人和司马相如就不在一个档次上，因为司马相如这样做不是为了最终得到钱财，得到这些家产不过是他的手段而已，他的终极目标是以物质为跳板再次腾飞，重出江湖，游说天下。再说了，靠着富家女出头的也不止司马相如一个，以前有，以后还会有，陈平、张耳不都是靠富家女实现人生梦想的吗？而且，这样的人在国外也有啊，《红与黑》里的于连不就是吗？他出身卑微，貌不出众，上帝没有特别眷顾他，只给了他一个超强的记忆。摆在于连面前只有两条路：一个是穿上黑衣皈依上帝；另一个是创造机会，结识贵妇，从而走向上流社会。于连最终选择了第二条路，找了一个贵妇，过上了上层人的生活，当然，梦想

最终归于幻灭。

司马相如不同于于连，在他之前陈平已经创造了成功的奇迹，他只需要沿着这条路走下去，相信前途就是光明的。已经看透这些的司马相如，在等待，等待远方的呼唤。

有句话叫做皇天不负有心人，等汉景帝撒手人寰之后，年轻的汉武帝上台，这个年轻的皇帝除了喜欢打猎等冒险的活动外，还喜欢文学。因为他深知，一个想要留名青史的皇帝，除了要有一个强健的身体外，还要有一个丰富的精神世界；而文学，恰好是丰富灵魂最好的大餐。

话说有一天汉武帝正在读书，恰好就读到了司马相如的那篇《子虚赋》。读的过程中，汉武帝一直摇头叹息，这样的天才为什么不活在现在呢？在汉武帝眼里，司马相如已经是古人了。之所以得出这个结论，我们不知道为什么，但可以肯定的一点是，汉武帝没有调查就得出这样的结论，确实有些太过武断，而就因为这，毛主席评断他"惜秦皇汉武，略输文采"就真的不冤了。一个爱好文学的人只有真正的知人论世，才可以做好文学。

不过汉武帝不知道不代表所有的人都不知道，就在汉武帝摇头叹息的时候，有一个侍奉汉武帝读书的叫杨得意的狗监说话了。所谓的狗监就是管理猎犬的官员。他是司马相如的老乡，当他听汉武帝发出这样的感慨的时候，就说："陛下，您所读的赋，正是臣老乡司马相如写的，他是一个大活人。"

汉武帝一听，眼睛都放光了，赶紧派人将司马相如召来。说起来，司马相如还要感谢杨得意这个伯乐，因为千里马常有伯乐不常有啊，要是万千学子都遇上杨得意这样的好伯乐，也就不愁没有出头之日了。

汉武帝要召见司马相如的消息传回成都后，整个成都又地震了。成都人先是看着司马相如娶了卓文君，原来的家徒四壁变成了鼎铛玉石；现在皇上居然又召见他，这好事怎么都让这厮遇见了？

但不管众人怎么说怎么想，司马相如现在是真的要重出江湖了。昔日在刘武旗下受尽礼待，文思泉涌，写出了《子虚赋》。之后，司马相如就开始一文不值，到现在已经有多长时间了，好在上天有眼，他终于熬出来了。于是，司马相如打点行装，与爱妻告别，前往长安。

之前在长安，司马相如做的只是景帝的一个郎官，整天担惊受怕地跟着景帝打猎，时刻都有生命危险。现在好了，时隔多年后，他回来了，相信这次再也不是毫无兴趣的跟随，而是大展宏图的抱负展示。

果然，汉武帝和司马相如见过之后，二人印象都非常好。汉武帝觉得司马相如文采了得，值得欣赏；司马相如觉得汉武帝慧眼识珠，实属不易。于是，汉武帝封司马相如为郎官，司马相如也如愿地留下来为汉武帝写赋，之后司马相如久居长安的生活就开始了。

司马相如看到汉武帝执意于打猎，于是也学着东方朔劝谏，而且东方朔当时和司马相如平级，东方朔一劝谏，得到的是升官和奖赏，那他司马相如肯定也错不了。于是上书：皇上，为了江山社稷，请务必爱护身体，不要拼命。

司马相如的上书，汉武帝收到了，也认真读了。但与东方朔不同的是，既没封他官，也没赏他钱，而是言语夸奖司马相如一番后，转头走人了。然后，赋照读，猎照打。司马相如只能无语了。

峰回路转

司马相如已经身处长安，开始施展自己的抱负，因为他有文学这方面的特长，所以汉武帝还是比较器重他的。封为郎官的司马相如不光要写文章，平时还是要处理公务的。这不，很快司马相如就出山了，这次汉武帝将司马相如派到了蜀地。

来蜀地干什么？因为唐蒙让蜀地民工修路的办法太过残忍，使得蜀地百姓民怨沸腾，非要造反不可，一场暴动眼看着就要开始了。司马相如是四川人，这个任务自然就落到了他的肩上。

应该说司马相如这些老乡还是很有作用的，他当年能从成都重回长安就是借助老乡之力实现的，现在他作为民工们的老乡，一出马事情就有了起色。司马相如来到这里之后先是调查事情的起因，后来发现确实是唐蒙的管理办法有问题，于是就开始安抚民工们。他知道自己有口吃的毛病，所以就用写的，代表汉武帝对这些民工表达了歉意之情。并保证会让唐蒙改变工作方式，让大家的生命安全得到保障。

这之后，司马相如就回长安复命去了。让蜀地民工觉得欣慰的是，唐蒙的工作方式得以改善，司马相如的抚慰起到了作用。

后来，西南夷的邛都国及筰都国两个国王派人到长安，主动向汉朝

臣服，但前提是必须享受跟南夷一样的待遇。只是这两个小国家都是酋长国，和南夷根本不是一个档次，对于是不是值得对他们出手大方，汉武帝心里没底。这时候汉武帝就想起来一个人——司马相如，之后就召他来问问有没有什么好的看法。

司马相如对此给出了肯定的回答，于是汉武帝就派司马相如去搞定西南夷。

汉武帝的决定对司马相如来说，简直是正中下怀，因为按照司马相如的想法，汉武帝此次派他前去处理公务，肯定会给他安排一个官职，这样衣锦还乡不正是他梦寐以求的吗？果然，汉武帝封司马相如为中郎将，代表中央，出使西南夷；汉武帝还给司马相如派了几个副使，很有气派的样子。司马相如坐着大马车，一路奔驰着到了西南夷。问题很快被司马相如搞定，趁着工作的间隙，司马相如决定去拜见自己的岳父大人。

其实谁都可以看出来，司马相如此次探望是假，炫耀才是真。想想当初自己在临邛开酒吧，当小二的时候，岳父大人可是一点儿也不给面子啊，现在想起来司马相如还倍觉辛酸。但现在，我司马相如已经晋升为国家官员，我要告诉全世界，当初你们眼里的滞销货已经成为绝对的飙升股了。

很快，司马相如要回临邛拜见岳父的消息传遍了全城。这下整个临邛城都沸腾了，郡守太守郊迎，县令也屈身背箭在前面开路；而卓王孙及临邛城有头有脸的人，更是早就摆好宴席，列队欢迎了。卓王孙当天的表现就好像是猫逮上了耗子似的，胡子都快飞起来了。

其实这样的场景我们在历史上也不是没有看到过，苏秦当年困顿，家里人没有爱理他的，但当他荣归故里的时候，嫂子甚至像蛇一样的在地上爬。现实就是这样，富则众人捧月，穷则没人搭理。苏秦家人如此，卓王孙如此，现在的人也是如此。卓王孙见了飞黄腾达的司马相如，拉着他的手说："我真应该早点把女儿嫁给你，为了表示我的歉意，我决定对你和文君的哥哥实行一样的待遇，他得到多少钱，你也应该得到多少钱。"就这样，司马相如意外地得到一笔财产。综合一看，司马相如的这次出行，收获可真是不小，不光赚得了风光，还赚得了钱财，简直是一举两得，于是司马相如带着春风得意的心情回去复命了。

令司马相如没想到的是，到了长安等待自己的居然是被人揭发。其实开始的时候，司马相如还是很高兴的，他将自己带回来的成果一一展示给汉武帝看，西南夷表示对汉朝敞开怀抱，汉武帝那是满心欢喜。就在这时，有人参了司马相如一本，说他一路上享受不正当待遇，还收受贿赂。

听到这里，汉武帝刚刚还晴空万里的脸就变了颜色：你个司马相如好大的胆子，刚做官没几天居然就滋生了这样的念头，这还了得？于是赶紧派人去查，结果一查就查出了一笔糊涂账。

之所以糊涂是因为这账有点莫名其妙，要说享受不正当待遇，司马相如确实享受了，蜀郡太守郊迎，县令背箭开路，父老乡亲列队欢迎算是证据；但说到受贿，钱是他岳父给的，也能算吗？这是人家的家事，关别人什么事呢？所以，这件事很可能就是有人妒忌司马相如，才编出来的。

想来这拨人可能就是当初反对唐蒙修路的大臣们，在他们看来汉朝修这条路除了能得到一个老大的称号，别的好处基本没有，但修路却使得很多人丧失了生命，还花了很多的钱，这样的事值得吗？然而，在众人觉得不值的时候，司马相如居然要出使西南夷，这对他有什么好处？除了能大捞一笔，想不出还有什么别的能动力。早有预谋的这拨人在司马相如出使的时候，就已经安插了线人，结果司马相如一回来就被参了一本。

然而，对于这次栽赃，司马相如却意外地选择了沉默，即使口才不好，至少可以用写的啊，但他却一言不发。也许他是在内心深处觉得自己理亏了，因为说修路不好的人太多了，这么多的反对意见已经左右了司马相如的思维，让他也开始怀疑自己的看法。自知理亏的司马相如最终选择沉默，汉武帝也没办法，只能撤了司马相如的官，打发他出宫了。

通过这次事件，司马相如认识到一个真理：搞文学自己是高手，但搞政治，自己还很嫩。但吃一堑长一智，留得青山在，不怕没柴烧。终有一天，他还会回长安来的。司马相如家中富有，也乐得清闲自在，之后就把家搬到茂陵，与卓文君过着悠闲舒服的生活。在前27年病逝。

关于司马相如还有一点要说，这就是他的花心。其实自古至今，大多数男人都会有偶尔叫人失望的时候，司马相如也是这样。当他在事业

上渐露锋芒，最终被举荐做官后，久居京城的司马相如赏尽风尘美女，再加上官场得意，就逐渐产生了弃妻纳妾之意，曾经患难与共、情深意笃的卓文君此刻早已被他忘却。终于某一天，司马相如写了一封十三个字的信：一、二、三、四、五、六、七、八、九、十、百、千、万。冰雪聪明的卓文君看完后就泪流满面，信的意思很明确，一行数字中唯独少了一个"亿"，这个"无亿"不就是"无意"的意思吗？卓文君伤心地痛哭了一场，哭完之后写了一首《怨郎诗》：

一别之后，二地相思。只说是三四月，又谁知五六年。七弦琴无心弹，八行书无可传。九曲连环从中折断，十里长亭望眼欲穿。百思想，千系念，万般无奈把君怨。万语千言说不完，百无聊赖十倚栏。重九登高看孤雁，八月仲秋月圆人不圆。七月半，秉烛烧香问苍天。六月伏天人人摇扇我心寒。五月石榴似火红，偏遭阵阵冷雨浇花端。四月枇杷未黄，我欲对镜心意乱。急匆匆，三月桃花随水转；飘零零，二月风筝线儿断。噫，郎呀郎，恨不得下一世，你为女来我做男。

司马相如看完妻子的信，感叹妻子才华横溢的同时，也为自己的二心感到惭愧，之后再没提过纳妾之事。聪明的卓文君用自己的智慧挽回了丈夫的背弃，挽救了自己的爱情和婚姻，最终换得苦尽甘来。

创造奇迹主父偃

一路跌跌撞撞

在汉朝曾有一个人创造了一个一年之内连升四次的奇迹，这个人就是历经重重坎坷、最终爬进官场半竿高的主父偃。

主父偃是齐国临淄人，贫农出身，十分喜欢读书。那会儿的孩子读书只有一个目的：改变命运。但那时候还不存在科举制度，要想当官就需要厚家底，钱在那时候显得更加重要：没有钱不能出门，也不能认识权贵，更不会找到志同道合的朋友。所以，没钱的主父偃最终只好选择学习纵横之术，在嘴皮子上下功夫，企图走苏秦的路线。对主父偃来说，纵横学并不是他真正的兴趣爱好，之所以学习它是为了能谋生，不让自己饿死。于是在平常的日子里日月苦学，最终学有所成出山了。

走出象牙塔的主父偃马上发现了一个残酷的问题：自己在开始决定学纵横之术的时候，这门学问还是很有市场的，可经过这么多年的学习后才发现，世界早已经变了容颜，从原来的征战不断变成了天下太平。大家都知道纵横之术在战争年代才能发挥作用，现在天下太平，自然也就没戏可唱了。准备实现自己一腔抱负的主父偃这时候傻了，寒窗苦读这么多年，学的竟然是一身废功夫，这是不是有些滑稽？

经历过内心巨大失落的主父偃痛定思痛，悟出了一个真理：学习必须与时俱进，否则很可能被时代抛下。于是主父偃决定学习当时市场上最流行的学问——经学。这门学问之所以能够兴起，是因为汉武帝在上台之后就开始崇尚儒家思想，董仲舒也因此有机会出山，宣扬自己的经学思想了，结果一时间江湖上经学风行。

确定了学习方向的主父偃找到经学的两本入门著作《易经》和《春秋》啃起来。好在主父偃悟性不错，再加上吸收借鉴前人的研究和学习经验，主父偃不费劲就上道了。

很快，主父偃出山了，这次他信心满满，可到了社会上，他又开始郁闷了，因为没人愿意理他。为什么？难道是这次学经学也过时了？当然不是，出现这种情况的原因是很多人鄙视主父偃。在他们看来，主父偃当初是为了饭碗才学习的纵横学，后来纵横学衰落又改学经学，同样还是为了饭碗。为了饭碗做学问，在读书人看来简直太掉价了，读书人怎么可以这样侮辱学问呢？既然你如此没有深度，和我们这些能为学问献身的人还是区别开吧。

还有很多经学专家除了有上面的认知外，还觉得主父偃此次出山很可能会抢了自己的饭碗，同行是冤家，你还是离我们远点吧。备受冷落的主父偃还遇到了更危急的事——他已经囊中羞涩了，而齐国竟然没有一个人愿意借钱给他。这时候主父偃终于知道什么是世态炎凉、人情冷暖了，齐国的孤立无援从此也深深地刻印在主父偃的记忆中。

当然，主父偃没有继续在齐国苟且偷生，而是积极寻找可以安身立命的地方，于是开始向北行进，燕国、赵国、中山国依次走过。但不知道是主父偃天生倒霉还是其他怎么回事，无论他走到哪儿都不被人收留，主父偃一路上备受打击，再次痛定思痛，最终决定远走长安，做西漂一族。

来到长安之后的主父偃运气似乎有所好转，因为他在这里结识了一个人，这个人就是汉朝赫赫有名的大将军、老好人卫青。卫青看主父偃漂了这么长时间还没有安定下来，很是同情，于是就向汉武帝推荐了他。

汉武帝听了卫青的推荐之后既没有点头，也没有摇头，更没有给什么暗示性的传话，主父偃刚刚升起的希望就这样又落空了。之后，只好重新鼓起勇气，寻找新的工作机会。对于离乡背井的人来说，最难的事就是没钱，吃饭、住宿、托人办事（一个人的力量太有限），哪一个不要钱？钱也成了主父偃这个西漂一族最大的难题。很快，主父偃的温饱就成了问题，没办法，活人不能让尿憋死，主父偃只好收起尊严，出门去蹭饭了。

走运了！

相信没有人愿意蹭饭，当年韩信在淮阴流浪的时候曾经无数次在亭长家蹭饭，最终还不是被人家变相地赶出了大门？当然，长安富人多，也不会在乎几顿饭，问题是，人家跟他主父偃非亲非故，凭什么要养他？想到这里，主父偃发现这条路也根本行不通，没办法，还是依靠自己吧。走投无路的主父偃决定毛遂自荐，亲自给汉武帝写信要工作。就这样，一篇策论诞生了。不过，主父偃在毛遂自荐的同时还拉上了另外两个人，这是为什么？难道他不怕这些人跟他抢工作吗？

其实，主父偃这样做是有自己的目的的，他交的那篇策论的主题思想是反战，而他拉上的两个人，一个是严安，另一个是徐乐，他们策论的基调也是反战。三个人一起论述这个主题，当然就胜过一个人论述了，人多力量大，这应该是主父偃想要的效果。

主父偃三人早上交了自荐书后就开始等待汉武帝的传唤，到了黄昏终于有了好消息：汉武帝决定召见他们了！可能有人会觉得奇怪，汉武帝这么好战的人为什么要召见三个反战分子呢？这就要归因于汉武帝的胸怀和魅力了，尽管他好战，但对那些对国家有用的声音还是会洗耳恭听的。

三个人见了汉武帝后，将自己的观点跟汉武帝一说，汉武帝摇着头叹息，主父偃以为又没戏了，没想到汉武帝却说："为什么要让我现在才见到你们呢？"

那一刻，主父偃的眼睛湿润了，自己苦苦挣扎了这么多年，等的就是这句话，现在终于被自己听到了！不管以前吃过多少苦，受过多少罪，都值了！

被汉武帝认可了才华的主父偃等三人，很快就被安排了职务，三个人都是郎中，而主父偃更是倍受宠信，创造了一年之内连升四次的奇迹，最终被提拔为中大夫。

主父偃是得意了、开心了，但有人开始担心了，这些人就是当年冷落了主父偃的那些富贵人家，他们害怕主父偃因自己当年所受的冷遇来找他们算账，为了防患于未然，赶紧花重金去贿赂主父偃。

主父偃很想得开，对这些一概笑纳。那些曾经得罪过主父偃的人一看这个办法有效，于是纷纷效仿，结果贿赂主父偃的人越来越多。这时候有人出来提醒主父偃，贪心不足蛇吞象，这样贪小心自己的前程。主父偃却反驳得理直气壮：我生来就是为了追求荣华富贵，现在有机会捞，当然要好好捞一把了。

主父偃找到了工作，钱包也很快鼓了起来，这时候主父偃却做了一个决定，做回自己的老本行，尽管当初他是以儒家学者的身份向汉武帝鼓吹了一下反战的思想才得到汉武帝的青睐，但他内心深处对于纵横家还是十分钟情的。成功变身纵横家之后，他觉得自己空有口才而无谋略，是不可能做好纵横家的，于是就开始寻找机会展现自己的谋略。这对于主父偃来说也不是什么难事，虽然他后来改行经学，但纵横学的知识一点儿都没有荒废。很快，主父偃就找到了机会，因为卫青决定拿下河套地区，主父偃正好趁此机会给汉武帝提出了自己的方案。

主父偃的方案大致如下：河套地区土地肥沃，又有黄河做天堑，蒙恬将军还曾在这里筑城驻军抗击匈奴。现在我们应该效法蒙恬将军，重

新筑城，建立边塞，这样不但可以减少粮食的运输成本，还能威胁匈奴。

汉武帝看了主父偃的提案，按照惯例召开会议讨论，这一讨论主父偃就受到了攻击，甚至还有人开始骂他，这个人就是我们在后面讲到的公孙弘。

公孙弘是这样反驳主父偃的：旧秦曾经在河套设郡，那是没错的。但蒙恬将军筑城的结果呢？还不是最终放弃了。公孙弘没有把话说绝，但意思很明确，就是说人家蒙恬带领三十万人去筑城都没有成功，现在咱们去就能弄出花样了？

公孙弘的话得到了群臣的一致赞同，然而，这不是汉武帝的意见，最终汉武帝还是采纳了主父偃的意见，决定在河套地区设郡驻军。最终，汉武帝将十万人移民到朔方郡，从此对匈奴也化被动为主动了，此后，主父偃在汉武帝心中的砝码又增高了。

尝到成功甜头的主父偃，更加努力，接连又立了两个大功，其中一个是建议移民替汉武帝守陵。

中国人历来有这样的传统，在生前给自己修建坟墓，好让自己死了之后有葬身的地方，这种事情在皇家也不例外。汉武帝也给自己建了一座坟墓，就是位于今天陕西省兴平市东北的茂陵。修筑茂陵的时候汉武帝只有十八岁，转眼十几年过去了，茂陵还是一如既往的门可罗雀。一直寻找立功机会的主父偃将这个看在眼里，记在心里。

后来找了个机会，主父偃对汉武帝说，现在茂陵已经修好了，只是那里人气一直不旺，我有一个好办法，可以帮助皇上刷一下人气。办法很简单，就是将全国各地的富豪全移到茂陵去。这样做有两个好处：一、可以打击富豪在当地盘根错节的势力；二、可以让他们带动首都的消费市场，扩大内需，这样不但能缓解当前国库不充的燃眉之急，茂陵的人气自然也能呼呼直上了。对于这个建议，汉武帝欣然采纳，事后给主父偃记大功一件。

另外一件大功就是揭发刘定国的罪行。

这个刘定国是燕王刘泽的孙子，他托自己父亲的福继承了燕王之位。但有谁能想到，这个小燕王的生活作风会是这样有问题呢。

之所以说他生活作风有问题是有据可循的，首先他看上了自己已故父亲的小老婆，跟人家通奸，还生了一个男孩；死人的老婆都不放过，活人的就更别说了，占了自己的"小妈"，刘定国还不满意，又将弟妹占为己有，这是其次；更兽性的是，他居然跟自己的三个女儿通奸。

如此禽兽不如的刘定国之所以最后死掉是因为他跟自己的臣属郢人有过节儿，准备悄悄杀了他。郢人对刘定国的丑闻看得一清二楚，听说他要杀自己，就决定先下手为强，可谁知，居然被刘定国抢了先，自己还没有行动就一命呜呼了。刘定国的丑闻死无对证了。

郢人死后，马上就有人替他来报仇了，这个人，正是主父偃。

主父偃是怎么知道刘定国的丑事？其实也是巧合，郢人的堂弟上书揭发刘定国的时候，恰好被主父偃看到了。所以，主父偃就决定免费替郢人清算刘定国了。

难道主父偃和郢人有亲戚关系，才决定出手相助？当然不是，郢人和主父偃非亲非故，之所以出手相助是因为主父偃心里有恨。这恨来自于当年主父偃北漂燕国的时候，刘定国没有对他伸出援手，主父偃一直记得这份"情"，现在刘定国有把柄握在自己手中，正好可以将他推翻，解了自己心头之恨。

果然，主父偃从容不迫地出手了。他开始在长安城里进行大肆宣传，让天下人都知道燕国出了刘定国这样一个禽兽。这样的丑事汉武帝怎么肯饶过，听说之后赶紧召集众卿进行磋商。

磋商的结果很快就出来了，汉武帝默许，主父偃煽风点火，众卿一致通过：刘定国该杀。

不过没等汉武帝的人动手，刘定国就知趣地自杀了。

推恩令

如果你看了主父偃的奋斗史可能会将他当成偶像，因为他在穷困潦倒、历经磨难的时候依然奋发向上，这简直就是一部励志史。但支撑主父偃走下去的动力，除了追求富贵，还有别的，那就是找回自己的尊严。

当年主父偃在齐国被人排挤，在燕国被人漠视，自尊已经被压缩得所剩无几了，但越挫越勇的主父偃逐渐发现，自己内心深处的动力已经在这样的排挤和漠视下由追求富贵变成了找回尊严，报复别人。那些在晚上睡不着的时候想起来的世态炎凉，让他奋斗的决心越加坚定。所以，当主父偃身处长安，被汉武帝赏识的时候，就开始了自己的疯狂计划：

报复那些曾经排挤鄙视自己的人，找回自己的尊严，这也就是为什么主父偃要整死刘定国的原因。

在人类的历史上，仇恨这种东西应该说是最可怕的，因为仇恨可以制造出人肉炸弹，不惜与敌人同归于尽。也正是因为仇恨，世界上有了恐怖主义。但仇恨其实是把双刃剑，人类可能因此而进步，也可能因此而灭亡，在汉朝的这段历史上，仇恨毁灭了主父偃，却又成就了主父偃。

当年正是因为主父偃一心想着要找回尊严，报复别人，所以才给汉武帝上书主张实行推恩令。当年贾谊曾经在自己的《治安策》里向汉文帝提出过这个想法，实行和平演变，将诸侯的权力像切蛋糕一样分给自己的子子孙孙，这样诸侯就没有力量对抗中央了。后来晁错继承了贾谊的思想，但方法有些过激，结果脑袋搬了家。现在主父偃接过这个衣钵，给贾谊的方案起了个新名字——"推恩"。

对于这个政策，主父偃是这样解释的：

古代的诸侯国不过百地，形不成气候；但现在诸侯的地盘是过去的N倍，有的甚至连城数十，绵延千里。更可怕的是，这些诸侯国仗着家大业大，很容易产生动摇中央的想法。这个问题在晁错那儿激化是因为他理解错了，结果诸侯国的问题没解决了，国家差点又陷入战争的泥潭。现在我们可以用另一个比较好的方法来解决这个问题，就是实行推恩，以施恩的名义将诸侯王的土地分给他的子孙们，这样一来诸侯子弟非但不恨中央，还会感恩皇上的眷顾；二来可以削弱诸侯王的势力，他们也就失去对抗中央的实力了。

这个政策，对于一直苦恼于诸侯王问题的汉武帝来说，无疑是一场甘霖，汉武帝透过主父偃的政策仿佛又看到了国家振兴的希望，于是果断采纳了主父偃的决策，在公元前127年的春天诏告天下，开始实施推恩令。

这下，主父偃又大赚了一笔。

但有一个问题却不得不提，主父偃提出这个政策的出发点是什么？为了国家吗？难说，因为主父偃一心想要的不过是找回尊严、报复别人和追求富贵，他还没有高尚到单纯为国家奉献自己的力量。这是有据为证的，因为主父偃在官运亨通后对于任何贿赂都是来者不拒，对于别人的劝说也是充耳不闻。在他看来，一心为公不会有什么好报，流行的是

"卑鄙是卑鄙者的通行证，高尚是高尚者的墓志铭"这样的铁律，他那么做，不过就是为了适应现实而已。

这是最真实的主父偃：人不犯我，我不犯人；人若犯我，我必犯人。别人欠他的账他永远不会忘记，所以齐国是主父偃早晚会收拾的一个既定目标。

齐国是主父偃的故乡，但这个故乡给他的回忆却只有痛苦没有快乐。在故乡，主父偃几乎没有体会过做人的快乐，因为有两拨人没把他当人看过，一拨是父母兄弟，另一拨是宾客。

主父偃为什么这么不招人待见呢？其实只要联系一下历史，你就会找到答案。当年苏秦初学纵横学的时候，父母、妻子，都觉得他是不务正业，得了神经病，于是都不爱理他。当苏秦出去碰壁回来后，就更没人愿意理他了。

家人之所以断定苏秦是神经病，是因为苏秦太不知天高地厚。在苏秦父母的思维中有这样的定势：我贫穷，是有道理的，因为存在即是合理的。所以他们甘心一辈子贫穷，但苏秦却叫嚣着要反对天经地义的贫穷追求富贵，这不是神经病是什么？

这个被家人视为神经病的苏秦却一直在奋斗，而且最终如愿以偿。当他衣锦还乡的时候，家人像是对待明星一样地对待他，苏秦这时候就说："既然如此，何必当初？"

但苏秦嫂子的一句话却还是围绕着贫穷宿命论转着：你穷的时候，你不务正业就应该被我们欺负；现在你发达了，是有钱人了，就应该欺负我们。

主父偃的家人也是被这样的贫穷宿命论主导着。在他们眼里，现在的主父偃就跟当年的苏秦一样，是大逆不道的人，不安分守己地守着自己的贫穷过日子，非要搞什么个人奋斗，这不是有问题吗？所以从那时候开始，主父偃的家人就没有拿他当人看过。因此，主父偃要报复，只有这样他内心深处的梦魇才能真正惊醒。现在，主父偃就有了这样的机会，因为他抓到了齐王的把柄，只要他将这个把柄抖出来，汉武帝肯定会重重赏他。当然，主父偃也可以不抖出来，前提就是齐王要给他让他满意的好处。让齐王主动贿赂主父偃可能性不大，主父偃只好主动去让人家贿赂自己，他提出了自己的要求：让齐王娶自己的女儿，这样做，堪称完美。

就在主父偃得意于自己的建议的时候，却遭到了一个女人的反对，这个人就是齐王刘次昌的母亲纪太后。纪太后之所以不接受主父偃的提亲，自有她的想法。本来，齐王已经有了一个王后，此王后正是纪太后弟弟的女儿，但齐王一点儿也不喜欢这个王后，纪太后一心想要保住自己纪家的权力，所以就想出了一个办法来阻止自己的儿子喜欢别的女人。

这个办法说起来很荒唐，纪太后派自己的女儿进后宫当线人去监视齐王的行动，不准齐王接近别的女人。饥渴难耐的齐王最终却饥不择食地跟自己的姐姐通起奸来，而这，也正是主父偃所谓的把柄。

纪太后拒绝主父偃，一方面是因为她想继续保持自己纪家的地位，不让齐王接近别的女人；另一方面也是因为这个太后太不了解时事，不知道主父偃的厉害。纪太后不知道主父偃的厉害还有更有力的证据，她不光拒绝了主父偃，还骂了一句很难听的话："你主父偃是个什么东西，竟然想高攀我刘家？"

这话传到主父偃的耳朵里，主父偃当时就怒了，他在心里暗骂：你不知道我主父偃是个什么东西，我现在就让你亲眼看看。

之后，主父偃就开始行动了。他先给汉武帝奏了一本，说齐国临淄城有十万户，市租金有千金，市民甚至比长安还要富，这种现象很可怕。更可怕的是，现任齐王刘次昌与汉朝血缘关系不密切，未来关系会怎样发展不太好说。

接着，主父偃就开始罗列齐国的罪状：吕太后时就想造反，七国叛乱时要不是及时制止，肯定也会加入；而且，现在齐王竟然和自己的姐姐通奸，太不像话了。如果任由齐国这样继续下去，最终很可能会出大问题，所以还是早点解决得好。

汉武帝听了主父偃这番话，觉得齐国问题确实已经到了不治不行的时候，于是就派主父偃前去齐国把脉治病。

主父偃听了汉武帝的安排，在心里狂笑：终于轮到我出手了！

出招

主父偃按照计划出行齐国，意料之中地遇到了列队迎接的家人和宾客，大家众星捧月一样地将主父偃迎回了齐国。主父偃到了齐国后，马上召集亲朋好友开了一个小会。会议的主要议题就是表一下自己的态：当年我落魄的时候你们不把我当人看，现在我飞黄腾达了你们个个眼睛盯得溜圆，天下没有免费的午餐，想占我的便宜没有那么容易。这是点儿钱你们分了吧，以后井水不犯河水，你们走你们的阳关道，我过我的独木桥，断绝一切来往，你们好自为之吧。说完，主父偃头也不回地走了。

家人已经被主父偃成功地"整"了，接下来要整的当然就是纪太后了。而齐王跟纪太后又是一体的，所以首当其冲的是齐王。这难不倒主父偃，他把为齐王打工的人们找来一一审问，很快这些人就被搞定了，这时候齐王开始害怕了。

齐王之所以害怕有一个不得不说的理由，就是这时候的齐王还是个嘴上没毛的孩子，大世面没见过多少，心理素质也不好，让他对付主父偃这个老姜，太难了。而且，这个孩子可能并不知道主父偃为什么要整自己，他知道的只是主父偃已经整倒了燕国，自己很可能会是第二个。得出这个结论后，齐王就自行了断了，齐王死得还很干净，没有留下任何子嗣。

在齐国一路顺风的主父偃此时已经被一只黄雀盯上了，只是他这只只顾捕蝉的螳螂没有察觉罢了。这只黄雀，就是赵王刘彭祖。这个刘彭祖出现过很多次，他是汉武帝同父异母的兄弟，而且这个人的为人我们都知道，人品极其恶劣，臭名昭著，但他精通法律，这就使得他更加让人恐惧了。

刘彭祖是这么一个人：他不诈你便罢，你要想从他身上捞什么油水，那简直比登天还难，所以汉朝能跟刘彭祖合作两年之久的人简直是少之又少。

这次刘彭祖之所以盯上主父偃，是因为燕赵是邻国，现在主父偃已经成功地将燕王整死了，那接下来就很有可能会轮到他。因为主父偃在赵国的时候，刘彭祖一样没有把他当人看。

为了保命，刘彭祖决定主动出击，积极搜寻主父偃的罪证。刘彭祖知道，主父偃是只老狐狸，如果正面斗法的话，自己多半会输。现在他要做的就是必须忍耐，等待时机。就在刘彭祖耐心等待的时候，机会来了。刘彭祖听说主父偃要下齐国修理刘次昌，而且已经出关了，于是赶

紧派人十万火急地去向汉武帝告状。告状词很简单，只有两条：一是主父偃接受诸侯贿金，钱多的可以封侯，钱少的一边凉快去；二是主父偃现在不怀好意，企图离间皇宗骨肉。

诸侯们之所以要贿赂主父偃，就是因为主父偃发明了推恩令，现在汉武帝明白了，自己开始的时候还对主父偃这种利国利民的奉献精神充满感激呢，没想到这厮其实是想中饱私囊，这个老奸巨猾的东西，终于让我看到庐山真面目了。

汉武帝憋着一肚子气不发作，耐心地等主父偃办完齐国的案子回来交差，再算总账。没想到主父偃没等来，却等来了齐王自杀的消息。这下子汉武帝抓狂了，看来刘彭祖告的不是黑状，主父偃确实是在做些见不得人的勾当，于是下令，速速捉拿主父偃归案。

等主父偃被带回长安后，汉武帝命令他认罪，主父偃这时候才恍然大悟，知道自己前脚出了长安，刘彭祖后脚就将自己告了。但面对这种情况，主父偃的反应却有点滑稽：受贿我承认，但离间皇宗骨肉，我不承认，燕王是自杀的，齐王也是自杀的，我去不过是为了查案子，他们的死关我什么事？主父偃之所以这样说，是觉得只要自己死不认罪，汉武帝是没有办法治自己的罪的，自己的命也就可以保住了。而事实上，这样的政策也是比较可行的，汉武帝经过调查发现，齐王确实是畏罪自杀，主父偃是清白的。得出结论之后，汉武帝就想是不是应该将主父偃放了，无罪扣押，这可说不过去。

就在汉武帝为这事犹豫不决的时候，有一个人站了出来，将已经有生还希望的主父偃又踩到了地底下，这个人就是老狐狸公孙弘。

本来这两个人都是齐国人，应该是老乡见老乡两眼泪汪汪，但这两个人在齐国的口碑是大相径庭，公孙弘到长安参加面试，两次都是榜上有名。特别是第二次，公孙弘以为汉武帝不喜欢他，去了会丢家乡人的脸，就不想去了，可齐国人还是将名单送了上去，结果汉武帝就对他刮目相看了。为什么？主要就是因为公孙弘人品好，有德行。

公孙弘的德行，再加上他本身业务精湛，被举荐上去也是应该的。在公孙弘艰难地爬起来后一直将家乡父老乡亲对自己的关怀，特别是齐国领导对自己的关怀记在心里，没有他们的抬举，公孙弘觉得自己不会有今天的成功。但现在，自己的恩人却被主父偃整死了，他公孙弘怎么看得下去？看不下去的公孙弘就决定要好好教训一下自己的这个老乡，虽然在第一次跟他较量的时候输给了他，但这次可不会再输给他，一定要好好教训他。

于是，公孙弘上书汉武帝，说："齐王自杀无后，国除为郡，入汉，主父偃本首恶，陛下不诛主父偃，无以谢天下。"

翻译一下就是：齐国的情况之所以到今天中央解除封国、除格为郡的地步，主父偃有功，但这功劳是建立在纪太后和齐王的痛苦之上的。如果现在皇上不杀主父偃就会被天下人认为是皇上指使他这样做的，现在皇上就应该让主父偃以死谢天下，这也正好可以还皇上一个清白。

汉武帝想了想，很对，于是就妥协了。主父偃最终被诛杀了。

老狐狸公孙弘

风水轮流转

公孙弘，字季，齐淄川国（郡治今山东寿光南）薛人，是主父偃的老乡。公孙弘刚出道的时候，找到了一个狱吏的工作，但这个工作却不是一般人能做得了的，首先你要有过硬的狱法专业知识；其次，在任何时候都要保持头脑清醒、逻辑清楚，否则很可能会出乱子。

公孙弘脑筋够清楚，但终归年轻，因为办事不牢，最终还是被开除了。待业的公孙弘要吃饭要养活自己，休息一天就有可能饿死，只好再找别的工作，还好，很快他就在一个富人那里找到了一个放猪的工作。

公孙弘放猪的地方在海边，每天是日出而作日落而息，看着这些小猪们一天天快乐地长大，然后被抬到屠宰场杀掉。公孙弘觉得日子前所未有的无聊，难道自己这一辈子就要跟这些猪们呆在一起了吗？

古语说四十不惑，到了公孙弘四十岁这年，他突然就开窍了，明白了自己要是一直这么放猪，估计将来的命运还不如猪，为了不像猪一样过一辈子，他要奋发图强了。

树立起奋斗决心的公孙弘开始努力学习，而方向也不再是那个让公孙弘伤心的狱法，而是另外一门热门专业——经学。

公孙弘此举其实很有励志作用，你想董仲舒三十出头的时候已经名震天下，桃李遍地了；而公孙弘四十岁，却要从零开始，这不能不说是个奇闻。不过上天眷顾勤奋的人，只要你肯付出，最终就会看到回报，年龄根本不是问题。

为了能够尽快掌握知识，公孙弘决定去拜师学习，很快，公孙弘就找到了一个研究《春秋》的姓胡的老博士。老博士将公孙弘收下，愿意将他平生所学全部传授给公孙弘。

董仲舒曾经闭关三年写出了一部《春秋繁露》，这部著作在经学的江湖上是无异于《九阴真经》般的武林秘籍。公孙弘知道，此时的自己和董仲舒比起来就是天上和地下的差距，但公孙弘没有动摇，而是坚定决心要一直努力下去。这一努力，二十年就过去了。

人生能有几个二十年，长寿的有四个或者五个，短命的就不知道了，也可能三个两个，也可能没有，这当中创造奇迹的人更是不多。然而，公孙弘却利用自己的一个二十年创造了一个奇迹，让自己原本不顺畅的人生变得时来运转起来。这一年公孙弘已经六十岁了。

就在这一年，汉武帝向天下发出了招纳贤良人士的公告，公孙弘这匹老马决定出去碰碰运气，结果居然意外地中榜了。但这时候汉武帝却为难了，不知道要封公孙弘个什么职务。

一般被汉武帝看中的人都被封为郎官，但公孙弘不同啊，他已经六十岁了，再去做郎官实在是有些不合适。因为郎官一般都是做些跟屁虫的工作，这样的活儿更适合年轻人干，老人家还是免了吧。汉武帝想来想去，最终封公孙弘为博士，这是个出差机会少的闲职，适合老年人。

应该说实行退休制是有好处的，因为人岁数大了在体力上和办事能力上都会有所下降，这时候继续在工作岗位上奋斗就不太现实了。这不，公孙弘再一次证明了这个政策的好处，因为他好不容易得到了一个出使匈奴的机会，却因此累垮了身体，把官丢了。之所以丢官是因为汉武帝对他出使匈奴的结果不满意，公孙弘没办法只好夹着尾巴回齐国了。

此时的公孙弘非常沮丧，原本以为自己从此可以官运亨通，没想到居然又回到了起点，真是失望至极！受此打击的公孙弘决定放弃求官，老老实实在家传道授业，终老一生。可没想到，七年之后，公孙弘的运气又回来了。

公元前130年，汉武帝再次向天下征召文学人才，这次不同于以往，汉武帝将指标分配到地方，由地方举荐人才到长安面试。这次齐国人又将公孙弘举荐了上去，理由就是公孙弘人品好，而且有孝心。

但公孙弘却犹豫不决，为什么？自己当年是怎么回来的？被汉武帝开除回来的，已经被开除了一次，还要被开除第二次吗？公孙弘不想再冒这个险，于是谢过大家的好意，说自己已经被皇上赶回老家来了，再也不能丢家乡人这个脸了，你们还是去举荐别人吧。

但齐国人民却觉得公孙弘是最合适的人选，于是执意将公孙弘的名字报到了中央，这下公孙弘没办法了，只好再次西入长安。这一年，公孙弘七十岁。

按照惯例，公孙弘还参加了对策考试。而奇怪的是，尽管公孙弘的对策在别人之下，但到了汉武帝那里却变成了第一名。汉武帝在七年之后再一次面对公孙弘，再次将他拜为博士。人生如戏，公孙弘转了一圈之后，再一次回到原点，此时的公孙弘真是哭笑不得了。

公孙弘再次被拜为博士后，汉武帝给了他第二次表现机会，让他出差，这一次不再是匈奴而是西南夷。因为唐蒙不讲究工作方法，修路修得巴蜀百姓要搞暴动，所以汉武帝就让公孙弘去处理一下。老人家跋山涉水地走了一趟，对唐蒙的工作极力否定，回来后报告汉武帝，汉武帝看了奏折什么也没说。不用说，结果自然是不太让人满意的，最后汉武帝还是派了司马相如去，才最终安抚了巴蜀人民。

这次汉武帝没有像上次一样一发火就赶人走，也许是因为汉武帝觉得公孙弘岁数大了，经不起这么折腾了，于是留下了他。

前两次，公孙弘的工作都不怎么让汉武帝满意，可谁想，在两次过

后，公孙弘又做了第三次让汉武帝不满意的工作，这次就是我们在前面讲到的和主父偃争论移民朔方郡的事。

尽管汉武帝可能已经对公孙弘非常失望了，但公孙弘最终还是赢得了汉武帝的欣赏。而主父偃这个大石头又被公孙弘成功搬掉，等待公孙弘的自然是扬眉吐气的日子了。

主父偃死后，公孙弘开始总结自己这么多年来办事的心得，最后发现自己之所以不被汉武帝欣赏，主要是因为自己办事太直接，说话不含蓄，要想赢得汉武帝的宠信，关键时候拍马屁是很必要的，而政治秀更是要装的。

有了这样的认知，公孙弘就开始包装自己了。他先将自己打扮得很大气，有句话说得好，腹有诗书气自华，公孙弘的这个大气不是外表上的大气，而是内在的大气，外强中干是不能被人欣赏的。这点对公孙弘来说很容易，因为他学了这么多年的法律，又学了那么多年的经学，拿的是双学位，他的年纪也摆在那里，阅历丰富，经验充足，所以要想在谈吐上唬住别人并不难。有了这样的优势，公孙弘后来在说话的时候就总是说些别人不懂的东西，这样就成功地引来了别人的好奇。

有了这个好的开始，公孙弘又抓紧时间做第二步改变。在他后母死后，公孙弘公开守孝三年，同时到处宣扬节俭，并且身体力行，吃饭不吃肉，睡觉盖布被，结果赢得好评如潮。

第三步，改变自己以前说话办事的风格，在每次上朝的时候给汉武帝准备很多种提案，像是售楼推销员一样多给顾客推销几种价格不一、户型不同的楼型，让顾客自己选择。即使汉武帝看不中这些提案，公孙弘也不再像以前一样跟汉武帝争论，而是一言不发地听着汉武帝说，这就避免了和汉武帝的正面交锋，赢得了汉武帝的欣赏。

之后一段时间，汉武帝就发现公孙弘确实比以前进步了很多，首先他变得口才不错，人也变得厚道了很多；其次，公孙弘居然一专多能，不但精通法律知识，对儒学知识也能说得头头是道；再次，公孙弘比以前会说话办事了，在他身上汉武帝已经看出了人才的底蕴，要是不加以培养，岂不是可惜了？所以汉武帝就将公孙弘提拔为长安市市长。

耍汲黯

其实公孙弘有今天的成绩还有一个招数没有透露，那就是在每次上朝之前，公孙弘都要事先找同事先将议事说好然后进行分工，互相配合。公孙弘之前就经常跟汲黯合作，两个人你唱我和，彼此高兴，汉武帝也高兴。

但让汲黯郁闷的是，公孙弘升官之后，工作作风大改。比方说大家说好要一起整汉武帝的，可到了现场，公孙弘却违反约定，将汲黯晾在那里，自己顺着汉武帝说了。这事要是放在别人身上也没什么大不了，但汲黯不是一般人，你要是惹了他他是会让你付出代价的。果然，在这样几次之后，汲黯就在汉武帝面前大骂公孙弘，并将私情抖了出来。

汲黯质问公孙弘："你这个狡诈的家伙，我们已经说好了的事，你为什么要违约？你现在这么一味地逢迎皇上是严重的不负责任，甚至是不忠！"汉武帝一听愣了，于是问公孙弘是不是心怀不忠或者诡计。

公孙弘听了之后，从容不迫地说："知我者也，谓我忠；不知我者也，谓我贼。"

汉武帝听后，觉得很有道理，以后不管谁要告公孙弘的状，都一概不理。之后的公孙弘一路扶摇直上，到公元前126年，汉武帝免去了张欧御史大夫的职位，让公孙弘接了位。

升官发财了的公孙弘却始终没忘记做实事的理想，他很快就建议汉武帝撤掉西南夷、苍海郡及朔方郡。

当初唐蒙可是披星戴月地修路才打通了西南夷，钱花了不少，人也死了不少，现在公孙弘却建议废郡，这是不是太不可思议了？

苍海郡是公元前128年设立的，当时汉武帝接受东夷人投降，条件就是要继续修路，结果又使得燕赵人民差点发生暴乱。朔方郡就更好理解了，这是当年主父偃的政绩，他人现在已经死了，为什么还要让这个工程留着呢？当然，公孙弘此举也并不是全为了报私仇，主要还是因为这些地方的存在使得汉朝国库的银子已经所剩无几了，而且当地群众的情绪很不稳定，继续存在下去情况很可能会变得更加不乐观。何况那时候匈奴还一直在挑衅，攘外必先安内，国内不稳定，要想战胜匈奴那是不可能的啊。

但当公孙弘将自己的意见跟汉武帝说了后，汉武帝却一口否定了。不过汉武帝知道，要想让公孙弘心服口服也不容易，唯一的办法就是召开辩论会，公开辩论，搞定公孙弘。

于是，辩论会如期召开，代表汉武帝一方的是朱买臣。朱买臣，字翁子，吴国人，家里很穷，喜欢读书，别的特长没有。当年因为穷妻子要和他离婚，朱买臣加以阻拦，说自己五十岁的时候会发达，妻子不信，觉得他在说胡话，执意跟他离了婚。妻离子散的朱买臣更加贫穷，还曾被妻子的现任老公接济过一次，当然，朱买臣后来回报了自己的妻子，但妻子觉得受了羞辱就自杀了，这个我们会在后面讲到。

再说汉武帝为什么要让朱买臣跟公孙弘辩论呢？事实上，朱买臣和公孙弘代表了汉朝两套班子，前者属内朝，后者属外朝。汉武帝之所以要创建内朝，是担心丞相权力太大不容易控制，这些内朝的智囊团就是用来制衡外朝的。

虽然汉武帝内朝的人都是些郎中、中大夫之类的官员，级别看似很低，但权力很大。前后在这个圈子待过的人有司马相如、东方朔、庄助、朱买臣、吾丘寿王、主父偃等。这也就解释了为什么主父偃活着的时候那么多人要贿赂他，一方面原因是主父偃是内朝的红人，说话有分量，一句顶一万句。

再回到这次辩论会，当时气氛热烈，而朱买臣更是在这次辩论会上出尽了风头，他提出了十个问题，公孙弘却一个都没答上来。不过奇怪的是，朱买臣没有就西南夷和苍海郡问题跟公孙弘展开辩论，之所以不辩论是因为朱买臣知道自己胜算不大，两地百姓已经反起来了还要辩论，这不是明摆着自己会输吗？

辩论会结尾的时候，公孙弘对汉武帝说了一句话："既然立朔方郡有好处，不如咱们罢西南夷和苍海郡，专门奉朔方郡，如何？"这句话正中汉武帝下怀，这样一来公孙弘也将自己已经倒了的形象重新树立了起来。于是，最终保留了朔方郡，撤销西南夷和苍海两郡，这样也就保证了集中精力跟匈奴作战。公孙弘眼看着颜面扫地，在最后关头又为自己扳回了一局。而通过这次辩论会汉武帝也看到了公孙弘的优点，该拍马的时候拍马，该做事的时候做事，这种态度让汉武帝觉得很舒心，好感更是噌噌往上升。

与汲黯斗嘴记

公孙弘这边扶摇直上，在他背后却一直有一条蛇追着他的屁股咬，

这条蛇就是前面说的公孙弘以前的政治伙伴——汲黯。

汲黯的刚烈性格公孙弘不可能不知道，当年田蚡往死里整窦婴的时候，没人出来为窦婴说话，汲黯却不管这个，执意要为窦婴说情。汲黯这么牛不光是因为性格，更因为他是汉武帝的老师。在汉朝，很多人知道这样一件事：卫青要见汉武帝，汉武帝可以一边上厕所，一边说话；公孙弘要见汉武帝，汉武帝有时候可以免冠接见；但汲黯要见汉武帝，汉武帝就要一尘不染、整整齐齐地接见。

有一次，汲黯突然闯进汉武帝的住所汇报公事，当时汉武帝没有戴帽子，远远看见汲黯已经过来了，只好蹿入帷帐中，让侍者代劳批示。

汲黯就是这么个连皇上都要畏惧三分的角色，现在就被公孙弘倒霉兮兮地遇见了，而且惹不起也躲不起，唯一的办法就是认了。

很快，汲黯就开始对公孙弘出招了。一天上朝的时候，汲黯突然放开利牙，当着众人的面狠狠地咬了公孙弘一口。他是这样对汉武帝说的："公孙弘位列三公，俸禄甚多，回家睡觉居然要盖布被，这不是明摆着蒙人呢吗？"

其实汲黯这么说也没错，齐人多诈，欺世盗世的名声广为流传，而这也是汲黯第二次揭公孙弘老底了。汲黯这么一说，再次成功吸引了汉武帝的注意，汉武帝问公孙弘，是不是真有这回事。

公孙弘再次从容作答："确有此事，我身为三公，还在盖着一床布被，的确有损国家形象。不过还是要感谢汲黯先生给我提出忠告，汲黯先生不愧是一代忠臣啊，皇上应该为有这样的忠臣而欣慰啊。"

一招太极，公孙弘又将球踢给了汲黯，他避实就虚，不光给自己求得了美名，还让汲黯觉得很不好意思：你揭人家脖子，人家还说你好。从这之后，汉武帝更加欣赏公孙弘了。汲黯原本是想挫一挫公孙弘的锐气，没想到却又为公孙弘扬了美名，让他的官运更加亨通起来，公元前124年，汉武帝免去薛泽的丞相位，让公孙弘接了班。

此时此刻汲黯的内心应该是极度悲凉的，自己原本是想整人的，可谁知这些人居然比原来更红了，这是什么道理啊？公孙弘被汲黯这么一揭，红了；还有另外一个人被汲黯揭红了，这个人就是张汤。

汲黯之所以要跟张汤揭是因为张汤和公孙弘很像，不只是专业像，做事风格也像，汲黯看到张汤就好像看到了公孙弘，更何况张汤和公孙弘两个人确实很要好。

　　除了这个原因，汲黯要掐他们还有一个原因，就是在公孙弘和张汤不知道在哪个山旮旯里混的时候，汲黯早就当都尉，位列卿位了，可谁料到公孙弘都七老八十了，居然连连升迁，将汲黯甩在了后面，这让汲黯觉得非常郁闷。而后来，在汲黯原地踏步的时候，张汤居然又窜了出来，就像是第二个公孙弘，汲黯心里更加不是滋味了。而且不管汲黯掐他们哪个，他自己不会得到什么，他们两个却能够一升再升，在汉武帝面前更加大红大紫。

贫民封侯

　　话说公孙弘在公元前 124 年，已经七十六岁高龄的时候，成了汉朝的宰相，算是实实在在的大器晚成之人，和当年的姜子牙有一拼。

　　等公孙弘做了丞相，好事还在后面等着他呢。汉武帝在公孙弘做了丞相后，一直觉得公孙弘缺了点东西，想了半天才猛然发现，汉朝自开国以来，凡是做丞相的，都是以侯爵身份登临的，而公孙弘正是缺了这么一个重要的东西。

　　汉武帝想到这里，就想着要给公孙弘封个侯，他没有侯爵身份是小事，自己的面子是大事，现在国家富强，丞相再怎么说也不能是这个寒酸的身份。

　　但汉朝的规矩是很严格的，如果你不是刘氏亲族，又没立什么功，封侯这事可能性不大。李广奋斗了一生，最终还是没被封侯啊。当初汉景帝想封窦氏几兄弟为侯时，丞相周亚夫死活不同意，理由就是高祖说过的白马誓，外戚不姓刘，凭什么封他们为侯呢。

　　不过后来周亚夫下课，汉景帝还是将窦氏几人封了侯，而且这条规矩一直流传下去，只要外戚智力正常，就都可以封侯。即使外人要说什么，外戚的关系摆在那里，也没什么可指手画脚的。然而现在汉武帝要给公孙弘封侯，就要废一番脑筋了。

　　可这事难不倒汉武帝，他下了一道诏就解决了：自从我登基后，一直是不拘一格降人才。武将文臣，只要有才华就可以封侯加爵。这样一来，公孙弘就顺利地做了平津侯，食邑六百五十户。公孙弘也因此在历史上创了一个神话：丞相加侯。公孙弘这下可是赚大了。

既然已经被封了侯，自然也就有钱养闲人了，从此公孙弘也开始附庸风雅，招买宾客。其实所谓的宾客分为两种，帮忙和帮闲，帮忙的管出谋划策，帮闲管溜须拍马。自从公孙弘招了这些宾客后，就开始享受现成的东西，将这些宾客的劳动果实拿来直接呈现给汉武帝。

公孙弘在这边坐享其成，汉武帝当然不会让他那么轻松。在汉武帝的手底下也有一批宾客，他们和公孙弘的宾客比起来可是绝对的大巫，汉武帝养他们的目的就是为了组建内朝，制衡相权。所以，每当公孙弘交来提案的时候，汉武帝都会让自己宾客中的一个去跟公孙弘辩论。前边公孙弘已经领教了朱买臣的厉害，最近又尝到了另外一个牛人的厉害，这个辩才就是吾丘寿王。

当然，公孙弘的认输不是因为每次他都理屈词穷，也不是因为他口才不好，而是因为公孙弘会做官，在他看来这才是最正确的为官之道。我们在前边说了，公孙弘已经改变了自己的为官之道，一切顺从皇上的旨意，绝不跟皇上争论。所以每次辩论，公孙弘都认输，除非自己有把握让汉武帝同意的时候，才较真一下，不过大多数时候较真也不是真的较真。

但是，除了皇上，公孙弘可能跟任何人都较真，主父偃就是最好的例证。而很快，公孙弘又遇见了需要较真的人，一个是前边讲到的汲黯，另一个就是久违的董仲舒。

董仲舒怎么惹上公孙弘的？这事还得从主父偃那儿说起，不过具体原因应该归于行业竞争。

算起来他们三个是同一领域的人，三个人都是靠治《春秋》而发家，但主父偃和公孙弘却不得不承认，自己跟董仲舒比起来只是个愣头青。

话说董仲舒三年苦练，终于写出了盖世绝学《春秋繁露》。这本可以在儒家江湖里掀起狂风巨浪的武林秘籍，让主父偃和公孙弘的零散论文每每比起来都自惭形秽。

但任何武功都是有漏洞的，这本武林秘籍，当年也差点让董仲舒死在主父偃的手上。

事情是这样的：董仲舒治《春秋》的时候，将它与阴阳家学说结成一体，发明了一个阴阳预测学。董仲舒认为，世间的一切灾异都可以在

《春秋》里找到根据，而且董仲舒在当诸侯相国时，实践这套理论也从来没有出过纰漏。

之所以会这样，主要是因为诸侯国地方小，人们见识短。等董仲舒到了长安后，再实践那套理论，果然就出问题了。

有一年，辽东高庙及长陵高园的大殿发生火灾，董仲舒听说之后，就又翻《春秋》找依据，并将这些落实到了一篇文章里。还没等董仲舒交上去，就被主父偃偷走了。

主父偃之所以会知道这件事，是因为在他私下拜见董仲舒的时候，董仲舒将这篇没发表的论文交给主父偃看了。当时董仲舒没考虑后果，主父偃却在心里偷笑了，心想自己终于有机会扳倒这个经学泰斗了。

之后，偷得论文的主父偃就将它交给了汉武帝，汉武帝看了后，又叫来另外一个人看。这个人，就是董仲舒的得意弟子吕步舒。

当时吕步舒不知道这篇文章是自己的老师董仲舒写的，就在汉武帝问他写得怎么样的时候脱口而出："这是什么狗屁文章，简直是胡扯！"

主父偃听后就笑了，对，这就是胡扯，世间的异常怎么能跟《春秋》胡扯到一块呢？

汉武帝听了之后，勃然大怒，于是下诏将董仲舒绑起来，斩了。后来吕步舒又给自己的老师求情，这才赦免了董仲舒。之后董仲舒收敛了很多，"天要下雨，娘要嫁人"，就随他去吧，这些灾异跟《春秋》也没什么关系。

死磕董仲舒

主父偃没有搞定董仲舒，自己后来却被公孙弘搞定了。不过到这时候三个人的游戏还没有结束，董仲舒和公孙弘的游戏还在继续，角斗还没有完结。

当然，公孙弘搞定主父偃不是敬重董仲舒，更不是同情他、可怜他，主要是因为主父偃欺负到自己头上来了。而且，对于董仲舒的学术水平公孙弘是知道的，与他交锋，是自取其辱，所以公孙弘没有主动去招惹董仲舒。哪承想，董仲舒居然主动来找公孙弘掐架了。

董仲舒觉得论学术水平，公孙弘远不是自己的对手，一个学术水平不及自己的人，凭什么位列公卿？而自己奋斗多年，又凭什么只能在诸侯国奔走无门呢？

董仲舒经过观察发现，公孙弘的成功靠的全是一张嘴，这张嘴把皇上哄得开心异常，想不升都难。想到这里，董仲舒心里就不舒服了，于是开始跳起来骂人。这话很快就被人传给了公孙弘，说董仲舒骂你溜须拍马，不学无术，你看怎么办？

公孙弘表面上不动声色，心理却开始冷笑：想跟我掐架，放马过来吧！很快公孙弘就找到了一个对付董仲舒的招数——借刀杀人。

要想杀人，刀一定要狠，公孙弘选的这把刀事实证明确实非常锋利，而且这刀一旦出手，就没有能逃过劫难的。这把刀，就是胶西王刘端。

这个刘端跟一个人很像，这个人就是那个让人闻风丧胆的刘彭祖。要不是刘彭祖在前边告主父偃的状，靠着公孙弘那一张嘴是不可能扳得倒主父偃的。刘彭祖厉害，刘端也不菜。刘彭祖阴暗是因为他专好此术；而刘端阴险，跟心理变态应该有很大的关系。刘端之所以会变态，是因为他有一个让男人觉得颜面尽失的毛病——阳萎。按照班固的记载，刘端一近女色，往往会数月不起，这样看来，刘端的病还不是一般的厉害。刘端的内心可以想象更是多么痛苦，身为诸侯王，身边美女无数，尽管口渴嘴馋，却始终碰不到。这种感觉，应该比死还难受吧。如果下辈子刘端可以选择，一定不会再选择做这个有病的诸侯王。

后来有一个人看着刘端后宫的美女肆意荒芜，就自告奋勇地帮刘端开发殖民地了。这个人就是刘端宠幸的一个郎官，其实如果这个郎官能知进退，也不至于为此付出生命的代价，但怪就怪这个郎官不光跟后宫美女胡搞，还搞出了后代，俨然将后宫当成了自己家。

这事搁在任何一个男人身上都是是可忍孰不可忍的，自己的女人被别的男人随便乱搞，还生了孩子，这不是公开蔑视我性无能吗？于是，盛怒的刘端就将这个胡搞的郎官和他的孩子、老婆全都杀掉了。

之后，刘端就一发不可收拾，只要看不顺眼的东西，一律杀掉，不管你是人还是物。从此，刘端的名声也越来越坏，一直坏到全国都知道有个变态的诸侯王。

其实那时候有很多人给汉武帝上书列举刘端的变态，但汉武帝念他是同根生就一直没有批准。后来又有人说，不诛杀刘端，至少也得惩罚一下吧，不然这样一直恣意下去，很可能会滋生别的事端。汉武帝想想

也有道理，就将刘端的国土削去大半，以示惩处。之后，汉武帝心情就爽了，因为这样一来不但惩罚了刘端，还强化了中央的权力。

汉武帝高兴了，被削去土地的刘端却大大不爽了，没想到连自己的兄弟都觉得自己是个变态，那好，那我就继续堕落下去吧，让你们知道什么是真的另类。

刘端之后就开始行动了，粮食烂掉，不管；仓库倒塌，不管。他还命令王国里的官吏，不准再向农民兄弟收租。更不可思议的是，刘端还将诸侯国的警卫通通撤掉，将所有的宫门都堵死，只留一小门，以方便他化装布衣，到处溜达。而溜达的地方不仅仅是田野山川，还可能是别的诸侯国家。那时候汉朝有规定，诸侯王必须呆在自己的地盘上，不能随便到别的国家。战国时候孔子的周游列国在他们看来是不吉祥的预兆。

也许你会问，汉武帝看刘端这样，难道就不管吗？他当然不会坐视不理了，但问题是派出去的相国根本就管不住。这些相国不是被刘端杀了，就是被刘端弄伤了，谁还敢管啊？

而且，刘端对付相国的手段说出来都会让刘彭祖觉得汗颜，具体操作如下：凡是公正奉法的，刘端就恶人先告状，捏造罪行，报告中央；实在找不着罪行的，就干脆毒药对待。就这两招，汉武帝派出去的相国就没有一个能有好日子过的。

现在公孙弘想要借助刘端这把狠刀对付董仲舒，看中的正是他的整人特长。主意想好之后，公孙策就开始行动了，他对汉武帝说：

"陛下您那个胶西王兄，一向骄横无理，再不管估计就管不住了，我想了一下全国能管教他的，也只有董仲舒一人了。"

公孙弘说完，汉武帝觉得很有道理，当年江都易王刘非不也挺让人头疼的吗，在董仲舒手下还不是一样服服帖帖？既然董仲舒是调教恶王的能手，那这个搞定刘端的艰巨任务就交给他吧。之后，汉武帝就决定起用董仲舒，拜他为胶西王相国。

这下子，公孙弘可笑死了：看你这个董仲舒还在背地骂我不，这次让你竖着进去，横着出来。董仲舒也因此愁得头发差点没掉光，公孙弘此举不就是把自己往火坑里推吗？

我相信，包括公孙弘在内的所有的同行应该都在家里等着看董仲舒怎么被整死或者整残，但结果却大大出乎众人的意料，因为刘端对待董

雄韬伟略——汉武帝传

仲舒实在是有些让人意外。刘端听说董仲舒远道前来，马上将自己的另类打扮改为正常打扮，还打着热烈光临的标语，人模狗样地出门迎接董仲舒了。

这……有些太让人意外了吧？胶西王不是很残忍吗？董仲舒在心中颤颤地问自己。

事实上，刘端这样做不是在设陷阱、圈套，更不是在作秀，他是真心实意地把董仲舒当一个神仙来供奉，因为董仲舒名气实在是太大了。

当然，不是所有的名人，都能让刘端崇拜。那些工资两千石的能算什么名人呢？数尽天下人，只有一个董仲舒才算得上是真正的大儒。

何谓大儒？用北宋大儒张横渠的一句话来说就是："为天地立心，为生民立命，为往圣继绝学，为万世开太平。"

正是因为人们对大儒的敬畏，使得董仲舒暂时稳住了刘端。但时间一长，董仲舒就发现，这个刘端就是个暂时笼住兽心的恶狗，保不准哪一天就会六亲不认，逢人乱咬。董仲舒的担心是可以理解的，大儒也是人，是个会受伤的凡人。他这样子跟刘端朝夕相处，过段时间神秘感就会消失，到那时候刘端审美疲劳，怎能保证他不对董仲舒下手呢？

那怎么办？难道要看着这个定时炸弹将自己炸得粉碎吗？当然不能。于是董仲舒日夜思索解决的办法，最终想出了一个激流勇退的办法——以病辞官。

算起来这应该是董仲舒人生中最智慧的一个策略，因为经历世事的磨炼，他终于懂得了什么叫放下。

当年贾谊名声在外，深得皇帝恩宠，却不被自己的同行接纳，最终只得奔走长沙。后来，跟汉文帝坐而论道，论鬼神，说命运，本以为可以重见天日，没想到却被邓通在背后参了一本，被贬出长安，照顾梁怀王刘揖。后来刘揖堕马而死，贾谊愧疚自责，最终也抑郁而死了。

古语有云："伴君如伴虎。"诸侯王不是虎，最起码也是个狼一类的动物，与这样的禽兽朝夕相伴，保不准哪一天会命丧黄泉。既然惹不起，就干脆躲吧。

而想躲开，就得先放下。放不下这个仕途，走出这条路还会踏上别的路。如果当初贾谊能放下官场另谋出路，也不会落得抑郁而死的下场。所以，放下才是关键。人生在世，总有属于自己的领域，可以在里面活

得轻松舒畅，自由自在。董仲舒生来就是属于学术的，政治场合不适合他，所以放下官场，归心学术，才是正道。

当然，董仲舒作出这样的选择，客观上也要归功于公孙弘，要不是他当初安排董仲舒出任相国，董仲舒也不会选择归心学术。当然，结局是公孙弘不想看到的——董仲舒在学术上走出了一条更辉煌的道路。

董仲舒不问官场之事，不代表官场也不问他。那时候只要中央一有大事，总要派个人去问问董仲舒，当年张汤就屡次不辞辛苦地往董仲舒家里跑。尽管张汤和公孙弘是一伙的，但二人对待董仲舒的态度却截然相反，公孙弘想将董仲舒往死里整，张汤却喜欢捧董仲舒。张汤之所以喜欢董仲舒，是因为他是董仲舒的一名粉丝，想要细心求教。

再说公孙弘的目的没达到，只好继续自己的日子，人家董仲舒已经悉心向学了，自己也没有办法了。淮南王造反的时候，公孙弘觉得自己身处相位但却没治理好国家，难辞其咎，加之有病在身，就想引咎辞职，但汉武帝没有批准。公孙弘身体好点之后，继续处理政事，但毕竟岁数大了，在公元前121年的3月，公孙弘寿终正寝，享年八十岁。

公孙弘为相数年，曾建议设五经博士，置弟子员；还有部分著作传世。他从一个贫民百姓做起，一直做到封侯称相，在民间备受推崇。尤其他的"非学无以广才，非志无以成学"的精神，已成为历史长卷中最醒目的一章，永垂后世。

酷吏张汤

汲黯的预言

张汤是杜陵（今陕西省西安东南）人，是汉朝有名的酷吏，也是汉朝有名的廉洁之人。张汤最后能成为一代法官，跟他的天赋有很大的关系。当然，千里马常有伯乐不常有，要不是张汤父亲这个伯乐，估计张汤的潜质也就被埋没了。

那时候张汤的父亲任长安丞，因为出差就让张汤在家看家，可当父亲回到家之后却发现家里的肉已经被老鼠吃了，张汤却一点儿也不知道，生气的父亲就施用家法，打了张汤一顿。

张汤看家却把肉看丢了，用法律名词说就是失职，失职被打，也是理所当然。但挨完打的张汤却没有就此罢休，而是将怒气发到了老鼠身上。更让人跌破眼镜的是，为了讨回公道，张汤居然开始审问老鼠。

为了找出老鼠，张汤寻火熏老鼠洞，结果不堪忍受烟熏的老鼠就跑了出来，刚好被张汤抓住了。张汤拎着被逮着的老鼠，并没有一脚踩死它，而是立案追查这只老鼠。为了找到证据，张汤还将吃剩的肉挖了出来，末了写了一篇奇怪的状书，告老鼠盗窃。证据确凿，最后张汤判老鼠死刑，当场碾死。

张汤的所作所为让父亲又惊又喜，这不就是一个天生当法官的料子吗？这样的天才要是不培养，简直就是浪费资源！

从那以后，张父就开始着力将张汤往这方面引导，还让张汤代写了不少狱书，见了很多的世面。父亲死后，张汤接任长安吏。当然，要是没有贵人提携，张汤的路也不是十分好走的。

说起来，张汤最大的贵人当属田蚡，当年就是因为田蚡看张汤是个人才，推荐他当了补侍御史，要知道这个职位可是御史的候补人选啊。但让张汤郁闷的是，就在他梦想着高升的时候，田蚡因为跟窦婴斗气魂归西天了。

田蚡死后，御史大夫韩安国接班做了丞相，空出来的御史大夫之位则被汉武帝给了一个叫张欧的人，张汤原地不动。之后韩安国被免职，薛泽又当了丞相，丞相的位置就这样走马灯似的变换着。然而，不得不说这些人其实都是绿叶，在历史上只能起陪衬作用，真正的主角轮不到他们，因为遇见事情的时候，皇上能想起来的不是他们。这不，就在陈阿娇陈皇后弄出巫蛊案的时候，汉武帝的第一反应不是找这些丞相，而是找更具天赋的张汤。原因很好理解，就是因为张汤不光业务精干，而且为人清廉。

事实证明，汉武帝的眼光没有错，张汤接手这个案子后，就开始立案侦查，最后将皇后以及三百多人引了出来，这件事最终也得到了完美的解决，张汤由此扬名立万。

张汤之后是一路扶摇直上，让人非常羡慕，但他之所以能红起来，还赖一个人的"关照"，这个人就是在前边参加辩论会的汲黯。其实开始的时候汲黯是和公孙弘掐架，张汤出山之后，却和公孙弘一拍即合。他们两个之所以能走到一起，是因为张汤是法律专业出身，而公孙弘也是学法律的，两人有很多的共同语言，所以惺惺相惜，不久就成了好同事。

更重要的是，张汤的做官之道和公孙弘简直就是一个模子刻出来的：要想升官，就得先将专业知识搞扎实，关键还要顺从皇帝的旨意办事，见风使舵，每走一步都要小心翼翼。作风如此相似的两个人能走不到一起？公孙弘和张汤两个人看见对方就好像是看见了自己，他们的感情还能不好？所以，汲黯在遇到张汤之后，对他也是一路掐啊掐的。

张汤揭发出陈阿娇的事后，被汉武帝提拔为太中大夫，张汤受此鼓励，更加勤奋工作。为了求发展，张汤又跟另外一个叫赵禹的人一起，准备修改汉朝的法律。

在汉初，四个人是汉法的奠基人：萧何定律令，韩信定兵法，叔孙通定仪法，张苍定章程。当年，刘邦觉得法律条文太过严苛，不适合当时的实际情况，于是废除了许多没人性的条文。到了后来文景之治的时候，更是一路修改，做到了基本让百姓满意。但汉武帝上台之后，政治较之以前清明了很多，再沿用以前的法律就不太合适了。而且汉武帝之前的法律条文体现的是黄老思想，凡事以少管事为工作标准。但汉武帝崇尚的是儒学，他认为最理想的治国方法是法治和德治相结合，也就是所谓的外儒内法。所以，他觉得法律条文应该越来越重，条条文文也必须做到执法有依，于是就让张汤着手做了。

说起来这个工作确实有些枯燥，但收获却是很大的。张汤和赵禹合伙修改好汉法后，赵禹被升为少府，张汤被提为廷尉，张汤从此跻身九卿之位。

这让汲黯心里特别不舒服，先不说公孙弘七老八十居然连连升迁将汲黯甩在了后面，就说张汤，居然也年纪轻轻的就位列九卿，而汲黯则原地不动，汲黯心里就更加窝火了。而且，汲黯的专业是黄老学术，主张少折腾，所以，尽管他也是法律圈子里的人，但对于法律条文从不乱改。张汤上台之后，居然将汉朝沿用近百年的大法改了，还改得苛刻深奥，乱七八糟，这简直太不像话了！汲黯心中愤懑，自然要表现出来，于是就在上朝的时候像个老公鸡似的跳出来和张汤掐架，大声骂张汤：

"以前汉朝的法律让老百姓活得好好的，你现在的法律却只能让他们觉得更繁杂。你以为让监狱里装满囚犯，就是好的法律吗？你以为让天下人都躲着法官，就是好法律吗？祖宗大法好好的，你凭什么为了一己私利就改了？你这样做，是典型的损人不利己，你就等着断子绝孙吧。"

汲黯的话说得又狠又毒，但张汤却像公孙弘一样从容不迫地说："公如不服，可以廷辩。"

汲黯一听，挑衅？叫阵？辩就辩！汲黯等的就是张汤这句话，之前他一直在找机会死磕张汤，无奈张汤一直不接招，现在好了，既然你张汤接招了，我奉陪到底。

但汲黯很快就发现，自己输了，因为自己口才不如人。汲黯的辩论风格，一直是慷慨激昂，说起道理来滔滔不绝；而张汤则犹如涓涓细流，

潺潺流淌。张汤以柔克刚，最终战胜了汲黯。汲黯的个性是那么嫉恶如仇，他虽然输了，但不代表他从此要跟张汤化干戈为玉帛，于是跺着脚对张汤说："你这个人不可理喻，不信咱骑驴看唱本——走着瞧。"

张汤笑了。那就走着瞧吧。

经过汲黯这一折腾，他没得到什么，张汤却得到了实惠，他又升官了。

再说汲黯，在匈奴投降的那段时间，因为对汉武帝说了一些不利于汉朝和匈奴团结的话，他的形象在汉武帝心中基本已经毁掉了。但没想到不久，汲黯居然又因为一点儿小麻烦被免了官。

无官一身轻的汲黯失业后就回到了老家居住，日子倒也清静，但好景不长，不久，汲黯就被汉武帝召了回去。因为汉武帝碰到了一件麻烦事，这件事别人不能解决，唯有汲黯才能搞定。我们在前边就一直说汲黯是很牛的，他的牛不光因为他有个性敢顶撞领导，还因为他善于搞治安。

早在公孙弘生前，就曾经联合张汤建议汉武帝迁汲黯为长安市特别市长。公孙弘此举是觉得长安市都是些豪杰、权贵，一般人不敢惹。但等到汲黯上台之后，那些平时在别人面前耀武扬威的豪杰权贵居然都缩起头来不敢闹事了，汲黯的治安功夫由此可见一斑。

现在逼迫汉武帝请回汲黯的事情就是治安方面的问题，事情的经过是这样的：汉武帝在公元前118年将三铢钱取消，改铸五铢钱，但没想到的是民间有人居然会用这个政策搞发财致富，许多地方纷纷私自铸钱。有个地方情况非常严重，就是楚王国。

当时，汉朝的中央管辖地淮阳郡和楚王将这种情况反映到汉武帝这儿的时候，汉武帝就决定让汲黯出山，拜他为郡太守，让他去镇压这些小鬼。

但汉武帝没想到的是，当使者带着任命书和印绶前去请人的时候，得到的答复居然是汲黯的伏地谢罪，拒不接诏。使者没办法，只好如实跟汉武帝汇报，汉武帝一听，脾气就上来了，继续派人前去请。汲黯还是那个硬态度，坚决不接诏。

汲黯这样做也是有理由的：他的确是不想出山了，因为他做了一辈子的中央高官，现在汉武帝却将他的官罢了，他拉不下这个脸去地方做

什么太守。而且，他确实是老了，身体也不怎么好，不想再去惹什么事了，就想在家养老。

汲黯拗，汉武帝更拗，汉武帝看汲黯总是不来，就派人对他说他想见他一面。这下汲黯没办法了，只好去见汉武帝。临行之前汲黯就猜到了汉武帝要做的事，无非就是做他的思想工作，让他赶紧上任。汉武帝料定汲黯不会当面拒绝自己，才出此下策，但他不知道对此汲黯已经想到了应对的办法。

果然，汲黯一见到汉武帝就开始哭，其实汲黯用这招学的是吕雉时代的周昌。当年的周昌可是个硬汉子，什么人都敢顶撞，要想让他不顶撞，除非将他的头砍下来。但当他听说皇上要派他去当刘如意的相国的时候，他一改自己的硬汉形象，伤心地一直掉眼泪。周昌哭是因为自己不想去，现在汲黯哭也是因为不想去。只见汲黯一把眼泪一把鼻涕地哭，说自己这么大岁数还能被汉武帝起用，非常感动，只是让自己去当太守，实在是心有余而力不足。不如皇上将我留在长安，当个中郎官什么的，我也好将功补过。

汲黯的要求值得汉武帝好好地思量一下。中郎官食禄两千石，与郡守一样都是部长级的高官。不同的是中郎官比郡守权力大。所以，汲黯的痛哭其实是一招苦肉计，目的就是不想去地方做官。

汉武帝和汲黯打交道这么多年，对于汲黯的为人自然十分了解，所以汉武帝对汲黯说："你老人家不要嫌弃这个职务，正是因为我器重你才派你去治理那里的治安，就算你现在躺在病床上，我也要让你出山，因为换了别人根本就不可能治理得好啊！"

汉武帝的话说到这个份上，也就没有转圜的余地了，汲黯无奈，只好抹干眼泪上任去了。

事实上，除了上面讲到的不想离开的理由外，汲黯还有一个不想离开的理由，那就是他想亲眼看着一个人在他面前倒台，这个人就是张汤。离开长安，他就没机会看着张汤的惨样了。不过汲黯怎么肯这样罢休，在临走之前他找了一个人替他盯着张汤，这个人叫李息，时任外籍官民接待总监（大行），也是两千石的部长级高官。

汲黯对李息说："你要好好盯着张汤，这个人太嚣张，得罪的人太多，迟早会倒台的，你有机会一定要多揭发他，不然，很可能会被他连累的。"

　　汲黯不知道自己托付的这个人其实是个非常胆小的人，汲黯走后，他一直没有出来揭发张汤，可谁知，事情竟然真的被汲黯预言准了，而最终李息也真的被张汤连累了。也许临死的时候，李息还在后悔自己没听汲黯的话。

张汤的弱点

　　汲黯临走的时候对李息说张汤得罪的人多，迟早会倒台，不是没理由的，因为当年张汤和桑弘羊一起策划盐铁法，砸了民间许多矿主和盐商的饭碗，惊扰了他们的发财梦，这是其一；其二是张汤人在中央，朋友没多少，敌人却是从中央到地方，遍布全国，几乎没人不恨他的。张汤这样四处树敌，只有攻没有守，最终肯定要出问题，他的政治弱点被汲黯看在眼里，同时也被别人看在了眼里。

　　第一个敢于站出来说张汤弱点的，是一个叫狄山的博士官。当年匈奴单于被卫青打得满地找牙的时候，右谷蠡王以为单于已死，于是自立为单于了。但没过几天却听说伊稚斜单于还活着，右谷蠡王无奈，只好自废单于封号。

　　伊稚斜命是捡了回来，匈奴士兵却死了不知多少人，伊稚斜心里火大，于是转头问投降匈奴的赵信怎么办，赵信斟酌了半天，最终想出了一计，那就是和亲。

　　单于没办法，再打下去自己也不是汉朝的对手，于是采纳赵信的建议，向汉武帝提出和亲的方案。汉武帝因为缺少进攻的马匹，于是在接到这个消息后，就跟自己的臣子们展开讨论会磋商，现场气氛非常热烈。大家讨论了一下，主要分成两派，一派主和亲，一派主张继续打下去，直到彻底消灭匈奴为止。

　　主张不和的有丞相府秘书长（丞相长史），名唤任敞。他对汉武帝说现在匈奴被我们打得满地找牙了才求主动和亲，我们不能这么便宜他们，应该让他们就此臣服，到边境来对汉朝朝拜。这话在汉武帝听来，简直是舒服至极，于是汉武帝决定派任敞出使匈奴，去跟单于谈判。

　　不过，分析当时的形势就会发现，汉武帝和主张不和亲的人其实犯了一个很明显的错误——盲目乐观。所以当伊稚斜单于听汉朝说要让他臣服的时候，非但没有答应，反而大骂汉武帝，还将任敞扣了下来。

汉朝丞相秘书长被扣下来，这大大出乎汉武帝的意料。之后汉武帝又赶紧召集群臣进行磋商，就在这时，主张和亲的人里面站出来一个人说话了，这个人就是博士官狄山。

狄山一上来，就滔滔不绝地讲了一大堆道理，归结起来也就是这么个意思："文景二帝的时候，汉匈之间和亲，百姓的日子过得非常好；现在我们将匈奴打得满地找牙，百姓的日子不但没见起色，反而每况愈下，所以我觉得还是和亲比较实际。"

汉武帝一听这话，脸马上就黑了下来，于是转身问张汤："你觉得博士的话，有道理吗？"

张汤站起来说了一句话，马上震惊全场："此愚儒无知！"翻译一下就是：这是读书人的愚蠢和无知。一棍子就将狄山花了大半辈子学的东西全都否定了。

张汤这样损自己，狄山当然不依，于是当场发飙了。

读书人吵架其实跟街头老大妈没有什么区别，只是在使用言辞方面略有不同。狄山这样反驳张汤："你说我愚蠢，但我至少是愚忠；你聪明，但你分明就是诈忠。这不是在诬蔑你，你治淮南王及江都王，离间皇宗骨肉，让天下诸侯人人自危，这难道不是诈忠吗？"其实张汤所有的政敌都觉得张汤是地道的诈忠货色，只不过大家没有说出来，只有狄博士一人说了出来。

狄山骂完张汤嘴上过了瘾，却没想到招来了灾祸，因为汉武帝不高兴了。汉武帝不高兴不是因为狄山说张汤诈忠，而是因为狄山将张汤和淮南王等人的事连在了一起。要知道，那一直是汉武帝心里的疤，一想起来就隐隐作痛，而现在狄山居然还没有眼力见儿的乱提，这不是愚儒是什么！

生气的汉武帝就对狄山说："我派你当郡长，你有办法对付匈奴，不使他们来侵犯吗？"

狄博士一愣，但想了想只能说："不能。"汉武帝接着追问："那当县长呢？"狄博士又一愣，回答："不能。"汉武帝看来不打算放过狄山了，问："那派你守一个亭障碉堡呢？"汉武帝说到这的时候，狄山已经感觉到了扑面而来的杀气，于是后知后觉地说："能。"

能和不能比起来，虽然差了一个字，但也只让狄山多活了一个月而已，因为汉武帝派狄山去边地守碉堡，一个月后，匈奴来袭，将他的头砍下来，扬长而去了。

狄山之死给了所有人一个警示：想要多活几天，就不要惹张汤，惹了张汤，就等着死吧。

畏惧，是人自我保护的一种本能；被畏惧，则满足了那些掌握着生死大权的人内心的快感，而张汤的弱点就是，太沉溺这样的快感了。最终，他也是死于这样的"被畏惧"。

点燃导火索

在很多人眼里，张汤就是个武林高手，而且是个爱欺负人的武林高手。他依仗着汉武帝这招绝世武功，在政坛上横行霸道，已经激起了共愤。这些愤怒的人认为既然自己单打独斗不能对付张汤，那就大家联手，一起搞倒他！现在等的就是一个点火的人而已。

很快，这根导火索就被点燃了。

第一个点火的人，是他的下属李文，当时任御史中丞。李文具体是怎么惹上张汤的已经没办法查证了，可以查证的一点是，张汤恨这个李文已经到了牙齿痒痒的份上。但无奈，李文没有把柄被张汤抓到，张汤即使恨他也没办法奈何他。不过这件事却被张汤宠信的一个小吏鲁谒居看在眼里，记在了心上，鲁谒居二话没说就开始替张汤行动了。要想扳倒李文就要有证据，于是鲁谒居就开始制造伪证。

功夫不负有心人，鲁谒居忙活了一段时间，就制造了一大堆伪证出来，张汤也不客气，按照举报的材料将李文抓了起来，最终砍了他的头。

李文的脑袋没了，张汤心想自己的恨终于解了，但没多长时间，张汤就被汉武帝召来问话："李文昨天人还好好的，怎么一夜之间蹦出那么多罪名？"

张汤听这话心里一惊，抬头看了汉武帝一眼，汉武帝一副了然于胸的样子，说道："有可能是李文得罪了什么人，被人家告了。"

其实张汤心里怎么会不清楚，这个人家指的就是鲁谒居。张汤以为这事他不说出去，鲁谒居也不说出去就没人知道，但世上没有不透风的墙，这事儿最终还是被以阴险狡诈著称的刘彭祖知道了。

问题出在哪儿？出就出在鲁谒居替张汤整死李文后病了，张汤闻听后就亲自前往慰问，本来领导看望下属表示关心是很正常的事情，但事情不正常就不正常在张汤在慰问的时候做了一件事——替鲁谒居做足底按摩。

举目长安，有哪个领导能做到如此"关心下属"，已经关心到了卑躬屈膝的地步。换了别人，也许还有那么点儿可能，但放在张汤身上，却不得不让人怀疑。因为张汤是汉朝出了名的酷吏，当年酷吏郅都人到哪儿就被人怕到哪儿，要不是后来窦太后非要扳倒他，郅都到现在还得在让众人畏惧着。现在的张汤就是当年的郅都，在汉朝的酷吏排行榜上，如果他不说自己是第一，就没人敢争第二。这样一个让整个长安畏惧的人，居然温柔得像猫一样为人做足底按摩，难道还不够奇怪吗？而且，按的人心安理得，被按的人也心安理得，这就更加匪夷所思了，这中间要是没有什么猫儿腻，鬼都不信了。

然而，就在张汤和鲁谒居安然地做着这些的时候，他们万万没想到这件事居然会被传扬出去，还传到了刘彭祖耳朵里，被他大大地炒作了一番。

刘彭祖之所以让人讨厌和畏惧，就是因为他是那种典型的可以将小事化大、大事化祸事的人，什么事一旦到了他手里，就会比原来的情形严重一百倍。他这样的名声已是天下人尽知，无论是中央官员还是地方官员，都知道这样一个真理：刘彭祖不惹你就是阿弥陀佛，你要是不幸惹上他，就算不被整死，也得成半个废人。

而刘彭祖之所以要炒作张汤之事是因为张汤挡了自己的发财路。赵国本来就是以冶铸为业，而张汤和桑弘羊突然搞出个盐铁论，好端端的私有产业就被国家垄断了。刘彭祖咽不下这口气，就上诉到了中央。张汤对于刘彭祖的为人也是有所耳闻，于是就采用排斥手段，否决了刘彭祖的上诉要求，两个人的梁子也就此结下了。

有仇必报，这是最真实的刘彭祖。自从接下梁子后，刘彭祖就开始搜集张汤的把柄。当他搜到张汤替人做足底按摩时，简直比捡到财宝还要兴奋，之后立刻着手炒作——给汉武帝送去了一封信，揭发张汤的行为。信里说张汤作为国家大臣，居然会亲自给鲁谒居做足底按摩，这实在是有点让人怀疑，怀疑他们之间有着不可告人的秘密。

— 313 —

汉武帝看完信也是大吃一惊，如果这件事是真的，那张汤就是狄山说的诈忠，而诈忠，就是欺君之罪。难道这个张汤真的如众人所说那样是诈忠，现在只有我一个人不知道？想到这里，汉武帝觉得心里一惊，这太可怕了！汉武帝越想越觉得恐怖，于是赶紧派人前去查探，可在司法部的人感到到来之前，鲁谒居已经病死在家中了。

为什么鲁谒居早不死，晚不死，偏偏这个时候死呢？这不是很奇怪吗？就在司法部的人感到郁闷的时候，却发现了重大收获，鲁谒居是死了，但他的家人还活着，鲁谒居的弟弟就是其中之一。然后，司法部的人就兴冲冲地将鲁谒居一家抓来，准备审问。

鲁谒居弟弟一行人被关在了少府看守所。汉朝时候的少府主管宫廷事务。廷尉将嫌疑犯家属关在少府，目的很明确：不想打草惊蛇。

张汤的政治嗅觉灵敏有如电子狗，想要瞒过他，实在是不太容易。知道这件事后，张汤就以视察之名去少府看守所走了一趟，当然看到了鲁谒居的弟弟，但他装作不认识似的走了过去。

张汤装了一辈子，成功就成功在他装的品质上，但最终也是这个装的品质害了他。当时鲁谒居的弟弟以为张汤此行是来救他的，没想到他居然装出一副冷酷的样子，鲁谒居的弟弟眼巴巴地看着张汤离去，心里的话争着抢着往外冒。我们看警匪片都知道这样一个常识：所有犯罪都要隔离审讯，以防他们互通信息，抱团不认账。鲁谒居的弟弟觉得就算张汤你不亲自来暗示，最起码也要派个人通气啊，现在这样一声不吭，不是太欺负人了吗？

越想越生气的鲁谒居的弟弟一下子就火了：你不想自己的丑事传出去就不管我们的死活了，没那么容易！你不仁就别怪我不义！于是，鲁谒居的弟弟找到主管法官，主动投案自首了，说张汤有把柄在自己手里，就是之前鲁谒居替张汤将李文除掉一事。

也许有人会说这事不是只有张汤和鲁谒居知道吗，怎么现在又冒出个鲁谒居的弟弟呢？

其实很好理解，鲁谒居伸腿蹬天走的时候，不可能丢下全家不管，他肯定会给自己家人留一手，防的就是张汤要是真的不管他们死活的话，即使是死也要拉张汤来垫背，说白了就是防人之心不可无。

张汤那时候还是照常吃喝拉撒，完全没料到鲁谒居的弟弟会来这么

雄韬伟略——汉武帝传

一手，他知道他们掌握着他的证据，自己当然不会坐视不管，只是想缓一段时间，想想办法，没想到他居然这么沉不住气，先咬了张汤一口，这下真的坏事了。更坏事的是，在鲁谒居的弟弟做完口供后，张汤还是照常早睡早起，早朝晚归。因为他根本就不知道鲁谒居的弟弟已经将他告了，而张汤之所以暂时无恙，是因为有个人将此事压下去了。

这个人名唤减宣，之前减宣对此事已经做好了充分的记录，算起来应该是证据确凿了，之后却将笔一丢，将案卷封存了起来。也许有人会说他和张汤两人是一伙的，所以要将此事压起来，但事实上，他和张汤不但不是一伙的，而且是关系极度恶劣的政治仇人。

减宣为什么要替张汤隐瞒此事呢？减宣这样做是因为觉得时机还不成熟。猫逮着老鼠，一般是把老鼠玩够了才吃，现在的减宣也是这样，他知道仅凭鲁谒居弟弟的口供根本搞不死张汤，他要再多多收集证据资料，一举将张汤置死。高手不出手则已，一出手必然要将对手置死，这才是传说中的政治高手。

你方唱罢我登场

对付张汤的各路人马正在积极部署，想将张汤往设好的圈子里赶；而张汤也许是气数已尽，冥冥之中也在向着那个设好的圈子里跑。李文、刘彭祖、减宣，你方唱罢我登场，一个走了一个来，等他们都唱完之后，另一个出场了。这个人对我们来说也算比较熟悉了，他就是曾被窦太后拉来填"坑"的武强侯庄青翟。

我们在前边也说了，汉武帝这朝的丞相都很短命，一般做不了多久就会丧命，典型的衰丞相。公孙弘死后李蔡接班，可没多长时间就丧了命，后来汉武帝就将庄青翟扶上了马。

要说庄青翟这辈子也不容易，前边窦太后和汉武帝斗法，将汉武帝立好的丞相窦婴废了，将庄青翟拉来填坑；但好景不长，窦太后死后，汉武帝再发威，又将庄青翟废了，让田蚡做了这第一把交椅。

庄青翟做梦也没想到，时隔多年之后，他竟然又被当初废了他的汉武帝拉上了马，当上了丞相。庄青翟之所以会有今天的际遇，也是因为他有一个优点：低调做人，低调做事，从来不随便惹事。

但事情往往很奇怪，你不惹事不等于事不惹你，最近就有一件事让

向来低调的庄青翟不得不去找帮手对付他，这个人就是树了一国家的敌人，人见人怕、鬼见鬼愁的张汤。

庄青翟和张汤是怎么弄到一起的？事情还得从头讲起：不知道什么人居然斗胆去盗墓，看过《盗墓笔记》的人都知道，但凡值得盗墓人去盗的墓，里面埋的都是些有来头的人。现在也是这样，这些人盗的墓不是别人的，正是汉武帝的父亲汉景帝的。

这帮盗贼是吃了雄心豹子胆，居然敢去偷挖皇陵，不过他们既然能成功去挖，也在一方面说明他们的技术是经得住考验的。然而，现在摆在众人面前的问题是，皇陵已经被人挖了，究竟谁来负这个责任呢？

这时候庄青翟站出来说，出了这样的事，他身为汉朝丞相，理当承担相关责任。不要觉得庄青翟高风亮节，他在后面还加了一句："我有责任，御史大夫也难逃干系，所以张汤我们应该一起向皇上谢罪，你觉得呢？"原来庄青翟前边的话不过是为了引出张汤，将他拉下水。自己倒霉还要拉上垫背的，这人貌似不是很厚道，但站在庄青翟的角度想这件事，张汤确实应该负一部分责任，因为御史大夫换个叫法，就是副丞相。

在当时的汉朝，丞相是一把手，那副丞相就是二把手，打个比方就是庄青翟如果是公司经理，那张汤就是副经理，公司出了问题经理和副经理自然都要负责任。这样的道理张汤自然也明白，于是就同意了庄青翟的建议，答应和庄青翟一起去向汉武帝解释，并且赔礼道歉。

然而，很快庄青翟就发现事情不对劲，自己被张汤耍了。怎么回事？原来庄青翟和张汤一起上朝向汉武帝汇报情况，自然是庄青翟这个一把手先上阵，张汤在其后，问题就出在庄青翟做完自我检讨后轮到张汤的时候，张汤居然站在原地一动不动，没有丝毫要做垫背的意思。汉武帝听庄青翟做完自我检讨，见没人出来再说，就下令要严惩盗贼，不能姑息纵容，说完就散朝了。

这一下，庄青翟傻了！其实这样的事在之前也曾发生过，当初公孙弘和汲黯也曾经约好一起忽悠汉武帝，结果上朝的时候，等汲黯说完的时候，公孙弘说的却是另一番意思完全相反的话，汲黯当时气得差点没撞人。现在张汤的作风简直是当年公孙弘的翻版，两人的政治本色简直是如出一辙，都是不整则罢，整就往死里整。虽然张汤和公孙弘在很多方面相似，但庄青翟和汲黯是根本就不能相提并论的，因为汲黯被公孙

弘要了后，敢当着皇帝的面揭公孙弘的老底，而现在的庄青翟被张汤要了，竟然连屁都不敢放一个。

庄青翟不报复张汤，不代表张汤就要放过他，据可靠信息报告，现在张汤正在搜集各方证据，来证明庄青翟的工作做得不到位，这才发生了盗墓事件，而且更重要的是庄青翟还知情不报。

知情不报就是知法犯法，就是欺君之罪，看来张汤是想将庄青翟置于死地，其阴险可见一斑。估计当时庄青翟肯定想不通，自己与张汤远日无仇、近日无怨的，他为什么要对付自己？

如果庄青翟善于梳理，一定会发现原因就隐藏在张汤的奋斗史里，当初张汤因为审老鼠被自己的父亲发现了做法官的潜力，于是开始被父亲悉心教育，掌握了基本功。后来张汤因业务精干升官发财，再后来开始整人，一路从长安整到地方，威名远播，越整官越大，瘾也越大，直当坐上了现在的御史大夫。

到这时，张汤的整人事业还没有结束，因为御史大夫只是个副手，上面还有个正职丞相挡着自己的发财路，要想继续往上爬，就要把这个人扳倒。所以不是庄青翟倒霉，是他坐的位置不吉利，换了别人在这个位置上，张汤也一样会对付他。

现在既然已经倒霉了，还是赶紧想办法出招吧。

庄青翟虽然没有汲黯那么勇猛，但庄青翟也不是一无是处，他有一个汲黯远远比不上的优点，那就是会找帮手。这点在汲黯那儿远不可能实现，在汉朝一朝，汲黯就是个典型的独行侠，一直是单打独斗，不屑别人帮忙。要不按照汲黯的性格，有多少张汤也早就被拉下马了。

事实证明，有帮手确实能解决大问题，因为这些"志同道合"的人一旦抱团就会死磕别人。很幸运，庄青翟就能找到这样的帮手，其实也不是庄青翟幸运，而是张汤树敌太多，随便一划拉就找到了。但让庄青翟没想到的是，自己也在这场死磕中牺牲了，当然这是后话。

再说庄青翟找到的助手，一共三个人，分别是朱买臣、王朝、边通。

这三个人，可能只有这个朱买臣我们还算是比较熟悉，其他两个都很陌生，但陌生不代表就可以忽略，事实证明他们两个很有用。

先来介绍一下他们：朱买臣，曾当过诸侯接待总监（主爵都尉）；王朝，曾当过首都长安特别市长（右内史）；边通，当过济南相国，这三个人都是两千石的部长级高官。现在这三个人都跟着庄青翟做事，职务都是丞相府秘书长（丞相长史）。

这三个人之所以能在一起抱团，不是因为有上下级关系，也不是因为金钱或者信仰，而是因为仇恨和恐惧，这两样东西比起其他东西来说，具有更强的凝聚力。

不信的话，就看看历史上那些战争的起因。而这三个人之所以能在一起抱团，正是张汤将仇恨的病毒植入了他们体内。这个病毒的植入史说起来虽然久远但并不复杂。

在他们三个已经是部长级的干部的时候，张汤还是个小吏，还在官场底层苦苦拼搏。但上天眷顾张汤，因为他业务精干，一眨眼的功夫就攀上了御史大夫的高位。我们都知道，官场是最讲究论资排辈的地方，当初汲黯混得开的时候，公孙弘和张汤还不知道在哪里混，但后来他们俩扶摇直上，超过了汲黯，所以汲黯才那么郁闷，处处跟他们作对。说这些，也就是对这他们三个恨张汤最好的解释，张汤一路青云直上，但这他们三个却还是当年的部长级别，心里能舒服？

当然这还不是最终原因，因为这样在一夜之间就红遍天下的情况，在汉朝是很常见的。汉朝是靠着穷人兄弟打出来的，所以汉朝一直对穷人敞开怀抱，到了汉武帝这时候，更是能不拘一格降人才，只要你有才就可以当官。也正是因为这样，汉武帝对汲黯的红眼病很不屑，你有才你也拼。

官场升迁虽然正常却真的残酷而真实，你爬上去了，就意味着将别人踩在脚下了。而在官场，张汤向来都只相信实力，缺少人文关怀，对于踩在脚底下的人们从来没想过要正确对待，更可怕的是，张汤居然会仗着自己站在高处向低处扔石头污辱别人。史书上虽然没有交待张汤怎么故意羞辱朱买臣等人，但有一点却说得非常清楚，那就是在工作的时候，张汤一直都是将朱买臣等人当小吏使唤，从不正眼看他们，关键是这样的使唤是故意的，这就是典型的狗眼看人低。

对于张汤这样的行为，朱买臣选择了坚决还击，要将张汤打回原形。因为朱买臣当年穷得老婆都跑了，差点没饿死，几经磨难，终于出头了，盼的就是别人能将他当人看，现在张汤居然这样子看人，简直是可忍孰不可忍。

在朱买臣这样愤愤不平的时候，张汤又做了一件得罪朱买臣的事——杀了朱买臣的老乡。老乡是次要的，重要的是这个老乡是朱买臣的大恩人——严助。

当初，朱买臣从吴地跑来京城打工，眼看就要断炊了，工作也没着落，举目无亲的他眼看着就要客死异乡，这个时候严助出现了。他将朱买臣推荐给汉武帝，被汉武帝拜为中大夫。后来东越屡屡跟汉朝作对，朱买臣进了一计，之后就被汉武帝拜为会稽郡守，专门对付东越王。

朱买臣是哪里人？吴人，而且是穷吴人。对于这些，汉武帝一清二楚，所以对于这次安排汉武帝是有深意的，用一句话说就是：富贵不还乡，如衣绣夜行。这话原创者正是输给刘邦的项羽，意思就是富贵了不回家乡，就好像穿着漂亮衣服在夜里行走，只有鬼才看得见。

所以很多年来，衣锦还乡都是穷读书人最爱玩的把戏，汉武帝此举正是为了成全朱买臣。但朱买臣不是那种中了大奖就唯恐天下不知的轻浮之徒，所以出行的时候他收起官印，穿上了旧衣服，步伐从容地走回了郡邸。这样一身打扮自然没人看得出来，当朱买臣故意露出郡守印的时候，众人才恍然大悟，赶紧迎接。朱买臣的不刻意却狠狠地耍了一回威风，迎接他到任的会稽郡领导及群众大长了他的志气。这时候朱买臣想起自己当年对结发妻子说的那句话，"我年五十当富贵"，现在果然应验了。但当时朱买臣的妻子不相信他的话，因为不信所以改嫁了，嫁了个有饭吃的人，这个男人人还不错，还曾经救济过朱买臣。

现在朱买臣荣归故里，遇到了前妻，将她接到车里，请她吃了一顿饭，结果前妻吃完饭就上吊自杀了，因为觉得自己受到了侮辱。朱买臣也没那么小气，棺材是他买的。

现在炫耀已经差不多炫耀了，接下来朱买臣就要忙正事了，他不负汉武帝的期望，成功搞定了东越，被汉武帝拜为主爵都尉。再后来几经折腾，最终做了丞相长史。朱买臣能有今天，一直念念不忘严助的知遇之恩，在他心里没有严助就没有今天的自己，更没有后来的富贵还乡。但后来，自己的大恩人居然被张汤害死，就因为严助与淮南王有私交，当初汉武帝都赦免了严助，但张汤却执意要杀了严助。从那时候起，朱买臣就对天发誓：不刹了张汤这混账王八蛋，我朱买臣誓不为人！梁子也就彻底结上了。现在张汤居然连丞相都想整，那下一个搞不好就是我

们三个长史，先下手为强，后下手遭殃，捡日不如撞日，不如就今天开始！

打蛇要打七寸，对付敌人也要找准软肋才能下手。经过研究，朱买臣发现张汤确实是有弱点的，但要找到致命弱点却不容易，首先张汤不贪钱；其次不好色；再次不结党营私，而且他有汉武帝这个大靠山。如此种种，要想除掉张汤，除非神鬼相助。

但凡事都有例外，一直在琢磨怎么对付张汤的朱买臣最终想到了一个办法，这个办法其实是个阴谋，但凡阴谋就见不得人。不过没办法，明争斗不过张汤，只好玩阴的。

朱买臣的阴谋是什么，情况大约如下：

首先，他抓了一个商人作为突破口。这个商人叫田信，财大招风，屡次钻中央的政治空子大发其财。朱买臣怀疑他这么嚣张，一定是因为在中央有人护着他，而这个人很有可能就是张汤。有了这个认知外，朱买臣就开始编造伪证，向汉武帝告状，理由如下：张汤和商贾狼狈为奸，通风报信，大发其财。

汉武帝却对此有些怀疑，因为前边张汤因为盐铁事件，让天下商贾恨之入骨，现在却说他和商贾勾结，是不是有些太匪夷所思？但朱买臣不理汉武帝的怀疑继续坚定地说，这事确实是真的。汉武帝半信半疑，于是将张汤召来问话。

汉武帝问张汤："我想做什么，居然都有商贾事先知道，然后囤积居奇，大发不义之财。是不是有人将我的话泄露出去了？"

张汤听了汉武帝的话，只做了一个表情，史书形容为：佯惊。所谓佯惊就是假装惊讶的意思，而假装惊讶就说明张汤心中有鬼。果然，心中有鬼的张汤回答了一句该死的话："陛下想做的事，有可能事先被泄露了。"

按照常理，对于朱买臣的黑状张汤如果没做就不应该畏惧，但现在张汤表情异样，问题自然就不简单了。

我们可以这样假设：张汤和商贾勾结吃回扣，那他应该是富得流油的。但是他死后，汉武帝只抄出五百金的家产，这也不像是吃回扣的表现，所以张汤吃回扣的说法是不成立的。

既然没吃回扣，那张汤紧张什么？又假装什么？只能说明张汤和商贾勾结是确有其事，但目的不是为了吃回扣。地球人都知道，张汤表现给大家的是永远占别人便宜，不让别人占自己便宜；再加上他刚才的表情，汉武帝就相信张汤确实跟商贾勾结了，而且捞了不少好处。

死神，就这样落在了张汤身上。

更离谱的事在后面。朱买臣告完黑状后，另一个人马上跑出来接班。这个人，就是一直潜伏不动的减宣。

减宣将之前自己收集的人证、物证，一个都不少地交给了汉武帝，告诉汉武帝御史中丞李文之死，就是张汤和鲁谒居的"天才杰作。"

看到这些证据，汉武帝的心情很复杂，用火大了不足以形容他的恼火之情。汉武帝这辈子家大业大，智慧也大，凡是智慧大的人，最看不爽的就是两种人：一种是什么都不懂的傻瓜，另一种则是自以为天下第一聪明的牛人。而张汤在汉武帝眼中就是后者。

曾经，汲黯说张汤不可靠，汉武帝也不信；博士狄山说张汤诈忠，汉武帝也不信；朱买臣说张汤吃回扣，汉武帝还是不信。但现在，却有这么确凿的人证物证，汉武帝不得不信了。那自己之前对他的信任呢？原来他一直在耍我！简直是岂有此理！

异常愤怒的汉武帝再也忍受不了内心的怒火，下令将张汤查办。替汉武帝办事的不是别人，正是张汤曾经的好同事，也是被司马迁和班固列入汉朝十大酷吏榜上的名人——赵禹。

面对赵禹，张汤想解释，却越解释越解释不清楚，此时张汤已经意识到自己已是穷途末路，于是给自己选择了一条路——自杀。

自杀前，张汤还写了一封遗书，向汉武帝请罪。遗书的具体内容我们不知道，唯一知道的只有一句："陷臣者，三长史也。"就是说陷害我的人是朱买臣、王朝、边通三长史。这一年是公元前118年。

事实上，有一个人被张汤漏了，但被汉武帝补了上去，这个人就是丞相庄青翟。

张汤死后，家族兄弟准备凑钱厚葬他，但被一个人拦住了，拦住这群没脑子的人正是张汤的母亲。张汤母亲对他们说："不是说张汤吃回扣吗？我倒要让天下人看看，他到底吃了多少回扣。"于是，厚葬改成了薄葬，本来准备用两口棺材装人的，后来改成了一口棺材。

不久，张母薄葬张汤的消息传到了汉武帝耳朵里。汉武帝就怀疑自

己是不是错杀了张汤，于是派人去翻案，结果就将事实翻了出来。首先张汤确实没有吃回扣，因为派人抄家只抄出了五百金的家产，这么点钱怎么是吃回扣的？接着，又翻出了朱买臣等三个长史的老底，而且庄青翟也是一伙的。这下子汉武帝火了，将这四个人抓了起来，庄青翟看自己命不久矣，在狱中就自杀了；而其他三个则被砍了头。

张汤的案子到此也就结束了，四赔一，张汤赚了三个。但这场戏却没有实际上的赢家，张汤不是，其他四个更不是。张汤因为树敌太多，早晚会有这一场变故，而其他三个太大意，所以也难逃一死。但汉武帝也许到张汤死也没弄明白，为什么在朱买臣告他状的时候，张汤会有那么一个表情，而事实上他却并没有吃回扣。这个问题也许只能留给那些史学家去研究了。

汉武帝晚年

第八章

汉武帝一生女人无数,金屋藏娇的陈阿娇、灰姑娘卫子夫、倾国倾城李夫人、手握金钩的钩弋夫人都曾经得到过武帝的宠幸,结局却大相径庭。到了晚年,汉武帝回首来时路,为自己曾经犯过的错误感到后悔万分,这个孤独的老人最终进行了自我批评,写了一份认错书,告诫后人不要再犯这样的错误。而这,也让我们看到了强势的汉武帝柔情的一面。

车千秋出世

时间已经流转到了公元前 90 年的秋天，那年的蝗灾非常严重。

这一年，刘彻六十六岁，已是一个标准的老年人，而且是个孤独寂寞的老人。人生迟暮，心智疲惫，总是会有一种巨大的空虚感向他扑来。汉武帝突然觉得，冥冥之中，好像被一种不可抗拒的力量捆绑着，让自己动弹不得。

这些束缚他的东西是什么，汉武帝不知道，他唯一知道的就是自己真的已经被这些东西遮住了双眼，看不清世界的本质了。往事如戏，一幕幕翻过，回首来时路才知道自己已经走得很远了，但走到现在，才发现有些路是真的不该走的，也许是时候反省自己了。

汉武帝的确是该反省自己了，尽管这么多年他将这个王朝的实力扩大了很多，但相应地也死了很多的人，这其中冤死的人不计其数，太子就是其中之一。

其实自汉朝开国以来，围绕太子位的争夺，不知道发生过多少流血的角斗。当年刘邦宠戚夫人，就想改让刘如意做太子，这下吕雉不满意了，在刘邦死后她就开始收拾戚夫人，结果将戚夫人弄得人不人鬼不鬼，吕雉完美地诠释了最毒妇人心的含义。

再后来，栗妃因为自己的儿子刘荣被封为太子，尾巴翘上了天，连长公主都不放在眼里，一口回绝了她的联姻请求，最终让刘彻抢了太子

的位置，而栗妃被打入冷宫，刘荣也被迫让位。

所谓前车之鉴，后世之师。如果刘据来世可以选择的话，一定不会继续选择生活在皇宫里，因为这个地方是诠释适者生存、优胜劣汰这个真理最完美的地方。而刘如意和刘荣的死，更证明了一点，当别人要抢你嘴里的美食的时候，与其坐以待毙，不如奋起反击。

也许你会问，到底是谁纵容了别人去抢夺太子口里的美食？这个人当然就是汉武帝了。李夫人有句话说得很好，凡是以色侍君的人一旦年老色衰就会失宠，卫子夫不就是这句话最好的解释吗？当卫子夫逐渐人老珠黄，让汉武帝看着不再舒服，汉武帝心中的天平就开始倾向别的女人和孩子。汉武帝对自己的孩子都不在乎，还能要求别人在乎吗？也正是因为这样，那些求利不要命的势利狗才能这样前仆后继地争相对刘据下手啊。而且，历经大半辈子战争的汉武帝应该明白一个道理：在巨大的诱惑面前，永远少不了阴谋。但遗憾的是，他忘记了这个真理。

事实上，就在刘据刚从长安逃出去的时候，就有人看破了这点，说太子之所以这样是因为有人陷害他。说这话的人，不是什么皇亲国戚，也不是什么大臣，而是一位来自遥远山西乡下的教育官（三老）。他清楚地看明白了这件事的前后内幕：汉武帝是将刘据逼上绝路的幕后黑手，而江充无疑就是那个直接操作实施的棋子。

就是因为这位教育家对江充的行为看不下去，才在悲愤中给汉武帝写了一封信。信里引经据典，替刘据喊冤，说刘据这样做不过就是正当防卫，真正陷害太子的人是那个叫江充的人，他在赵国的时候就将赵国搅得人心惶惶，之后又跑到长安来瞎折腾，其狼子野心，日月可昭，天下皆知啊！

当然，这位教育家说这样的话也是冒着生命危险的，当年几乎所有为太子说情的人都被汉武帝处以极刑，他不可能没听说。最后他对汉武帝说，贤君是不应该听信挑拨离间的话的，请陛下赶紧下特赦令，将流亡在外的太子召回吧。区区一言，如果皇上您看得不爽，就来惩罚我吧。我现在就在建章宫门外，随时准备听候您的处罚。

但汉武帝看完信之后就沉默了，之所以沉默不是在想要怎么惩罚这个人，而是因为这位教育家将话说到了汉武帝的心里，他对太子确实是有些过分了。

然而，汉武帝没有下什么特赦令，也没有什么表示，他放不下自己的面子，他在等，等大家出来为太子说情，但没想到，就在这个时候传来了刘据自杀的坏消息。

这个时候汉武帝的心里在想什么，没有人知道，但可以猜得出来，就是因为自己没有表示，放不下面子，结果儿子没有了，其痛苦、难过和悔恨足够汉武帝在以后的日子里感伤的了。

刘据死了之后，汉武帝仍在等，等大家出来批评他，等他们出来替太子说句公道话，但遗憾的是，整个汉朝都选择了沉默，没有人为太子喊冤，也没有人写申辩书。汉武帝不禁怅然：整个汉朝难道就没有一个敢高喊拨乱反正、准备献身的人吗？

然而，就在汉武帝惆怅的时候，在白色恐怖包围下的长安，有一个人冒死为汉武帝写了一封信，而伴随着这封信的到来，一颗政治新星冉冉升起了。

这个人名叫车千秋，祖上姓田，据说是战国时期牛人田齐的后裔。先人很早就把家搬到了长陵，也就是今天陕西咸阳东北。

巴菲特有句话说得好："别人贪婪的时候，我恐惧；别人恐惧的时候，我贪婪。"在两千多年前的汉朝，当所有人都谈巫蛊色变的时候，当天下人都畏惧汉武帝的喜怒无常，企图明哲保身的时候，这个不起眼的车千秋，手挽狂澜，在汉朝掀起一场惊涛骇浪，完成了自己人生的转变。

而之所以说车千秋不起眼，是因为他一无好家族，二无好职位，三无特殊才能，他的职务不过就是高寝郎（高寝郎是祭庙的禁卫员，每天为死人站岗的）。不过上天对车千秋是公平的，虽没有给他雄厚的家底儿，但给了他壮美厚道的模样和一颗充满智慧的心。

在车千秋看来，祖宗的厚家底儿有没有一点儿都不重要，重要的是你要有胆量和气魄敢于做大事。而车千秋所做的工作，无形中也给他壮胆儿了。所以，就在人人沉寂的时候，车千秋选择了斗胆给汉武帝写信，为太子申冤。

也许在写这封信之前，车千秋也曾经无数次仰望星空寻找答案，就在某个瞬间，上天给了他指引。

要清楚的一点是，给汉武帝写这封信，光有胆量和气魄是不够的，还要有智慧才行。所以，为了防止给自己造成不可挽回的直接经济损失和生命代价，车千秋选择了用梦境来说话。

车千秋在给汉武帝的信里有这么一段："我在梦中梦见一个白发老翁，他让我给您传句话：儿子擅自调用父亲的军队，用鞭子惩罚一下就可以了。太子过失杀人，最终却以命抵罪，应该没有这么严重吧？"

据说汉武帝看了车千秋的信后，仿佛见了佛光一般，翻然醒悟，于是赶紧将车千秋召来，喜欢之情溢于言表，但最后叹息着说了一句：父子之间，人所难言也，公独明其不然。此高庙神灵使公教我，公当遂为吾辅位。

翻译一下就是：我和太子之间的感情，别人都说不清楚，唯独你独具慧眼看清楚了，点出了事情的本质。一定是高庙里的列祖列宗托你来点拨我来的，你应该担当我的辅佐大臣。

在说完这话后，汉武帝就将车千秋提拔为大鸿胪，主管诸侯和少数民族事务，位列九卿，是部长级的干部。之后，车千秋更是一升再升，最终被汉武帝提拔为丞相，封富民侯。

一封信，直接将车千秋送上了人生的运载火箭，一路攀上了人生的巅峰。也正是因为这样，车千秋创造了汉朝的一个奇迹：凭着卑微的身份和低廉的成本，在最短的时间内，以最快的速度，爬上人生的巅峰。放眼汉朝，车千秋是第一人。同时，车千秋也告诉全世界一个真理：做人可以没有一技之长，但一定要厚道；要想成功，可以没有雄厚的家底儿，但一定要有胆魄和智慧；机会是稍纵即逝的，要善于把握。

当然，车千秋的晋升是需要人做垫背的，这个人就是一直跟太子作对的、十恶不赦的苏文。汉武帝为了表达对太子的歉意，做了两件事：

一件是焚杀了苏文，诛灭了江充全族，甚至连当初派兵围剿太子于泉鸠里的北地太守，也被汉武帝杀了。

另外一件事就是在湖县修建一座思子宫，湖县就是刘据自杀的地方，而所谓的思子宫，就是怀念儿子的意思。汉武帝要以自己的诚意和行动昭告天下：我不是一个老眼昏花的君王，也不是一个残酷无情的父亲，我和芸芸众生一样，有一颗爱子的真心。我错了，我忏悔，愿生者安息，原谅我这个孤独寂寞的老人。

找 神 仙

时间飞快流转，很快就到了公元前89年的春天。这年正月汉武帝突然宣布，他要前往东莱郡，亲自驾船遨游东海。此消息一经传出，引起一片哗然。

首先着急的自然是那帮为汉武帝打工的高层人物，他们纷纷上书，从不同角度劝阻汉武帝放弃这个计划。他们这样做，不是因为汉武帝年迈多病，也不是怕他烧钱，而是因为汉武帝出行的目的——他要伙同一帮方士巡游天下，去东海找神仙。

在中国历史上，皇上寻仙，汉武帝不是第一个，更不会是最后一个。当年秦始皇屡次东巡，登泰山，临东海，就是因为有个骗子忽悠他说在大海深处，有一座叫蓬莱的神山，山里面有很多的长生不老果，只要有船，他就可以将这些长生不老果运回来。

秦始皇一听长生不老果，眼睛就开始放光，于是派船助那个骗子出海。不久骗子人就回来了，但东西却没有带回来。他对秦始皇说，神药找是找到了，但神仙不让拿。神仙说要想拿也可以，但要答应他几个条件——三千童男童女和各种厚礼。另外，去神山的路上有水怪，还必须给他准备好精良的射杀武器。

秦始皇再次信以为真，将这些东西准备好就送这个骗子出海了。之后秦始皇在咸阳拼了命地等，最终也没等到骗子回来。

这个骗子就是传说中的徐福。对于徐福的有去无回，历史上有很多猜测，有的说他拿了秦始皇的厚礼但没办成事，于是就留在东海岛上，自己过逍遥自在的日子了。也有的说徐福不是骗子，他的确拿到了长生不老果，但吃完之后才发现，所谓的长生不老果就是野生猕猴桃，在秦岭一带遍山都是。找了半天的长生不老果，居然就是自己门前的普通玩意儿，徐福怕消息泄露出去自己小命不保，干脆就不回来了。

历史就这样跟秦始皇开了一个大玩笑，让一辈子跟人斗、跟命运斗的秦始皇觉得挫败得很。而且这个骗子还是个非高学历的人，骗术也不高明，说起来还真是滑天下之大稽。

仔细分析这件事的始末，就会发现里面有大问题。人虽然是世界上最聪明的动物，但人也有弱点，也就是所谓的死穴，死穴换一种说法就是智慧盲点。人一旦陷入智慧盲点，对周围的事物就会失去正常的判断力，无论你说什么，做什么，都视而不见、听而不闻，只认同自己觉得对的那件事。所以，聪明一世的秦始皇之所以受骗，就是因为陷入了智慧盲点，被骗子抓住了弱点。

说起来好笑，中国历史上似乎所有的皇帝都有这样的智慧盲点，他们对长生不老药几乎没有任何抵抗力，只要能得到这个东西，无论耗费多大的人力物力财力，都在所不惜。只唐朝就有五个皇帝这样，他们分别是唐太宗、唐宪宗、唐穆宗、唐武宗和唐宣宗，而清朝则传闻是雍正皇帝。

这些中国皇帝都怎么了？为什么都陷入了这样的误区，不惜丧命地以身试药或者做徒劳无功的寻仙努力呢？

叔本华说过，人是个欲望的怪物。穷其一生，犹如一个钟摆，一旦欲望实现了，钟摆就会摇向无聊。为解脱无聊，又必须寻找新的欲望，于是钟摇又摇到新的欲望。新的欲望满足了，又摇回无聊。如此循环，无穷无止。

马斯洛则说，人类无一例外，其心理需求呈金字塔式向上伸展：生理需求——安全需求——社交需求——尊重需求——自我实现。从这个模式中我们可以发现，人类的欲望是不断向上攀升的，官场表现得就更加明显，副的想转正，正的想再升一级，当了县长的想做市长，做了市

长的想做省长，做了省长的想进中央。平凡人是这样，皇帝也是这样。当皇帝们已经手握大权，成为第一领导人时，他们也要不断追求更高的极限。什么极限呢？不老的极限，人人都有生老病死，他偏要挑战这个极限。于是秦始皇说我要长生不老，而汉武帝则说我想成仙，他们要用这样的极限来摆脱生命中的欲望无聊期。

他们的渴望是可以理解的，但历史上谁又实现了呢？没有人。汉武帝追求了很长时间的神仙方术，最终还是原来的老样子，没有任何得道成仙的迹象。也正是因为这个，长安的高层领导们要阻止汉武帝停止这样的游戏，让他的思想回到正轨上。何况现在因为连年征战国库已经亏空了，寻仙这样烧钱的事儿还是少做吧。但长安高层的责任心没有撼动汉武帝的意志，他要将寻仙计划进行到底。

然而，计划赶不上变化，就在汉武帝决定驾临东莱郡，准备驾船出海的时候，天气突然恶转，海上刮起了大风浪。无奈汉武帝只好等，但十几天后，天气还是大风浪，汉武帝只好沮丧地返程了。

那些长安高层心里高兴，总算是暂时消停了，但让他们更高兴的意外之事发生了，汉武帝这次是真的翻然醒悟了。

千古第一认错书

就在这年的 3 月 29 日，汉武帝登泰山封禅。所谓的封禅，封就是祭天，禅就是祭地。而中国之内，五岳之中，泰山为高，所以祭天选择在

泰山进行。这个传统，自古自之。每当皇帝觉得自己武功建树高，就会渴望登临泰山，膜拜苍天。当然，唐太宗李世民是个例外。一直到明朝，朱元璋取消了泰山封号，此风才就此停止。

对于这次登山，汉武帝冥冥中感觉到，这可能是最后一次了。在他的人生历程中，他跑得太快，太累了，必须停下来歇一歇。

于是，汉武帝就以无比虔诚的姿势和谢罪的口吻，对众卿说了一句他们等待了很久的话："朕即位以来，做了不少荒唐疯狂的事，拖累了天下，后悔莫及。从此之后，凡是伤害人民的法令，一律废除。凡是浪费国库钱财的工程，一律停止。"

众卿先是一愕，继而了然，这一刻终于来了。

汉武帝对于自己这么多年所做的事深刻反省，让那些高层管理们长出了一口气，他们终于发现在汉武帝雷厉风行的强势铁腕背后，其实也藏着一颗柔软的心。

也许忏悔从来都不是人类应该遵守的道德游戏规律，但忏悔精神却应该是一个民族必须要有的精神品质。西方思想启蒙者卢梭晚年将他一生的坎坷经历写成了一本书，命名为《忏悔录》。更让人震撼的是，他高举他的《忏悔录》，敞着胸膛，对那帮自诩高贵尊严的道德绅士们吼道："不管末日审判的号角什么时候吹响，我都敢拿着这本书走到至高无上的审判者面前，果敢地大声说：'请看！这就是我所做过的，这就是我所想过的，我当时就是那样的人……请你把那无数的众生叫到我跟前来！让他们听听我的忏悔……然后，让他们每一个人在您的宝座前面，同样真诚地披露自己的心灵，看有谁敢于对您说：我比这个人好！'"

卢梭就是以这样愤怒的吼叫，撕破了人类遮羞的脸皮，也正是因为这样的真诚和大胆，使他赢得了人们持久的尊重。

历史再一次证明，肯忏悔的人，永远比站着狡辩的人高贵！所以，即使汉武帝曾经做过错事，但这一刻，他还是伟大的，他的忏悔给他的整个生命轨迹画下了一道完美的弧线。

当年6月，汉武帝下诏，向天下认错。此认错书，名震千古，社会反响强烈。此认错书之所以出台，是因为车千秋等人联合给汉武帝上书，建议皇帝派军队前往轮台（今新疆维吾尔自治区轮台县）屯田开垦。汉武帝没有批准，于是史称这个认错书为"轮台罪己诏"。

总结此诏的内容，大致如下：首先，汉朝不允许对外战争，但要鼓励民间多养战马；其次，大力发展生产力，万事之根本在于发展农业；最后，与民休息，天下同乐。到此，汉武帝这只强悍的雄鹰终于回归大地了。也许这时候的汉武帝会发现，安详的大地，悠扬的牧笛声，炊烟袅袅远比战争更富有浪漫的诗意。人，终究是要诗意地栖居的。

溘然长逝

转眼又过了一年，春暖花开的时候，汉武帝的精神有了一点儿起色，为了留住这美好的春光，汉武帝决定移驾五柞宫去游览一番，感受一下春天里大自然的气息。

五柞宫是汉武帝的离宫之一，附近有五棵大柞树，郁郁葱葱的树荫覆盖了数亩土地，正是因为这个，才起名五柞宫。五柞宫的两边有青梧观，三棵梧桐树下有两个石麒麟，是春游的好去处。

汉武帝在五柞宫一住就是几天，连日游览。就准备第二天回宫，哪知乍暖还寒，汉武帝禁不住夜来风寒，导致旧病复发，在五柞宫卧床不起，再也没力气返回皇宫了。

随行的大臣看汉武帝这般模样，知道汉武帝将不久于人世。当随侍左右的霍光和金日磾前来给汉武帝请安的时候，不禁悲从中来，霍光跪在榻前流着眼泪开口问汉武帝："陛下究竟要立哪位皇子为太子呢？"

汉武帝当时神志还算清醒，于是对霍光说："你难道没有看出前些日子朕送给你的那幅画的意思吗？"

霍光只是落泪摇头。

汉武帝支起身子坐在榻上，喘了几口气后说："朕已决定立少子刘弗陵为储君，由你来担任周公的角色，辅佐幼主。"

霍光闻言，大呼不可，但最终还是被汉武帝立为周公，辅佐太子继位。除了霍光，还有另外三个人被汉武帝立为顾命大臣，一个是金日磾，一个是桑弘羊，最后一个是上官桀。安排好后事后，在公元前87年的2月14日，一代雄主汉武帝离开了人世。

也就在这一年，刘弗陵继位，是为汉昭帝。

这一年的3月22日，汉武帝的灵柩车队在悲伤的人群护送下出了长安城，向西缓缓行进，陕西的兴平县成为汉武帝的最后归宿——雄伟的茂陵。

汉武帝十六岁即位，七十岁时驾崩，一共在位五十四年之久。他的陵墓的兴建与他的生活齐头并进，茂陵的营建持续了五十三年的时间。因为汉武帝长寿，所以当时种植的小树都已长成合围大树，茂陵也派上了用场。在中国历史上，这座规模浩大的皇陵只有秦始皇的骊山墓才能与之相提并论。

一直到宣帝本始二年（公元前72年）五月的时候，汉宣帝刘询下诏说："孝武皇帝躬行仁义，武威远播，功勋与品德，都已臻于极盛。"命臣下给汉武帝确定一个尊号。大臣们根据汉武帝一生的主要活动业绩，给他定下谥号叫"武"。同年六月，尊孝武庙为世宗庙。

在汉武帝的一生中，除了那些丰功伟绩要记录，还要记录的是汉武帝身边的那些女人们。

金屋藏娇陈阿娇

在历史上汉武帝一直是个多情的皇帝，他曾经说过一句话："帝可三日不食，不可一日无妇人。"而一个不满十岁的孩子居然就能说出将来要造一个金屋子给陈阿娇住，其多情也可见一斑了。当年王夫人为了让刘彻当上太子，一面在汉景帝这边卖乖，一面在长公主那边讨好，长公主也乐得见自己的女儿做皇后，两人一拍即合，这段带有明显政治色彩的婚姻就促成了。

陈阿娇是汉武帝钟情的第一个女人，同时也是汉武帝的亲表姐。阿娇的父亲陈午，是堂邑侯陈婴的曾孙。陈婴本来和项羽一块起兵反秦，深得民心，东阳的民众尊崇他为王。而后来陈婴之所以跑到刘邦的旗下，成了汉朝的开国元老，被封为"堂邑侯"，是因为他是个听母亲话的孩子，听了母亲的教诲才这么做的。事实证明，陈婴的母亲非常有眼光，他为自己的儿子挑了一个潜力股，让子孙后代过上了非一般的富裕生活。受祖辈荫蔽的陈午袭封侯爵，并且摘得金枝玉叶，成功娶了长公主刘嫖为妻，这之后，陈阿娇就诞生了。对于陈阿娇来说，自己的家不是一般的有权势，父亲、母亲，哪一个不是呼风唤雨的人物，且当时的老太后窦太后对这个外甥女更是非常宠爱。这种环境下长大的陈阿娇是什么性格就可想而知了。

我们从后面的种种也可以看出来，陈阿娇是非常骄横的，她的骄横并没得到什么好结果。本来对于古代的帝王来说，见惯了那些低眉顺目的女子，对陈阿娇应该更有新鲜感才对，但是汉武帝天生就有一种霸气，如果这个女子总是一味地霸道，相信也是吃不开的。汉武帝霸道，陈阿娇也霸道，一个男霸天遇见一个女霸天，即使青梅竹马，结果又会怎样？当然是无休止的战争了，性格上的不合使得汉武帝和陈阿娇最终分道扬镳。

汉武帝娶陈阿娇的时候，手中的权力并不是很大，长公主仗着自己帮助汉武帝取得了太子的位置，总是不时地在汉武帝面前指手画脚，让豪气冲天的汉武帝觉得十分憋气。但汉武帝只能暗自叹气，却不能大声反抗，为什么？因为窦太后还活着，没人动得了长公主。

后来，汉武帝发现，事情也许并不是自己想象得那么糟糕，陈阿娇也不一定就会永远站在自己头上，因为结婚已经几年了，陈阿娇的肚子却一直没有动静，后来经太医检查，发现是得了不孕不育症。

皇后没有能力生孩子，意味着什么？那意味着陈阿娇的皇后做不长久了，这是古代几乎连小孩儿都知道的事儿，长公主又怎么会不知道呢？一旦陈阿娇的皇后做不下去了，也就意味着长公主的嚣张跋扈失去了一只翅膀，长公主从来没想过自己的富贵会半路夭折，于是努力改变这个还没被宣告"死刑"成立的不孕不育症。长公主为这个病也确实下了功夫，不惜花重金治疗，几年下来，银子花了不少，而陈阿娇的肚子却像个死皮球一样，丝毫没有半点充足气的意思。

长公主的心啊，怎一个难过了得！

到最后，长公主真的绝望了，算了一下自己花的银子，居然有九千万钱。这个数字在当时的汉朝，占国民总收入的千分之十七。只为了一个不孕不育症就如此劳师动众，长公主的嚣张可见一斑。但这些治病的钱并不是长公主自己掏的腰包，而是国家的钱，人民的钱，只不过长公主用贪的方式把它变成了自己的。

绝望后的长公主决定就比罢手了吗？当然不会，如果罢手那她就不是长公主了。之后长公主和陈阿娇又开始算计怎么能让汉武帝不因为这个理由废黜了陈阿娇的皇后位置。长公主安慰陈阿娇不要害怕，她还有杀手锏，这个杀手锏一旦使出来，就不信他刘彻不听话。这个杀手锏是

什么？它就是汉武帝的母亲，精明能干的王太后了。

就在汉武帝对陈阿娇的热情逐渐冷却的时候，王太后出场了，当然是受陈阿娇和长公主的邀请了。

王皇后何等聪明的人，当然知道长公主找自己是什么意思，而且对于陈阿娇这个儿媳妇的情况自然也是了如指掌，为了大局，王太后对汉武帝说："儿子，你最好少给我惹事。你现在刚做皇帝没几天，翅膀还没硬，马步也没站稳，现在搞名堂还不是砸自己的招牌？你要清楚一点，惹你姑妈岳母就是在惹窦太后，到时候枪打出头鸟，窦太后不知道怎么整治你呢。你可不能放着阳关大道不走，非要去走独木桥啊！"

但当时的汉武帝对于这层关系还没有搞清楚，就说自己已经被这母女俩烦得不行了，再忍下去估计就要翘辫子了，如此痛苦为什么还要继续忍下去呢？

对于汉武帝的意气用事，王太后非常担心，唉了一声说："你太年轻，不知道什么叫政治，你敌人的敌人就是你的朋友，这个道理适用于任何人。现在你姑妈还是你的朋友，但哪天你把你姑妈得罪了，让她到了窦太后那边，两个女人要收拾咱们娘俩儿，还不是手到擒来？到那时候，就算是不死，也得两败俱伤。"

听了王太后的话，汉武帝终于彻底醒悟了，自己能坐上皇帝的宝座还不是因为姑妈"从中作梗"，要不这个位置哪里轮得到他，当初刘荣可是坐得稳稳的。那时候要不是栗妃不长眼地不跟姑妈合作，也就不会有后来的金屋藏娇之说；现在自己要是得罪了姑妈，让她跟别人合作了一番，也许自己就是第二个刘荣，而母亲就是第二个栗妃了。姑妈要是跟窦太后联合起来对付我们母子俩儿，那后果……想到这里，汉武帝的脊背凉了一下，看来，问题很明显，还是再等等吧，陈阿娇不就是刁蛮吗，那就让她去刁蛮；姑妈不就是贪吗，那就闭着眼睛让她贪一段时间，但别忘了，出来混早晚是要还的，天下绝对没有免费的午餐！

陈阿娇对于自己的皇帝老公肯定不是不喜欢，只是喜欢的方式不对，也不知道怎么讨好他，最终却让自己的刁蛮吓走了汉武帝，让他投到了别的女人的怀抱。这个女人就是我们后面要讲到的后来的皇后——卫子夫。

汉武帝不计较卫子夫的身份，对待一个平民歌女像是对待所有金枝玉叶一样，尽管这中间也有过冷落，但最终卫子夫还是成功打动了汉武帝的心，正式执证上岗了。

而且，卫子夫幸运就幸运在她没有陈阿娇的毛病，在汉武帝第二次临幸的时候就有了身孕，之后，连着生了三个女儿，又给已经盼儿子盼到眼睛直的汉武帝生了儿子。"晚"来得子的汉武帝的兴奋之情溢于言表，当年就把卫子夫扶到了皇后的宝座上。

卫子夫的上台就意味着陈阿娇的落幕，在汉武帝跟卫子夫两情相悦的时候，陈阿娇的妒忌心像是雨后春笋一样，疯狂地生长着。自古以来，后宫一直是没有硝烟的战场。就是因为女人之间有妒忌心的存在，才使得后宫多了很多的薄命红颜。这些女人为了得到同一个男人的心，无不拿出最厉害的招数来夺取跟皇帝的上床话语权，从而最后摘取摆在金字塔顶的王冠。生活就是这样实际，现实就是这样残酷，优胜劣汰，适者生存。

眼看着汉武帝的心已经严重偏离了自己，陈阿娇也逐渐丧失了自己的理智，怎么办？怎么办？自己不能生孩子，已经花了那么多的钱还是不能生，在这方面自己已是穷途末路，还是想想别的办法，好吧，那就一哭二闹三上吊吧。

女人的情绪本来就像六月的天气，时好时坏。有句话不是这样说吗，女人心海底针。陈阿娇的一哭二闹三上吊在开始的时候还是可以让人理解的，但天天闹情绪是不是有点太不正常了？所以，天天闹得要死的陈阿娇不但没得到汉武帝的同情，反而更添了讨厌之情，汉武帝终于忍无可忍地说："这个女人为什么就不能讲点儿道理？"

这一下子，陈阿娇蔫了，自己想的办法没有玩成鹰反而被鹰啄了眼，前功尽弃了。沮丧的陈阿娇只好找自己的母亲诉苦，这时候长公主安抚陈阿娇道："不要想这么多了，好好吃饭，好好养身子，剩下的事交给母亲就行了。"

长公主如此打保票地对陈阿娇说，一定是有什么阴谋要实施了。没错，长公主看卫子夫如此好运气，就想让她体验一下什么叫痛苦，而让她痛苦的对象就是要向着自己的家奴——卫子夫的弟弟卫青下手，让她知道什么叫真正的痛苦!

　　但最终，长公主没有得逞，因为同样好运的卫青被人救了，这才有了后来的征战匈奴的精彩。也正是因为长公主收拾卫青这件事被汉武帝知道了，长公主才不敢继续嚣张。再到后来丧心病狂的陈阿娇居然用巫蛊来对付卫子夫，汉武帝也借这个废了她的皇后位置，因祸得福的卫子夫最终成了汉武帝的第二皇后。陈阿娇偷鸡不成反蚀一把米，将自己金屋藏娇的美梦彻底打碎，从此只能让这个空洞的浪漫梦想陪自己终老一生了。后来还有人传说过气的陈阿娇花重金请司马相如为自己做了一首《长门怨》，其哀婉缠绵堪称典范，但据考证，说此诗并不是司马相如的作品，在此我们也不多做交代。但可以确定的一点是，不管陈阿娇怎么折腾，结局都是早已经谱好的，她被汉武帝退回娘家后，就再也没有翻过身来。

汉朝版灰姑娘卫子夫

　　卫子夫是平阳（今山西临汾）人，她的经历，在现在看来就是一部经典的灰姑娘传奇。她出现的时机非常好，正是汉武帝大展宏图受挫，又整天面对刁蛮的皇后、贪婪的岳母，想发怒，却又不得不收敛的郁闷时期。她呆的地方也比较有利，是汉武帝的姐姐平阳公主家，汉武帝没事儿的时候，经常会来这个姐姐家坐一坐。

　　之所以选择这里不选择别处，是因为平阳公主家春色满园，芳草菲菲。而所谓的春色满园，不是别的，正是美女多多，这些如花美眷不是天然的，而是后天栽培的。要真算起来，平阳公主还要感谢自己的姑妈长公主刘嫖，当年刘嫖就曾鞍前马后地给自己的弟弟汉景帝搜罗了数不清的美女，让汉景帝觉得非常受用。现在平阳公主学会了姑妈的精明，摇身一变，变成了自己弟弟的美女供应商，事实也证明，平阳公主还真是个称职的美女供应商。

汉武帝的手脚因为被祖母窦太后绑住了不能动弹，所以只能寄情于玩乐。有一次，他去灞上举行除灾仪式，回来就顺路去了平阳公主家听歌喝酒。平阳公主听说汉武帝来了，而且还很郁闷的样子，就将自己家的美女打扮收拾好全部供上，去讨汉武帝的欢心。谁知，汉武帝竟然一个都没看上。

平阳公主一看，只好安排一些歌女上场，给汉武帝助助兴。事情在这时候就发生了转机，当一排歌女出场的时候，汉武帝的眼睛明显地亮了一下，他看中了其中一个能歌善舞的歌女。平阳公主顺着汉武帝的眼光望过去，发现汉武帝正目不转睛地盯着出身低微的卫子夫。

也许有人会奇怪为什么皇帝会喜欢歌女。但仔细想想并不奇怪，当年项羽的爱妾虞姬，刘邦的戚姬，都是一等一的舞蹈高手。也似乎正是从那个时候开始，雄霸天下的帝王和才气横飞的歌女，才成了历史的一个标签。所以汉武帝会喜欢上卫子夫不足为奇。

再说这时候的卫子夫，简直就是一道彩虹，照亮了汉武帝满是阴霾的天空，满心明媚的汉武帝当时就说要卫子夫对待自己，这也就有了两个人的第一次亲密接触。

平阳公主趁热打铁，将卫子夫送给了汉武帝，算是表达对汉武帝能喜欢上自己圈养的美女的感谢之情。当然，人不是白送的，汉武帝当时就给了平阳公主千两黄金，算是辛苦费了。

临行之前，平阳公主抚着卫子夫的后背说道："走吧。好好吃饭，好好生活。有朝一天你富贵了，别忘了我就行。"对于此时的卫子夫来说，她对生活更多的应该是期待，也许最开始的时候还有过愣怔，但这愣怔结束后就是期待，对美好生活的期待，对汉武帝的期待，在这期待中从来没有过失落。但生活总是不按计划发展，随时充满着玄机，卫子夫这

支绩优股，到了长安居然就跌到了谷底，这是卫子夫怎么也没想到的事情。

其实这也很好理解，历代皇帝好像都有这个通病，而这在刘家更是代代相传的光荣传统。也许你还记得，当年刘邦路遇薄太后的时候，不也是一副呵护有加的样子吗？事过之后就把人家忘得一干二净，直到后来薄太后的姐妹陪刘邦喝酒说起这事，刘邦才想起曾经有这么一个人。于是，趁着热乎劲儿把薄太后召来，这才酝酿出了伟大的爱情结晶，后来的皇帝刘恒。

现在的卫子夫简直就是当年薄太后的翻版，她也是在汉武帝临幸一次后就被扔到了爪哇国，一年多的时间里，汉武帝再没接近卫子夫。其实这很好理解，皇帝的后宫号称佳丽三千，卫子夫在众歌女中也许算是翘楚，但到了佳丽如云的后宫，就不抢眼了。当初期待满满的卫子夫现在体会的正是空床空等空遗恨的感受，内心深处的郁闷和失望难以言表。然而，这个薄太后的再版在一年过后就迎来了自己生命的转机，因为汉武帝突然要清查后宫，好心让一部人回家。

凡事讲究新旧更替，后宫嫔妃也是这样，新"货"上市，旧"货"就要下架，而且后宫编制有限，那些长久不被皇帝亲近的人，白养着也是浪费资源，不如让她们回家。太监很快列出了名单，大批消耗了青春的女人被宣布放长假回家。

当卫子夫知道这件事的时候，失望彻底变成了绝望。本以为，相识恨晚良宵短，春眠一刻值千金；本以为，身无彩凤双飞翼，心有灵犀一点通；本以为生活已经向自己敞开了怀抱，自己会过上只羡鸳鸯不羡仙的生活，没想到最终却落得个凄凄惨惨戚戚的下场，卫子夫情何以堪？

绝望之下的卫子夫只好用泪水来冲刷内心的凄凉和落寞，事情既然已经这样，那就回家吧。于是卫子夫找到汉武帝，泪流满面地主动说："我要回家。"

这个世界上有两样武器杀伤力非常强，一个是核武器，另一个就是女人的眼泪，关于美女的眼泪，不知道曾有多少文人骚客留下过妙笔生花的诗句。汉武帝作为雄才大略的一代帝王，不怕核武器，但怕女人的眼泪，所以当卫子夫梨花带雨地跟他要求回家的时候，汉武帝内心深处

的一根弦就这样被卫子夫拨动了。结果卫子夫不但没有回家，反而被汉武帝赐了"营业执照"，挂牌上岗了，这个执照就是夫人的爵号。

或许卫子夫在被汉武帝赐封号的时候还觉得很莫名其妙，自己的一次痛哭居然就打动了汉武帝，这是不是有点太匪夷所思？当然不是，我们在前边也讲了汉武帝是个充满霸气的帝王，他渴望雄霸天下，这样的男人怜惜的就是那种柔弱的女人。卫子夫出身卑微，她的母亲卫媪只是平阳侯家的奴婢，生活在这种环境下的卫子夫肯定没有陈阿娇的骄横霸道，有的只是别具小女儿态的我见犹怜。何况当时的汉武帝已经被陈阿娇这只母老虎折磨得快崩溃了，见到卫子夫的娇滴滴，自然就龙心大动了。所以说卫子夫是在对的时间出现在了汉武帝的面前，也许这就是命运的垂怜吧！

也有人曾经分析过为什么卫子夫会得到汉武帝的特别宠爱。王立群老师曾经这样分析过，说卫子夫作为一个歌女，史书上虽然没有记载过歌声究竟如何，但料想应该是不错的，不然不会让阅女人无数的汉武帝眼前一亮。另外，卫子夫有一头乌黑发亮的长瀑似的头发，这一点在史书上倒是有记载，张衡在他的名作《西京赋》中也有一句："卫后兴于鬓发。"喜欢乌发如云的美女是历史上乃至现在很多男人的情结，卫子夫一头乌黑的头发得到汉武帝的垂青也就不意外了。

再说卫子夫拿到汉武帝赐给的封号后，又得到了汉武帝的临幸，卫子夫非常争气，很快就有了身孕，对孩子逐渐绝望的汉武帝终于又看到了希望，于是对卫子夫这个准妈妈更加宠幸。仿佛是一夜之间，卫子夫就跳出了龙门，变成了人人注目的焦点，也成了后宫佳丽妒忌的靶子。这中间最眼红的，当然就是那个患有不孕不育症的陈阿娇了。后来卫子夫生下刘据，陈阿娇的妒忌终于火山一样爆发了，引来一群胡巫，用巫蛊来陷害卫子夫，结果没把卫子夫怎么样，倒是把自己推进了万劫不复的深渊。

陈阿娇一倒台，卫子夫更是如沐春风，从此开始了自己母仪天下的辉煌历程。

然而世上没有永远幸运的事情，当卫子夫人老珠黄时，汉武帝还是对她失去了兴趣，开始寻找新的宠爱对象。卫子夫和自己的儿子刘据最终命丧黄泉，一个在皇后的位置上不争不抢的皇后就这样走向了生命的终结，可悲可叹啊！

最昂贵的一次艳遇

卫子夫人老珠黄，不再是汉武帝手心里的宝儿，但天下的美女层出不穷，只有汉武帝想不到的，没有汉武帝得不到的。很快，就有一个美女进了汉武帝的眼里，她就是让汉武帝至死念念不忘的李夫人。

说起李夫人，就要说到她的相貌，如果用一个词来形容的话，倾国倾城这个成语就是她的专利。李夫人云鬓花颜，婀娜多姿，尤其精通音律，擅长歌舞，但不幸沦落风尘成了青楼女子。善歌舞这一特长在她的家族很是流行，她的哥哥李延年也是一位音乐奇才，能填词也能编舞，好像专门是为艺术而生的。事有凑巧，汉武帝除了喜欢权力和女人，音乐、歌舞就是他的第三个最爱。李延年靠着自身的本领得到了汉武帝的宠幸，在一次给汉武帝唱歌的时候，唱出了自己的原创歌曲《佳人曲》：北方有佳人，绝世而独立；一顾倾人城，再顾倾人国；宁不知倾城与倾国，使人难再得。这首曲子的女主角就是李延年的妹妹、后来的李夫人。汉武帝听了这则"广告"，迅速产生了"购买"欲望——"果真有这样美貌的佳人吗？"汉武帝的姐姐平阳公主悄悄地对汉武帝说，李延年的妹妹确实非常美。汉武帝由此更加坚定了"购买"的决心，急忙召后来的李夫人进宫，看到她体态轻盈，貌若天仙，肤如凝脂，手似青葱，而且

能歌善舞，汉武帝脑海里浮现出李延年的曲子，更觉得眼前的美人真是和"广告词"所说一模一样，可谓"货真价实"，于是将李氏留在身边，封为夫人。之后李夫人就实现了麻雀变凤凰的目标，汉武帝至死没有忘记李夫人。

自古红颜多薄命，李夫人尽管有一张好容貌，但却没有一副好身板。体质本来就弱的她产后失调，不久就卧床不起，日渐憔悴了。但汉武帝对她念念不忘，时刻惦记着她，以至对别的女人失去了兴趣，包括卫皇后。就在这样的当口儿，李夫人的智慧显露出来了，也因为这个，汉武帝遭遇了史上最昂贵的一次艳遇。病态恹恹的李夫人为了给汉武帝留一个完整而又美好的印象，在汉武帝每次来探望她的时候，都将自己全身蒙在被子里，不让汉武帝看见。汉武帝执意要看，李夫人就要求汉武帝好好照顾他们的孩子和自己的兄长们。

见李夫人心切的汉武帝说你当面跟我讲不是更好吗，但李夫人说自己身为妇人，容貌不修，衣冠不整，蓬头垢面，实在是没脸见皇上。汉武帝接着利诱，说只要能让他看一眼，李夫人兄弟自然是加官进爵。李夫人就是不肯露面，说给不给自己的兄弟加官进爵全在汉武帝决定，并不在乎是不是见面。结果汉武帝龙颜不悦，甩手走了。李夫人的姐妹们都埋怨她不该这样做，李夫人却说，历来凡是以容貌取悦人的妃子，色衰则爱弛；如果以憔悴的容貌跟皇上见面，那以前所有美好的印象就都一扫而光了，这样一来还能期望他念念不忘地照顾自己的儿子和兄弟吗？李夫人的聪明正在此处，汉武帝越是想看，她就越不让他看，凡是得不到的东西都是最好的，这是放之四海而皆准的真理，更何况对于汉武帝这个想得到什么就能得到的皇帝呢？所以，李夫人死后，汉武帝伤心欲绝，用皇后的形式厚葬了她，还亲自监督画工绘制他印象中的李夫人形象，悬挂在甘泉宫里，日夜徘徊瞻顾。而这，正是李夫人想要达到的效果。

之后，李夫人生前的愿望也实现了。因为汉武帝对李夫人念念不忘，所以对李夫人的临终嘱托格外重视，在李夫人死后就用高官厚禄来照顾她的兄弟们，来使失落的内心得到平衡，以安慰备受思念折磨的心。

之后我们看到的就是，李夫人的大哥李延年被封为协律都尉，二哥李广利被封为将军。这样汉武帝还嫌不够，他想让李家的子孙们世世代代享受富贵。但李夫人毕竟是侍妾出身，地位低微，根据汉朝的祖制，皇亲没有立功就不能被封侯。汉武帝想了一个办法，就让李广利将军带兵出征，如果立下战功，就可以封侯，这样一来李家子孙就可以世世代代富贵下去了。可惜的是，李广利不是卫青，也不是霍去病，他既没有什么从军作战的经历，也没有学过孙武兵法，所以，当汉武帝让他带兵出征西域大宛的时候，李广利给汉武帝交了一份没有及格的答卷。李广利率领的士兵战死的战死，饿死的饿死，到达大宛的时候，数万人只剩下数千人，而且个个面黄肌瘦，比逃荒的强不了哪儿去。盛怒之下的汉武帝传令军队不能入关，违抗者斩，结果李广利只能在敦煌附近游荡。

汉武帝为了挽回自己被李广利丢的面子，关键是想起了李夫人的嘱托，于是给李广利制造了第二次出征的机会。对于这次出征，汉武帝做了周密的部署，李广利磕磕绊绊，最终算是胜利凯旋，损失的兵将不计其数。汉武帝却觉得自己完成了李夫人生前的遗愿，封李广利做了海西侯。

加官进爵的李广利风光无限，汉武帝更是百般器重，后来汉匈之间罅隙再起，汉武帝就再次派李广利出征。但这次李广利就没有那么幸运了，就在他和匈奴激战的时候，因为受刘屈氂连累，自己的妻儿老小被深受巫蛊毒害的汉武帝抓了起来。无心恋战的李广利最终被匈奴击败，投降了匈奴。到这时候，李夫人的生前遗愿算是彻底终结了。

云彩奇异，奇女子出现

李夫人已经作古，李广利那时候身单力薄、能力也差，不能成什么大气候。这时在汉武帝面前最得宠、最走红的当然就是那个小儿麻痹患者——钩弋夫人了。

钩弋夫人本身姓赵，是河间（今河北河间县）人。关于汉武帝和钩弋夫人的相识，很有点传奇意味。据说某年的某月，汉武帝到地方考察工作（巡狩天下），经过河间的时候，随行的一个方术大师望了望天，突然对汉武帝说河间天上云彩奇异，此地必定有奇女子出现。

其实所谓的巡狩，也就是皇上找个理由出来度假而已。心情不错的汉武帝听方术大师这样一说，马上来了兴趣，立刻派人去找，这一找就找到了赵小姐家。

赵小姐的长相、气质，那是没的说，但奇就奇在她两拳紧握已经很多年，就是没人能打开。当使者将赵小姐带到汉武帝面前的时候，汉武帝抱着试试看的心情去掰赵小姐的手，没想到，居然真被汉武帝打开了。更让人倍觉新奇的是，赵小姐手中竟然还握着一只小玉钩！

汉武帝看到这些，欣喜若狂，马上将赵小姐带回了长安。从此，赵小姐声名鹊起，被封为夫人，民间也就有了她的名号，叫她"拳夫人"或"钩弋夫人"。

关于这样的传说有很多，就好像刘邦曾经杀死过白龙，朱元璋出生的时候说房间里红光一片，这都是为了给这些人树立一个形象，一个让当时人或者后来人信报的形象：我天生就是带着富贵相来的，所以我飞黄腾达是上天注定的。所以，钩弋夫人的传奇故事也多半是虚构的，信不信由自己了。

但不要觉得这样就足够神奇了，更神奇的故事还在后头。

得宠的钩弋夫人很快就怀了孩子，这个孩子就是刘弗陵。那个时侯不论是子凭母贵还是母凭子贵都是一样的，钩弋夫人受宠，她的孩子自然也不会失宠。就在钩弋夫人身份日隆的时候，朝廷内外就开始流传一种说法，说刘弗陵是钩弋夫人怀胎十四个月才生下来的。故意制造跟尧帝的巧合，为的就是抬高刘弗陵的身价，好把宅心仁厚的刘据挤下台，为此汉武帝还将"拳夫人"居住的钩弋宫改成了尧母门。

自此之后，刘据的日子就开始日渐难熬，直到他遇到江充那个小人，最终被莫名其妙的巫蛊挤下历史的舞台，成了一缕冤魂。

刘据已死，刘弗陵的地位更加坚固。后来在公元前88年的春天，昌邑王刘髆死了，汉武帝六个儿子已经死了三个，剩下的三个分别是：燕刺王刘旦，广陵厉王刘胥，以及还在地上蹲着玩儿的刘弗陵。

这时候要封谁为太子呢？汉武帝开始伤脑筋了。因为刘旦能言善辩，博学多才，门下食客众多；而刘旦的胞弟刘胥，力能扛鼎，能空手搏熊羆、猛兽；刘弗陵，当年七岁，身体健康，智慧发育正常。这样一比较，各种优劣一目了然，太子之位理所应当就是刘旦的。

而刘旦对这点似乎也非常肯定，排资论辈，自己是老大，论能力，无人能及。想到这些，刘旦就快飞起来了。

但刘旦忘了一点，此时汉武帝还活着，他最不喜欢的就是有人在自己面前沾沾自喜。而且，当刘旦知道刘据死后，他竟然挺身而出，主动要求入长安宿卫，也就是准备接手太子位。如此得意忘形、不谦虚的人，汉武帝怎么容得下？于是汉武帝下令，不让刘旦进京，不但如此，还派人翻他老底，把他投入了监狱。最后，削去刘旦三县，才算罢休。

至于刘胥，更是四肢发达、头脑简单之人，很快也被汉武帝拉入黑名单。这下，太子之位就成了刘弗陵的囊中之物了。

其实刘旦应该好好研究一下自己家族的历史，这样他就不会犯这么

低级的错误了。当年吕后政权垮台，刘氏的皇子皇孙凡是有能耐的，都跑出来争位子，可最后，却被寂寞地窝居代地的刘恒得了渔翁之利。刘恒没有别的优点，最大的优点就是清心寡欲，而这正是受老子《道德经》的影响。老子教会他用不争对抗争名夺利，最终成功实现了以柔克刚。现在刘弗陵的进位，再一次用事实证明了这点，不争才是最强的争。但此时的刘弗陵根本料想不到，自己的进位正是母亲用鲜血铺就的。

就在刘据死后两年，7月的一天汉武帝召见钩弋夫人，一见面汉武帝就对钩弋夫人开骂了，骂的什么我们不知道，我们唯一知道的就是汉武帝最后说他再也不想见到钩弋夫人了，她可以去死了。果然，之后不久，钩弋夫人就结束了自己年轻的生命，这道绚丽的彩虹，最终滑进了生命的暗河。

钩弋夫人为什么莫名其妙地被汉武帝赐死呢？在讲述这个之前，我们需要回忆一下历史，当年吕后是怎么登上的王位，就是因为母少子幼。刘盈十几岁接了刘邦的班当上了皇帝，利欲熏心的吕后将自己的孩子一个个害死，自己最终跻身皇位，当上了国家的一把手。

现在汉武帝已经六十多岁了，身体犹如风侵雨蚀中的一堵墙，摇摇欲崩。那时候，刘弗陵却还只是个七岁的孩子。当年刘盈已经十几岁，还被吕后踩得吱吱叫，如果钩弋夫人也像吕后一样利欲熏心，那刘弗陵能经得住践踏吗？汉武帝怎么允许这样的事情发生呢？所以，要想永保大汉江山，就必须将钩弋夫人这个定时炸弹拆除了。

钩弋夫人死后，很多老百姓替她鸣不平：她一个弱女子有什么错，难道为汉武帝生一个聪明健康的孩子也是错？百思不得其解的老百姓就说汉武帝是老糊涂了，其实汉武帝也许有自己的理由，这个理由自然跟巫蛊有关，跟江充有关，跟刘据有关。

当年苏文巴结刘据不成，就跑到了钩弋夫人身边；而苏文一个狗腿子也能如此胆大妄为地跟当朝太子作对，要是没有一个硬后台，谅他也不敢。而这个后台，很可能就是钩弋夫人。因为，只要刘据一下台，她的儿子刘弗陵上台的几率就大大增强了。

后来江充为了保全自己的性命，要先搞垮刘据，也加入了这个阵营，因为当时刘旦兄弟太有才，不好欺负；而昌邑王有自己的舅舅李广利撑腰，用不着掺和，挑来选去，江充也将目标锁定在了钩弋夫人身上。

因为，钩弋夫人缺帮手，对江充有需要；而且，当时汉武帝器重刘弗陵，刘弗陵就是支绩优股，一旦成功，就是双赢的事儿。所以对于江充的投靠，钩弋夫人自然是举双手赞成的。所以，当整个汉朝因为巫蛊而人心惶惶的时候，只有一个人在笑，她就是钩弋夫人。但好在，汉武帝最终识破了真相，知道钩弋夫人才是整个巫蛊案的幕手黑手！这个柔弱如水的弱女子才是最可怕的杀手！

此结论一经得出，汉武帝就快刀斩乱麻地将钩弋夫人除掉了。也许有人会有这样的担心：刘弗陵只有七岁，年纪还小，汉武帝驾鹤西去的时候，还要靠钩弋夫人来帮助刘弗陵啊，现在整死了钩弋夫人，刘弗陵怎么办？

事实上，对于这个问题，汉武帝已经做好了安排，安排了几位高手辅佐刘弗陵，其中一位就是传说中的不世政治高手——霍光，当然还有其他三位重臣金日磾、上官桀、桑弘羊。靠着他们的辅佐，刘弗陵最终登上高位，成为后来的汉昭帝；而钩弋夫人也被追封为皇太后，钩弋夫人生前没有得到的荣誉，死后得到了满足。

汉武帝大事年表

公元前 156 年 7 月 7 日，生于猗兰殿，名彘。

公元前 154 年冬 10 月，梁王刘武来朝，景帝说"千秋万岁后传于王"，且当时诸王欲反，景帝此举是为了安抚梁王刘武。

春正月，七国之乱爆发，3 月平七国之乱。

公元前 153 年 4 月，刘彻被立为胶东王，刘荣成为皇太子。

公元前 151 年，汉武帝金屋藏娇。

公元前 150 年春正月，废太子荣为临江王。4 月，王夫人被立为皇后，刘彻被立为皇太子，并正式改名为彻。

公元前 148 年 3 月，临江王刘荣因为侵占太庙自杀。9 月，梁王暗杀袁盎等十余人。

公元前 147 年春正月，废皇后薄氏死。夏 4 月，免周亚夫的丞相之位，匈奴王子於单来降。

公元前 145 年 5 月封王皇后兄王信为盖侯。

公元前 144 年冬 10 月，梁王刘武求入侍皇太后，没被允许，刘武又回到梁国。4 月，梁王刘武病死，追谥为孝王。

公元前 143 年正月，周亚夫因小过错下狱，绝食呕血而死。

公元前 141 年正月，汉景帝崩，刘彻以太子即帝位。尊窦太后为太皇太后，王皇后为皇太后。2 月，葬景帝于阳陵。3 月，封王太后同母弟弟田蚡为武安侯，田胜为周阳侯。

公元前 140 年 10 月，以建元为年号，中国历史从此以年号纪元，中国帝王以年号纪元始于武帝。10 月，诏举贤良方正直言极谏之士，策问古今治道。董仲舒呈上《天上三策》，准丞相卫绾奏罢治申、商、韩非、苏秦、张仪之言乱国政者，立学校之官。2 月，行三铢钱。4 月，颁《复高年子孙诏》。5月，开立乐府，征集各封国及民间乐曲。6月，丞相卫绾免。窦婴为丞相，田蚡为太尉，赵绾为御史大夫。7月，诏省轮值卫士万人，罢养马之苑，许百姓刍牧樵采。

公元前139年10月，窦太后贬抑儒臣，赵绾、王臧都下狱自杀。丞相窦婴、太尉田蚡被免官，石建被封为郎中令，石庆为内史。3月，以许昌为丞相，纳卫子夫为夫人，任卫青为太中大夫。4月，初置茂陵邑，徙郡国豪强于茂陵。

当年，田蚡与淮南王暗中勾结谈政变事。

公元前138年闽越攻东越，遣严助发会稽兵救之，东越举国内徙。起上林苑。张骞应募首次出使西域。建期门军，令卫青掌控。东瓯王归降。

公元前136年春，罢三铢钱，复行四铢半两钱。置《五经》博士。

公元前135年5月，窦氏太皇太后崩，合葬霸陵。6月，丞相许昌免，以田蚡为丞相。8月，闽越王骆郢兴兵击南越边邑。汉武帝派大臣率兵进攻，还没到，越人就杀了骆郢投降了。

本年，汲黯斥武帝"内多欲而外施仁义"。汉武帝允许匈奴人和亲。

公元前134年11月，汉武帝采纳董仲舒的建议，初令郡国举孝廉各一人，诏天下献书。遣将军李广、程不识兵屯北边。5月，诏举贤良、文学，汉武帝亲自审阅，董仲舒上《天人三策》。

公元前133年10月，立泰一祠，遣方士求仙炼丹。6月，令五将军屯兵三十万于马邑，谋划着进击匈奴，从此和匈奴断绝和亲关系。

公元前132年夏，发兵十万救黄河决口，没有成功。

当年，窦婴、田蚡展开辩论会，西汉开始党派之争。

公元前131年田窦之争，窦婴弃市。4月，韩安国被封为丞相。5月，韩安国因病免职，薛泽被封为丞相。9月张欧被封为御史大夫，主父偃盗书陷害董仲舒。

公元前130年3月，田蚡病死。遣中郎将司马相如谕抚西夷。使唐蒙通夜郎。发兵治固雁门。7月，废陈皇后，巫蛊祸始，法律日益严苛。

公元前129年冬，初算商车，租及六畜。春，开渭渠、龙首渠。派遣卫青、李广、公孙贺、公孙敖四将军分击匈奴，卫青直捣龙城。冬，

始税商贾车船及缗钱。

公元前 128 年 11 月，诏议不举孝廉者罪。徐乐上书。春，卫子夫生据，立为皇后。秋，派遣卫青、李息北击匈奴。东夷秽君南闾举众降附，以其地置苍海郡。

公元前 127 年正月，颁《推恩令》，自此藩国开始分割，子孙为侯。收复河南地，置朔方、五原郡。夏，移民十万到朔方，徙郡国豪强及訾三百万以上于茂陵。关东大侠郭解被族诛，游侠之害渐弱。秋，废除燕国、齐国，族诛主父偃，免张欧御史大夫之位。

公元前 126 年军臣单于死，伊稚斜自立为单于。军臣单于太子於单降汉。罢苍海郡。张骞自大月氏返回，被封为太中大夫。初设内外朝，卫青主内朝，公孙弘主外朝。始通西南夷。罢西夷，独置南夷、夜郎两县，专力经营朔方城。

公元前 124 年封公孙弘为丞相，诏封平津侯，布衣为丞相封侯自公孙弘始。春，派卫青击匈奴右贤王，凯旋而归，拜为大将军。

公元前 123 年 2 月，卫青率六将军出定襄，击匈奴，斩首数千级而还。赵信兵败降匈奴，为单于献计。4 月，卫青复统六将军出定襄击匈奴，斩俘万余人。霍去病封冠军侯。张骞封为博望侯。6 月，诏民得买爵赎罪。置武功爵。

公元前 122 年治淮南、衡山二王谋反狱，列侯以下受牵连而死的有数万人。令张骞复通西南夷。立刘据为皇太子。以石庆为太子太傅，庄青翟为太子少傅。

公元前 121 年 3 月，丞相公孙弘死，李蔡为相。霍去病击匈奴，过焉支山千余里，杀匈奴两小王，执浑邪太子及相国、都尉，俘斩八千九百余人，并获休屠王祭天金人。夏，霍去病过居延泽，至祁连山，斩首三万二百级，俘匈奴小王七十余人，相国、都尉以众降者两千五百人。是年，匈奴浑邪王降汉，设五属国纳其部众。汉从此遂占有河间地，断匈奴西路，打通河西走廊。

公元前 120 年作昆明池，始设乐府。

公元前 119 年冬，造新币，管盐铁，算缗钱。夏，漠北大决战，卫青、霍去病各将骑五万、步兵数十万分道击匈奴；霍去病封狼居胥山。

封卫青、霍去病为大司马。张骞两次出使西域。诛文成将军少翁。

公元前118年3月，丞相李蔡自杀。罢三铢钱，铸五铢钱。4月，庄青翟为相。司马相如死。

公元前117年冬，使杨可告缗。9月，霍去病死。其弟霍光为奉车都尉、光禄大夫。

公元前116年得鼎于汾水上，改元。夏5月，大赦天下。

公元前115年11月　御史大夫张汤畏罪自杀。12月，丞相庄青翟下狱自杀。2月，任命赵周为丞相。夏，以桑弘羊为大农丞，初置均输。封张骞为大行令。

公元前114年11月　命民告缗者以其半与之。张骞去世。

公元前113年4月，封方士栾大乐通侯。秋，遣终军使南越。是年，禁止郡国铸钱，专令上林三官造。

公元前112年秋，遣路博德、杨仆等出征南越。9月，酎金案，夺列侯爵百六人，丞相赵周下狱自杀。石庆被封为丞相。斩栾大。西羌反。

公元前111年10月，平西羌，设护羌校尉。春，平南越，置南海等九郡。祠泰一、后土。定西南夷。秋，东越王反，遣军征伐。是年，开六辅渠。李夫人死。

公元前110年10月，率十八万骑北巡，遣使谕告匈奴单于臣服。东越降，徙其民于江淮。4月，封禅泰山、大赦天下。以桑弘羊为治粟都尉领大农令。夏5月，置平准，不复告缗。

公元前109年10月，行幸雍，祠五畤。春，幸缑氏，遣方士千余求神采药。4月，祠泰山，临塞决河，黄河复故道。募兵击朝鲜。平南夷。

公元前108年12月，破车师。正月，俘楼兰王，控制丝绸之路。夏，东定朝鲜，设四郡。是年，与乌孙和亲。

公元前107年10月，行幸雍，祠五畤。3月，祠后土。夏，申流民法。

公元前106年冬，南巡狩，礼祠名山大川。4月，置刺史部十三州，以六条问事。是年，卫青病死，下《求贤诏》。

公元前105年3月，幸河东，祠后土。平定益州、昆明反叛。

公元前104年10月，登临泰山。2月，大作建章宫。5月，诏用

《太初历》，以正月为岁首。色上黄，数用五，定宗庙百官之仪。8月，遣贰师将军李广利西征大宛。

公元前103年正月，丞相石庆卒，公孙贺为相。3月，行河东，祠后土。是岁，将军赵破奴率两万余骑深入匈奴境内，全军覆没。

公元前102年正月，巡海上，求神仙。夏，李广利二征大宛。

公元前101年春，西破大宛，获汗血马，威震西域。自敦煌筑亭至盐泽。4月，封李广利海西侯。

公元前100年因连年大旱，改元。正月，行幸甘泉，郊泰畤。3月，行幸河东，祠后土。苏武被扣留匈奴。秋，闭京城大搜刺客。

公元前99年5月，遣李广利击匈奴于天山。兴李陵狱。秋，禁止巫祠道中。作沉命法，增设绣衣直指。

公元前98年初榷酒酤。3月，修封泰山。祀明堂。

公元前97年正月，遣李广利发天下十科谪击匈奴。秋，令罪人入钱赎死。

公元前96年春，徙郡国豪杰于茂陵。立钩弋夫人。

公元前95年3月，改铸黄金币。是年，开白渠。以江充为绣衣使者。皇子刘弗陵出生。

公元前94年正月，甘泉宫大宴外国客人。2月，幸东海。

公元前93年3月，祀高祖于明堂。修封泰山。12月，行幸雍，祠五畤，西至安定、北地。

公元前92年11月，大搜上林苑、长安城。江充奉诏治丞相公孙贺子太仆敬声巫蛊狱。

公元前91年2月，族诛丞相公孙贺。刘屈氂为相。7月，江充掘蛊太子据宫。卫皇后与据斩江充，与丞相大战长安。据败走，卫皇后自杀。8月，太子刘据自杀。

公元前90年3月，李广利出击匈奴。夏，灭车师。6月，刘屈氂腰斩，李广利降匈奴。9月，车（田）千秋讼太子冤狱，族诛江充。

公元前89年3月，躬耕钜定，封泰山，祀明堂。诏罢劳民伤财及神仙事。6月，拜车（田）千秋为相，下《轮台诏》悔过。封车（田）千秋为富民侯，赵过为搜粟都尉。

公元前 88 年正月，行幸甘泉，郊泰畤。6 月，平马何罗宫变。7 月，削燕王刘旦三县，逼死钩弋夫人。

公元前 87 年正月，朝诸侯王于甘泉宫。2 月，行幸五柞宫。立刘弗陵为太子。授霍光、金日磾、上官桀等遗诏托孤。丁卯日，崩于五柞宫，寿七十。3 月甲申，武帝葬于茂陵。